帝国憲法期の入学と就職

官立高等工業学校16,718人の内・外地での移動

田村幸男 著

雄山閣

◆帝国憲法期の入学と就職　目次◆

第一章　序論―研究の視点と課題設定― …… 1
第二章　入学・就職―どこから来て、どこへ行ったのか― …… 55
第三章　傍系入学・傍系進学―進学非正規コースからの復権― …… 143
第四章　外地との往来―「出超」― …… 175
第五章　結論―官立高工の入学、就職移動が示すもの― …… 209
補　章　卒業生インタビュー――十二人十二色― …… 223
あとがき …… 378

（図表リスト）

第一章関係

図表1　学校別・入学年別生徒数（データベース総括表）

図表2　学校系統図（一九一九年大学令施行）

図表3　専門学校数（一九四二年）

図表4　学歴と地位の相関

図表5　官立高工生数と中学生数の対比（一九〇三～一九四五年）

図表6　官立高等教育学校（帝大・官立大・一般専門・実業専門）の道府県設置状況

図表7　官立学校の学費比較（一九四二年）

図表8　高等諸学校在学者の出身階層（一九三八年）

図表9　官立高工の学校数・学科数・在籍者数の推移（一九〇二～一九四五年）

図表10　改姓者（一九一二～一九四〇年度入学者）

図表11　死亡者（一九一二～一九四〇年度入学者）

図表12　官立高工の移動関連略年表（一八七一～一九四七年度）

第二章関係

図表13　出身地・入学・初職・転職移動（総括表）

図表14－1　A1型（一九一二～一九四〇年度入学者）

図表14－2　A2型（一九一二～一九四〇年度入学者）

図表14－3　B1型（一九一二～一九四〇年度入学者）

図表14－4　B2型（一九一二～一九四〇年度入学者）
図表14－5　C2型（一九一二～一九四〇年度入学者）
図表15　入学移動距離
図表16　出身地構成割合（%）の経年変化（一九一二～一九四〇年度入学者）
図表17－1　出身中学校等の上位五校（一九一二～一九四〇年度入学者）
図表17－2　福島県内の中学生の進路（一九二七～一九三八年）
図表18　官立高工と後継大学の出身県構成の比較（一九一二～一九四〇年度入学者）
図表19　出身地域（「官立高工」対「旧制高校」の比較）
図表20　「一職」の業種別分類（官立高工別）
図表21　軍工廠等への就職者（学科系統別）
図表22　主要民間造船所に対する海軍艦艇建造割り当てと官立高工生の就職（一九一二～一九四〇年度入学者）
図表23　職種属性の推移（初職）
図表24　卒業後経過年数と転職回数（終身雇用）
図表25　拡張計画と生徒数（中学校・専門学校・高等学校・大学）
図表26　生徒収容力の拡張（一九一八年〈計画前〉～一九二五年〈計画完成時〉）
図表27　拡張計画予算総額（当初計画＋追加計画）
図表28　文部省予算に占める「拡張計画」経費（一九一八～一九二八年度）
第三章関係
図表29　出身学校種別の傍系入学者・傍系率（総括表）

図表30　大学への傍系進学（一九一二〜一九四〇年度入学者）
図表31　傍系入学者の推移（一九一二〜一九四〇年度入学者）
図表32　出身地構成の比較（一九一二〜一九四〇年度入学者）
図表33　学科選択の正系と傍系の比較（一九一二〜一九四〇年度入学者）
図表34　傍系進学者数（一九一二〜一九四〇年度入学者）
図表35　傍系進学者の現役／社会人率

第四章関係
図表36　外地在住の「内地人」（一九二〇〜一九四二年度入学者）
図表37　外地への往来（出身地別）
図表38　外地の中学校等出身の官立高工入学者（一九一二〜一九四〇年度入学者）
図表39　外地出身者の推移（一九一二〜一九四〇年度入学者）
図表40　内地出身者の外地への就職（一九一二〜一九四〇年度入学者）

補章関係
図表41　卒業生インタビュー

第一章　序論――研究の視点と課題設定――

第一節　概要

一　研究の視点

大日本帝国憲法は、一八八八年二月に公布、翌一八九〇年一一月に施行され、近代日本の姿を「帝国日本」として明文化した。大日本帝国憲法を「帝国憲法」、一九四七年までの施行期間を「帝国憲法期」という。

帝国憲法は、「臣民権利義務」として門地門閥ではなく「資格に応じた文武官任用」（十九条、個人の能力に応じた階層上昇＝社会移動）と、「居住及移転の自由」（二二条、人口移動）を定めた。この制定意図がどのようなところにあったにしろ、ここには門地門閥ではなく幅広く国民を登用して国家形成に活用しようとする近代的側面が示されていた。同時に「帝国日本」が、「天皇大権」の拡大運用を重ねて軍事国家化し、アジア各国への侵略などの戦争の道に進む過ちを犯すなかで、帝国憲法はその法的根拠を提供するという負の役割を果たしている。

近代日本は、こうした帝国憲法を基本理念に置いて速いスピードで産業化を進めながら形成されていったが、その産業化の第一線を官立高等工業学校（「官立高工」と略）の卒業生が担い、「産業士官学校」ともいうべき存在になっていた。官立高工は、帝国憲法施行から間もない一九〇三年に、専門学校令制定と実業学校令改正の二つの勅令で誕生した短期高等教育学校で、卒業生は帝国大学（「帝大」と略）工学部卒に次ぐ「準エリート」技術者として遇された。第一線の幹部技術者養成という明確な政策目的の下に創設された官立高工は、帝国憲法期の日本の近代化、産業化を象徴する学校

図表1　学校別・入学年別生徒数（データベース総括表）（1912〜1940年度入学者）

入学年・生徒数	官立学校名（設置年、設置学科） 01 仙台高工 1921	02 秋田鉱専 1911	03 米沢高工 1910	04 横浜高工 1920	05 長岡高工 1924	06 金沢高工 1921	07 山梨高工 1925	08 浜松高工 1923	09 神戸高工 1922	10 徳島高工 1923	総計
	人	人	人	人	人	人	人	人	人	人	人
1912	（旧仙台高工は1912東北大に併合され廃校）	48 採鉱・冶金	52 1910色染色染分・同機械分・応用化								100
1913		34	66								100
1914		24	62 1913色染・紡織・機械・応用化								86
1915		41	88								129
1916		48	77								125
1917		58	76								134
1918			71								71
1919			86								86
1920	（1921新仙台高工設置）			114 機械・電気化・応用化							114
1921	1921土木・機械・電気		74	126		土木・機械・応用化					200
1922			105 電気						122 建築・機械・電気		227
1923			114					機械・電気・応用化	132	103 土木・機械・応用化（農産工業化・製薬化）	349
1924	119		96	107	電気・機械・応用化				124	107	553
1925	115		116	151 建築			133 機械・土木・電気	124	137	119	895
1926	112		122	151			114	112	130	118	859
1927	112		126	151	109		117	120	116	114	965
1928	116		112	151	115		113	115	112	118	952
1929	142		100	165 造船	111	131	114		148 土木	116	1,027
1930	173 建築		95	170	110	133	106		148	119	1,054
1931	172		114	142	115	137	110		151	108	1,049
1932	175		101	170	118	131	115			119	929
1933	168		126	175	120	134	118			120	961
1934	161		145	184	115	128	118			120	971
1935	159		151	185	118	133				120	866
1936	168		150	185	120	131	120			119	993
1937	242		149		118	129	120 1939精密機械・工作機械			土木・機械・製薬化・応用化	758
1938			210 機械AB	航空	154		171				535
1939	工業化		295 通信		301 精密機械・工作機械	290 機械1、2・応用化1、2・化学機・土木1、2		通信・精密機械		工作機械	886
1940	採鉱・冶金		330			414	通信			電気	744
総計	2,134	253	3,409	2,327	1,724	1,891	1,569	471	1,320	1,620	16,718

（注）1.「設置年」は官制上の設置ではなく実際に生徒の入学を開始した年で、数値は本DBによる。
2. 表中の網掛け部分は未設置年を、人数の空欄は設置されていたが史料が入手できなかった年。

であり、その生徒の入学移動、就職移動には、産業化を基軸とした日本の近代化過程が色濃く投影されている。一次史料に基づき、一九一二〜一九四〇年の二九年間に渡る官立高工入学者一六、七一八人（図表1）の出身地、入学、初職、転職などの属性が、生徒別に連続したデータベースを構築し（「本DB」と略）、時間軸と空間軸の両面から集計、作表、分析し、考察を加えた。

門地門閥にかかわらず学校教育を受けて学歴を獲得する、その学歴を基礎に就職して所属階層の維持・上昇を目指すのは、近代国家機構の基本的仕組みとして世界共通である。山本正美は「国家が学校系統に基づいて国民全般を振り分け、その振り分けられた人材を国家の中の諸般の職業世界に配置する、という枠組みこそ『近代教育』のもっとも基本的な特質」[1]と学校教育の役割を位置付けている。また天野郁夫は、近代産業社会における学校と社会階層の関係性を、「わが国の近代学校制度が期待され、また実際に果たしたのは、伝統セクターから近代セクターへ、社会の下層から上層へという社会的な移動のチャンネルとしての機能だった」[2]と指摘する。

官立高工は、高等教育を受け階層上昇を目指す生徒とその保護者にとって、教育費受益者負担の下であっても、「手が届く高等教育学校」になっていた。また国家の側からから見れば、全国各地に設置した官立高工に地域の優秀な人材を誘導し、産業化を担う技術者を効率的に養成する国家政策の実現の場であった。

二　用語の定義

使用する用語を、次のように定義した。

大日本帝国憲法の略称を比較的多く使われている「明治憲法」ではなく「帝国憲法」とした。帝国憲法を明治憲法と称するようになったのは日本国憲法制定前後からであるが、多くの場合、「明治憲法」と対比して日本国憲法を「昭和憲法」とは称さない。その理由をいくつかの断片的記述から類推すると、当時の憲法学者が「帝国」の文言を嫌ったのが広まったようである。

固有名詞は、原則として当事者が名乗るものを尊重すべきで、そうでなければ「ジャップ」「支那」も単なる略称といった主張に正当性を与えかねない。この数少ない例外と考えるものには「大東亜」戦争があり、その理由はこの後の「アジア・太平洋戦争」のところで述べる。

歴史を論じる際の時代区分は、その時代が他の時代と異なる特質を端的に表現したものとすべきと考えれば、官立高工を論じる際の対象期間を年号、世紀、戦争等では正確に表現できず、通貫したバッグボーンである「帝国憲法期」とするのが最も適当と考えた。

「官立高工」は、一九四四年に「官立工業専門学校」（官立工専）と変更されたが、特に区分すべき場合を除き一九四四年以降新設の学校を含めて官立高工とし、その在学生は「生徒」とした。帝国憲法期では大学のみが「学生」を用い、小学校は「児童」、中学校、師範学校、旧制高校、専門学校、高等師範学校はすべて「生徒」を使用していた。

また「高校」と「高工」は、発音が同じで紛らわしいため、やや煩わしいが「旧制高校」「官立高工」と区分して表記し、学校教育法下の高校は「新制高校」とした。また中学校についても必要に応じて「旧制中学」を用いた。なお、学校の設置年度は生徒の入学年度としたので、勅令による設置年度とは異なる場合がある（例えば一九二五年一〇月勅令設置（準備）、一九二六年四月入学（授業開始）の場合は、一九二六年設置とした）。

「産業化」は、工業化とほぼ同義語として使用した。日本の産業化は日清戦争前後から軽工業を中心に発達し、一九一〇年代後半（官立高工創設期後半）の第一次世界大戦時に工業生産額が農業生産額を上回り、一九三〇年代後半（官立高工安定期後半～戦時期）の第二次世界大戦時に重工業が軽工業を上回っている。

「アジア・太平洋戦争」については、これまで様々な呼称が使用されている。固有名詞は当事者の名乗りを尊重すべきであるが、この戦争は日本と対戦国だけでなく、日本が多数の軍を進駐させて戦闘行為を行ったアジア諸国、地域も当事者と捉えなければならない。日本軍の戦時末期の兵員数は合計七八九万人（陸海軍合計一九四五・八・一五）であるが、その地域別内訳は、日本本土（沖縄等を含む）四四一万人・五六％、中国・朝鮮など二四一万人・三一％（台湾一九万人、朝鮮 三四万人、樺太・千島 九万人、満州 六七万人、中国本土 一一二万人、東南アジア 八一万人・一〇％（フィリピン 一三万人、マライ・シンガポール 一三万人、その他 五五万人）であった。日本本土を除くアジア地域に三二二万人・四一％が配置されたのに対し、太平洋地域は二六万人・三％（中部太平洋 一一万人、ビスマルク諸島等 一五万人）である。(3)太平洋戦域の敗戦による同地域からの撤退による減少や、南進策でアジア地域が膨張した点もあって、多くの兵力がアジア各地に配置され、現地住民を巻き込んで戦闘行為が行われた。

こうした実態と、「イデオロギー性を否定した上で『大東亜戦争』もしくは『アジア・太平洋戦争』が適切」とする庄司潤一郎の研究、(4)「アジア・太平洋戦争」の呼称の提唱者の一人である木坂順一郎の研究(5)を参考に、この戦争を中立的に表現している「アジア・太平洋戦争」が現時点において適切な呼称と考えた。

「満洲」は、外形的に独立国家の形態を取り、ある程度の承認国(6)もあったため「満洲国」と表記し、同時に日本の勢力圏下である実態を考慮して「外地」の一部とした。

「外地」は、朝鮮・台湾・関東州・南樺太・南洋諸島・満洲国・内蒙古・中華民国、及びその他諸外国の九地域に区分し、関東州・満洲国・内蒙古・中華民国を合わせて「中国関係」とした。外地は帝国憲法期特有の存在で、多くは実質的植民地や軍事的占領地であるが、統治形態が外地毎に区々で、かつ時代による変遷もあるため、帝国憲法期を通じた表記として「外地」とした。

外地の定義、呼称、中国関係とした理由等については第四章第二節一項で詳述する。

「出身県」は、官立高工入学生の出身旧制中学・工業学校等の所在道府県（道府県を合わせて「県」と略称）を指し、検定試験で入学したため出身学校が不明の場合は本籍県を出身県とした。

「近隣県」は、「出身県」と同地方の県で、例えば「出身県」が宮城県の場合は東北地方の宮城県以外の各県（青森、岩手、秋田、山形、福島）を指す。

「地方」を次のとおり一〇区分した。「北海道」は北海道、「東北」は青森、岩手、秋田、宮城、山形、福島の六県、

「関東」は茨城、栃木、群馬、埼玉、千葉、神奈川の六県、「東京」は東京府、「甲信越」は新潟、富山、石川、福井、長野、山梨の六県、「東海」は岐阜、静岡、愛知、三重県の四県、「近畿」は滋賀、京都、兵庫、奈良、和歌山の五府県、「大阪」は大阪府、「中四国」は鳥取、島根、岡山、広島、山口、徳島、香川、愛媛、高知の九県、「九州」は福岡、佐賀、長崎、熊本、大分、宮崎、鹿児島、沖縄の八県である。「東京」「大阪」は代表的大都市県としてそれぞれ独立した区分とした。なお、「出身県」と「近隣県」を合わせた地域を「同地方県」、その他を「他地方県」とした。

「一職」は卒業後初めての就職を、「二職」は二回目の就職（転職）を指し、以降「三職」から「八職」まで転職が分布している。大学進学、進学浪人、就職浪人、無職についても一職、二職の区分を適用した。同一人が何度も転職している場合はその都度計上しているので、本ＤＢの延べ就職者数は二五、三二四人となり入学者数一六、七一八人の一・五倍となっている。

官立高工の歴史をその発展時期に応じて、一九一八年以前の「創設期」、一九一九～一九二八年の「拡張期」、一九二九～一九三七年の「安定期」、一九三八～一九四五年の「戦時期」に四区分した。区分の境界期は当然グラデーションがあり、例えば「戦時期」に創設の官立高工はその前の安定期から準備が開始されていたが、本ＤＢでは設置年度（生徒受入開始）で区分した。

「移動距離」は、測定点（内地は県庁所在地、外地は中心都市）間の直線距離（一、五六八通り）を Google map で測定し、「その他国」の距離については一律三〇〇〇キロメートルとした。したがって、同一県内で移動した場合の移動距離はゼロである。鉄道、道路は整備状況が刻々と変動しているため、官立高工生の入学、就職移動の時期に応じて測定するのは事実上できないので、移動距離は実際の距離を表すものではなく移動規模の指標として用いている。

「章末」に掲げた参照文献は、確認の容易性を考え、同一文献を再掲した場合でも原則として著者、出版社等を省略せず記載した。

三　課題設定

課題として、次の三点を設定した。

第一の課題は、帝国憲法期の官立高工生の進学、就職移動が、国家の教育政策の下でどのように実行されたかを計量的に明らかにすることである。

計量的手法をとることで、国内外に分散し、入学年度が二九年間に渡る一六、七一八人のデータを有機的に結合し、通時的（時間軸）・全国的（空間軸）な集計、分析が可能となる。

日本の産業化は、近代化に伴って自動的に開始され成就できたわけではない。国の政策、資本の集中的投下などとともに、学校で系統的工業教育を受けた者が全国の産業現場に移動し、技術を伝達普及することによって軌道に乗った。帝国憲法で法制化された移動の自由（人口移動）は近代日本の産業化に貢献し、官立高工生の入学移動と就職移動はその典型であった。

また官立高工生が獲得した学歴は、日本の近代化を促進した能力＝学歴に基づく階層移動（社会移動）の重要な基礎条件となった。

第二の課題は、早期選抜・分岐型学校制度の下での官立高工への傍系入学、大学への傍系進学の実態を計量的に分析することである。

帝国憲法期において、制度的に袋小路になっている進学非正規コースに進んだ若者が、どのようにして上級学校に進学し、階層の上昇移動（社会移動）を目指したかを解明する。

本ＤＢによれば、官立高工入学者の一〇％程度が工業学校卒や検定試験合格などの傍系入学者である。帝国憲法期の学校制度は、学校段階毎に進学袋小路が設けられた分岐型学校制度がとられ（図表2）、一二歳の小学校卒業段階で上級学校進学または就職が早期選抜された。進学してもそれが工業学校等の実業学校であれば、旧制高校や官立高工等の上級学校への進学は難しく、更に官立高工等の専門学校から大学への進学はより厳しく制限されていた。

図表２　学校系統図（1919年大学令施行）

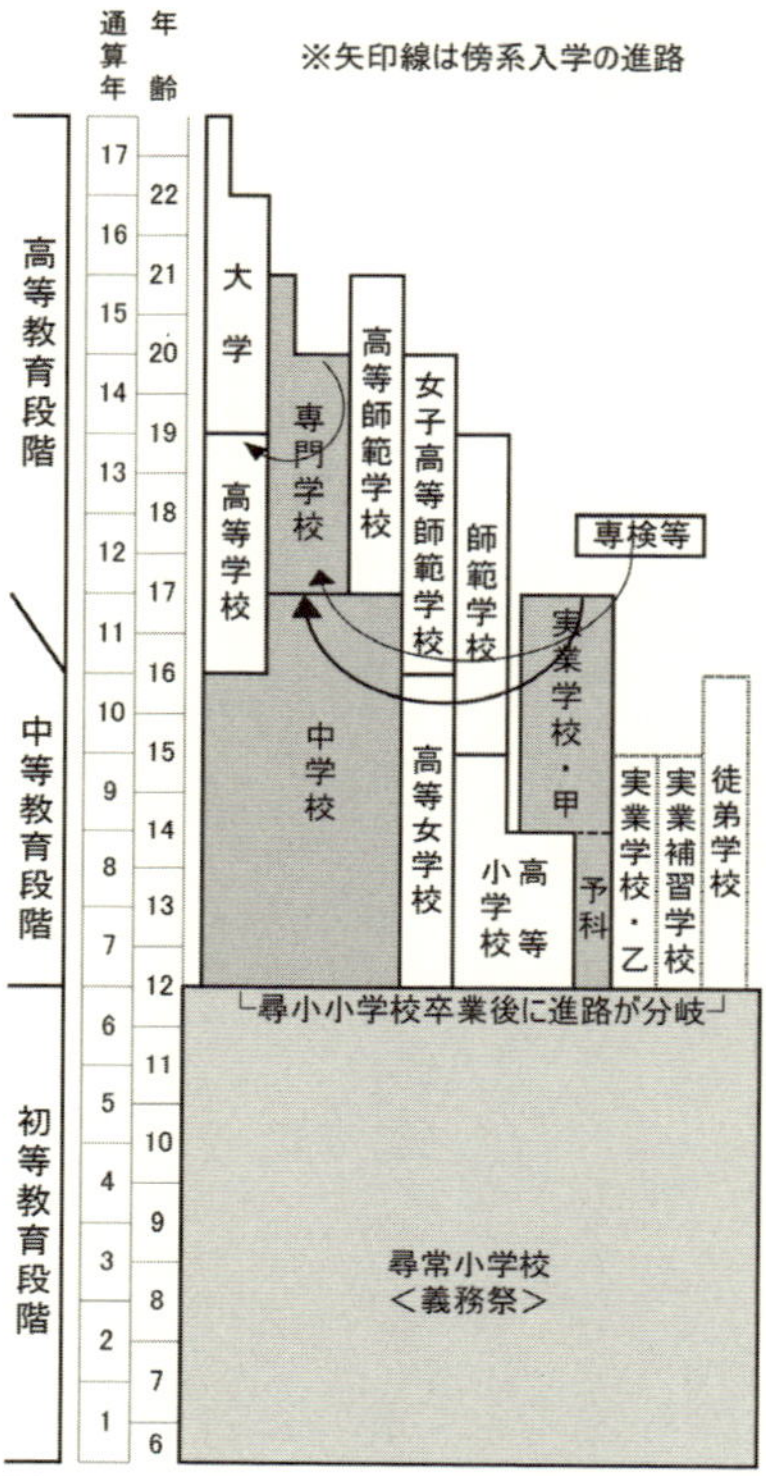

（注）
1. 文部省『学制百年史』ほかから作成。
2. 教育段階は、本論の趣旨を踏まえて区分した。例えば師範学校はこの後に中学校卒を原則資格とする高等教育段階の学校になるなどの変遷がある。

　そのなかで、専門学校制度は発足時から正系対象の入学試験とは別に、「同等ノ学力ヲ有スルト検定セラレタル者」を対象とする傍系入学制度が設けられていた（専門学校令五条）。エリートである旧制高校は正系以外の者に対して厳しい進学制限を行ったが、準エリートである専門学校は進学非正規コースの者にもある程度の門戸を開き、高等教育段階へのバイパス的役割を組み込んでいた。

　袋小路の進学非正規コース学校に進んだ若者が、上級学校進学を制度的に否定されたなかでどのようなルートで進学を果たしたか、本ＤＢによりその解明を試みる。傍系入学は国民を進路の節目毎に選別する分岐型学校制度と、上級学歴を獲得して階層上昇を目指す国民の願いとの制度的矛盾の結節点であった。若年期の再チャレンジの可能性、マイノリティ尊重、多様性容認といった現代に通じる課題でもあり、「第三章　傍系入学・傍系進学―進学非正規コースからの復権―」で詳述する。

　第三の課題は、官立高工生の外地との往来である。

　帝国憲法期にのみ存在した外地について外地出身者の官立高工入学と内地出身者の外地への就職の両面から分析する。

　外地出身者は、全入学者一六、七一八人のうち三一六人、二％と極めて少数であるが、内地出身者の外地への就職者は二、七六一人、一七％に上る。この人数は県別就職者数第一位の東京府六、一四八人に及ばないものの、第二位の大阪府二、六一三人を上回っていて、多数の内地出身の官立高工卒業生が外地に就職していた。「第四章　外地との往来―「出超」―」で詳述する。

四　研究の特色

特色の第一は、一次史料に基づくデータベースを新たに作成し、分析、考察を行ったことである。本ＤＢは、一九一二～一九四〇年の二九年間に官立高工へ入学した一六、七一八人の生徒を、各種の属性を付けてデータベース化したもので、一人当たりデータ数は三八～八七項目（転職回数の多寡で増減する）、総データ数は七〇万項目を超える。

先行研究では『文部省年報』などの統計を使用する場合が多いが、これらの既存統計は年度別、学校種別などで固定された横断面データとして提供されていて、個々の生徒別に入学から初職、転職までの連続した時系列データになっていない。そのため、これらの統計から新たな切り口でクロス集計するような方法はとれないが、独自にデータベースを作成したことで、様々な角度から自由な集計、分析が可能となった。管見する限り、入学、就職移動について、一次史料に基づくデータベースを作成し、全国・長期にわたる計量分析を行った先行研究は見当たらない。

粒来香と佐藤俊樹が、「旧制は実業学校・専門学校など職業と関連づけた学校体系を持っていたが、それは現実の職業キャリアとどのように結びついていたのか。（中略）学校種別と時代とを視野にいれた、学歴と職業のマクロ社会的な分析はあまりない。いうまでもなく、その主な理由は実証データの不足にある」[7]と指摘したのが一九九五年である。その後、菊池誠が二〇〇三年に、「入学時の個票データを同窓会名簿などに基づく卒業後の状況と結びつける研究も始まっているが、どのようにしてケーススタディの域を抜け出すかという課題が残っている」[8]と指摘した状況は現在もほとんど変わっていない。

特色の第二は、計量分析を次の二点で補完したことである。

一点目は、本ＤＢを個人別連続データとして作成したことで、あたかも生徒別の履歴書のように出身学校、浪人の有無・期間、入学年、学科、留年の有無、卒業年、初職・転職の就職年、企業名、所在地、在職年数などが把握できる利点を活かし、具体的事例を多数取り上げたことである。

二点目は、官立高工一〇校の卒業生一二人に、筆者が直接インタビューしたことである。

官立高工末期の一九四〇年代の卒業生でも、既に八〇歳代半ばを超える高齢のため、インタビューの適任者探しに苦労したが、個人的伝手を辿り、また官立高工同窓会のご紹介を得るなどで一二人の方に出会え、貴重なお話を伺えた。

インタビューで語られた様々な経験談は、具体的で生々しい迫力に富むものであった。

インタビューでは、（一）官立高工入学前の履歴（生年、出生地、出身学校、父の主職、兄弟姉妹、家計、官立高工志望動機、他校受験の有無と合否など）、（二）学校生活の内容（寮・自宅、授業、課外活動、勤労動員、軍事教練など）、（三）卒業後の進路（初職と転職、初職時の学校紹介の有無、志望動機、同期生の状況、現況など）の多岐にわたる項目について統一した質問を行った。

インタビューは、同窓会誌の投稿記事のように、「聞き返せない」ものとは異なり応答を通じて回答を得られる。各章にインタビューの内容を反映させるとともに、補章にインタビュー全文を掲載した。

残念ながらインタビュー後にお亡くなりになり刊行をご報告できなくなった方や、現在は病床にある方もおられるが、ご協力に改めて心から感謝申し上げる。

そのほか、本ＤＢの対象校以外の官立高工及び高等農林などの実業専門学校の年史、周年記念誌、同窓会誌、当時発行の新聞、受験雑誌などを補完史料とし、適宜に参照、引用した。

第二節　先行研究

一　先行研究を四カテゴリーに区分

先行研究を四つのカテゴリーに分類した。

第一のカテゴリーは、専門学校全般に関するもので、主に制度的研究である。天野郁夫の一連の専門学校研究、藤原良毅の高等教育機関地域配置計画、坂根治美の桐生高工をフィールドにした研究などで、文部省『学制百年史』、国立教育研究所『日本近代教育百年史』もこのカテゴリーに含めた。

第二のカテゴリーは、学生・生徒の人口移動・社会移動に関する研究である。岩内亮一の官立高工生の移動研究、片岡徳雄を研究代表者とする計量歴史学手法によるデータスタディ、酒井真一の広島高工の分析、石田雅春の旧制高校就学、広田照幸等の旧制工業学校を題材とした研究などである。また粒来香の職業と学歴、佐藤俊樹の計量歴史社会学、原純輔の階層システムとＳＳＭ、竹内洋の立身出世主義など、官立高工の移動に関連した研究がある。

第三のカテゴリーは、入試、傍系入学などについての研究である。これらの研究は、主として教育学分野で取り組まれていて、佐々木亨の実業専門学校入試、関正夫の高等教育入試、菅原亮芳の専検制度、三上敦史の夜間中学校の研究などである。

第四のカテゴリーは、技術者教育関係の研究である。主に経営学分野で取り組まれていて、内田星美の一連の研究をはじめ、大淀昇一の技術者教育、橋野知子の工業教育、沢井実の就職、三好信浩の工業教育史などがある。

本章では主に第一のカテゴリーに属する先行研究を取り上げ、第二〜四カテゴリーの先行研究については第二章以降の各章で述べる。

二　専門学校全般に関する先行研究

第一のカテゴリーの先行研究は、天野郁夫の『旧制専門学校―近代化への役割を見直す』（一九七八年）(9)で開始された。天野はその後も、『高等教育の日本的構造』（一九八六年）、『大学の誕生（上）（下）』（二〇〇九年）、『高等教育の時代』（二〇一三年）、『新制大学の誕生』（二〇一六年）など一連の著書で、専門学校を日本の「大学のルーツのひとつ」と位置付け相当の紙幅を割いて論じている。天野の研究については、本文中でその都度触れる。

天野は、専門学校を他国にない日本的高等教育機関で、戦後の多くの新制大学の母胎になったという。また日本の高等教育特有の問題として、国家政策により大学と専門学校の二類型、官公立（国公立）と私立の二系統を組み合わせた二重の階層構造が意図的に形成されたと指摘する。国際的に見て特異なこの階層構造が、帝国憲法期の私立専門学校を経て戦後の私立大学に引き継がれ、高等教育の粗製濫造などの問題を生む最大の要因になったという。

天野の「高等教育の二重階層論」ともいう主張は、官立と私立の格差問題については首肯できるが、大学と専門学校の関係については本ＤＢの分析から見て違和感がある。天野は官公立と私立、実業専門学校と一般専門学校の区分を問わず「専門学校と大学」の区分で対比するが、この枠組みでは官立実業専門学校の重要な特徴である「準エリート性」が事実上欠落してしまう恐れがある。

次に、藤原良毅の高等教育機関の配置政策研究である。

藤原は、近代における高等教育機関の地域配置政策について、明治初期、同中期、同後期、大正期、昭和期の五期に区分し、成立、展開過程を各時期の社会的条件との関連を中心として史的に考察している。私立学校を含む高等教育機関の地域配置政策について、地域を人口別に二〇万人以上の大都市六市、一〇～二〇万人の中都市八市、三～一〇万人の小都市六三市に区分し、大学、旧制高校、専門学校の学校種別に、緻密な実証を行っていて、高等教育機関の地域配置に関する最も総合的な研究となっている。[10]

三番目は、坂根治美の官立桐生高工をフィールドにした、教育内容、就職、地域社会との関わりについての一連の研究である。

桐生高工は、渋沢栄一が桂太郎首相に設立を進言するなど地元繊維産業の強い要望を受けて、一九一六年の繊維全盛期に官立桐生高等染織学校（色染科、繊維科）として新設され、五年後の一九二〇年に米沢高工に次ぐ八番目の官立高工として桐生高等工業学校に改組されている。[11]執筆に当たって同校の『学校一覧』の大半（一九一六～一九四三年）を収集したが、生徒出身地の記載が本籍のみで出身旧制中学は不明のため、残念ながら本ＤＢから除外した。

坂根は、国の教育政策や社会動向の桐生高工への反映について、詳細な史料に基づく分析を行っていて、本ＤＢの分析結果と比較検討した。

四番目は、文部省『学制百年史』である。

国の教育「正史」として、『学制五十年史』（一九二二年）、『学制七十年史』（一九四二年）、『学制八十年史』（一九五四年）、『学制九十年史』（一九六四年）、『学制百年史』（一九七二年）が刊行されている。一九九二年に『学制百二十年史』も刊行されたが、『学制百年史』の資料や統計データが最も充実しているため、主に『学制百年史』により学校系統図を作成し、関連統計を本ＤＢの対照データとして使用した。

五番目は、国立教育研究所『日本近代教育百年史』である。

文部省『学制百年史』と違い、個々の教育史研究者の主張を反映させたものとなっていて、『五学校教育（三）』を中心に統計データ等を引用し、また対照データとして使用した。

最後に、使用したその他の資料、統計データを挙げる。

法令及び人名については、『法令全書』『国立公文書館デジタルアーカイブ』『明治以降教育制度発達史』のほか、『専門学校資料（上）（下）』（文部省大学学術局技術教育課）[12]、『旧制諸学校規定集』（文部省初等中等教育局高等学校教育課）[13]、『文部省歴代職員録』（文部省大臣官房人事課）[14]に拠った。

統計については、『文部省年報』（特に一九〇三年以降）のほか、文部省発行の『高等諸学校一覧』（一九二二～一九四四年）、『高等諸学校統計』（一九二八～一九四五年）、『実業学校一覧』（一九二五～一九四二年）、『文部統計摘要』（一九一七～一九四〇年）、『図で見るわが国教育の歩み―教育統計八〇年史―』[15]、『日本の教育統計―明治～昭和』[16]、文部科学省『我が国の教育統計―明治・大正・昭和・平成』[17]、総務庁統計局監修『日本長期統計総覧（第一巻）』[18]の行政資料に加えて、細谷俊夫・奥田真丈・河野重男・今野喜清『新教育学事典八統計・年表・索引』[19]を使用した。

これらの統計資料は、例えば専門学校の官公私立の設置セクター別、一般専門学校と実業専門学校の区分、本科生と別科生の区分などがまちまちになっているため、使用目的に応じ複数の統計資料を使い分けた。

行政当局が作成した統計、特に就学率については「高すぎるのではないか」との疑義が出されたことがあったが、その後の研究によって正確性が確認されたので[20]、信頼できる統計データとして取り扱った。

第三節　官立高工の法的・社会的位置―準エリート性―

一　法的・社会的位置

官立高工は、日露戦争前年の一九〇三年に、専門学校令の新規制定（勅令六一号）と既存の実業学校令の一部改正（勅令六二号）という二重の法規定で発足した官立実業専門学校の一つである。産業化を最重要課題に掲げた帝国憲法期の日本が、その第一線を担う実践的上級技術者の養成を質と量の双方を確保して行うため、帝国大学とは別系統となる三年制の短期高等教育学校として新たに制度設計した。

専門学校令では専門学校の基本的性格を、「高等ノ学術技芸ヲ教授スル学校」（一条）と規定し、実業学校令に「実業学校ニシテ高等ノ教育ヲ為スモノハ実業専門学校トス」（二条の二）との規定を追加、両令の規定を合わせて新たに「実業専門学校」という学校制度が設けられた。

学校の制度上の地位は、入学資格と卒業後の上級学校への進学資格で決定されるが、専門学校は旧制中学卒業を入学資格とする高等教育段階の学校と位置付けられた（専門学校令第五条）。これまで「専門学校」の名称が、入学レベルが異なる様々な学校で不統一に使用されていたため、専門学校を旧制中学卒業後に入学できる高等教育学校との位置付けを法令で明確に規定したものである。同時に、専門学校は分岐型学制下で卒業後に大学進学を予定しない袋小路の進学非正規コースとして固定された（図表２）。

寺﨑昌男は、明治維新以降の日本の高等教育制度がヨーロッパと異なる点として三点を挙げる。第一に五本の実定法の制定（①学制一八七二年、②帝国大学令一八八六年、③専門学校令一九〇三年、④大学令一九一八年、⑤学校教育法一九四七年）による制度ありきの発展形態をとった、第二に学校間の序列は国家からの距離（官公私立の別）で決まっていた、第三に学びによる立身出世（門地門閥によらず）を可能とした、である。(21)

国民を特定の年齢段階でコース別に振り分けて教育する分岐型学校制度は、帝国憲法期の日本が速いスピードで近代化を進めるためには効率的であり、専門学校はその効率的学校制度の根幹のひとつに据えられていた。

専門学校は、設置セクター別に国が設置する「官立」、文部大臣の認可（専門学校令条）を受けて設置できる「公立」（沖縄県を除く県又は市立、同令二条）、私人が設置する「私立」（同令三条）の三区分、教学内容別では「（一般）専門学校」「実業専門学校」の二区分があり、更に実業専門学校は工業、農業、

図表３　専門学校数（1942年）

		設置者			
		官立	公立	私立	計
		校	校	校	校
教学内容別	専門学校	29	10	112	151
	実業専門学校	50	6	20	76
	工業	25	2	4	31
	農業	13	1	3	17
	商業	11	3	13	27
	水産	1			1
合計		79	16	132	227

（注）
1. 文部省専門教育局『専門学校一覧（昭和17年1月現在）』から作成。帝大附属専門部を含まない。
2. 四角で囲んだ部分が官立高工の数。

商業、水産に分類できる。専門学校制度は、制度発足後四〇年経った戦時期末の一九四三年に初めて制度変更が行われたが、その直前の一九四二年段階における種類別の学校数は（図表3）のとおりである。

法文系中心の私立（一般）専門学校が一一二校と全専門学校二二七校の半数を占めているが、その教学内容、生徒のレベルは現在の私立大学と同様に多種多様であった。官立専門学校は一般・実業合わせて七九校で、学校数では全専門学校の三割強であるが、教学レベルと入試での生徒の選抜性は高く、社会からの評価も高かった。なかでも官立高工は質と量を兼ね備えた専門学校の中核的存在となっていた。

関正夫は「入試競争率に関しては（旧制）高校＞官公専門＞私立専門」の関係が成立していて、「（旧制）高等学校、専門学校間における制度的な序列構造が進学者の動向、すなわち入学競争率の高低に見事に反映している」と指摘している。[22]

官立高工の入学資格は、旧制中学五年「卒業」（旧制高校のように四年「修了」での入学はできない）、修業年限三年（明治専門学校のみ四年）が戦時末期を除いて維持され[23]、帝国憲法期の小学校、旧制中学、旧制高校が修業年限の延長・短縮、入学資格の変更を行っているのに較べれば相対的に安定した学校制度であった。

専門学校の修業年限が五年から四年に短縮されたのは、戦時対応の中等学校令制定（一九四三年施行、勅令三六号）によって旧制中学校、高等女学校、実業学校が中等学校に包括され、修業年限の四年統一、専門学校入学資格の旧制中学四年卒業への変更がなされたことによる。この制度変更により、臨時的に旧制中学四年「修了」での専門学校受験が認められている。

一九四三年入学生から適用予定であった修業年限四年への短縮は、戦況悪化で施行時期が繰り上げになり（「教育ニ関スル戦時非常措置方策」一九四四年東條内閣閣議決定）、在学中の一九四一年入学生から急遽適用されたため、一九四五年三月の卒業式は一九四〇年入学の五年生と一九四一年入学の四年短縮生の合同で行われている。

専門学校を専門分野に特化した短期高等教育学校（低度の大学）と位置づけたことには、専門学校の当事者をはじめ

として不満や異論があり、大学並み昇格要求をはじめとした様々な制度改革の意見が出されている。(24)

原正敏は、アジア・太平洋戦争の敗戦間もない時期に、経済界から、新制大学の工業教育に対する不満の反動として、廃止された官立高工を「理想化」「神格化」する議論が起きたが、戦前期の大正期と昭和初期においても、既に「かなり有力な廃止論」が出されていたと指摘している。(25) 官立高工の特徴である準エリート性は、別の角度から見れば「中途半端」なものであったともいえるためである。

まず「大正期」の改革案であるが、原は、経済審議会（一九二八年勅令二二四号）第三特別委員会（教育改革に関する委員会）の「教育改善ニ関スル決議」（一九二八年）が、大学・専門学校を大学とし、旧制高校は大学または中学に、高等小学校は実業補習学校にすると提議したことを挙げる。経済審議会は、田中義一首相を会長、山本悌二郎農相と中橋徳五郎商工相を副会長とした高レベルの組織である。

興味深いのは、この決議が経済担当の審議会で行われていることで、教育「改革」の火の手は、いつの時代も経済界から起こる場合が多い。また副会長の中橋商工相は、原敬内閣の文相として高等教育創設拡張計画（一九一九～一九二八年度、第二章第五節）を作成し、多数の専門学校の創設・拡充を主導した人物であった。

一九二〇年代後半から一九三〇年代にかけては、ロシア革命（一九一七年）の影響もあって労働争議が活発化し、全国の官立高工でも大学昇格を要求する運動が起こっている。とはいってもすべての官立高工が大学昇格運動をしたわけではなく、一九一〇年に全国七番目の官立高工として設置された米沢高工では、「盛岡や秋田や大阪や名古屋などの専門学校長は生徒と共に学業を放棄して上京し、新聞社や其他に運動をした（略）世の識者はむしろ眉をひそめた（略）我米高工でも生徒の間にも教授の間にも、相当議論があり、運動をしやうと云ふ者もあったが、最後迄遂に上京などする生徒は一人も出ず(26)」と静観した様子を伝えている。

次に「昭和初期」の改革案であるが、「大正期」の改革提案を受けて、一九三〇年代から戦時期に「教育合理化案」（一九三一年、第二次若槻内閣の与党である民政党政務調査会）、「教育制度改革案」（一九三三年、東洋文化学会、平沼騏一郎を中心とした国家主義的「無窮会」の外郭団体）、「教育制度改革案」（一九三七年、教育改革同志会、文部官僚出身の文相経験者で学制改革論者の久保田譲など）、「学制改革案」（一九三八年、帝国教育会調査部、政府系で最大の教育団体）と政府に近い立場の団体から相次いで専門学校の独立経営、廃止などを求める提案がなされている。

官立高工は、一九四四年施行の戦時対応の学校制度改革によって、制度発足以来の（一般）専門学校と実業専門学校の区分が一元化されるとともに、官立高等工業学校（官立高工）から官立工業専門学校（官立工専）に変更され、併せて学科の再編・名称変更が行われている。

この経緯を見ると、一九四〇年の教育審議会答申では、「専門学校中特ニ実業ニ関スル学術技芸ヲ教授スル学校ヲ実業専門学校ト称ス」とし、これまでどおり実業専門学校が（一般）専門学校とは別立てにされていた。ところが同答申を受けて行われた専門学校令改正（一九四三年勅令三九号）では、「現ニ存スル実業専門学校ハ専門学校トス」と専門学校一元化に変更されている。この背景には、これまでの改革諸案で提起されながら具体化されなかった「大学と専門学校の統合」構想の存在があると思われる。

官立高工は、敗戦一か月後の一九四五年九月頃から相次いで授業再開したが、学校教育法制定（一九四七年施行）により専門学校制度が廃止され、「新制国立大学実施要綱」（いわゆる国立大学設置一一原則、一九四八年）で「特別の地域を除き一府県一大学」とされたことから、官立高工の大半は新制国立大学の工学系学部（または単独の工業大学）に移行してその姿を消した。専門学校制度の廃止後は、在学中の官立高工生が卒業するまでの暫定措置として「〇〇大学〇〇工業専門学校」の名称で存続され、卒業生インタビューの中村弘氏も「九州工業大学明治専門学校」卒業となっている。

なお、官立高工と同等の、旧制中学卒を基礎資格とする技術系学校に、中央気象台附属測候技術官養成所（一九二二年）、逓信官吏練習所（技術科・電信科）があり、興味深い存在であるが、本研究の目的とは異なるため対象としなかった。

二　学歴と地位の相関

一九三〇年の「会社工場従業員学歴調査報告」（文部省実業教育局）で技術者と学歴の関係を整理してみると、帝国憲法期においては学歴と地位の強い相関が鮮明に現れた（図表4）。

高等教育段階の大学（ほぼ帝大）工学部卒技術者の地位は、「技師以上」と「技手」が半々でそれより下級の者はほとんどいない。同じ高等教育段階でも工業専門学校（ほぼ官立高工）卒技術者は、「技師以上」が二〇％弱にとどまり、「技手」が八〇％弱と大半を占めている。また中等教育段階の工業学校卒技術者は、「技師以上」はごくわずかで、「技手」五〇％強、「職工」三〇％強であり、初等教育段階の高等小学校卒技術者（技能者）は九〇％が最下級の「職工」となっている。

図表４　学歴と地位の相関

教育段階	学歴／地位	技師以上	技手	職長	職工	その他
		%	%	%	%	%
（高等教育）	大学工学部	46.7	52.6		0.7	
	工業専門学校	16.7	77.8		5.5	
（中等教育）	工業学校	4.2	55.1	5.8	33.2	1.7
（初等教育）	高等小学校	0.2	3.2	6.5	88.5	1.6

（注）「会社工場従業員学歴調査報告」（文部省実業学務局調査室、1930年6月現在）のうち、準公的企業である「特別工場」（東京瓦斯株式会社、大同電力株式会社、日本鋼管株式会社電気製鉄所等11社）のデータから筆者が作成。

技師は官吏の奏任官（高等官）、技手は判任官（判任官以上が官吏）に相当し、軍人としては技師が将校、技手が准士官に当たる職位で、民間企業では正員＝社員として月給制であった。職長は軍人では下士官に相当する職位で、企業では準社員として日給・月給制であったのに対して、職工は軍人では兵卒に当たり、企業での職位は傭人などで給料は日給・能率給制であった。月給制は、年功と昇任による昇給制度に加えて多額の賞与があり、また休日の有無に関わらず安定的収入が得られたが、日給・月給制は欠勤時は給与がなく賞与も少額になり、日給・能率給制の職工は制度的昇給がなく、かつ報酬も実働分のみのため不安定で額も少なかった[27]。

職位が学歴により極めて明確に区分され、更に大学内でも帝大、官立大、私立大の別、私大も早慶とその他大学、また専門学校も官公立と私立のように、設置セクターと学校名による細かな格差があり、こうした学歴で決定された地位が経済条件に直結していた。

この学歴は学「習」歴ではなく学「校」歴なので、採用後に技術・技能を高めても採用時の学歴区分を超えて上昇することは極めて稀で、最終学歴の高さがより高い社会階層に所属するための決定的な前提条件になっていたことを示している。

中村牧子が、一九六五～一九九五年のＳＳＭ調査（社会階層と社会移動全国調査）を基礎資料として分析した内容も同様の結果を示している。(28)

一九一六～一九四五年に初職に就いたコーホートの学歴別職種は、「高等（大学等）」卒が「官公専門・官吏」中心、「後期中等（専門学校）」卒が「大企業専門・官吏」中心なのに対し、「前期中等（旧制中学・工業学校等）」卒は「大企業事務・官公事務」が多数を占める。「高等」「後期中等」区分の大学・専門学校卒は専門的・官吏級の職に就いているが、「前期中等」区分の中学校・工業学校卒は一段下の階層の職である。

王健が、一九二七年の旭絹織（現在の旭化成）大津工場の職制と学歴構成について行った分析も、同様である。(29)

同社は一九二七年に職員採用と昇進の詳細基準を定め、大学工学部卒は初任月給八〇円、高工卒は七〇円、工業学校卒は四〇円とした。大卒と高工卒は三ヶ月の仮入社を経て工務員に任用され、更に六ヶ月後に技手補に昇進する。一方で工業学校卒は、六ヶ月の助手を経て一年六ヶ月以内に工務員に任用される。高工卒は大卒より修学年数が二年短いが初任給の差額は一〇円なのに対し、高工と工業学校は修学年数差三年で初任給差額は三〇円なので実質二倍の開きがある。また昇進は大卒と高工卒が少なくても最初は同様に扱われ、工業学校卒と明確な区別がなされている。このように、産業界での待遇は高工が大卒と同一層の中で区分されたのに対し、工業学校卒は明確に別の層とされていた。

天野郁夫は、「明治三〇年代（筆者注：一八九七～一九〇六年）、学歴有用の世界と学歴無用の世界は（略）はっきり分かれ」、高級技術者は「学校出」の支配が確立していたが、中・下級技術者はたたき上げで地位確保が可能で、事務職員の場合は才覚があれば管理者から経営者へ上っていくことも十分可能だったという。(30) こうした状況が、三〇年ほどの間に学歴社会の進展に伴って大きく変化している。

帝国憲法期において、能力次第で門地門閥によらずに登用する場合の「能力」とは「学歴」であったこと、これらの調査、研究で明瞭である。学歴が社会のトップ層だけではなく、国民全般の所属階層を細かく決定していく基準の役割を果たし、高位の学歴を獲得しなければ所属階層の上昇移動＝立身出世を果たせず、経済条件も改善されなかった。

このように近代日本に出現した学歴社会の特徴は、第一に最上層の選出だけではなく国民全体の階層決定の基礎になった、第二にヨーロッパのように出身階層で進学が制限されず、前提となる経済条件を除けば比較的開放的であった、の二点である。

これは、近代前と比較すれば否定的なことではない。近代公教育制度は全国民を対象に国家制度の一環として成立、発展し、学校での修学を通じて、本人の能力次第で社会階層の上昇移動と職業選択機会の拡大を可能としているからである。問題は、第一に基準が学歴で、高学歴を得るためには受益者負担原則の下で多額の学費負担を強いられた、第二に最終学歴を基にいったん決定された身分・階層の変更が難しかった、第三に早期選抜の分岐型学制下で、いったん袋小路の進学非正規コースに進むとその後の挽回が難しかった、の三点である。

家計条件が能力確認の前段階におけるフィルターとなる仕組みは、次第に家計条件の有利な層による再生産につながっていくこととなる。

執筆を進めるなかで筆者が疑問に感じた点に、社会階層の決定基準を門地門閥から学歴に切り換え、憲法にその旨を明記する価値基準の大転換を図りながら、次の段階である「実力本位」になぜ進まなかったのか、がある。

この疑問に関連する研究として、執筆直前に若林幸男編著『学歴と格差の経営史』が刊行された。若林はこれまでの教育社会学を中心とした議論が、市場を分析する視座の欠落と現代の常識を軸に過去を単純に振り返る方法に堕している点を指摘し、職員を月給額順に並べた「三井物産特別職員録」の分析を通じて、「学歴による社会的（昇進）格差」は見られず実力が基準だったと指摘する。(31) この若林の分析に対し菅山真次は、同書掲載の論文で研究史上の意義を認めつつも三井物産モデルだけで一般化するのは一面的であると反論している。(32) その上で、筆者も図表4の作成で使用した一九三〇年の文部省調査から従業員と学歴の相関を独自に分析し、筆者とほぼ同様の結果を示した。また戦間期の日立製作所の『昇給調書』の分析から、高等教育終了者と中等教育以下の学歴者を比較して明確な格差があると指摘する。

現時点では、若林の論は刺激的であってもケーススタディの域を出ておらず、その他の様々なデータは学歴による地位の相違を示している。

帝国憲法期だけでなく、日本国憲法期に入っても「学歴社会」が指摘されるのは、学歴に代わる有効な基準が提示できないことにある。個人の能力はスピードや高さのように観客的数値で測定することはできず、どうしても測定者の意志が加わるため恣意的、依怙贔屓などの批判があり、現時点では帝国憲法が門地門閥基準から学歴基準へ転換した方策を超えるような変革は生み出せていない。

三　官立学校の全国への配置

官立高工の生徒数は、制度発足時の一九〇三年を一とすると帝国憲法期末の一九四五年には四〇・六倍に激増している。官立高工予備軍としての旧制中学生数の伸び率は六・五倍なので、官立高工の伸び率は旧制中学の六倍超という大幅増になっている（図表5）。

官立高工を新設するためには、校地、校舎だけでなく実験・実習の施設設備にかなりの経費を要し、専門の教員も多数必要とするが、工科系大学を作るほどではない。官立高工の拡張は、産業の発展に伴う必要性のほか、旧制中学生の増加で高等教育学校の増加を迫られていた政府にとって国民の期待に応えやすい学校であった、また地方の「役に立つ」高等教育機関設置の要望に合致する学校であった、などの理由が重なって、重点的な拡張が図られたものといえる。

では官立高工を含めて帝大、官立大、旧制高校、官立専門学校などの官立学校は各道府県にどのように配置されたのかを一覧にして比較してみた（図表6）。帝大、官立大、ナンバースクール旧制高校の全て、ネームスクール旧制高校の大半が道府県庁所在地に設置され、医学系中心の一般専門学校一三校も、帯広獣、松本医、米子医以外の一〇校は県庁所在地に設置された。

ところが実業専門学校はかなり様相が異なる。官立高工二八校中四〇%以上の一二校、官立高農、官立高商等二九校中三〇%近い八校がいずれも県庁所在地以外の市に置かれた。県庁所在地に既に旧制高校等が設置されていたからで、位置決定は工業や農業の高等実業教育の適地を選択するというよりは、県内の地域バランスを配慮したものとなっ

図表５　官立高工生数と中学生数の対比（1903 から 1945 年）

		官立高工			中学校		
		在籍者数	対1903年 増数	対1903年 倍率	在籍者数	対1903年 増数	対1903年 倍率
	年	人	人	倍	人	人	倍
創設期	1903	983	0	1	98,000	0	1
	1904	1,125	142	1.1	101,196	3,196	1.0
	1905	1,460	477	1.5	104,968	6,968	1.1
	1906	1,603	620	1.6	108,531	10,531	1.1
	1907	2,071	1,088	2.1	111,436	13,436	1.1
	1908	2,394	1,411	2.4	115,038	17,038	1.2
	1909	2,576	1,593	2.6	118,133	20,133	1.2
	1910	2,605	1,622	2.7	122,345	24,345	1.2
	1911	2,728	1,745	2.8	125,304	27,304	1.3
	1912	2,452	1,469	2.5	128,973	30,973	1.3
	1913	2,520	1,537	2.6	131,946	33,946	1.3
	1914	2,480	1,497	2.5	136,778	38,778	1.4
	1915	2,471	1,488	2.5	141,954	43,954	1.4
	1916	2,558	1,575	2.6	147,457	49,457	1.5
	1917	2,712	1,729	2.8	153,891	55,891	1.6
	1918	2,875	1,892	2.9	158,971	60,971	1.6
拡張計画期	1919	3,015	2,032	3.1	166,616	68,616	1.7
	1920	3,237	2,254	3.3	177,201	79,201	1.8
	1921	4,083	3,100	4.2	194,416	96,416	2.0
	1922	4,610	3,627	4.7	219,101	121,101	2.2
	1923	5,191	4,208	5.3	246,739	148,739	2.5
	1924	5,857	4,874	6.0	273,063	175,063	2.8
	1925	6,614	5,631	6.7	296,791	198,791	3.0
	1926	7,022	6,039	7.1	316,759	218,759	3.2
	1927	7,370	6,387	7.5	331,631	233,631	3.4
	1928	7,441	6,458	7.6	343,709	245,709	3.5
定着期	1929	6,349	5,366	6.5	348,584	250,584	3.6
	1930	6,670	5,687	6.8	345,691	247,691	3.5
	1931	7,015	6,032	7.1	336,186	238,186	3.4
	1932	7,045	6,062	7.2	329,459	231,459	3.4
	1933	7,072	6,089	7.2	327,261	229,261	3.3
	1934	7,142	6,159	7.3	330,992	232,992	3.4
	1935	7,261	6,278	7.4	340,657	242,657	3.5
	1936	7,340	6,357	7.5	352,320	254,320	3.6
	1937	7,544	6,561	7.7	364,486	266,486	3.7
戦時対応期	1938	8,669	7,686	8.8	380,498	282,498	3.9
	1939	12,525	11,542	12.7	398,404	300,404	4.1
	1940	18,228	17,245	18.5	432,288	334,288	4.4
	1941	18,327	17,344	18.6	475,751	377,751	4.9
	1942	21,695	20,712	22.1	529,424	431,424	5.4
	1943	28,984	28,001	29.5	607,114	509,114	6.2
	1944	34,458	33,475	35.1	622,346	524,346	6.4
	1945	39,955	38,972	40.6	639,756	541,756	6.5

（注）『文部省年報』等から作成。

ている。

江戸期を通じておおよそ二五〇程度あった旧藩は、伝統文化、方言、食生活などの面で現在でも一つのまとまりを持つ地域として残っている。しかし一八九〇年に帝国憲法にあわせて制定され、順次施行された一庁三府四三県の「府県制」（法三五号）以降は、国が官立学校を配置する際のバランスをとる単位が県に移行し、「藩」＝「市」は県内でバラ

図表６　官立高等教育学校（帝大・官立大・高校・一般専門・実業専門）の道府県別設置状況

		忠勤・朝敵分類		大学		高等学校（大学予科）	専門学校		
		宮武 維新時	大江 戊辰時	帝大	官立大		（一般）専門学校	実業専門学校	
								官立高工	その他
1	北海道		C1	北海道		北帝予	帯広獣	室蘭工	小樽商 函館水産
2	青森県		B2			弘前	青森医		
3	岩手	C						盛岡工	盛岡農
4	宮城県	C	C1	東北		第二		1仙台工	
5	秋田県	AC	B2					秋田鉱	
6	山形県	C	C2			山形		米沢工	
7	福島県	C	C2						福島商
8	茨城県	CD	B1			水戸		多賀工	
9	栃木県		A2-4						宇都宮農
10	群馬県	C	A2-4				前橋医	桐生工	
11	埼玉県	BC	A2-4			浦和			
12	千葉県	C	B2		千葉医		千葉薬	東京工芸	千葉園芸
13	東京府		D	東京	東京 東京工 東京文理	第一 東京商予 東京	東京医歯 東京外	東京工	東京商 東京繊 東京商船 東京農
14	神奈川県	C	A2-4					横浜工	横濱商
15	新潟県	C	B1		新潟医	新潟		長岡工	
16	富山県	B	A2-4				富山薬		
17	石川県	B	A2-4		金沢医	第四	金沢医附薬	金沢工	高岡
18	福井県	C	A2-4					福井工	
19	山梨県	D	D					山梨工	
20	長野県	C	B2			松本	松本医	長野工	上田蚕
21	岐阜県	C	B2						岐阜農
22	静岡県	D	A2-4			静岡		浜松工	清水商船
23	愛知県	D	A2-4	名古屋	名古屋医	第八		名古屋工	名古屋商
24	三重県	C	B2						三重農
25	滋賀県	C	B2						彦根商
26	京都府	AC	A2-4	京都		第三		京都工芸	京都繊
27	大阪府		B2	大阪	大阪工	大阪	大阪外	大阪工A Ⅳ大阪工B	
28	兵庫県	C	B2		神戸商	姫路 神戸商予		神戸工	神戸商 神戸商船
29	奈良県	C	A2-4						
30	和歌山県	D	A2-4						和歌山商
31	鳥取県	A	A2-4				米子医		鳥取農
32	島根県	C	A2-4			松江			
33	岡山県	AC	A2-4		岡山医	第六			
34	広島県	A	A2-4		広島文理	広島		工	
35	山口県	A	A1			山口		宇部工	山口商
36	徳島県	B	A2-4				徳島医	徳島工	
37	香川県	C	B2						高松商
38	愛媛県	BC	B2			松山		新居浜工	
39	高知県	A	A2-4			高知			
40	福岡県	A	B2	九州		福岡		Ⅱ明治専 久留米工	
41	佐賀県	AC	A2-4			佐賀			
42	長崎県	C	A2-4		長崎医		長崎医附薬		長崎商
43	大分県		A2-4						大分商
44	熊本県	B	A2-4		熊本医	第五	熊本薬	熊本工	
45	宮崎県	C	B2						宮崎農
46	鹿児島県	A	A1			第七			鹿児島農
47	沖縄県								

（注）1. 官立のみで県立等の公立、私立は含まない。また戦時対応の臨時医専、工業系転換等の学校を除く。
2. 網掛けした県は、大学、高等学校が設置されなかった県を表す。
3. 学校名の下線は県庁所在地以外の都市への設置を示す。
（宮武の区分）A/ 忠勤県、B/ 曖昧県、C/ 朝敵県、D/ 徳川親藩等
（大江の区分）A1/ 全域政府軍（薩長）型、A2-4/ 全域新政府軍型（参戦・無恭順・対抗交戦後恭順参戦）、B1/ 50％拮抗型、B2/ 一部幕軍混入型、C1/ 全域旧幕軍型、C2/ 70％旧幕雲型

ンスをとる際の下位単位となった。

また、官立学校の設置県選定に当たって、「忠勤県」と「朝敵県」で差別があったとの見解がある。宮武外骨は、『府藩県制史』で「賞罰的県名―順逆表示の史実―」として府県名の由来を論じ、「忠勤藩即ち皇政復古に勲功のあった大藩地方の県名には藩名を付け、朝敵藩即ち錦の御旗に刃向った大藩、および早く恭順を表せず、日和見の曖昧な態度であった大藩地方の県名には藩名を付けず、郡名または山名川名等を県名とした」[33]と述べた。

これに対して、勝田政治は、県名に旧藩名を使用しないのは地元からの要望という側面もあったので、県名の付け方をもって差別があったとは言い切れないという。[34]宮武説はその他の事実関係の誤りもあり、現在は政府の統一的方針で府県名を差別したことはなかったとの見方が大勢になっている。

それでも忠勤と朝敵で差別があったとの見方は消えず、福島県や滋賀県の県庁所在地が中心都市の会津や彦根ではなかったことについて、現在も新聞[35]や雑誌[36]が取り上げている。また山梨県立大学長の伊藤洋は、『府藩県制史』を引いて、岩手県など一八県（ママ）に旧制高校が設立されなかった理由は、朝敵藩の子弟が帝国大学を経て官僚に登用される機会が増すのを政府が嫌ったためで、代わりに高等職業学校を設置してそれが現在の国立大学の学部配置につながっているという。[37]

幕府崩壊から明治新政府の樹立にかけての時期は、多くの藩が揺れ動き、時勢とともに次第に朝廷側に変化した場合が多い。宮武の指摘する曖昧藩が多かったわけだが、これもどの時点での変化を捉えるのかによって答えは違ってくるし、県内の複数藩で異なる対応がなされている場合に、県全体をどう判定するのかの問題もある。

大江洋代が二〇一八年に、戊辰戦争時（一八六八～一八六九年）の二六〇藩を現在の都道府県に当てはめ、同一県内複数藩の異なる動向は石高の累積で分類するという手法で、新政府軍薩長型、新政府軍参戦型、新政府軍無血恭順型、新政府軍対抗・交戦後恭順参戦型、旧幕府軍型の五類型に分類した。[38]宮武の忠勤・朝敵区分と大江の分類を（図表6）に並記してみたが、大江の分類は忠勤・朝敵の区分が目的ではないためか、「全域新政府軍」区分に「新政府軍参戦型」

「新政府軍無血開城型」「新政府軍対抗・交戦後恭順型」の三類型が一括して掲記されていて、宮武の忠勤県・朝敵県の区分と必ずしもかみ合わなかった。

官立学校の設置位置の決定に関して幅広く実証的分析を行った藤原も、忠勤県・朝敵県の区分の影響があったかについては触れていない。(39)

結果から見ると、帝国・官立大学または旧制高校のいずれも設置されなかった一九県（沖縄県を除く）の内、宮武説で朝敵県とされた県が一五県、八割弱に及び、差別的取り扱いがまったくなかったとは言い切れない点がある。仮に官立学校設置に際して忠勤・朝敵の差別があったとすれば、帝国憲法期の政府の姿と学校設置政策はかなり色褪せて見えてくる。

四　官立高工の二つの特徴

官立高工は、二つの特徴を持っている。

その第一は、帝大工学部を技術者のエリートとすれば、「準エリート」ともいうべき地位である。

一九二八年当時の三菱合資会社の初任給は、「東京及各地方高等工業学校」（官立高工）卒業者を、帝大、早稲田、慶応大学と並ぶ「正員／七十五圓ノ部」（最高給）に掲記していた。明治、法政大学などの私立大学は、同じ「正員」でも一段下の「六十五円ノ部」に位置付けられていたので、官立高工は修業年限が二年長い私大卒業生よりも初任給が高かった。(40) 初任給は業種や企業規模などでかなり異なるため、すべての企業で官立高工が優遇されていたわけではないが、製造業の有力会社における官立高工卒業生は、私大法文系卒業生より高い位置付けがされていたことを示している。

日本独特の学校制度としてスタートした官立高工は、帝大に比べれば「低度」であったが、生徒の学歴は同世代男子の上層数％に属する高位にあった。(41) 官立高工は、政治家・高級官僚・高級軍人・大実業家などの国家中枢に位置する人物の養成を目的としていないが、産業の第一線の幹部技術者養成学校として社会から高い評価を受け、卒業生も自ら

図表７　官立学校の学費比較（1942 年）

学校種	高等学校	高等師範	官立実業専門学校			一般専門学校
学校名	第一高校（2学年）	東京高師（4学年）	東京高農（農科）（3学年）	和歌山高商（第3学年）	横浜高工（3学年）	熊本薬専（3学年）
（経費）	授業料 160	（なし）	授業料 240	授業料 240	授業料 240	授業料 240
	寄宿料 56					
	行軍費 22	教練費 24		教練費 9	教練服 15	教練服等 20
	護国会費 40	報国団費 44	学友会費 35	報国団費 36	報国団費 36	
	同人会費 5	同人会費 10		同人会費 5	宿舎費 827〜1,320	
	青雲寮費 4	学舎費 25	寄宿料 104	学舎費 6		学舎費 900
	食費 462	宿舎費 1,268	食費 495	宿食費 1,150		
	書籍費 120	書籍費 200	教科書等 150	教科書等 150	教科書等 230	教科書等 55
				同窓会費 9		
				作業費 3		
				養正会費 3		
			解剖器 25		製図器・服 39	
		被服費 200	実験服 11		実験服・具 33	実験服・具 37
			野外演習費 30			実習料 30
			制服 60			制服等 75
						武道具 15
		学用品費 120	学用品費 90			
		旅行費 14	修学旅行費 85			
	諸経費 440	雑費 630	雑費 90	その他 495	その他 495	雑費等 396
計	1,309	2,535	1,415	2,106	1,915〜2,408	1,768

（注）『蛍雪時代』1942 年 11 月号の記事「上級学校の学費はどの位かゝるか？」から筆者が作成。

の学校と技術に強い誇りを持っていたことが同窓会誌やインタビューから読み取れる。

官立高工の第二の特徴は、国民にとって「手が届く高等教育学校」だったことである。

学制公布（一八七二年）の前日に出された太政官布告二一四号（学制序文）[42]は、「学費及其衣食の用に至る迄多く官に依頼し之を給するに非ざれば学ざる事と思ひ一生を自棄するもの少なからず」と教育費を国家に頼る考えを非難し、「一般の人民他事を擲ち自ら奮って必ず学に従事」と国民が自らの負担で積極的に教育を受けるよう求めた。以後、帝国憲法期の中高等教育の学費については、ヨーロッパ諸国とは異なり受益者負担原則で運営されていく。

帝国憲法期で大学を卒業するには、尋常小学校六年、旧制中学校「四年修了」、旧制高校三年、大学三年と最短一六年を要したのに対し、専門学校は小学校六年、旧制中学校「五年卒業」、専門学校三年の一四年で済んだ（図表2）。大学コースより二年短い分の学費が少なく済み、早く就職できて収入を得られ、かつ官立専門学校が全国各地に配置されたので通学が比較的容易で経費も少なくできた。旧制高校に旧制中学四年修了で入学できた者は二五％程度[43]なので、大学進学コースと専門学校コースの経済負担の差は実際にはもっと大きかった。

帝国憲法期末期（一九四二年）の官立高工（横浜高工）と類似する官立学校（一高、東京高師、東京高農、和歌山高商、熊本薬専）の費用を比較したのが図表7である。修学には授業料などの公定の学費のほか様々な経費が必要なので、実際にかかった額を当時の受験雑誌の記事を参考に筆者が作成した。

修学年数が異なるため単純に比較はできないが、大学コースの学費は旧制高校（三年）＋大学（三年）で三、五〇〇円程度必要なのに対して、官立高工は二、〇〇〇円程度で済むため一、五〇〇円安く済む。この当時の旧制中学卒業者の年収は五〇〇円程度だったので[44]、修学年数差二年間で一、〇〇〇円の収入放棄が生じ、学費差額と合わせた二、五〇〇円は旧制中学卒の年収のほぼ五倍に達する。このほかに生活費も必要になるので、実際の経費差額は更に大きくなる。

A氏はインタビューの中で、「東京や京都、大阪の大学だと、その地で下宿する費用まで出せないと。そうすると近くの専門学校という道を選んで。素質は非常にあった人も工専に入ったということなんじゃないですかね」と述べている。

修学費用は、インタビューした吉田壽壽氏のように給費生に採用されたり、中村弘氏のように特待生として授業料免除を受けるなど、なんらかの奨学制度を活用できる可能性があったが、就職していれば得られたはずの収入放棄は補填されないので、このような直接は眼に見えない費用の負担が大きかったといえる。

官立高工は、高学歴を獲得して社会階層の上昇を望む国民にとって、費用の点でなんとか「手が届く高等教育学校」だったのである。

五　官立高工の教育

官立高工の修学年数が、大学コースより短期間であっても教育レベルを落とさず高等教育ができた理由は、主に日本語教科書で授業したことにある[45]。

一九世紀末から二〇世紀初め頃にかけて、西欧の人文、社会、医学、理学、工学等の分野の基礎的、先端的専門用語の体系的日本語化の取り組みが集中的に行われている。[46]青戸邦夫によれば、「化学訳語集」（一八九一年、東京化学会）、「電気工学術語集」（一九〇〇年、電気学会）、「機械工学術語集」（一九一四年、機械学会）、「英和建築語彙」（一九二八年、建築学会）などである。[47]

この時期は上田万年、大槻文彦などによる日本語の話し言葉、書き言葉を全国統一する「国語化」が同時進行していて、専門学会が学術用語を日本語化する基盤を作っていた。学術的系統性を踏まえて日本語化＝母語化することで、西欧の模倣を超え、日本独自の発展を可能にする基礎条件を作った。

帝大の教育は、旧制高校段階で外国語の集中的教育を行うことが前提になっているため、帝大を拡充するには旧制高校の拡充が必要となり、教員の確保を含めて多額の経費がかかった。一方で官立高工をはじめとする専門学校は、外国語課程を簡略化して直ちに日本語による専門教育に入ったので、専門教育のレベルを保ちつつも、修学期間を短くし経費を低く抑えられたのである。

もっとも官立高工創設期（一九一〇年代）は日本語の専門教科書が不足し、最新技術を学ぶために「極力外国語殊に英語に出精すべき」との教育方針が出された官立高工もあり、英語を苦手とする生徒には「かなり苦しかった[48]」時期があったようだ。

この学術用語の体系的日本語化の成果は、現時点で逆の問題を生じている。生物学者の福岡伸一は「アミグダラが扁桃体と訳されたからこそ、それが果実の種の形に似た脳の一部であることを知った」が、外国留学では事態が逆転し「奇妙な曲線を持つ蛇紋岩や輝くような緑閃石は（原語で）何というかわからなかった。「世界に羽ばたく子どもたちのために、せめて高校以上の教科書には原語を併記」すべきと述べている。[49]

六　官立高工の多様な出身階層

帝国憲法期は、封建的身分制度の崩壊後も華族（皇族を含む）、士族（卒族を含む）、平民（僧尼等を含む）の法的身分

図表８　高等諸学校在学者の出身階層（1938年）

		（学校種別）						
		高校	私大予科	高工	高農	高商	私専	女専
		%	%	%	%	%	%	%
（出身階層）	農業	7.9	8.3	15.4	42.3	11.8	11.7	8.1
	工業	3.4	4.0	8.4	1.8	3.7	5.0	3.8
	商業	14.6	14.7	18.8	10.5	32.7	19.9	16.7
	（小計）	25.9	27.0	42.6	54.6	48.2	36.6	28.6
	銀行・会社員	21.5	21.5	17.8	9.9	19.1	20.9	16.1
	官公吏	10.7	5.5	11.5	12.8	9.0	8.1	10.8
	教師	7.5	3.7	6.7	6.7	4.6	5.6	7.9
	（小計）	39.7	30.7	36.0	29.4	32.7	34.6	34.8
	医師	9.5	4.9	1.5	1.8	1.0	2.6	11.9
	宗教家	1.7	13.3	0.7	0.6	0.7	1.8	1.9
	（小計）	11.2	18.2	2.2	2.4	1.7	4.4	13.8
	その他	7.0	9.6	5.1	3.5	3.8	6.8	6.8
	無職	16.4	14.2	14.1	10.1	13.7	17.5	16.0
	実数（人）	13,304	994	8,342	3,858	8,202	497	2,555

（注）国立教育研究所『近代日本教育百年史／第３巻学校教育』から作成。原データは文部省教学局『学生生徒生活調査』（1938年）。四捨五入の関係で合計が100％にならない場合がある。

制を残したが、人口の〇・〇一％程度の華族を除けば、士族六％、平民九四％[50]で圧倒的に平民が多数であった。士族に特権が与えられなかったこともあり、士族と平民間の社会的経済的身分差は事実上なくなり、これが所属階層の決定条件を門地門閥から個人の学歴に移行する基盤のひとつになっている。

原純輔はＳＳＭ調査を分析して、「昭和初期から現代にかけて重化学工業化を中心とする産業化の結果（略）かなり高い比率での世代間階層移動が実現しており、日本社会は決して階層固定的な社会ではない」という。[51]

官立高工と他の高等教育学校の生徒の出身階層を、国立教育研究所『日本近代教育百年史』に基づいて整理してみると、各学校種のなかで官立高工生の出身階層が最も多様になっていることが判明した[52]（図表８）。

学校種別に見た中心的出身階層は、旧制高校と私（立）大予科では「銀行・会社員」、高農では「農業」、高商では「商業」で、それぞれ出身階層に対応した学校に進学していることがわかる。ところが高工（大半が官立高工）、私（立）専（門学校）、女（子）専（門学校）では中心的出身階層が「商業」「銀行・会社員」「無職」に分散し、特に高工の場合は「農業」も加わっている。

官立高工は多様な階層から入学していて、経済的にあまり豊かではない国民であっても、出身階層、家の職業に関わりなく社会移動の上昇を目指すことを可能にする大切なチャネルになっていたことを示している。

日本独特の学校制度としての官立高工は、帝国憲法期に発足・発展し、近代化の第一線を担って、批判はあったが国民と産業界からの評価は総じて高かった。

第四節　計量歴史学的アプローチ

一　帝国憲法と人口移動、社会移動

一八六九年に入り、版籍奉還に先立って全国の関所が廃止され、併せて「往来手形」（通行手形）も廃止された。それでもその後かなりの期間は「旅行届」を戸長役場に提出し、往来手形の代わりに「旅行証」の交付を受けなければ、移住はおろか短期間の旅行すら自由にできなかった。

奥須磨子は、五榜の掲示（一八六八年）「申合セ居町村ヲ立退キ候ヲ逃散ト申ス堅ク御法度タリ」（第二札）と、「猥ニ士民トモ本国ヲ脱走イタシ候儀堅ク御差留候」（第五札）により、維新後の庶民の移動制限は旧幕府の民衆政策とほとんど変わらなかったと指摘している。(53)

日本の近代化は、一八九〇年施行の帝国憲法でその法的枠組みが形作られた。帝国憲法の下では、不十分ながらも帝国議会が設置され、収入や性別による制限はあったがともかくも議員の公選が始まり、法律、予算の審議が行われた。貴族院と衆議院は対等とされ、立法権は天皇にあったがすべての法律は帝国議会の協賛を必要とした。また非公選の貴族院に拒否権があったものの、予算の先議権は衆議院にあるなどのバランスもとられている。さらに門地門閥ではなく

能力による官吏登用（一九条）、国民の全国移動の自由（二二条）、信教の自由（二八条）、言論結社の自由（二九条）、請願権（三〇条）などの臣民の諸権利も新たに定められた。

全国移動の自由化は交通網の発達と相俟って急速に普及し、個人の能力によって「文武官」に登用する仕組みは企業にも速いスピードで広がった。小熊英二は、官営企学の払い下げなどを通じて学歴基準の階層性が民間に拡大し、「日本型雇用の起源となった」という。[54] 個人の能力による階層上昇システムと全国移動・居住の自由は、廃藩置県、地租改正、徴兵制、小学校教育義務化などとともに、帝国憲法期の日本が中央集権的統一国家となり、「帝国臣民」（国民）が成立する基盤となった。

帝国憲法の作成に主導的役割を果たした伊藤博文は、自ら編集した『憲法義解』で「文武官に登任し及その他の公務に就くは門閥に拘らず。これを維新改革の美果の一とす」[55]と、文武官登用（立身出世＝社会移動）のシステムを門閥から個人の能力に変えたことを「美果」と誇っている。また二二条について、「維新の後廃藩の挙と倶に居住及移転の自由を認め、凡そ日本臣民たる者は帝国彊内に於て何れの地を問わず、定住し、借住し、寄留し、及営業するの自由あらしめたり」[56]と国民の全国移動を自由化したことに誇らしげである。

福澤諭吉が『福翁自伝』で、「中津は封建制度で（略）、先祖代々、家老は家老、足軽は足軽、その間に挟まって居る者も同様、（略）父の生涯、四十五年のその間、封建制度に束縛せられて何事も出来ず、空しく不平を呑んで世を去り（略）門閥制度は親の敵で御座る」と慨嘆した社会制度の大変革であった。

一方で、帝国憲法はこうした近代的側面と同時に、議会の関与なく行使できる天皇大権が立法、官制、官吏任免、統帥、軍事費、外交、戒厳、栄典、大赦など幅広く定められていた。帝国憲法で定められた議会制度、臣民の諸権利は、日本を中央集権統一国家として発展させるため、諸分野に国民の力を有効活用するのが目的で、それに沿わないことには様々の制限が加えられる仕組みを内蔵していた。帝国議会の事実上の最上院として「天皇ノ諮詢ニ応ヘ重要ノ国務ヲ審議」（帝国憲法五六条）する枢密院が置かれた「三院制」、国民の諸権利は「法律ノ範囲内」に限定して有効で、かつ

「戦時又ハ国家事変ノ場合ニ於テ天皇大権ノ施行ヲ妨ケルコトナシ」（三一条）との規定などである。

国家総動員法（一九三八年施行）は、総動員物資として兵器や軍需品だけでなく、被服、医薬品など生活関連を含めて幅広い指定を行った。総動員物資の生産、修理、輸送等から金融、教育訓練などあらゆる分野が総動員業務に指定され、国民徴用令に基づく徴用令状は徴兵令状の赤紙と並んで「白紙《シラガミ》」と呼ばれ国民の不評を買った。官立高工生の移動に直接関係する人的資源の統制・利用関連だけでも、学校卒業者使用制限令（新規学卒者の割当制一九三八年、一九四五年国民勤労動員令に統合）、国民職業能力申告令（労務動員の基礎資料一九三九年）、従業者雇入制限令（引抜防止 一九三九年、翌一九四〇年に従業者移動防止令）、国民徴用令（労働者の徴用 一九三九年）、青少年雇入制限令（不急産業への雇入れ規制 一九四〇年、翌一九四一年に労務調整令に統合）、軍需会社徴用規則（事業ぐるみの徴用化 一九四三年）、学徒勤労令（中学生以上を軍需工場等に動員 一九四四年）などが矢継ぎ早に出されている。こうした措置に併せて技術者を早く生産現場に出すため傍系進学の制限が行政措置として実施された。

戦時末期になると旅行制限も実施され、上田卓爾によれば「決戦非常措置要綱ニ基ク旅客輸送制限ニ関スル件」（閣議決定、一九四四年）により、およそ一〇〇キロメートル以上の移動は警察署発行の旅行証明書を必要とする措置がとられたという。[57] 駅に掲示されたポスター[58]には、「四月一日から當分の間實施」として、「東京都区内及川崎横浜市内所在の省社線各驛から圓外（注：ポスターに路線図が掲示）の驛に行く場合には警察署官公衙等の旅行証明書が要ります」と大書されていた。ポスターが「圓内」として示す旅行証明書不要地域は、東は水戸、銚子、北は宇都宮、高崎、西は甲府、沼津であった。この措置は警察事務があまりに増加するため五か月後に廃止されたが、近距離定期券の発行停止、帰省旅行の抑止・制限、近距離旅行の乗車券発売枚数削減（買い出し、観光の制限）などは継続して実施され、帝国憲法前の五榜の掲示の時代に逆戻りしている。伊藤が誇らしげに述べた臣民の諸権利の少なくない部分が事実上無効化され、併行して軍事国家化が進んだ。

福澤諭吉は、『福翁自伝』で「門閥制度は親の敵」「人は生まれながらにして貴賤貧富の別なし」と述べるとともに、

『学問のすゝめ』では「唯学問も勤て物事をよく知る者は貴人となり富人となり、無学なる者は貧人となり下人となるなり」[59]と教育、学問で身分に差が生じることを当然の前提と説いている。

帝国憲法は、教育関係について天皇大権の一部として具体的記述をせず、学校制度、教育内容、官立高工を含む官立学校の設置などについて、帝国議会の協賛を必要としない特別の法形式である勅令で規定する「勅令主義」をとった。もっとも教育関係は特に「重要な勅令」として、国会ではないが「三院制の最上院」である枢密院の事前審議が必須と定められていた（枢密院官制、一八八八年勅令二二号、一九三八年勅令七七四号で「教育ニ関スル重要ノ勅令」を明記）。

しかし教育に関する基本方針については勅令ですらなく、「教育ニ関スル勅語」（一八九〇年）、「上下一心忠実勤倹自彊タルヘキ件」（一九〇八年、戊申詔書）、「国民精神作興ニ関スル詔書」（一九二三年）、第二教育勅語とも言われる「青少年学徒ニ賜ハリタル勅語」（一九三九年）などは、天皇から国民、児童、生徒、学生に直接下賜する形態がとられている。

阿部謹也は、「明治国家のもとですべての制度は旧来の人間関係を存続させていた」[60]と述べているが、教育関係の勅語には「旧来の人間関係」である儒教的封建思想に加えて、近代的封建思想ともいうべき日本独特の考え方が強く反映された。封建期の「忠君」の対象を天皇に置き換え、その下における帝国日本への「愛国」を付加した近代日本の封建思想としての「忠君愛国」である。

産業化の急速な進展には欧米の先進科学技術の導入が不可避であったが、それとともに西欧的合理主義・個人主義的思想が入ることへの強い警戒感があり、官立高工の拡充等の施策と並行して忠君愛国思想による勅語等がたびたび出されている。「和魂洋才」はこうした両者の折衷策を象徴する言葉であるが、日本特得の近代封建思想が忠君愛国の名の下に軍部独裁を招き、戦争への道を進んだ根拠のひとつとなったことは確認しておかなければならない。

ただし、帝国憲法期の教育政策が、一部の者の命令一下で行われたわけではないことにも留意しておく必要がある。

蜂須賀茂韶文相が一八九六年に高等教育会議を設置するに当たって、「文部所管の事務は特殊の性質を有し必すしも秘密と急施とを要せさること多けれは之れか実行に先ち広く諮り深く考へ其謀議を周匝にして万一に闕漏なきを期するを要す」とし、「規定に基く所の完全なる諮詢機関の設けなきは教育行政の事を慎重にする所以にあらず[61]」と述べた。このとき以降、重要な教育問題については有識者による審議会で事前検討を経て政策化する方式が定着した。

筆者が帝国憲法期における教育関係審議会として捉えているのは、臨時教育会議など首相直属のもの、教育評議会など文相所管のものを合わせて一二あるが[62]、審議の過程で政府の意図を反映させる働きかけなどが行われつつも、委員による相当実質的な検討が行われている。

百瀬孝は教育問題について、「帝国議会は、国務大臣の権限について関与し得」「教育財政に関わる法律や予算については活発な発言があり」「無数の建議を行って」おり、「軍統帥や、皇室のことに関し議会が無力であったのとは異なる[63]」と指摘する。

帝国憲法について憲法学者の芦部信喜は、「神権主義的な君主制の色彩が極めて強」く、「権利・自由」の保障は「天皇が臣民に恩恵として与えたもの」で、「立憲主義的側面」も「軍部の勢力が増大し」「大きく後退してしまった」と厳しく評価する[64]。歴史の評価に当たっては当時の社会状況を踏まえて行う必要があり、帝国憲法の根本的問題点や限界については厳しく批判するとともに、帝国憲法が門地門閥ではなく個人の学歴獲得による階層上昇の道を開き、進学・就業のための全国移動の自由化を実質化した点については、日本の近代化の前進と捉えてよいと考える。

帝国憲法期の日本の高等教育について、天野郁夫は「進学機会の開放性という点で、ヨーロッパ諸国にはるかに勝っていた[65]」と評価する。帝国憲法期における知識獲得と立身出世のための高等教育の開放性、階層移動の柔軟性はヨーロッパなどに較べて高かったといえる。

それでは、近代化の指標のひとつである入学、就職移動の自由の実態はどうだったのか、官立高工の生徒はどこから来て、卒業後はどこへ行ったのか。これらの研究は、一部の学校または短期間を対象にしたケーススタディにとどまっていて、全国的・通時的な解明はまだなされていない。

二　計量歴史学的アプローチ

近現代史の研究では、国家機構、法令等の制度、政治家・軍人等の要路にある人物の言動、また教育面では教育思想・教授法などからのアプローチが多く、数値データを蓄積した計量的手法による研究は少ない。

入学・就職移動を計量歴史学的に分析する手法をとったのは、（一）移動が計量化になじみやすい概念、（二）生徒一人当たりのデータは転職回数で増減するが三八〜八七項目あり、一六、七一八人のデータ総数は七〇万項目を超えるため計量的アプローチが不可避、（三）計量化により全国的・通時的な比較・分析が可能と考えたことによる。

保城広至は、「定性的研究とは少数の分析対象事例を詳細に分析することによって当該事例を多面的な角度から明らかにすることを目的」とし、「定量的研究とは数多くの事例やデータを集めてきたうえで、主に統計的な手法によって、平均的な傾向の導出や因果・相関の推論を行うタイプの研究」と述べている。(66)

次節で述べるように、一次史料である『学校一覧』から収集した官立高工生の個人別データを様々な観点から属性を付けて分類し、並び替え、組み合わせ、図表化して分析することで、一次史料の文字情報のままでは把握できない歴史的事実を浮かび上がらせることができた。分析手法としては、「求めるべき課題が明確であれば、推論を避けてクロス集計する方が有効」との統計専門家のアドバイスがあり、集積したデータを丁寧にクロス集計することを基本とした。

歴史学分野で計量を方法論的に使用した研究は、速見融の一連の歴史人口学研究や、山室恭子の日本近世史での史料を数値化した分析などがあるが、主としては歴史社会学の分野で進んできた。本DBと同様に名簿をデータ化して分析した研究もあるが、入学、就職について全国的・通時的データで系統的に追跡した研究は管見する限り見当たらない。

学術用語としての「計量歴史社会学」の初出は、数理社会学会機関誌『理論と方法』が、一九九八年に「特集／計量歴史社会学」を組んだときとされ、編集を担当した佐藤俊樹が次のように述べている。

「『計量歴史社会学』を学術用語として最初に使ったのは、『理論と方法』の『特集計量歴史社会学』（一九九八年）を担当したときだった。ただし、私が知らないだけで、もっと早い事例は十分ありうる。少なくとも私にとっては、これは私の造語だった、というだけだ。『計量経済史』の『経済史』を『歴史社会学』に入れ換えて、特集タイトルにした。当時の計量経済史はＰ・ラスレットらケンブリッジ学派の影響が大きかったから、文脈的には、その流れになるのだろうな。『計量歴史学』という言葉は念頭になかったと記憶している」[67]。

このとき以降、二〇〇六年に『社會科學研究』（東京大学社会科学研究所紀要）が「歴史社会学特集」（五七巻、三・四合併号）を組んでいる。また粒来香はＥ・Ｓ・Lee の論を引き計量歴史社会学について「地域移動分析のための基礎要素として、（一）移動の始発と到達値の社会的条件、（二）始発と到達値の距離、（三）移動者の社会的属性・パーソナリティ、の三つの要素」[68]が必要と述べるなど歴史社会学の文脈の中で計量的歴史学を論じている。

その後「計量歴史学」が使用され始め、原田勝[69]、村上征勝[70]、及川昭文[71]、相澤真一・小山裕・鄭佳月[72]などに使用例が広がっている。類似の用語に、統計歴史学、数理歴史学があるが、計量歴史学との厳密な概念区分は見当たらない。

第五節　使用データの検証

一　『学校一覧』を基礎史料に使用

基礎史料として、各官立高工が毎年発行していた『学校一覧』を使用した。

対象とした生徒は「本科生」で、別科生、外国人特別入学者規程（一九〇一年文部省令一五号）による生徒、技術員養成科生などは含まない。

『学校一覧』には、学年別・所属学科別に在籍生徒の氏名、出身地（本籍地）、出身学校（一部のみ）などのほか卒業生の就職先が記載されていて、入学、就職移動を網羅的・系統的に追跡・把握できる唯一の一次史料である。同窓会誌などに類似情報が掲載されている場合もあるが、発行時期、内容は断片的で、一人ひとりの生徒を系統的に追跡することはできない。

入学年の『学校一覧』の一年生名簿と卒業年（入学年の三年後）の就職先の記載された名簿をDB上で突合して関連付け、二職以降は卒業生名簿を毎年追跡して入学者氏名と関連付ける手法をとった。これにより、生徒個人別に入学から転職（一～八職）を連結したデータにすることができた。

年度を追って一次史料からDB化することで、生徒個人別に入学から転職（一～八職）まで一連のデータにできると気付いたのが本研究の出発点であった。

発行当時の『学校一覧』は、教職員や学生が日常的に使用するありふれた冊子であったためか系統的保管がされておらず、官立高工を継承した国立大学にもほとんど残っていない。国立国会図書館が個人所有のものを含めて収集していて、使用した『学校一覧』の六〇％程度は国会図書館所蔵本である。その他の四〇％は全国の大学図書館に少しずつ保存されていたもの、官立高工同窓会から提供を受けたもの、またごく一部であるが古書店から購入したものもある。国会図書館所蔵本はデジタル化しているものもあるが、各大学の所蔵本はかなり傷んでいて、複写だけでなく撮影も禁止の場合があり、そのときは現地でパソコン入力した。

本DBは『学校一覧』の一年生名簿に基づいて作成したが、『学校一覧』は秋に作成される場合が多く、入学しても発行時までに退学や死亡した生徒の氏名は除かれている場合がある。また留年した生徒は翌年の一年生名簿に再び登載されているが、本DBでは当初入学年で固定して、その留年生として扱い、追加試験で数ヶ月遅れで卒業をした者は通常卒業年度に含めた。こうしたことから本DBの生徒数は、概ね五月一日を基準日としている『文部省年報』などの公的統計の入学者数とは一致しない場合がある。

『学校一覧』以外に併用した史料は、各官立学校の年史、同窓会誌、新聞記事、受験雑誌などである。

対象とした官立高工は、戦時期末一九四五年時点の三二校のうち、戦時対応で急設（一九四四年）された三校（北海

図表９　官立高工の学校数・学科数・在籍者数の推移（1902～1945 年）

	年	全専門学校 在籍者数	左の内、官立高工 学校数	学科数	在籍者数	構成比	総人口	創設官立高工（官制上の設置年度）（生徒入学年は官制設置年の翌年の場合がある）
	年	人	校	学科	人	%	千人	校
創設期	1902 以前							3 （東京1881、大阪A1896、→ともに1929大学昇格）、（京都工芸1902）
	1903	22,445	3	17	983	*4.4*	44,964	
	1904	27,887	3	17	1,125	*4.0*	45,546	
	1905	29,495	4	21	1,460	*4.9*	46,135	+1（名古屋）
	1906	30,819	5	22	1,603	*5.2*	46,620	+1（仙台→1912東北大合併）
	1907	31,852	6	29	2,071	*6.5*	47,038	+1（熊本）
	1908	33,552	6	30	2,394	*7.1*	47,416	
	1909	33,471	7	30	2,576	*7.7*	47,965	+1（秋田鉱専）
	1910	32,969	8	30	2,605	*7.9*	48,554	+2（米沢）
	1911	34,451	7	36	2,728	*7.9*	49,184	▲1（仙台の東北大合併）
	1912	33,944	7	34	2,452	*7.2*	49,852	
	1913	37,207	7	34	2,520	*6.8*	50,577	
	1914	37,927	7	34	2,480	*6.5*	51,305	
	1915	38,666	7	33	2,471	*6.4*	52,039	
	1916	42,430	8	35	2,558	*6.0*	52,752	+1（桐生）
	1917	46,399	8	35	2,712	*5.8*	53,496	
	1918	49,348	8	35	2,875	*5.8*	54,134	
拡張計画期	1919	52,714	8	35	3,015	*5.7*	54,739	
	1920	49,007	10	42	3,237	*6.6*	55,033	+2（横浜、広島）
	1921	52,233	13	53	4,083	*7.8*	55,963	+3（仙台/再設置、金沢、明治専/私立から移管）
	1922	51,000	15	60	4,610	*9.0*	56,666	+3 東京工芸、神戸）
	1923	54,233	17	67	5,191	*9.6*	57,390	+2（浜松、徳島）
	1924	59,714	19	73	5,857	*9.8*	58,119	+2（長岡、福井）
	1925	67,277	20	77	6,614	*9.8*	58,876	+1.（山梨）
	1926	73,909	20	77	7,022	*9.5*	59,737	
	1927	77,066	20	78	7,370	*9.6*	60,741	
	1928	84,751	20	78	7,441	*8.8*	61,639	
定着期	1929	87,191	18	71	6,349	*7.3*	62,595	▲2（東京、大阪Aの大学昇格→拡張計画の結果）
	1930	90,043	18	72	6,670	*7.4*	63,461	
	1931	89,863	18	72	7,015	*7.8*	64,450	
	1932	89,887	18	72	7,045	*7.8*	65,457	
	1933	90,262	18	72	7,072	*7.8*	66,434	
	1934	94,190	18	72	7,142	*7.6*	67,432	
	1935	96,929	18	72	7,261	*7.5*	68,309	
	1936	98,347	18	72	7,340	*7.5*	69,254	
	1937	99,580	18	72	7,544	*7.6*	70,114	
戦時対応期	1938	106,073	18	75	8,669	*8.2*	70,630	
	1939	119,283	25	133	12,525	*10.5*	71,013	+7（室蘭、盛岡、多賀、大阪B、宇部、新居浜、久留米）
	1940	141,473	25	139	18,228	*12.9*	71,380	
	1941	143,912	25	142	18,327	*12.7*	71,933	
	1942	154,615	25	147	21,695	*14.0*	72,318	
	1943	192,251	26	156	28,984	*15.1*	72,880	+1（長野）
	1944	196,329	32	161	34,458	*17.6*	73,903	+6（北大附・九大附・東工大附、高岡・彦根・和歌山
	1945	212,950	32	167	39,955	*18.8*	74,433	3経専の工専転換）

（注）『文部省年報』から作成。網掛け部分が本書の対象期間で、下線の学校が対象校。

道帝大、東京工大、九州帝大の附属専門部）及び、また商業から工業に強制転換した三校（高岡、滋賀、和歌山）は一九四五年までに卒業生が出ていないため除外した。一方、東京高工と大阪高工Aの二校は、大学昇格（一九二二年）により廃止されたが、廃止までの期間は対象に加え、合計二八校とした（「大阪高工」名の官立高工は二回設置されている。第一回は一八九六年創設で一九二九年官立大阪工業大学に昇格し〈一九三三年大阪帝大に合併し同大工学部〉、二回目は一九三九年に戦時対応で創設され、戦後は大阪府立浪速大学工学部〈後に大阪府立大学〉になった。両校はまったく別の学校のため、第一回の学校を「大阪高工A」、二回目の学校を「大阪高工B」と区分した。なお、「仙台高工」も同一名称で二回設置されているが、これは実質的に同一校の再設置〈同窓会等も継続〉であり別扱いしなかった)。

対象とした二八校のうち、『学校一覧』を入手できたのは一年分だけの学校を含めると二五校に上るが、そのうち生徒の出身旧制中学校、卒業後の就職先等を系統的に把握できたのは一〇官立高工の一六、七一八人で、これをDB化した(図表1)。

専門学校の在籍者数は、制度発足時(一九〇三年)に二二、四四五人であったが、半世紀後の戦時期(一九四五年)には二一二、九五〇人とほぼ一〇倍に増加した。なかでも官立高工は九八三人(一九三〇年)から三九、九五五人(一九四五年)と四一倍に大幅増加し、専門学校に占める官立高工のシェアは、四%から一九%と四倍強に拡大、学科数も一七学科から一六七学科と一〇倍近くに増加している。増加した専門学校のなかでも官立高工が特に重点的に拡充されていることがわかる(図表9)。

『学校一覧』で残念なのは、就職先における職位の記載がないことである。不記載を文部省等が統一したとは考えにくいが、すべての『学校一覧』で記載がなく、官立高工生として当然に就いたと思われる技師長、工場長等への昇進が追跡できなかった。

また、生徒の出身家庭の構成、家計状況、官立高工の志望動機、就職先の選定理由なども『学校一覧』からは把握できないため、一〇校の卒業生一二人にインタビューして補完した。インタビューの全文を「補章」に掲載している。なお、ごく一部の学校の名簿に、族別(士族、平民の別、華族が一名いた)が記載されていたが、データ量が少ないため使用しなかった。

やや外れる問題だが、興味深かったものに『学校一覧』生徒名簿の記載順序があった。「縦書き五十音順」が最多で、「イロハ順」がこれに次ぎ、「アルファベット順」も二校あり(米沢高工・神戸高工、一九三七年まで)、秋田鉱専は「身長順」(一九三八年まで)、長岡高工は「横書きローマ字併記」(一九三九年まで)であった。こうした多様な記載方法が戦時期に向かうなかで、各校の「自主的判断」によると思われるが、「縦書き五十音順」

に収斂していく。「自主統一」に向かう同調圧力がどのように忖度されて成立していったのか、興味あるところである。

二　データ項目と対象データの有効性

『学校一覧』を基礎にデータベース化した主な項目は、次のとおりである。

A生徒氏名　かなり多数の改姓者がいる（図表10）。

B出身学校関係　①出身旧制中学・工業学校名等、②出身県・外地、③本籍県・外地。

C官立高工関係　①官立高工名、②学科名、③所在県、④入学年度（浪人の有無）、⑤在学年数（留年、死去の有無）、⑥卒業年度、⑦入学時（出身地から官立高工）の移動距離。

D初職関係　①一職（進学を含む）までの経過年数（就職浪人など）、②就職企業・官庁・大学等・自営、③就職先県・外地、④就職時（官立高工から就職先）の移動距離、⑤在職年数。

E転職関係　（転職毎にデータ化、最高八回）①二～八職の転職（進学を含む）企業・官庁・大学・自営、②転職先県・外地、④転職移動時（初職先→転職先、転職先→次の転職）の距離）、⑤各転職先別の在職年数。

Fその他　①有職・無職の各合計年数、②総移動距離（出身地から最終転職先の移動距離累計）、③死亡年（相当数の死亡者がある〈図表11〉）。

本DBには、『学校一覧』から出身地、入学官立高工、初職、転職までの一連の経過が追跡可能な者に限定して登載したので、すべての官立高工のデータが含まれているものではないが、各項目とも全体像を推定できるレベルには達している。

第一に学校数は、全二八校中一〇校・三六％で、大学昇格三校、戦時末期に急遽設置のため卒業生の少ない八校を除けば、一七校中一〇校・五六％と実質的に半数を超えている。

第二に生徒数は、本DBが対象とした一九一二～一九四〇年（二九年間）の全官立高工入学者五八、五〇〇人（同期間の全官立高工在籍者一七五、三六八人の一学年分から想定した概数、図表9）に対し、本DBは一六、七一八人で二九％を確保した。

第三に把握できた期間は、秋田鉱専（一九一二〜一九一七年、六年間）と浜松高工（一九二五〜一九二八年、四年間）の二校がやや短いが、他の八校はほぼ毎年度の生徒数が把握できている（図表1）。

第四に学校の所在地の分布は、東北三校（仙台高工、秋田鉱専、米沢高工）、関東一校（横浜高工）、甲信越三校（長岡高工、金沢高工、山梨高工）、東海一校（浜松高工）、近畿一校（神戸高工）、四国一校（徳島高工）で、概ね全国的バランスがとれている。

三　高い改姓率と死亡率

本DBの一六、七一八人のうち、六六七人、四・〇％が官立高工入学後に養子縁組または入夫等で改姓している（図表10）。官立高工入学前の改姓は含んでおらず、また朝鮮出身者のいわゆる創氏改名も除いているので、四・〇％の改姓率はかなり高いといえる。

当時の養子件数の統計がないため、代わりに現在の養子縁組の状況を法務省の「戸籍統計／届出事件数（平成一九年度〜二八年度）(73)」で見ると、毎年の養子縁組は八〜九万件(74)で推移している。人口一億二、七〇〇万人に対して見ると〇・〇五％なので、官立高工生の改姓＝養子率四・〇％は母集団が養子適齢期の男性のみという条件を考慮しても相当高率である。

インタビューした梶返昭二氏は養子に入って改姓し、青山次則氏は養子に入り改姓後に実家の長兄が戦死したため旧姓に復帰したと述べている。またA氏は弟が養子に入ったので進学できたと述べ、D氏は官立高工生に対する「嫁さんの紹介話はいっぱいあった」と答え、当時の雑誌には官立高工生が「メッチェンには大もてだな。町の寵児だ、憧れの的だ(75)」との記事が掲載されている。

明治民法[76]が江戸期の寺請に代わる国の戸籍制度を設けるに当たり「家」を基本としたため、上流階層だけでなく一般国民にも「家を継ぐ」意識が浸透した。新生児、幼児の死亡率は現在より高く、また戦死もあったので、跡継ぎとなる男子不在の家では養子を迎える方法が広く行われた。養子は親戚などのほか、近所や知り合いからもあり、そのなかで「準エリート」である官立高工生は人気が高かったようである。

次に、「改姓」と並んで「死亡」の多いことが目立つ（図表11）。

帝国憲法期の死亡率は、年齢構成を考慮した年齢調整死亡率がないので、死亡率（人口一、〇〇〇人当たり）で見ると一九一〇年二・二%、一九二〇年二・五%、一九三〇年一・八%、一九四〇年一・七%である[77]。これは死亡率の高い高齢者を含んでいるので若年層に限れば更に低くなるため、官立高工生の平均死亡率四・八%はかなりの高率といえる。

死亡原因は、この時代の特徴としてまず戦死、戦病死が頭に浮かぶ。『学校一覧』には戦死・戦病死が明記されている場合もあるが、大半は単に死亡と記載されていて戦死等を区分して確認できない。本DBでも応召した者が相当数に上るが、軍関係への就職は職業軍人〇・三%、軍工廠等四・一%でさほど多くない。また当時は結核による死亡も相当あったと思われるが、特定できない。

『学校一覧』の、卒業後における転職、死亡等の動向は、本人または家族等の届出によっているため、無届分を考慮すると官立高工生の死亡率は更に高くなる可能性があるが、本DBからはこれ以上の究明はできないので事実の指摘にとどめる。

図表10　改姓者（1912～1940年度入学者）　（人：%）

	仙台高工	秋田鉱専	米沢高工	横浜高工	長岡高工	金沢高工	山梨高工	浜松高工	神戸高工	徳島高工	総計
改正率　(%)	*2.9*	*2.8*	*4.5*	*3.3*	*4.4*	*2.3*	*3.6*	*8.5*	*4.1*	*6.1*	*4.0*
改姓者数（人）	61	7	154	77	75	44	56	40	54	99	667
全生徒数（人）	2,134	253	3,409	2,327	1,724	1,891	1,569	471	1,320	1,620	16,718

（注）数値は本DBによる。

図表11　死亡者（1912～1940年度入学者）　（人：%）

	仙台高工	秋田鉱専	米沢高工	横浜高工	長岡高工	金沢高工	山梨高工	浜松高工	神戸高工	徳島高工	総計
死亡率　(%)	*5.1*	*0.0*	*6.9*	*4.6*	*3.4*	*4.4*	*4.1*	*5.7*	*2.7*	*5.1*	*4.8*
死亡者数（人）	108		236	107	59	84	64	27	36	83	804
全生徒数（人）	2,134	253	3,409	2,327	1,724	1,891	1,569	471	1,320	1,620	16,718

（注）数値は本DBによる。

第六節　小括

帝国憲法は、立法の趣旨はともあれ、立身出世の基準を門地門閥から個人の学歴に変え、居住・移転の自由を定めるなど、幅広い国民の力を国家形成に活用しようとする近代性を備えていたが、同時に「天皇大権」の下で軍事国家化が図られ、戦争への道を進む法的根拠を提供した負の側面を持っていた。

近代日本の形成は、帝国憲法を基本理念に、速いスピードで産業化を図るなかで進められ、その第一線を担ったのが産業士官学校ともいうべき官立高工であった。官立高工は、一九〇三年に新たな学校制度として設けられた国が設置する短期高等教育学校で、一九四七年に帝国憲法期終焉とともに姿を消したが、卒業生は培った技術力を活かして敗戦後の日本の復旧・復興を支えた。

官立高工は産業化という帝国憲法期の特質を強く体現した学校であり、その生徒の入学と就職は、社会移動と人口移動の双方の要素を併せ持つ日本の近代化過程の反映であり、その計量分析を通じて帝国憲法期の日本の一端に迫ってみた。

官立高工は第一線の幹部技術者だけでなく、土光敏夫第二臨調会長・経団連会長（一九二〇年東京高工卒）、倉田主税日立製作所社長（福岡県立小倉工業学校から仙台高工に傍系入学し一九一二年卒）、佐藤安太タカラ創業者（一九四五年米沢高工卒）、河島喜好ホンダ社長（一九四七年浜松高工卒）、谷井昭雄パナソニック社長（一九四八年神戸高工卒）など、日本を代表する大企業の経営者も輩出している。

また、官立高工に進みながら文科系に転じた者もいる。

作家の城山三郎は愛知県立工専（戦後は官立名古屋工専とともに名古屋工業大学）卒業後に東京商大に進み、田岡嶺雲の研究で知られる西田勝は海軍経理学校受験に失敗して浜松工専を経て旧制静岡高校から東大に進んだ。竹下内閣から村山内閣まで、七人の総理大臣の下で官僚の総まとめ役である内閣官房副長官を務めた石原信雄は、海兵を身長不足で不合格になって地元の桐生工専に入学したが、文系を諦めきれず中退し、二高を経て東大に進んでいる。

官立高工は、次の二つの特徴を持っていた。

第一は、「準エリート性」である。

官立高工の生徒は、県立一中など県下トップクラスの旧制中学出身者が中心で、学歴的には同世代の上層数％に属し、帝大工学部をエリートとすれば、「準エリート」ともいうべき地位にあった。反面こうした「準エリート性」が、官立高工を「中途半端」な存在ともしていた。

第二は、多くの国民にとって「手が届く高等教育学校」だったことである。

教育費受益者負担原則の下で、所属階層の上昇を目指して高学歴を獲得するには多額の学費を要したが、官立高工は旧制中学卒業後三年間の短期間で高等教育を受けられたため、多くの国民にとってなんとか手が届く価値ある高等教育学校であった。

帝国憲法期の日本の高等教育学校は、ヨーロッパ諸国に較べて生徒の出身階層を問わない開放性が高く、学歴を得ての階層移動がかなりあり、階層固定的社会ではなかった。特に官立高工は、エリート性の高い旧制高校や医専などに較べて出身階層が多様で、多くの国民に学歴獲得により階層を上層移動する可能性を提供していた。

日本は帝国憲法において、初めて人口移動（居住地の移動）と社会移動（階層移動）の双方の自由化を法的制度として定めた。欧米諸国に対抗し、急速に近代的統一国家を建設するためには、幅広い国民の能力活用が重要で、そのためにこの二つの自由が不可欠であった。官立高工の入学と就職はこの人口移動と社会移動の双方の要素を併せ持つ典型的形態である。

本研究の特徴は、一次史料である『学校一覧』を収集し、一九一二～一九四〇年（二九年間）の官立高工入学者一六、七一八人の出身地、入学、卒業後の就職及びその関連項目を、個人別の連続データとして独自にデータベース化した点にある。生徒一人当たりのデータ数は三八～八七項目、一六、七一八人の総データ数は七〇万項目を超える。先行研究は、短期間または一部の学校を対象としたケーススタディにとどまっているが、本研究は全国的かつ長期の連続データに基づいて行った。

第二～四章において、次の三点を分析する。

第二章は、国家の教育政策の下における官立高工の進学、就職移動「どこから来て、どこへ行ったか」を計量的に分析する。

計量的手法をとることで、二九年間の長期にわたる全国の官立高工生一六、七一八人に関する情報を、統一した基準で分析・考察できた。日本の近代化は、国の政策や資本の集中投下などとともに、学校で系統的工業教育を受けた技術者が内外地に移動し、産業現場を担って活動してはじめて成就した。官立高工の入学、就職は、移動の自由（人口移動）が帝国憲法期の産業化政策においてどのように実行されたかの具体的現れであり、入学移動を通じて得た学歴は本人の階層移動（社会移動）の基礎条件となった。

第三章は、官立高工への傍系入学者が、どのようにして袋小路の進学非正規コースから上級学校への進学を果たし、階層の上層移動（社会移動）を実現したかの実態を探る。

官立高工入学者の一〇％前後を工業学校卒や検定試験合格者などの進学非正規コースからの傍系入学者が占め、早期選抜の分岐型学校制度の下で上級学校進学コースへの復権を果たしている。専門学校等への傍系入学、大学への傍系進学制度について国は最後まで抜本的改善をしなかったが、専門学校制度の発足当初から検定試験による入学制度を組み込むなど、準エリートコースの専門学校に高等教育へのバイパス的役割を持たせていた。

第四章は、「外地」との往来を明らかにする。

外地は、帝国憲法期の日本の特質を示す重要な存在である。外地の大半は実質的に植民地や占領地などであったが、統治形態が地域毎に区々で時代による変遷もあるため、全体の呼称として「外地」を使用した。

図表 12　官立高工の移動関連略年表（1871～1947 年度）

官立高工の時代区分	西暦	和暦	月日	専門学校	傍系・外地	教育一般	関連事項
	1871	M4					廃藩置県
【学制】							
	1872	M5				**「学制」、1873学制二編追加**、徴兵令、地租改正	
	1877	M10					東京大学、1886帝国大学、1897東京帝國大學
	1879	M12	9.29			「教育令」（自由教育令）、1980（M13）改正教育令	
	1881	M14		東京職工学校設立（1890東京工業学校⇒1929東京工業大学）			
	1885	M18	8.12			教育令再改正（第三次教育令）	
	1886	M19	4.10			学校種別に4個別令（小学校令、中学校令、③師範学校令、④帝国大学令）	
	1889	M22	2.11	**「大日本帝国憲法」発布、1890年施行**			
	1890	M23	10.30			教育勅語、	
	1894	M27	6.25	「高等学校令」（第一次高等学校令）、■7.25～1895.4.17日清戦争、［**軽工業の発達**］			
【帝国大学令】							
	1886	M19	3.2			**「帝国大学令」**	
	1895	M28	4.17		日清講和条約で台湾を日本に割譲、関東州は割譲後に三国干渉で返還		
	1896	M29	12.18			～1913.6.13高等教育会議（文部大臣）	
	1899	M32	2.7	**「実業学校令」（中等程度の実業学校に関する最初の統一的法令、官立学校は適用されず）**			
【専門学校令】							
創設期	1903	M36	3.27	**「専門学校令」制定、「実業学校令」改正、「公私立専門学校規程」**			
					「専門学校入学者検定規程」（傍系入学の認知）		
	1904	M37	2.10				■～1905.9.5日露戦争
	1905	M38	9.4		ポーツマス条約（①関東州を租借地、②南樺太をロシアから割譲、③満鉄附属地を日本支配地）		
			11.17		第二次日韓協約（朝鮮を日本の保護国化）		
	1908	M41	10.13				「戊申詔書」（国民教化、勤倹力行・拒華就実を強く求めた）
	1910	M43	8.22		日韓併合条約		
	1912	M45			～1928北京政府		
	1914	T3	7.28				■第一次世界大戦（1918休戦協定）、**［大戦景気］［工業生産額＞農業生産額］**
	1917	T6	9.21			～1919臨時教育会議（内閣）→専門学校は基本的に現行維持	
							ロシア革命（2月、10月）
【大学令】							
	1918	T7	4.16		「共通法」制定、南樺太を内地扱い		
			12.6			**「大学令」改正（単科大・公私立大認可）、「高等学校令」（第二次令、ネームスクール）**	
拡張期	1919	T8	6.28		南洋諸島を軍政下に置く		
				高等教育創設拡張計画（1919～1928）			
	1920	T9					**［戦後恐慌］**
	1921	T10	1.12			「工業学校規程」の実業諸学校規程改正（甲・乙種廃止）	
	1922	T11			ヴェルサイユ条約で南洋諸島を委任統治領として受任		
	1923	T12	9.1				関東大震災、11.10「国民精神作興ニ関スル詔書」
	1924	T13	4.15			～1935.12.29「文政審議会」（内閣）	
			10.11		「専門学校入学者検定規程」改正（工業学校の一般指定、専検の合格累積制など）		
	1927	S2					**［金融恐慌］**
	1928	S3	1.20	「専門学校令」改正（人格陶冶・国体観念養成等、公私立専門学校への文相監督権規定）			
安定期	1929	S4					［世界恐慌］、高等教育卒業者就職難
	1930	S5					**［昭和恐慌］**
	1931	S6	9.18				■満州事変（柳条湖事件）、1933.5.31（塘沽停戦協定）
					内蒙古を軍事占領		
	1932	S7	3.1		満洲国建国		
	1937	S12	5.26			～1937.12.10「文教審議会」（内閣）	
			7.7				■日中戦争（盧溝橋事件）、8.13第2次上海事変（日中戦争全面化）
			12.10			～1942.5.9教育審議会	
					中国各地を軍事占領		
戦時期	1938	S13		**戦時拡張計画（1938～1945）、4.1「国家総動員法」**			
	1939	S14	5.22			「青少年学徒ニ賜リタル勅語」、	
			9.1		■第二次世界大戦、［重工業＞軽工業］		
					傍系入学制限策開始		
	1941	S16	3.1			「国民学校令」（義務教育8年は1943「教育ニ関スル戦時非常措置要綱」で延期のまま）	
			10.16	**修業年限短縮**（大学・専門学校等は3月短縮し12月卒、1942高校・予科等も加え6月短縮で9月卒			
			12.6				■アジア・太平洋戦争（支那事変を含め大東亜戦争と呼称）
	1943	S18	1	**「中等学校令」（中学・高女・実業学校を包括、4年に統一、夜間中の正規化、1943施行）**			
			1.21	**「専門学校令」改正、「実業学校令」廃止、1944専門学校一元化（官立高工は官立工専）**			
			3.26		南樺太の内地編入		
			10.2			「在学徴集延期臨時特例」、10.12「教育ニ関スル戦時非常措方策」	
	1945	S20	3.18			**「決戦教育措置要綱」**（初等科以外1年間停止）、5.22**「戦時教育令」**（全職場・学校に学徒隊）	
			8.15				8.15ポツダム宣言受諾・無条件降伏詔勅、9.2降伏文書調印
【1947　学校教育法】							

外地を、朝鮮、台湾、関東州、南洋諸島、南樺太、満洲国、内蒙古、中華民国の八地域と、その他諸外国の九地域に区分して計量分析と考察を行った。

なお、官立高工の移動に関連する事項を整理した年表を作成した（図表12）。

注

（1）山本正美『日本教育史―教育の「今」を歴史から考える―』（慶應義塾出版会、二〇一四年）、一八〇頁。

（2）天野郁夫『教育と選抜の社会史』（ちくま学芸文庫、二〇〇六年）、二一九頁。

（3）東洋経済新報社編『完結 昭和国勢総覧』第三巻（東洋経済新報社、一九九一年）、二七四頁。

（4）庄司潤一郎「日本における戦争呼称に関する問題の一考察」（『防衛研究所紀要』第一三巻第三号、二〇一一年）、四三～八〇頁。

（5）木坂順一郎「アジア・太平洋戦争の呼称と性格」（龍谷大学法学会『龍谷法学』第二五巻第四号、一九九三年）、三八六～四三四頁。

（6）承認国は最終的に一二か国といわれるが、ドイツ、イタリア以外は比較的小規模国が中心で、中華民国は汪兆銘政権である。ただし、貿易等の経済関係があることから、アメリカ、イギリス、ソ連等の大国の一部が総領事館を置くなど、正規ではないが一定の外交的関係を持っていた。

（7）粒来香・佐藤俊樹「戦間期日本における職業と学歴―一八九六～一九二五年出生コホートにみる旧制中等学校の社会的位置―」（日本教育社会学会『教育社会学研究第五六集』、一九九五年）、八四一頁。

（8）菊池誠『近代日本の教育機械と社会階層』（東京大学出版会、二〇〇三年）、二頁。

（9）天野郁夫『旧制専門学校―近代化への役割を見直す』日経新書二九三（日本経済新聞社、一九七八年）。

（10）藤原良毅『近代日本高等学校教育期間配置政策史研究』（明治図書出版、一九八一年）、三一一～三三〇頁ほか。

（11）渋沢栄一から地元実業家への手紙（桐生歴史文化資料館、上毛新聞、二〇一九・六・二七）。

(12) 文部省大学学術局技術教育課『専門学校資料（上）（下）』（文部省短期大学資料集第一四号、一九五六年）。
(13) 文部省初等中等教育局高等学校教育課『旧制諸学校規定集』（文部省、一九七九年）。
(14) 文部省大臣官房人事課監修『文部省歴代職員録』（財団法人文教協会、一九八八年）。
(15) 文部省『図で見るわが国教育の歩み―教育統計八〇年史―』（明治図書出版、一九五七年）。
(16) 文部省『日本の教育統計―明治～昭和』（文部省、一九六六年）。
(17) 文部科学省『我が国の教育統計―明治・対象・昭和・平成―』（財務省印刷局、二〇〇一年）。
(18) 日本統計協会編・総務省統計局監修『日本長期統計総覧（第一巻）』（国土・行政地域・人口・労働）（日本統計協会、一九八七年）。
(19) 細谷俊夫・奥田真丈・河野重男・今野喜清『新教育学事典八統計・年表・索引』（第一法規出版、一九九〇年）。
(20) 土方苑子「『文部省年報』就学率の再検討―学齢児童はどのくらいいたか―」（日本教育学会『教育学研究』第五四巻第四号、一九八七年）、三六一～三七〇頁。
(21) 寺﨑昌男「歴史から見た大学：中世から現代まで」（東北大学教育支援センター PDP-online 講演、二〇一三・九・一）
(22) 関正夫「戦前期における中等・高等教育の構造と入学者選抜」（広島大学高等教育開発センター『大学論集』第六集、一九七八年）、一四七頁。
(23) 一九二一年に私立高工から官立高工に転換した明治専門学校（現在の九州工業大学）が唯一の四年制で卒業生に大学並みの学士号を出していたが、一九四三年の専門学校令改正で三年制になっている。
(24) 近代日本教育制度史料編纂会編『近代日本教育制度史料第』一六巻、第二一編（講談社、一九六四年）など。
(25) 原正敏「昭和初期の高専廃止論について」（日本科学史学会『科学史研究』一九六七年冬号〈No.84〉、岩波書店）、一七六～一八四頁。
(26) 山形大学工学部五〇年史編纂委員会『山形大学工学部五〇年史』（山形大学工学部創立五〇周年記念会、一九七〇年）、五二～五三頁。
(27) 野村正實『日本型雇用慣行―全体構築の試み―』（ミネルヴァ書房、二〇〇七年）、二一一頁ほか。

（28）中村牧子「新中間層の誕生」（原純輔編『日本の階層システム一／近代化と社会階層』、東京大学出版会、二〇〇〇年）、五〇頁。
（29）王健「戦前日本の工業教育と工場技術者層の形成―レーヨン工業の事例を中心に―」（東京大学経済学会『経済学論集』第七〇巻第二号、二〇〇四年七月）、八八～一〇五頁。
（30）天野郁夫『学歴の社会史―教育と日本の近代化―』新潮選書（新潮社、一九九六年）、一四六頁。
（31）若林幸男「サラリーマン社会と『学歴格差』」（若林幸男編著『学歴と格差の経営史』、日本経済評論社、二〇一八年）、七、一六頁。
（32）菅山真次「『社員』の賃金管理と定期昇給制度」（若林幸男編著『学歴と格差の経営史』、日本経済評論社、二〇一八年）、二三一～二三二頁。
（33）宮武外骨『府藩県制史』（名取商店、一九四一年）、八九頁。
（34）勝田政治『廃藩置県』（講談社、二〇〇〇年）、一九九～二〇四頁。
（35）朝日新聞「天声人語」、二〇一八・六・三。
（36）週刊エコノミスト「名門高校の証『ナンバースクール』のルーツに意外な歴史」（毎日新聞社、二〇一七・六・二）。
（37）伊藤洋「府藩県制史と旧制高校」『内外教育メールマガジン』（時事通信、二〇〇九・六・四、第二四九号）
（38）大江洋代「戊辰戦争の記憶と地方自治体における『明治一五〇年』」（日本史研究会・歴史科学協議会・歴史学研究会・歴史教育者協議会編『創られた明治、創られる明治』、岩波書店、二〇一八年、一九八～一九九頁。
（39）藤原良毅『近代日本高等教育機関地域配置政策史研究』（明治図書、一九八一年）。
（40）山口治男編『銀行会社社員待遇規定集』（丸の内書房、一九二八年）、二頁。
（41）一九三〇年代の高等教育在籍率は五％程度で、そのうち官立学校は一～二％程度（男子高等教育就学率〈私立専門学校を含む〉は一九三〇年五・三％、一九四〇年六・五％で、官立高工はこの上位層に属していた。文部省『日本の教育統計』一九七一年、一九頁）。
（42）学制については、その正文はどれか、「被仰出書」という用語の不適切性などの論争があり、教育史学会『教育史研究の最前線Ⅱ―創立六〇周年記念』（二〇一八年、三七〜四一頁）に簡潔にまとめられている。本論では「学制序文」を使用した。
(43) 関正夫「戦前期における中等・高等教育の構造と入学者選抜」（広島大学大学教育研究センター『大学論集』第六集、一九七八年）、一五三頁。
(44) 一九三八年時の旧制中学卒初任給は、月給制の企業で三五〜四〇円が多い（井上信明編『従業員待遇法大観』〈経済時論社、一九三八年〉ほか）。四〇円月×一二月＝四八〇円→一九四三年との時点修正を考慮し五〇〇円と想定した。
(45) 研究代表者石山洋「西欧科学技術導入期における外来学術用語の日本語化過程の総合的研究」（課題番号 03301095、平成五年度科学研究費補助金〈総合研究A〉研究成果報告書）、一九九四年。
(46) 斎藤泰雄「近代国家形成期における高等教育の構想と整備―日本の経験」（『国立教育政策研究所紀要』第一四四集、二〇一五年）、一五三〜一六八頁。
(47) 青戸邦夫「学術用語の表記の基準よもやま」（『情報管理』第一三巻、第八号、一九七〇年）、四九〇頁。
(48) 山形大学工学部五〇年史編纂委員会『山形大学工学部五〇年史』（山形大学工学部創立五〇周年記念会、一九七〇年）、二六頁。
(49) 福岡伸一「福岡伸一の動的平衡　学術用語邦語の功と罪」（朝日新聞、二〇一七・九・一四、朝刊、東京本社版）、三一面。
(50) 一八七二年のいわゆる壬申戸籍（一八七三・一・一）によれば、全人口（本籍人口）三、三三〇万六七二人、うち華族等二、八五七人・〇・〇一%（皇族二八、華族二、八二九）、士族等一八九万二、四四九人・五・七%（士族一五四万八、五六八、卒族三四万三、八八一）、平民等三、一四〇万五、三六六人・九四・三%（平民三、一一〇万六、五一四、僧尼二一万六、九九五、旧神職七万六、一一九、その他五、七三八）である（詳説日本史図録編集委員会編『詳説日本史図録〈第六版〉』〈山川出版社、二〇一三年〉、二〇四頁、ほか）。士族・平民等はその後の比率の増加はないとみてよいが、華族等は増加しているので一九四五年時点で確認すると、一、〇一一家なので一家一〇人としても一万一一〇人である。一九四五年の全人口七、二一五万人に対し〇・〇一%で全人口に対する構成比は壬申戸籍当時と変らない。
(51) 原純輔編『日本の階層システム一　近代化と社会階層』（東京大学出版会、二〇〇〇年）、三三一〜三三三頁。

(52)国立教育研究所『日本近代教育百年史』第三巻、学校教育三（国立教育研究所、一九七四年）、五八五頁。
(53)奥須磨子「明治前半期・旅の法制的環境」（和光大学総合文化研究所年報『東西南北二〇一五』和光大学、二〇一五年）、六八～七五頁。
(54)小熊英二『日本社会のしくみ　雇用・教育・福祉の歴史社会学』（講談社、二〇一九年）、二三〇頁など。
(55)伊藤博文著・宮沢俊義校註『憲法義解』（岩波文庫）、一九四〇年）、四七～四八頁。
(56)前掲（55）、五八～五九頁。
(57)上田卓爾「戦時下における旅行制限とガイドブックについて」（金沢星稜大学学会短期大学部会『星陵論苑』第四一号、二〇一四年）、一～一二頁。
(58)昭和館「昭和館で学ぶ『この世界の片隅に』」、二〇一八・七・二一、「旅行の證明に就いて」ポスター。
(59)福澤諭吉『学問のすゝめ』第一編（岩波文庫一九四二年発行、一九六二年第一六刷）、一二頁。
(60)阿部謹也『日本人の歴史意識』（岩波書店、二〇〇四年）、一二三頁。
(61)一八九六・一二・八「高等教育会議規則ヲ定ム」閣議請議に付された蜂須賀文相から松方正義首相宛文書（国立公文書館デジタルアーカイブ、請求番号／類00750100、件名番号049）。
(62)1高等教育会議一八九六年、2教育調査会一九一三年、3臨時教育会議一九一七年、4臨時教育委員会一九一九年、5教育評議会一九二一年、6臨時教育行政調査会一九二一年、7文政審議会一九二四年、8内閣審議会一九三五年、9教学刷新評議会一九三五年、10文教審議会一九三七年、11教育審議会一九三七年、12大東亜建設審議会一九四二年。
(63)百瀬孝著・伊藤隆監修『事典昭和戦前期の日本―制度と実態―』（吉川弘文館、一九九〇年）、三七三～三七四頁。
(64)芦部信喜『憲法　新版　補訂版』（岩波書店、二〇〇一年）、一八～二一頁。
(65)天野郁夫『大学の誕生（下）』（中央公論新社、二〇〇九年）、一三一頁。
(66)保城広至『歴史から理論を創造する方法―社会科学と歴史学を統合する―』（勁草書房、二〇一五年）、iii頁。
(67)佐藤俊樹twitter（2014.2.5. https://twitter.com/toshisato6010）。
(68)粒来香「社会移動から見た近代都市東京の形成過程―都市移住者の計量歴史社会学―」（理論社会学会『理論と方法』

Vol.13, No.1、一九九八年）

(69) 原田勝「計量情報学の動向」（日本オペレーションズ・リサーチ学会『日本オペレーションズ・リサーチ』、一九八八年三月）、一三九頁。

(70) 村上征勝「大学における統計学の教育・研究環境とその問題点」（統計数理研究所『統計数理』第四三巻第二号、一九九六年）、三六七頁。

(71) 及川昭文「特定領域「人文科学とコンピュータ」からの報告」（『人文科学とコンピュータシンポジウム「じんもんこん」情報処理班報告』、一九九九年）、五一頁。

(72) 相澤真一・小山裕・鄭佳月「社会調査データの復元と計量歴史社会学の可能性」（ソシオロゴス編集委員会『ソシオロゴス No.37』、二〇一三年）、六六頁ほか。

(73) 戸籍統計二〇一六年度調査（https://www.e-stat.go.jp/stat-search/files?page=1&layout=datalist&toukei=00250008&tstat=000001012466&cycle=8&year=20161&month=0）。

(74) 養子縁組後に養子離縁している件数が二万五、〇〇〇件程度あるが、官立高工生の養子縁組でも同様にあったと考え離縁数はカウントしなかった。

(75) 欧文社『受験旬報』（一九四〇年八月中旬号）、八一頁。

(76) 日本の民法制定の経緯を図式化すると、「旧民法（一八九〇年）」→民法典論争（民法出デテ忠孝亡ブ）→「明治民法（一八九八年）」→「新民法（現民法、一九四七年）」となる。本書で取り上げているのは民法典論争後に制定された民法（いわゆる明治民法）である。

(77) 厚生労働省「平成二八年人口動態調査月報年計（概数）の概況」第二表／人口動態総覧（率）の年次推移の「死亡率」による。

第二章　入学・就職──どこから来て、どこへ行ったのか──

第一節　入学、就職移動の全体像

一　本籍地と出身地

本章では、産業士官学校ともいうべき官立高工の入学生一六、七一八人はどこから来たのか（入学移動）、卒業後はどこに行ったのか（初職移動）、その後はどこに移ったのか（転職移動）を計量的に分析する。

移動の測定にはまず「出発点」となる「現住所」を確定する必要がある。基礎史料とした『学校一覧』には現住所の記載がなく、生徒出身地として本籍地のみが記載されている場合と、出身中学校等も併記している場合の二通りがあって、官立高工ごとに、また同一学校でも発行年により異なっている。

近代日本の戸籍制度は、いわゆる「壬申戸籍」（一八七二年）から始まり、「明治三一年式戸籍」（一八九八年）、「大正四年式戸籍」（一九一五年）と変化してきた。いずれも、戸籍（本籍）は「戸主ヲ本トシテ一戸ゴトニ」編製される「家」制度の根幹と位置付けられ、徴兵が本籍によって行われるなど実生活上の意味は現在よりもずっと大きかった。本籍は簡単に移動できず、九〇日以上本籍以外に住所または居所を持つ場合は、現在の住民登録に相当する届出義務が課されていた（寄留法一条）。また外地間の本籍移動、特に外地人の内地への本籍移動は、徴兵、参政権とも関連するため原則的として禁止されていた。

本DBで生徒の本籍地と所在地（出身中学校等の所在県）を突合してみると、両者の一致する割合（「出身地一致率」と略）は、九〇％台三県、八〇％台一四県、七〇％台二〇県、六〇％台九県、五〇％台一県である。最大値九二％（宮城県）、最小値五五％（熊本県）、平均七七％、中央値七八％で、おおむね八〇％であることが判明した。ただし出身地一致率の上位五県（宮城、徳島、石川、新潟、山形）は、本ＤＢ収録の官立高工所在県で地元入学者が多い点を考慮すると、本ＤＢ収録以外の官立高工所在県の出身地一致率はもう少し高くなると推定される。

このように出身地一致率で本籍と所在地で二〇％程度の相違が見られる以上、移動の出発地として本籍を使用するのは適当ではないので、出身中学校等の所在県を現住所と看做して出発地とし、本籍のみ記載の学校は残念ながら本ＤＢから除外した。

なお、外地出身者は内地と違う状況があり、第四章で詳述する。

二　分析の進め方と全体像

第二章は全体の中核部分で分量も多いため、まず第一節で本章の全体象と分析の進め方を述べる。

入学移動、就職移動（転職を含む）の総括表を図表13に掲げた。数字の列挙であるがこの図表が本ＤＢのいわば全てを表しているといえる。一六、七一八人の入学・就職（一〜八職）による移動距離は、累計一、三三九万三、九五〇キロメートル、一人当たり移動距離は平均値八〇一キロメートル、中央値五一八キロメートル、標準偏差七・一六である。中央値五一八キロメートルを東京からの直線距離でみるとおおよそ徳島市に当たる。

第二節で、官立高工の移動に関する先行研究について述べる。直接関連する先行研究のほか、人口移動、社会移動、技術者教育について幅広く論点を整理した。

第三節で、入学、就職移動を類型化して分析する。

各県を、官立高工の有無と大都市との関連から六類型（一類型は該当がないので実質五類型）に分類し、類型別に特徴の把握、他類型との比較、出身地特性と就職の分析などを行い（図表14‐1〜14‐5）、官立高工と生徒出身地の関係を

図表13　出身地・入学・初職・転職移動（総括表）（1912〜1940 年度入学者）

出身地　（単位：人）

		1 北海道	2 青森県	3 岩手県	4 秋田県	5 宮城県	6 山形県	7 福島県	8 茨城県	9 栃木県	10 群馬県	11 埼玉県	12 千葉県	13 東京府	14 神奈川	15 新潟県	16 富山県	17 石川県	18 福井県
入学者数		313	160	182	265	1,124	1,070	561	307	253	217	233	270	1,414	739	1,117	312	765	97
	出身県高工				54	992	904								532	692		711	
	近隣県高工		126	154	173	99	101	459	35	47	20	31	52	613		83	252	17	52
	他地方県高	313	34	28	38	33	65	102	272	206	197	202	218	801	207	342	60	37	45
1職（初職）	出身県	66	17	15	24	220	85	57	43	21	36	16	15	(606)	250	188	54	89	13
	近隣県		17	27	19	81	53	98	38	32	21	25	45	184	17	18	10	36	3
	東京	59	34	34	43	209	206	134	66	68	70	55	91	606	215	308	69	135	28
	大阪	5	3	6	16	29	50	20	9	12	8	8	9	62	34	31	17	52	9
	他地方県	94	49	48	76	256	345	168	80	52	33	42	54	234	100	273	81	224	21
	外地	30	13	19	32	175	86	41	23	18	9	9	15	80	31	104	26	112	7
	計	254	133	149	210	970	825	518	259	203	177	155	229	1,166	647	922	257	648	81
転職（回別）2職	出身県	21	10	4	19	107	51	26	19	10	20	6	11	(241)	132	107	15	34	5
	近隣県		7	14	12	51	34	30	19	18	10	8	23	65	10	16	4	13	3
	東京	28	23	19	23	87	85	55	30	36	38	20	30	241	128	95	19	35	7
	大阪	1	3	2	3	11	32	11	5	7	4	3	6	24	21	19	7	15	5
	他地方県	40	13	24	36	134	178	66	35	27	25	21	18	111	68	98	36	68	13
	外地	11		9	10	74	60	22	14	7	11	8	9	59	29	27	6	39	6
	計	101	56	72	103	464	440	210	122	105	108	66	97	500	388	362	87	204	39
3職	出身県	11	9	3	4	38	32	11	1	3	8	1	3	(107)	61	35	10	13	
	近隣県		4	7	8	27	19	18	10	6	8	2	7	27	3	5	3	1	2
	東京	9	4	11	14	41	53	21	16	19	18	10	18	107	46	47	10	11	5
	大阪	1	1	1	6	7	11	7	2	3	4	3	1	15	11	11	2	3	3
	他地方県	16	6	14	18	59	107	42	16	17	15	11	10	55	43	55	22	16	8
	外地	9		6	4	46	36	16	12	3	5	4	5	34	12	13	2	17	1
	計	46	24	42	54	218	258	115	57	51	58	31	44	238	176	166	49	61	19
4職	出身県	3	2	1	3	15	9	7	0	1	3	1	3	(34)	19	15	1	6	
	近隣県		2	5	2	11	8	5	2	5	1	6	9	17	4	5	2	2	
	東京	2	1	5	4	21	27	10	8	8	5	2	6	34	20	23	3	1	1
	大阪	1			1	2	10	4	1	3	3	3	1	3	4	2	1	2	2
	他地方県	6	3		7	23	58	10	9	2	2	2	3	27	18	29	5	12	3
	外地	2	3	7	2	17	16	8	2	5	2	1	2	12	9	5	2	2	
	計	14	11	18	19	89	128	44	22	24	16	15	24	93	74	79	14	25	6
5職	出身県	1		2		6	5	4		1	1			(9)	7	6		1	
	近隣県		1		1	1	3		4	2	1	2	6	8	1	2	1		
	東京	2		1		6	13	5	2	2	3	2	2	9	9	8	2	2	
	大阪					2	4	2		1	1			1	1	1		1	1
	他地方県	2	1	3	5	20	24	5	4	5	1	2	1	11	6	17	2	1	1
	外地		1			7	7	3	1	1	2	2		3		3	1		
	計	5	3	6	6	42	56	19	11	12	9	8	9	32	24	37	6	5	2
6職	出身県					1	3							(4)	2	1			
	近隣県					1	2		4	1				1					
	東京			1		3	1	1		2			2	4	1	3			
	大阪						2	1				2		1					
	他地方県					1	10		2		1	1		2	2	1	2		1
	外地	1				1	3	1	2	2		2		1	2				1
	計	1		1		7	21	3	8	5	1	5	2	9	7	5	2		2
7職	出身県										1			(2)					
	近隣県						1		1										
	東京						2		1					2		1			
	大阪						1												
	他地方県					1			1	1		1		1			1		
	外地						3							1					
	計					1	7		3	1	1	1		4		1	1		
8職	出身県													(1)					
	近隣県								1										
	東京											1		1					
	大阪																		
	他地方県																		
	外地				1		1												
	計				1		1		1			1		1					
転職計	出身県	36	21	10	26	167	100	48	20	15	33	8	17	(398)	221	164	26	54	5
	近隣県	0	14	26	23	91	67	53	41	32	20	18	45	118	18	28	10	16	5
	東京	41	28	37	41	158	181	92	57	67	64	35	58	398	204	177	34	49	13
	大阪	3	4	3	10	22	60	25	8	14	12	11	8	44	37	33	10	21	11
	他地方県	64	23	41	66	238	377	123	67	52	44	38	32	207	137	200	68	97	26
	外地	23	4	22	17	145	126	50	31	18	20	17	16	110	52	48	11	58	8
	計	167	94	139	183	821	911	391	224	198	193	127	176	877	669	650	159	295	68
全就職者合計	出身県	102	38	25	50	387	185	105	63	36	69	24	32	(1004)	471	352	80	143	18
	近隣県		31	53	42	172	120	151	79	64	41	43	90	302	35	46	20	52	8
	東京	100	62	71	84	367	387	226	123	135	134	90	149	1,004	419	485	103	184	41
	大阪	8	7	9	26	51	110	45	17	26	20	19	17	106	71	64	27	73	20
	他地方県	158	72	89	142	494	722	291	147	104	77	80	86	441	237	473	149	321	47
	外地	53	17	41	49	320	212	91	54	36	29	26	31	190	83	152	37	170	15
	計	421	227	288	393	1,791	1,736	909	483	401	370	282	405	2,043	1,316	1,572	416	943	149

（注）数値は本 DB による。

		出身地 (単位:人)													備考
		37 香川県	38 愛媛県	39 高知県	40 福岡県	41 佐賀県	42 長崎県	43 熊本県	44 大分県	45 宮崎県	46 鹿児島	47 沖縄県	48 外地	計	
入学者数		227	177	134	159	53	66	38	87	43	84	12	315	16,669	このほか不明49人
	出身県高工													5,449	
	近隣県高工	97	64	35										3,502	
	他地方県高	130	113	99	159	53	66	38	87	43	84	12	315	7,718	
1職(初職)	出身県	31	27	20	27	3	15	2	12	1	13	3		2,353	17.0
	近隣県	18	15	7	22	4	1	6	7	4	6	1		1,225	8.9
	東京	26	29	19	20	11	16	2	10	8	14	3	55	3,586	25.9
	大阪	35	25	20	19	3	3	6	10	3	19	1	15	1,459	10.6
	他地方県	57	44	39	41	16	14	6	32	17	25		66	3,824	27.7
	外地	22	11	1	17	3	6	4	7	3	8		109	1,380	10.0
	計	189	151	106	146	40	55	26	78	36	85	8	245	13,827	100.0
転職(回別) 2職	出身県	16	5	14	15	2	2	2	4	3	5	1		1,166	
	近隣県	14	8	2	2	2	8	1	4	1	5			632	
	東京	18	10	10	6	5	4	3	6	5	9		22	1,491	
	大阪	14	9	8	11	4		1	4	1	8	1	12	700	
	他地方県	25	24	26	20	11	11	3	12	5	8	2	29	1,850	
	外地	5	8	5	11	2	7	4	6	3	10	1	58	721	
	計	92	64	65	65	26	32	14	36	18	45	5	121	6,560	
3職	出身県	4	4	6	11	1	1	1	1	2	1			487	
	近隣県	3	4	6	1				1		2	1		289	
	東京	5	1	5	2		1	2		1	4		16	667	
	大阪	9	2	2	3	2	1		4		3	1	3	285	
	他地方県	13	9	9	11	8	6	1	6	1	3		16	946	
	外地	6	3	2	6	2	3	1	2	2	8	1	18	408	
	計	40	23	30	34	13	12	5	14	6	21	3	53	3,082	
4職	出身県	3		1	1						1			168	
	近隣県	1	1		2						2			134	
	東京	3	2	2		2	1			1	3	1	4	276	
	大阪	1	2	1	3	1	1	1	2		1			116	
	他地方県	5	4		6	3		3	2		3		8	382	
	外地	3		4	4	1							4	159	
	計	16	9	8	16	7	2	4	4	1	10	1	16	1,235	
5職	出身県				1									52	
	近隣県													46	
	東京				1	1							1	92	
	大阪	1			1						1			37	
	他地方県	3		1		1	1	1			2		3	171	
	外地	1		2	2		1				1		1	60	
	計	5		3	5	2	2	1			4		5	458	
6職	出身県													12	
	近隣県													13	
	東京						1							25	
	大阪	1												13	
	他地方県	1					1							34	
	外地													25	
	計	2					2							122	
7職	出身県													3	
	近隣県													3	
	東京													8	
	大阪													3	
	他地方県						1							11	
	外地						1							6	
	計						2							34	
8職	出身県													0	
	近隣県													1	
	東京													3	
	大阪													0	
	他地方県													0	
	外地													2	
	計													6	%
転職計	出身県	23	9	21	28	3	3	3	5	5	7	1		1,888	16.4
	近隣県	18	13	8	5	2	8	1	5	1	9	1		1,118	9.7
	東京	26	13	17	9	8	7	5	6	7	16	1	43	2,562	22.3
	大阪	26	13	11	18	7	2	2	10	1	13	2	15	1,154	10.0
	他地方県	47	37	36	37	23	20	8	20	6	16	2	56	3,394	29.5
	外地	15	11	13	23	5	12	5	8	5	19	2	81	1,381	12.0
	計	155	96	106	120	48	52	24	54	25	80	9	195	11,497	100.0
全就職者合計	出身県	54	36	41	55	6	18	5	17	6	20	4		4,241	16.7
	近隣県	36	28	15	27	6	9	7	12	5	15	2		2,343	9.3
	東京	52	42	36	29	19	23	7	16	15	30	4	98	6,148	24.3
	大阪	61	38	31	37	10	5	8	20	4	32	3	30	2,613	10.3
	他地方県	104	81	75	78	39	34	14	52	23	41	2	122	7,218	28.5
	外地	37	22	14	40	8	18	9	15	8	27	2	190	2,761	10.9
	計	344	247	212	266	88	107	50	132	61	165	17	440	25,324	100.0

		出身地																	(単位:人)
		19 長野県	20 山梨県	21 岐阜県	22 静岡県	23 愛知県	24 三重県	25 滋賀県	26 京都府	27 大阪府	28 兵庫県	29 奈良県	30 和歌山	31 鳥取県	32 島根県	33 岡山県	34 広島県	35 山口県	36 徳島県
入学者数		467	404	189	393	362	200	96	236	627	956	101	203	143	94	299	327	197	581
	出身県高工		359		136						525								544
	近隣県高工	244	4	24		120	24	9	49	164		16	28	24	11	67	154	54	
	他地方県高	223	41	165	257	242	176	87	187	463	431	85	175	119	83	232	173	143	37
1職（初職）	出身県	58	44	33	78	123	32	9	31	(234)	243	15	27	17	8	45	63	28	136
	近隣県	23	15	23	41	13	14	10	23	76	24	14	15	10	7	23	19	12	48
	東京	140	135	35	82	59	36	21	36	75	93	12	33	19	15	46	45	22	39
	大阪	23	13	5	23	23	31	17	45	234	195	19	32	18	11	35	46	24	126
	他地方県	93	112	47	122	69	44	25	47	84	232	17	15	39	19	66	69	40	97
	外地	37	28	14	. 27	21	10	5	10	37	29	4	13	10	13	20	25	14	42
	計	374	347	157	373	308	167	87	192	506	816	81	135	113	73	235	267	140	488
転職（回別）2職	出身県	27	5	14	51	59	19	7	16	(108)	107	2	14	11	3	25	38	15	87
	近隣県	9	23	28	24	9	8	3	9	28	12	7	9	7	7	15	7	10	33
	東京	65	49	9	47	34	18	4	4	41	41	5	10	10	4	15	13	14	11
	大阪	14	5	4	16	26	18	5	18	108	84	9	17	10	7	22	10	10	65
	他地方県	68	85	30	53	36	31	14	18	37	64	13	22	17	13	27	48	19	68
	外地	17	23	3	18	15	11	1	9	9	18	3	4	8	2	12	15	10	22
	計	200	190	88	209	179	105	34	74	223	326	39	76	63	36	116	131	78	286
3職	出身県	11	1	7	29	29	15	1	2	(41)	34	1	5	4	2	14	9	6	42
	近隣県	16	5	5	12	8	5	1	3	14	4	2	4	4	3	6	7	2	13
	東京	24	21	4	23	14	13	3	4	13	10	1	2	6	3	8	5	9	7
	大阪	5	5	2	10	7	3	5	9	41	16	4	5	4	3	9	10	3	22
	他地方県	37	24	11	39	39	14	7	12	12	25	6	16	8	3	11	22	13	34
	外地	8	14	5	13	7	4	2	2	6	12	2	4	8	4	7	3	7	21
	計	101	70	34	126	104	54	19	32	86	101	16	36	34	18	55	56	40	139
4職	出身県	3	1	3	12	13	1	1	1	(9)	7		6	1	1		2	1	20
	近隣県	2	8	3	7	3	1			3		1	2	2	1	2	3		4
	東京	11	4	1	18	9	7	1	4	1	1		2	1	2	6	5	1	2
	大阪	4	1	1	4	1	8	1	2	9	2	2	4	2		4	1	2	12
	他地方県	15	13	2	16	11	6	1	6	3	14	5	1	5	1	7	4	7	12
	外地	1	2	1	3	6	3	1	2	3	4		2	1		2	2	3	10
	計	36	29	11	60	43	26	5	15	19	28	8	17	12	5	21	17	14	60
5職	出身県	2	1	1	4	3				(4)	1		1					2	2
	近隣県			1	3	3	2	1				1		1					1
	東京	2	3		6	1	1	1			1	1				2		2	1
	大阪				1	1	4			4	1		1		1	2		1	3
	他地方県	4	3	1	8	2	2		2	1	6		2	1	1	4	3	4	4
	外地	1	3		3	1	2	1		1	1		1	2	1			2	2
	計	9	10	3	25	11	11	3	2	6	10	2	5	4	3	8	3	11	13
6職	出身県				3	2				(1)									
	近隣県		1				1						1	1					
	東京	2			3													1	
	大阪		1		1			1		1			1						1
	他地方県	2		1		1	1		2		1							1	
	外地				1		2			1				1		1		3	
	計	4	2	1	8	3	4	1	2	2	1		2	2		1		5	1
7職	出身県										1		1						
	近隣県				1														
	東京					1	1												
	大阪				1														1
	他地方県		1			1	1		1										
	外地																	1	
	計		1		2	2	2		1		1		1					1	1
8職	出身県																		
	近隣県																		
	東京										1								
	大阪																		
	他地方県																		
	外地																		
	計										1								
転職計	出身県	43	8	25	99	106	35	9	19	(163)	150	3	27	16	6	39	49	24	151
	近隣県	27	37	37	47	23	17	5	12	45	16	11	16	15	11	23	17	12	51
	東京	104	77	14	97	59	40	9	12	55	54	7	14	17	9	31	23	27	21
	大阪	23	12	7	33	35	33	12	29	163	103	15	28	16	11	37	21	16	104
	他地方県	126	126	45	116	90	55	22	41	53	110	24	41	31	18	49	77	44	118
	外地	27	42	9	38	29	22	5	13	20	35	5	11	20	7	22	20	26	55
	計	350	302	137	430	342	202	62	126	336	468	65	137	115	62	201	207	149	500
全就職者合計	出身県	101	52	58	177	229	67	18	50	-397	393	18	54	33	14	84	112	52	287
	近隣県	50	52	60	88	36	31	15	35	121	40	25	31	25	18	46	36	24	99
	東京	244	212	49	179	118	76	30	48	130	147	19	47	36	24	77	68	49	60
	大阪	46	25	12	56	58	64	29	74	397	298	34	60	34	22	72	67	40	230
	他地方県	219	238	92	238	159	99	47	88	137	342	41	56	70	37	115	146	84	215
	外地	64	70	23	65	50	32	10	23	57	64	9	24	30	20	42	45	40	97
	計	724	649	294	803	650	369	149	318	842	1,284	146	272	228	135	436	474	289	988

把握する。

第四節で、入学移動を分析する。

官立学校別の出身地の分散度（図表15）、出身地構成の経年変化（図表16）、出身旧制中学等の上位校ランキング（図表17）、後継国立大学との出身地構成の比較（図表18）、旧制高校・医専との出身地構成の比較（図表19）などを行い、入学移動を各方面から分析する。

第五節で、就職移動を分析する。

初職時における就職先の学校紹介、就職先の職種属性の分類と経年変化（図表20・23など）、軍工廠（図表21）・軍事産業（図表22）への就職、就職浪人、国家総動員法による就職規制、生涯一社率・若年離職率と転職状況（図表24）など、就職移動に関して多面的に分析する。

第六節で、二度の集中的拡張が官立高工の入学移動に与えた影響について分析する。

一回目の創設拡張計画（図表25〜28）と二回目の戦時拡張の、それぞれの概要と特徴、類似点と相違点、入学移動への影響等を分析する。

第七節で、以上を小括し、新たに解明できた点と未解明の点を提示する。

第二節　先行研究

先行研究を、官立高工高生の移動、人口移動、社会移動、技術者教育に四分類して、既に明らかにされている点と未解明の点を整理する。

一　官立高工生の移動関係の先行研究

第一は、岩内亮一の"Production and Recruitment of Technological Manpower Japan"(1)である。官立高工の入学・就職移動に関する初の研究論文で、計量分析を行うなど手法的に本研究と近い。

岩内は技術教育史の観点から、二〇世紀初頭の専門技術教育を受けた人材の特徴とその雇用に着目し、素材として官立高工を取り上げ、『学校一覧』の入学者の出身地と進学した学校の地理的関係、卒業後の就職場所などから流入、流出を計量分析している。

官立高工は、技術者養成学校として帝大工学部、官立高工、工業学校の三段階の二番目に位置するが、実社会では大卒と同等に扱われていたと指摘していて、本論の「準エリート」とした位置付けと類似している。また卒業生の就職が官公庁から次第に民間に移行していると分析し、この流れも本DBによる分析結果と一致する。

岩内の分析は対象学校や時期が本DBと異なる、対象人数が少ない、分析したのは入学と初職で転職は含まれず、しかも個人別に入学と就職が連関していない、などから、上述以外の点では本DBの分析と一致しない点が多い。四〇年近く前のコンピュータ利用も十分できない環境のなかで、計量分析の手法で新たな研究分野を切り開いたことに敬意を表したい。

岩内は、「近代日本における技術者の形成」(2)「戦前期における専門技術者の養成」(3)においても移動を含めた専門学校を論じていて、官立高工生の移動に関する研究の先達である。

第二は、片岡徳雄を研究代表者とする七人が、科学研究費補助金を受けて行った「旧制専門学校の人材養成に関する計量歴史社会学的研究」(4)で、岩内論文（一九七〇年）から二三年後の一九九三年に出された。

官立彦根高商、旧制山口高校の官立二校を対象に、入学者の出身階層及び卒業後のキャリア形成について、また官立名古屋高工の卒業後の職業移動について調査、分析している。論文タイトルに「計量歴史社会学的」とあるように、岩内と同じく計量的手法によるアプローチをしていて、生徒の出身階層の分析を行っている点が注目される。ただし使用したデータは、生徒別に出身地、入学、初職、転職が連続したものではなく、学校数、データ量も限定的でケーススタディの域を出ていない。

第三は、酒井真一「戦間期広島高等工業学校出身者の職歴に関する考察」(5)で、片岡らの研究から九年後の二〇〇二年に発表されている。

戦間期の一九二三〜三〇年の八年間に官立広島高工を卒業した八〇二人を対象に、初職及び一〇年後のキャリアについて計量分析を行って、官立高工出身者の社会での活動状況を明らかにした。前記二論文と異なり、初職と転職を関連付けた初の研究である。

酒井の分析は、卒業直後の職業分布が本ＤＢとほぼ合致し、転職率は区分の違いから比較しにくい面はあるものの大きな相違はない。しかし、生徒の出身地、入学移動、就職移動を通じた関連付けがなく、対象も広島高工のみで、ケーススタディの域にとどまっている。

第四は、中等教育段階の工業学校を対象とした、広田照幸ほかによる「旧制工業学校を通じた社会移動に関する研究：山形県鶴岡工業学校の事例」(6)である。

山形県立鶴岡工業学校をコーホートとして、入手できた生徒の家計状況など詳細な史料セットに基づき、一九二五〜一九四一年（一七年間、本ＤＢの対象期間と重なる）の卒業生データベースを作成して分析した。入学者の地域分布とともに、所属する経済階層が「中」「中の下」を多く含んでいたこと、卒業者率、就職率、卒業生の社会移動・職業移動などを明らかにしている。

注目したのは、一九二六〜一九三三年に同校の入試倍率が低下した理由として、昭和恐慌とそれに続く農村不況の打撃が鶴岡工業学校利用層を直撃した点を挙げていることである。広田らが指摘した年代層の官立高工入学時期は一九三一〜一九三八年であるが、本ＤＢの分析で工業学校からの傍系入学者が激減した時期に当たる。傍系入学率激減の原因のひとつが、広田らの指摘する農村不況だった可能性が高い（図表31）。

この四編の先行研究は、研究の視点、分析手法などで示唆に富むが、第一に基礎史料が生徒別に出身地から入学、就職移動までの連続データではないこと、第二に使用データが短期間または一部の学校であることからケーススタディにとどまっていて、官立高工生徒の入学、就職移動に関する全般的な解明には至っていない。

二　人口移動関係の先行研究

第一は、佐藤（粒来）香『社会移動の歴史社会学―生業／職業／学校―』[7]で、「近代の日本人がどのような社会移動を経験してきたのかを統計的な数値データを利用して、歴史的にみた研究」である。

佐藤は、農民、職人等の伝統的セクターの「生業（なりわい）」を近代的セクターの官吏、会社員等の「職業」に適応させる制度が「学校」で、特に高等教育は近代国家形成に役立つ人材（ナショナルリーダー）の育成が要請されたという。そしてこの「生業の世界」から「職業の世界」への移動は、「農村から都市へ」の地域間の移動をも含意すると指摘する。

官立高工の入学、就職移動は、全国に分散配置した官立高工に周辺から優秀な人材を誘引し、産業化のための技術教育を行って国家が必要とする地域に配置する人口移動と社会移動が一体化した過程であり、佐藤の指摘は首肯できる。

佐藤は、一九六〇年ＳＳＭ（社会階層と社会移動全国調査）データによる一九二〇～三〇年代にかけての東京流入時の年齢を、一五～一九歳が四一％、二〇～二四歳二七％と分析していて、世代的に重なる官立高工の就職移動の分析結果と佐藤のいう東京集中現象はほぼ一致する。

佐藤にはこのほか、計量歴史社会学の立場からの研究があり参考とした。

第二は、中川聡史「国勢調査からみた一九二〇～三〇年代の人口移動」[8]である。

人口移動全般に関する研究で、本ＤＢと対象時期が重なる。中川は、この時代の人口移動は戦後にくらべ県境を越えての移動が限定的で、東京、大阪への人口移動は戦後に比べ少ないという。

しかし、本DBの分析で見ると中川の指摘とは異なっていて、県境を越えた移動がかなり見られ、また東京、大阪への集中の程度も強い。本DBが二〇歳前後の若年層の移動中心になっていることの影響も考えられるが、それでも一致しない点が少なくない。

三　社会移動関係の先行研究

第一は、SSM調査を基礎にした社会学分野の階層移動の研究と、歴史学分野の移動研究である。階層移動の研究は主に社会学の分野で進んでいて、実証データのほとんどをSSM調査（社会階層と社会移動全国調査）に拠っている。SSM調査は、社会学者のグループが一九九五年以降一〇年毎に実施しているもので、戦後の調査ではあるが、二〇～六五歳出生コーホートの父データを使用することで一九二〇年代半ばまで遡った分析をある程度可能にしている。SSM調査を使用した先行研究として、主に原純輔たちの研究[9]を参照した。第一章第三節二項で触れた中村牧子の研究もこのグループで行ったもので、関連する箇所で触れる

歴史学分野において国内外の移動は主要研究テーマのひとつであり、これまで様々な角度から取り上げられてきた。国際的には経済変動や戦争に伴う移民などの形での移動が生じ、国内的には産業構造の転換に伴って地方から都市への移動が起きる。歴史学研究会二〇一三年度大会近代史部会報告「移動をめぐる主体と「他者」―排除と連帯のはざまで」、京都大学史学研究会『史林／特集 移動』（二〇一四年）、今西一・飯塚一幸『帝国日本の移動と動員』[10]、歴史学研究会二〇一九年度大会近代史部会「移動する人びとの『地域』―帰属意識の揺らぎ―」などが近年の動きであるが、残念ながらいずれも入学、就職移動については取り上げていない。

第二は、竹内洋『立身出世主義―近代日本のロマンと欲望』[11]である。竹内は、「明治以降の勉強立身は学歴／上昇移動である。したがって勉強立身価値は、『階層』移動だけでなく上京という『地理的』移動を含むセンスである。いずれの移動センスも、村の生活つまり非移動性を自明化してきた民衆

にとっては縁遠いものだった。移動＝動員は『近代』的生活世界の新規な特質」という。また、「『伝統的』（非移動性）センスから『モダンな』（移動的）センスに変換されるのは媒体と時間が必要」で、「その媒体は就学による『隠れたカリキュラム』に求められ」、「民衆にとっての学校の隠れたカリキュラムは階層移動と地理的移動のセンスの伝達と動員化」であると述べる。

竹内の指摘は、官立高工の入学移動・就職移動を帝国憲法期における人口移動と社会移動の一体化したものとする点で筆者と同一方向にあり、前述した佐藤の主張とも同主旨のものである。

竹内の『学歴貴族の栄光と挫折』も併せて参照した。[12] 竹内は、背景となるデータによって「英国のパブリック・スクールは実体以上に閉鎖的にみえ」「旧制高校（は）実態以上に開放的にみえ」、「日本は能力主義の純粋モデル（略）、（英国は）限定能力主義」だと指摘する。この点は天野や佐々木が「専門学校の開放性」「旧制高校の非開放性」を主張する点と一致する。竹内は学歴を得るための重要な前提条件になっていた多額の学費に触れていないなど賛同できない点もあるが、示唆に富むものであった。

第三に、沢井実「『帝国』の技術者―供給・移動・技能形成[13]」である。

沢井は、二度の高等教育の集中的拡張で急増した技術者の初職、転職を分析している。一九三〇年代の調査結果によると、この当時から採用に当たって企業の「新卒好み」が進んだが、それでも全体の三割弱はまだ新卒にこだわっていなかったという。

本ＤＢで見ても、数年間隔でかなり頻繁に転職が行われている実態がある。また専門学校卒業者の就職分類は「会社等ノ技術員」が筆頭で、その職種は「技術官吏」「自営」「学校教員」の順という。沢井の分類は、公的団体の扱いなどで本ＤＢの属性区分と異なる点があるが、初職で官公庁関係が次第に減少し、民間企業が増加するとの指摘など本ＤＢと合致する点も多い（図表22）。

沢井は朝鮮・台湾・関東州・満洲の分析も行っているが、京城工業専門学校等の現地の学校の卒業生を対象にしていて、第四章で分析する内地出身者の外地との往来ではない。沢井には近著『帝国日本の技術者たち』[14]があり、併せて参照した。

第四に、小熊英二『日本社会のしくみ　雇用・教育・福祉の歴史社会学』[15]である。同書は、本書の出版準備中に発行されたが、関連する点があり追加した。同書は、「日本社会のしくみ」を雇用、教育等の側面から「いつの時代に、どうやって形成されたのか。それは、他の国のしくみとは、どこがどう違うのか」を探求する目的で書かれていて、その主張には概ね同意できるが、終身雇用など本ＤＢの分析とは一致しない点があり、関係する部分で論及する。

四　技術者教育関係の先行研究

技術者教育については、主に経営史の分野で取り組まれている。

内田星美の一連の技術者教育研究に、大学、官立高工の卒業者名簿を使って産業別・主要企業別雇用者数を分析した「初期高工技術者の活動分野・集計結果」[16]「明治後期の民間企業の技術者分布―大学・高工卒名簿に基づく統計的研究―」[17]「大正中期民間企業の技術者分布―重化学工業化の端緒における役割―」[18]がある。技術者の就職分野を解明していて大変参考になったが、入学、初職、転職の一連の移行を関連付けて追跡したものではない。

また内田編『技術の社会史五―工業社会への変貌と技術―』[19]は、「第一次大戦から太平洋戦争の敗戦に至る約三〇年間」を対象に分担執筆された論集で、内田は「戦後の技術進歩を担った技術者は大正から昭和戦前期に教育された」と指摘していて、官立高工がこれに該当する。

その中の論文「二つの戦後をつなぐもの」では、技術者数の増加に貢献したのは官立高工であったが、官庁における法科万能の下に置かれた技術者の地位の低さも指摘している。例えば、農商務省などで大学工学部卒と高工卒で給与等の差別があり、東京、大阪高工の大学昇格につながったと指摘する。官立高工が社会で「準エリート」として扱われていたことは間違いないが、帝大法科のトップエリートとその下に位置付けられた帝大技術エリート、さらに上級技術者層の中における帝大卒と官立高工卒の格差問題は重い指摘である。

三好信浩が教育学の立場から研究した、『日本工業教育発達史の研究』[20]『日本の産業教育』[21]について全般的に参照した。また橋野知子の繊維関係を中心とした技術者教育、大淀昇一『近代日本の工業立国化と国民形成―技術者運動における工業教育の展開』などを参照した。

技術者教育関係の集大成として、日本科学史学会編『日本科学技術史大系』があるが、移動との関連は少ない。

五　先行研究で明らかにされている点、未解明の点

先行研究により、次の点が明らかにされている。

第一に、学歴と地位、社会階層が極めて密接に関連していることである。学歴は、社会階層の上層部だけでなく、国民全般の所属階層を決定する基準となっていた。

第二に、帝国憲法期の日本は、階層固定的ではなかったことである。上位学歴を獲得して、出身階層を超えた階層に上昇移動した実態がＳＳＭ調査などで明らかにされている。

第三に、高等教育へのアクセスの開放性である。ヨーロッパでは、所属階層に基づく進路が早期に決定され、高等教育へのアクセスは制限的で進学率も低かった。一方、帝国憲法期の日本は、短期間で産業化を実現する国家的必要性から、進学の前提条件としての家計負担はあったが、所属階層に関わらず高等教育にアクセスできる道が専門学校を中心に開かれていた。

第四に、官立高工の就職における優位性である。

一九二七年卒業者を対象とした中央職業紹介事務局（職業紹介法に基づく組織）の調査によると、官立高工の就職率は不況期にあっても他の学校種に較べかなり良い。[22]

学校種別・学科系統別に高い方から見ると、一位 帝大法経系八六%、二位 帝大理工系七六%、同二位官立高工七六%、四位 私立専門七五%、五位 帝大農林系六九%、六位 官立高商六四%、七位 官立高農五八%である。一位の帝大法経系は卒業生数が少ないこと、四位の私立専門は就職先が多様なことを考慮すると、帝大理工系と並んで二位の官立高工は就職に大変強いことがわかる。高農、高商などの官立実業専門学校より一〇~二〇ポイント高い点も注目される。

この調査が行われた一九二七年は、片岡蔵相の失言による東京渡辺銀行の破綻で昭和金融恐慌が起こり、外地では南京事件が起きるなど、経済的、社会的に厳しい環境にあった時期である。官立高工の時代区分でいえば、拡張期の末期に当たり(図表1、5、9)、生徒の出身地構成の同地方県六〇%、他地方県四〇%という枠組みが確立した時期でもある(図表16)。就職状況は、公的職種二四%、民間職種三六%、進学一%、無職等三九%で、公的職種と無職が増加し、民間職種が減少し、無職が四〇%近くを占めるという不況期型になっていた(図表23)。

次に、先行研究で未解明の点である。

第一に、通時的・全国的データに基づいて計量的調査と分析を行った先行研究はない。

一部の学校または短期間を対象としたケーススタディ的研究にとどまっているため分析結果を一般化するに至っていない。

第二に、傍系入学に関する先行研究は、部分的なものにとどまっている。

傍系入学に関する研究は、入学制度、夜間中学、専検など個別分野の研究の一部として言及されているが、傍系入学全体を視野に入れた実証的研究は管見する限り見当たらない。

第三に、外地との往来である。

技術者の外地への就職についてはいくつかの先行研究があるが、入学、就職に伴う内・外地の「往来」を合わせて実証的に調査・分析した研究は、管見する限りまったく見当たらない。

第四に、人口移動、社会移動と入学・就職移動との関連は、データ不足が原因でまとまった実証研究は見られない。人口移動、社会移動に関する先行研究は、社会学の分野で中心的に進められているが、研究分野の「越境」により、学校制度、技術者教育などに触れた研究も相当数ある。しかしこれらの先行研究は、個人別に入学から就職、転職まで連続したデータを基礎にしたものにはなっていないため、入学前から転職後までを通貫した分析ができない。なお先行研究において、人口移動と社会移動を一体的にとらえるべきとの主張が複数の異なる分野の研究者から出されていて、本論と研究方向が合致するものとして自信を得た。

第三節　入学・就職移動の類型別分析

官立高工生徒の出身県は、官立高工「設置県」と「未設置県」、また「大都市県」と「地方県」の属性の違いがあり、入学、就職の動向が異なる。

そのため出身地属性に応じて県を類型化し、類型別に分析し、比較を行った（図表14－1～14－5）。更に各類型のなかで転職歴の多い者を選び、具体的移動経歴について定性的分析を行った。

類型は、本DB所収の官立高工一〇校の設置県（以下「設置県」と略、本DB上の設置県である点に注意）を「A型県」、自県には官立高工がないが近隣県にある県を「B型県」、それ以外の未設置県を「C型県」とし、併せて六大都市（六大都市行政監督ニ関スル法律）のある県（東京、神奈川、愛知、京都、大阪、兵庫）を「1型県」、それ以外の県を「2型県」としてこの二者を組み合わせた。すなわち設置県で六大都市県は「A1型県」、未設置県で六大都市以外の県は「C2型県」で、具体的には下記のとおりである。

「A1型県」（設置県・六大都市）は、神奈川、兵庫の二県。

「A2型県」（設置県・地方）は、秋田、宮城、山形、新潟、石川、山梨、静岡、徳島の八県。

「B1型県」（隣接設置県・六大都市）は、東京、愛知、大阪、京都の四府県。

「B2型県」（隣接設置県・地方）は、北海道、青森、岩手、福島、茨城、栃木、群馬、埼玉、千葉、富山、福井、長野、岐阜、三重、滋賀、奈良、和歌山、鳥取、島根、岡山、広島、山口、香川、愛媛、高知の二五道県。

「C1型県」（未設置県・六大都市）該当県なし。

「C2型県」（未設置県・地方）は、福岡、佐賀、長崎、熊本、大分、宮崎、鹿児島、沖縄の九州八県。

一　A1型県（設置県・六大都市）

「A1型県」は、神奈川県（横浜高工）、兵庫県（神戸高工）の二県で、六大都市の横浜市、神戸市があり、かつ東京府、大阪府の二大県に隣接しているという特徴がある。

第一に、入学移動である。

「出身県」の官立高工に出身者一、六九五人中一、〇五七人・六二％（神奈川県七三九人中五三二人・七二％、兵庫県九五六人中五二五人・五五％）が入学していて、自県入学率が全国平均三三％の二倍近い高率となっている。これは神奈川、兵庫両県が元来人口の多い六大都市県で、入学予備軍としての旧制中学生が多数在籍していることが大きい。

A1型県から「他地方県」の官立高工への入学者を見ると、神奈川県から七三九人中二〇七人・二八％（米沢高工六八人、山梨高工六四人、長岡高工二九人、神戸高工一五人、仙台高工一二人、金沢高工八人、浜松高工八人、秋田鉱専三人）である。米沢高工と山梨高工が飛び抜けて多く長岡高工がそれに続いているのは、神奈川県との距離感が大きな要因になっている。ただし、隣接県であっても静岡県の浜松高工への入学は八人・一％と少数にとどまっている。近年の大学入試では「学生が東から西に向かわない」というジンクスめいたものがいわれているが、この当時にすでに成立していた気配がある。

兵庫県からは「他地方県」の官立高工に九五六人中四三一人・四五％が転出している（金沢高工一〇九人、徳島高工八八人、横浜高工六三人、長岡高工六三人、山梨高工四七人、米沢高工三七人、仙台高工一一人、浜松高工一一人、秋田鉱専二人）。

第二に、就職移動である。

一職で「出身県」に就職したのは、神奈川県二五〇人、兵庫県二四三人、合計四九三人で、両県の一職合計一、四六三人の三四％を占め、全国平均一七％の二倍の高率になる。また、神奈川県から隣接の東京府へ二一五人、兵庫県から隣接の大阪府へ一九五人、合計四一〇人が就職していて、出身県と合わせると九〇三人・六二％と三分の二を占める。

この現象は、六大都市を持つ神奈川県、兵庫県、東京府、大阪府の雇用力が強く、なかでも東京府の雇用力が際だっているためである。反面、東京・大阪を除く「同地方県」＝「近隣県」への就職は一～二％で全国平均の五％よりかなり低い。これらの大都市県の周辺地域は現在ほど開発されておらず、官立高工の就職の受け皿になっていなかったためである。

二～八職の転職移動は、「出身県」へのUターン率と「同地方県」へのJターン率の合計（隣接の東京府、大阪府を含む）が神奈川県三四％、兵庫県二一％で、全国平均二七％[23]とほぼ同じである。

A1型県の特徴は、進学予備軍としての旧制中学生数が県内に多数在籍しているため「出身県」入学率が全国平均の二倍と高い、神奈川県から隣接の東京府に三三％、兵庫県から大阪府に二四％が就職している、「神奈川県＋東京府」の組み合わせは「兵庫県＋大阪府」よりも雇用面ではるかに強力、の三点である。

図表 14-1　A1 型
(1912～1940 年度入学者)　(単位：人)

		14 神奈川	28 兵庫県	合計
入学者数	入学者計	739	956	1,695
	出身県高工	532	525	1,057
	近隣県高工			
	他地方県高	207	431	638
1職	出身県	250	243	493
	近隣県	17	24	41
	東京	215	93	308
	大阪	34	195	229
	他地方県	100	232	332
	外地	31	29	60
	計	647	816	1,463
2～8職	出身県	221	150	371
	近隣県	18	16	34
	東京	204	54	258
	大阪	37	103	140
	他地方県	137	110	247
	外地	52	35	87
	計	669	468	1,137
全就職者合計	出身県	471	393	864
	近隣県	35	40	75
	東京	419	147	566
	大阪	71	298	369
	他地方県	237	342	579
	外地	83	64	147
	計	1,316	1,284	2,600

(注) 数値は本 DB による。

A1型県（設置県・大都市）の具体例

第一は、神奈川県出身の五八七四氏（以下、個人情報保護のため氏名は本DBの整理番号で表記）で、本籍も神奈川県である。

一九二〇年に神奈川県立第一横浜中学校（県立一中）を卒業し、現役で「出身県」にある横浜高工応用化学科に入学した。横浜高工はこの年に機械工学科、電気化学科、応用化学科の三学科構成で創設されたので、同氏は一期生である。後述するB2型五八三八氏と五八四二氏も、同期で電気化学科に入学している。横浜高工の創設は拡張期に入ってであるが、原内閣による創設拡張計画前に設置が決定さていたので、後述する創設拡張計画には含まれていない。

この年の横浜高工入学者一一四人の内、神奈川県出身は二八人・二五％、そのなかで第一横浜中出身者は一二人を占めてトップだった。

一九二三年に留年せず卒業し、一職として「出身県」の神奈川県平塚市にある海軍火薬廠に就職した。応用化学科卒を活かし火薬関係の技術者として職を得たものと思われる。在職二年で海軍火薬廠を辞職し、二職として一九二五年に千葉県立佐倉中学校教員に転職したが一年で辞職、三職で一九二六年に山梨県立日出中学校教員に就職した。在職四年で同校を辞職し、四職は一九三〇年に神奈川県大磯町で無職になっている。この当時の不況の影響と思われるが三年間を無職で過ごし、一九三三年に五職として千葉県市川市の私立国府台学院高等女学校に教員として復帰した。ここも三年で辞職して一九三六年に満洲国に渡り六職の田中勝商会に就職した。卒業後一七年間のうち有職一四年、無職三年、就職回数六回と転職を繰り返している。転職先に満洲国があるため、総移動距離（入学移動と就職移動の合計）は一、八九一キロメートルで全体平均八〇一キロメートルの二倍以上と長い。

第二は、兵庫県出身の一三八七二氏で、本籍も兵庫県である。

一九二二年に兵庫県立兵庫工業学校を卒業し、現役で神戸高工電気科に傍系入学した。神戸高工はこの年に建築科、機械科、電気科の三学科構成で創設拡張計画の一環として設置されていて、同氏は一期生に当たる。兵庫工業学校は上級学校進学を前提としない実業学校だが、神戸高工入学者の出身校ランキングで、全入学者一、三二〇人中、二位の神戸一中六三人に匹敵する三位六一人と多数の進学者があった（図表17）。同校はその後に神戸工業学校と改称され、卒業生インタビューの宇都宮國男氏も同校の一九三七年卒業生である。

この年の神戸高工入学者一二二人のうち兵庫県出身は四五人・三七％、傍系入学は工業学校卒三〇人（うち兵庫工業学校一四人）、神戸高等商船学校附設甲種商船学校二人の計三二人で、全入学者の二六％と多数を占めていた。新設校で工業学校から入学しやすいと受け止められたものと思われる。

留年せず一九二五年に卒業し、直ちに「出身県」の兵庫電気鉄道（株）（現在の山陽電鉄、当時は神戸市で路面電車を運行）に入社した。同社を一年で退職し、一九二六年に二職として大阪電気軌道（株）（現在の近鉄）に転職したがここも二年で退職し、三職は一九二八年から四年間兵庫県で自営（業種不明）している。その後四職として一九三二年に兵庫商工実習学校教員に就任した。同校は実業学校令による実業補習学校で、小学校卒の就職者を対象に夜間に実務教育を行うもので、上級学校進学の道が狭いながらも開かれていた工業学校等の実業学校とは異なる位置付けの学校である（図表2）。

卒業後一〇年間の全期間が有職で、就職回数四回、総移動距離は県内と大阪の移動のみのため五六キロメートルと短い。

二　A2型県（設置県・地方）

A2型県は、地方分散政策により官立高工が設置された、秋田県（秋田鉱専）、宮城県（仙台高工）、山形県（米沢高工）、新潟県（長岡高工）、石川県（金沢高工）、山梨県（山梨高工）、静岡県（浜松高工）、徳島県（徳島高工）の八県が該当する。

官立高工は、地元では数少ない官立高等教育学校として社会的に高い地位を持ち、勅任官の校長は旧制高校のない秋田、山梨、徳島県などでは県知事に次ぐ待遇を受けた。

第一に、入学移動である。

図表 14-2　A2 型（1912～1940 年度入学者）　（単位：人）

		4 秋田県	5 宮城県	6 山形県	15 新潟県	17 石川県	20 山梨県	22 静岡県	36 徳島県	合計
入学者数	入学者計	265	1,124	1,070	1,117	765	404	393	581	5,719
	出身県高工	54	992	904	692	711	359	136	544	4,392
	近隣県高工	173	99	101	83	17	4			477
	他地方県高工	38	33	65	342	37	41	257	37	850
1職	出身県	24	220	85	188	89	44	78	136	864
	近隣県	19	81	53	18	36	15	41	48	311
	東京	43	209	206	308	135	135	82	39	1,157
	大阪	16	29	50	31	52	13	23	126	340
	他地方県	76	256	345	273	224	112	122	97	1,505
	外地	32	175	86	104	112	28	27	42	606
	計	210	970	825	922	648	347	373	488	4,783
2～8職	出身県	26	167	100	164	54	8	99	151	769
	近隣県	23	91	67	28	16	37	47	51	360
	東京	41	158	181	177	49	77	97	21	801
	大阪	10	22	60	33	21	12	33	104	295
	他地方県	66	238	377	200	97	126	116	118	1,338
	外地	17	145	126	48	58	42	38	55	529
	計	183	821	911	650	295	302	430	500	4,092
全就職者合計	出身県	50	387	185	352	143	52	177	287	1,633
	近隣県	42	172	120	46	52	52	88	99	671
	東京	84	367	387	485	184	212	179	60	1,958
	大阪	26	51	110	64	73	25	56	230	635
	他地方県	142	494	722	473	321	238	238	215	2,843
	外地	49	320	212	152	170	70	65	97	1,135
	計	393	1,791	1,736	1,572	943	649	803	988	8,875

（注）数値は本 DB による。

Ａ２型県の大きな特徴は、後述する特殊事情のある秋田県、新潟県、静岡県以外は、入学者の九〇%前後が「出身県」から入学し、最も高率の徳島高工は九四%が県内出身者である。

特殊事情の第一は秋田県の秋田鉱専で、鉱山系のみの官立高工に全国から生徒が集まり、その影響で秋田県出身者は二六五人中五四人・二〇%と地元性が低くなっていた。

特殊事情の第二は、新潟県の長岡高工と静岡県の浜松高工で、県庁所在地以外に設置されていることである。

長岡高工は、「出身県」入学が一、一一七人中六九二人・六二%と低く、隣県の米沢高工（山形県）に一四%、仙台高工（宮城県）と横浜高工（神奈川県）に各七%が流出している。設置場所が県庁所在地ではない長岡市だったためである。

浜松高工も同様に県庁所在地ではない浜松市に置かれたため、「出身県」入学が三九三人中一三六人・三五%と長岡高工より更に低くなっている。静岡県出身者は隣接の横浜高工（神奈川県）へ一七%、米沢高工（山形県）へ一六%、山梨高工（山梨県）へ一一%など、他県の官立高工に多数流出している。

一方で米沢高工は県庁所在地ではない米沢市にあるが、「出身県」からの入学が一、〇七〇人中九〇四人・八四％あり、新潟県、静岡県のように低くない。この原因として、山形県と他県との交通が不便、県民の経済状況から経費のかかる県外進学が難しい、米沢高工（一九一〇年設置）は長岡高工（一九二四年設置）や浜松高工（一九二三年設置）より伝統ある学校で、県内で高い評価を得ていた、などが挙げられる。

県内に官立高工が置かれている場合、一般的には県内入学が多数を占めるが、設置場所や県庁所在地ではない場合は県内入学率がかなり低くなっている。

第二に、就職移動である。

一職時の「同地方県」の就職者は二五％で、A1型県（設置県・六大都市）の六五％と較べると半分以下で、東京に一三％、大阪に四％が就職している。地方にあるA2型県の雇用力は、六大都市のA1型県よりかなり低く、東京・大阪に就職せざるを得ない状況にあった。技術者需要の高い東京・大阪に多くの官立高工卒業者を迎える必要があった国にとって、地方の雇用力の低さがそれを支えていた。

二～八職時の転職では、「同地方県」一、二二九人・二八％、「東京・大阪」一、〇九六人・二七％、「他地方県」一、三三八人・三三％と、各地にほぼ三分の一ずつの割合で就職している。このほか「外地」にも五二九人・一三％と多数が就職していて、これは第四章で詳述する。

A2型県の特徴は、「出身県」への入学率は高いが、「出身県」への就職率は低いことである。準エリートの官立高工に相応しい職場を地方の県で用意できないためで、官立高工の地方分散設置政策は、地方の振興策より地方の優秀な人材を官立高工に誘導し、必要とする大都市へ供給することに大きな意味があったといえる。

A2型県（設置県・地方）の具体例

A2型県から一人ずつ選び、その入学、就職移動を追跡した。

第一に、秋田県出身の二一六七氏で、本籍も秋田県、養子に入ったものと思われ改姓している。

一九一二年に秋田県立秋田中学校（県立一中）を卒業し、現役で地元の秋田鉱専採鉱学科に入学した。秋田鉱専は一九一一年創設なので同氏は二期生に当たる。この年の秋田鉱専への入学者は四八人で、秋田県内から一四人・二九％、そのなかで秋田中が一一人と圧倒的多数を占めていた。秋田鉱専は本ＤＢ一〇校の中で唯一の全国型だが、県内からは秋田中以外から合格するのが難しい難関校だった（図表17参照）。

留年せず一九一五年に卒業後は、一職として栃木県の古河合名会社足尾銅山に就職した。古河（合）は秋田鉱専の創立資金を寄附した三人（藤田傳三郎、岩崎久彌、古河虎之助）のひとりである古河虎之助が経営する古河財閥の中核会社である。同社に二年在職して退職し、一九一七年に二職として母校の秋田鉱専にＵターン就職した。『学校一覧』の教員名簿で確認したところ、採鉱学・同実習担当の講師に就任している。二年後の一九一九年に三職として秋田県内の折戸銅山に転職したが、同銅山も一年で退職し、四職は自宅に戻っている。秋田鉱専卒業生に相応しい鉱山関係の職を転職していたが、無職でＵターンした後の職歴は見られないので、養家の家業を継いだか、または病気で帰郷した可能性が高い。

卒業後六年間のうち有職四年、無職二年、就職回数四回、総移動距離は七〇六キロメートルになる。

第二に、宮城県出身の五二二氏で、本籍も宮城県である。

一九二八年に宮城県立築館中学校（県立五中、県北の雄といわれた）を卒業し、仙台高工土木工学科に入学した。この年の仙台高工入学者は一一六人で、宮城県出身者五六人・四八％、このうち仙台一中と二中から各一四人が入学しているが、地域一番校の築館中でも仙台高工への入学上位五校に入っておらず、旧制中学校間の学力格差が大きかったことが窺われる。

一職は一九三一年卒業と同時に自宅の県内栗原郡に戻っており、就職難の時期なので自宅待機したものと思われる。翌一九三二年に二職として福岡県の大谷炭礦株式会社に採用されたが一年で退職し、一九三三年に宮城県土木部に技術者としてＵターン就職した。県庁に三年勤務した後、一九三八年に東京に出て三職として警視庁保安部工場課に転職した。帝国憲法期の警察は、衛生、工場保安、建設規制等のいわゆる行政警察業務をかなり幅広く担当していて、当時の警視庁保安部も健康保健課、工場課、交通課、保安課、建築課から構成され、専門の技術職員を配置していた。本ＤＢでも警視庁のほか県警察への就職が複数確認できる。警視庁に二年勤務の後、一九四〇年に朝鮮に渡り四職の満鉄北鮮鉄道事務所鑛務課（朝鮮）に転職している。

一職で一年間の就職浪人を経験したが、その後は技術者としての道を途切れずに進んでいる。官立高工の時期区分では安定期から戦時期に当たる時期で、一時Ｕターンしたが三年で東京から外地に転職し、「出身県」には戻っていない。

卒業後一〇年間のうち有職九年、無職一年、就職回数四回、総移動距離は朝鮮への移動があるため三、七四一キロメートルと長い。

第三に、山形県出身の二七一七氏で、本籍も山形県である。

一九一六年に山形県立米沢中学校（藩校興譲館の後継の地元名門校）を卒業し、現役で米沢高工応用化学科に入学した。この年の米沢高工入学者は七七人で、山形県出身者は一八人・二三％、そのなかで米沢中出身者は八人と最多だった。

一九一九年卒業後は、一職として直ちに「同地方県」である岩手県の常磐商会製鉄所に就職した。同社は松方正義の五男である松方五郎が経営する東京の企業で、第一次大戦で鉄需要が増加したため岩手県久慈の海岸に堆積したドバ砂鉄の製錬を狙って進出していた[24]。同社で二年勤務した後一九二一年に二職として東京に出て大日本電化製錬株式会社に転職した。東京に二年いた後に一九二二年に三職として岩手県師範学校教員にＪターン就職したが一年で退職して、一九二三年に四職として三重県立松阪工業学校教員に赴任した。同校に一七年間の長期間勤務した後、一九四〇年に五職として東京の日本アルミニウム株式会社に転職している。前出の五二二氏と同様に安定期から戦時期にかけての移動である。

卒業後二五年間の全期間が有職で、そのうち一七年を工業学校教員として勤務した。就職回数五回、総移動距離は山形県、岩手県、東京府、岩手県、三重県と広域移動したため二、一〇四キロメートルとかなり長い。

第四に、山梨県出身の一二七二七氏で、本籍も山梨県である。

一九三三年に山梨県立甲府中学校（県立一中）を卒業し、現役で山梨高工土木工学科に入学した。同年の入学者は一一八人、山梨県出身者は二三人・一九％で、甲府中出身者は最多の一二人を占める。

一九三六年卒業後は、直ちに一職として神奈川県の京浜電力株式会社に就職した。京浜電力は、同氏が就職する二年前に横浜電気と梓川水電が合併して誕生したばかりの電力会社で、長野県の梓川の水力発電による給電事業を行っていた。同社に二年勤務した後、二職として一九三八年に静岡県の富士川電力株式会社に転職した。同社に三年勤務し、一九四一年に三職として群馬県庁水利局に転職した。山梨高工卒業後は一貫として「出身県」の周辺地域で、官民の違いはあるが水力発電関係の仕事に就いている。官立高工の安定期末から戦時期にかけての移動である。

卒業後六年間の全期間が有職で、就職回数三回、総移動距離は「出身県」周辺の移動のため三九四キロメートルと短い。

第五は、静岡県出身の六〇一七氏で、本籍も同じ静岡県である。

一九二一年に静岡県立沼津中学校（大賀典雄ソニー社長や文化勲章の化学者長倉三郎の出身校）を卒業し、現役で横浜高工応用化学科に入学した。この年の横浜高工入学者は一二六人で、静岡県出身は一一人・九％、その中で沼津中出身は二人である。

一九二四年に卒業し、直ちに一職として荒木東一郎が一九二三年に東京で設立した「日本で初めての個人による私的な経営コンサルティング・ファーム」[25]の荒木能率事務所に就職した。四年後の一九二八年に二職としてアメリカに渡っているが、その後の展開から見て、経営者の荒木が自分も経験したアメリカ留学を指示または助言したものと思われる。在米二年（この間は無職とカウント）で帰国し、三職として一九三〇年に再び荒木能率事務所に戻り四年間勤務の後に、四職として一九三四年に東京の天野タイムレコーダーに転職した。同社は現在のアマノ株式会社でタイムレコーダー専業メーカーである。同社で三年勤務の後、五職として東京の合資会社根上商店に転職している。官立高工のカリキュラムは経営工学を必須としていたので、同氏は応用化学科卒の技術者としてではなく経営工学の道を選び、静岡県出身だが終始東京で職に就いている。

卒業後一四年間のうち、有職一二年、無職二年で、就職回数三回、総移動距離は渡米しているため六、一五七キロメートルと大変長い。

第六は、徳島県出身の一五二九一氏で、本籍も徳島県である。

一九二四年に徳島県立脇町中学校（一八九六年創設の伝統校）を卒業し、現役で徳島高工土木工学科に入学した。徳島高工は一九二三年創設なので同氏は二期生に当たる。この年の徳島高工入学者一〇七人のうち徳島県出身者は八七人・八一％で、脇町中から、徳島中二一人、富岡中八人、徳島工五人に次ぐ四人が入学している。

一九二七年に卒業後は、一職として直ちに応召して大阪の陸軍歩兵第三七連隊に入隊し、二年で除隊後は一九二九年に二職として鉄道省大阪改良事務所に採用された。徳島県から見た大阪府は、行政的に他地方だが社会的経済的には隣県である。大阪で五年勤務の後、一九三四年に三職として北海道の同省旭川保線事務所に社内異動している。旭川で三年間勤務の後は、四職として出生県の徳島県美馬郡に無職でUターンした。翌一九三八年に死亡していることから、健康を害しての帰郷と思われる。土木工学科卒の技術を活かして鉄道一筋に勤務している。

卒業後一一年間のうち、有職一〇年（兵役二年を含む）、無職一年、就職回数三回、総移動距離は北海道への異動があるため二、一二三キロメートルと比較的長い。

ランダムに選んだ六人だが、共通しているのは一九三〇年前後の卒業生は就職に強い官立高工生でも苦労している、地元の官立高工に入学するが地元で初職に就くまたはUターン就職した者は少ない、などである。A2型県は宮城県を除くといずれも都市色の薄い県で、「出身県」に官立高工卒業者に相応しい職場がなかったことが原因である。

三　B1型県（近隣設置県・六大都市）

B1型は、県内に本DB所収の官立高工はなく、「近隣県」に設置されている六大都市県で、東京、愛知、大阪、京都の四県が該当する。

第一に入学移動は、「同地方県」入学が二、六三九人中、九四六人・三六％と全国平均の五四％よりかなり低く、多くが「他地方県」の官立高工に入学している。同じ六大都市県でも県内に官立高工を持つＡ１型県は「同地方県」入学率六二％なので、その半分程度と少ない。本ＤＢに東京高工、大阪高工の両校が含まれていないためとも考えられるが、両校とも一九二九年に大学に昇格しているので、本ＤＢへの影響はかなり限定的と考える。

第二に就職移動であるが、東京府、大阪府が「同地方県」にあるため、一職段階で「同地方県」に二、一七四人中一、五九〇人・七三％が職を得ている。

転職では、「出身県」へのＵターンが三、八五三人中二七九人七％と少ないが、これに「同地方県」のＪターン就職を加えると二、七〇八人七〇％になり一職時に匹敵するものになっている。

Ｂ１型県の特徴は、六大都市県の四県で構成されるため雇用力が他県に較べて抜群に強く、「同地方県」への入学率はかなり低いが、就職率は一職、二〜八職の転職とも大変高いことである。

Ｂ１型（近隣設置県・六大都市）出身者の具体例

第一は、東京府出身の七九二氏で、本籍は山口県ということから、東京の中学校に進学するため単身上京したものと思われる。

一九三〇年にナンバースクールの東京府立第五中学校（現、小石川高校）を卒業し、現役で仙台高工土木工学科に入学した。この年の仙台高工入学者は一七三人で、東京出身者は七人・四％である。高位学歴獲得のため、山口から東京の旧制中学に入学し、更に宮城県の官立高工へと全国を移動して進学している。

留年せず一九三三年に卒業後は、直ちに一職として卒業校の地元である鉄道省仙台鉄道局に就職し、二年後に二職として同盛岡保線事務所に社内異動している。更に一年後の一九三六年には、三職として東北地方を離れ同省広島鉄道局広島運輸事務所にＪターンの社内異動をして四年間勤務した。その後は四職として、大阪にある陸軍火工廠宇治火薬製造所香里工場に転職している。

本ＤＢの一六、七七八人のうち、軍工廠等の軍関係には転職を含めて一、四〇八人・八％が就職していて、そのうちで七九二氏と同じ土木系は一〇八人・八％だった（図表21）。火薬製造の香里工場で土木系の同氏がどのような業務に携わったのかは不明である。

本籍地の山口県、出身中学校のあった東京府には旧制中学卒業後に一度も戻っていない。卒業後八年間の全期間が有職で、就職回数四回、総移動距離は仙台への入学移動をはじめ各地に転勤しているため一、七一七キロメートルと比較的長い。

第二は、大阪府出身の九八六三氏で、本籍は京都府である。一九二九年に大阪府立市岡中学校（府立七中）を卒業し、現役で金沢高工機械工学科に入学した。一九二九年の金沢高工入学者は一三一人で、大阪府出身者は同氏を含めて五人・四％であった。

留年せず一九三二年に卒業後は、一職として大阪府豊能郡にUターンしたが無職で、不況期のため就職浪人だったと思われる。二年後の一九三四年に二職として島根県松江市水道部に就職した。水道の給水量は、一九二六年に四億五、七〇〇万立方メートルであったが、同氏の就職した一九三四年には九億三、六〇〇万立方メートルと倍増しており、[26] 各県・市に水道関係の部署が設けられはじめた時期である。しかし地方勤務を嫌っ

図表 14-3　B1 型（1912～1940 年度入学者）

（単位：人）

		13 東京府	23 愛知県	26 京都府	27 大阪府	合計
入学者数	入学者計	1,414	362	236	627	2,639
	出身県高工					
	近隣県高工	613	120	49	164	946
	他地方県高工	801	242	187	463	1,693
1職	出身県	(606)	123	31	(234)	154
	近隣県	184	13	23	76	296
	東京	606	59	36	75	776
	大阪	62	23	45	234	364
	他地方県	234	69	47	84	434
	外地	80	21	10	37	148
	計	1,166	308	192	506	2,172
2～8職	出身県	(398)	106	19	(163)	125
	近隣県	118	23	12	45	198
	東京	398	59	12	55	524
	大阪	44	35	29	163	271
	他地方県	207	90	41	53	391
	外地	110	29	13	20	172
	計	877	342	126	336	1,681
全就職者合計	出身県	(1004)	229	50	(397)	279
	近隣県	302	36	35	121	494
	東京	1,004	118	48	130	1,300
	大阪	106	58	74	397	635
	他地方県	441	159	88	137	825
	外地	190	50	23	57	320
	計	2,043	650	318	842	3,853

（注）数値は本 DB による。

たためか一年でUターンし、三職として一九三五年に大阪にある連合紙器会社に転職した。同社は現在のレンゴー株式会社で、二〇一八年に「賃金を下げずに六五歳まで定年延長」を決めて話題になったが、当時から段ボール製造を中心としたメーカーであった。同社に六年勤務の後、四職として一九四一年に笠戸船渠株式会社に転職している。笠戸船渠は現在の新笠戸ドックだが、同社の社史によれば同氏の転職した一九四〇年は、大阪鐵鋼所から分離したばかりの時期に当たっている。官立高工の安定期から戦時期にかけての移動である。

卒業後一〇年間で、有職八年、無職二年、就職回数四回、総移動距離は入学移動の金沢を除くと「出身県」の大阪府内の移動のため九四四キロメートルである。

第三は、愛知県出身の三七四二氏で、本籍も同じ愛知県である。

一九二八年に愛知県立豊橋中学校（吉田藩校時習館、県立四中、インタビューした春山丈夫氏の母校）を卒業し、現役で米沢高工機械科に入学した。同年の米沢高工入学者は一一二人で、そのうち愛知県出身はわずか二人・二%、豊橋中からは同氏一人のみであった。

留年せず一九三一年に卒業後、就職困難期であるが一職として東京の東邦自動車工業所に就職し、翌年一九三二年に応召している。除隊後の一九三三年に中華民国に渡り、二職として田中工業事務所遼陽出張所に転職した。中国に三年いて帰国し、三職として一九三六年に神奈川県の沼田機械工作所に転職した。同社で二年勤務後の一九三八年に再び外地に出て、四職として満洲国で株式会社満洲工廠企画課に転職した。愛知県から米沢高工に入学して以降、一度も出身地の愛知県に戻っていない。

卒業後一三年間の全期間が有職で、就職回数四回、総移動距離は中華民国、満洲国と外地を移動しているため六、四八四キロメートルと長い。

第四は、京都府出身の八九〇九氏で、本籍も京都府である。

一九三三年に京都第一工業学校（前身は京都市染織学校）を卒業し、長岡高工電気工学科に現役で傍系入学している。同年の長岡高工入学者は一二〇人で、京都府出身者は二人・二％だけである。傍系入学者は同氏を含め工業学校卒六人・専検合格者一人の七人、傍系入学率は一一％であった。

留年せず一九三六年卒業後は、一職として現役で大阪帝大工学部冶金工学科に傍系進学したので、同氏は傍系入学して傍系進学したことになる。工学系で傍系進学を受け入れていた大学は東京工大が圧倒的に多く、次いで大阪工大を吸収した大阪帝大、東北帝大の三大学が中心であった（第三章第五節参照）。

戦時期の一九三九年に大阪帝大を卒業し、二職として大阪を代表する鉄工会社の中山製鋼所に就職している。翌一九四〇年に大阪帝大に一年だけ籍を置いているが、一九四一年以降も中山製鋼所に勤務しているので、研究目的で一時的に大学に在籍したと思われる。

インタビューした宇都宮國男氏（神戸工業学校から官立神戸高工に傍系入学し、大阪帝大に傍系進学）に似た経歴である。卒業後七年間の全期間が大学進学を含め有職で、就職回数二回、総移動距離は、長岡高工への入学移動を除けば「出身県」の隣県である大阪府での移動のため九一五キロメートルと平均的である。

四　B2型県（近隣設置県・地方）

B2型県は、県内に官立高工がなく「近隣県」に設置されている県である。北海道、青森、岩手、福島、茨城、栃木、群馬、埼玉、千葉、富山、福井、長野、岐阜、三重、滋賀、奈良、和歌山、鳥取、島根、岡山、広島、山口、香川、愛媛、高知の二五道県が該当し、全県数の半分強を占める。

第一に、入学移動である。

「近隣県」の官立高工に五、七五九人中二、〇七九人・三六％、「他地方県」の官立高工に三、六八〇人・六四％が入学していて、この割合はB1型県（近隣設置県・六大都市）とまったく同じである。入学移動は就職移動と異なり、官立高工までの距離が大きく作用していて、大都市か地方かの要素はほとんど影響していない。

第二に、就職移動である。

一職の「同地方県」就職は四、六九〇人中一、三一二人・二八％で、Ａ1型県（設置県・六大都市）が大都市の優位性で三七％と高い以外は各類型ともほぼ同率である。また東京に一、二〇六人、大阪に四四七人、合計一、六五三人・三五％が就職していて、これも各類型とほぼ同率である。

二職以降の転職でも他の類型との大きな相違は見られない。Ｂ2型県は入学移動、就職移動ともに平均的な類型となっている。

Ｂ2型県（近隣設置県・地方）出身者の具体例

第一は、北海道出身の二七八四氏で、本籍は新潟県である。

一九一七年に札幌の私立北海中学校（現在は北海学園大学に併設する北海高等学校）を卒業し、現役で米沢高工応用化学科に入学した。同年の米沢高工入学者は七八人、このうち北海道出身は二人・三％でともに北海中学校出身である。

留年せず一九二〇年に卒業後は、直ちに一職として秋田港にあった日本石油株式会社土崎工場に就職した。在職二年で一九二二年に二職として同社柏崎工場に社内異動し、在職四年で三職として一九二六年に同社北海道製油所に社内異動して九年勤務した。一九三五年に四職として横浜の東洋商工株式会社横浜製油所に転職し、同社に八年勤務した後に、一九四三年に五職として山口県の興亜石油麻里布脂油所に転職している。同製油所はこの年に完成して操業開始しているので、その要員だったと思われる。

新潟に本籍を持ち、北海道の中学校出身の同氏が、当初は出身高工の隣接県に就職し、その後は東京、山口と移動した経緯は不明であるが、このような全国移動が技術の普及、文化交流の一端を担っていた。

二四年間の全期間を石油精製関係の職に就き、社内異動を含めて就職回数五回、総移動距離三、二一二キロメートルである。

第二は、岩手県出身の五八三八氏で、本籍も岩手県である。

図表 14-4　B2 型（1912～1940 年度入学者）　　（単位：人）

		1 北海	2 青森	3 岩手	7 福島	8 茨城	9 栃木	10 群馬	11 埼玉	12 千葉	16 富山	18 福井	19 長野	21 岐阜	24 三重	25 滋賀	29 奈良	30 和歌	31 鳥取	32 島根	33 岡山	34 広島	35 山口	37 香川	38 愛媛	39 高知	合計
入学者数	入学者計	313	160	182	561	307	253	217	233	270	312	97	467	189	200	96	101	203	143	94	299	327	197	227	177	134	5,759
	出身県高工																										
	近隣県高工		126	154	459	35	47	20	31	52	252	52	244	24	24	9	16	28	24	11	67	154	54	97	64	35	2,079
	他地方県高	313	34	28	102	272	206	197	202	218	60	45	223	165	176	87	85	175	119	83	232	173	143	130	113	99	3,680
1職	出身県	66	17	15	57	43	21	36	16	15	54	13	58	33	32	9	15	27	17	8	45	63	28	31	27	20	766
	近隣県		17	27	98	38	32	21	25	45	10	3	23	23	14	10	14	15	10	7	23	19	12	18	15	7	526
	東京	59	34	34	134	66	68	70	55	91	69	28	140	35	36	21	12	33	19	15	46	45	22	26	29	19	1,206
	大阪	5	3	6	20	9	12	8	8	9	17	9	23	5	31	17	19	32	18	11	35	46	24	35	25	20	447
	他地方県	94	49	48	168	80	52	33	42	54	81	21	93	47	44	25	17	15	39	19	66	69	40	57	44	39	1,336
	外地	30	13	19	41	23	18	9	9	15	26	7	37	14	10	5	4	13	10	13	20	25	14	22	11	1	409
	計	254	133	149	518	259	203	177	155	229	257	81	374	157	167	87	81	135	113	73	235	267	140	189	151	106	4,690
2～8職	出身県	36	21	10	48	20	15	33	8	17	26	5	43	25	35	9	3	27	16	6	39	49	24	23	9	21	568
	近隣県	0	14	26	53	41	32	20	18	45	10	5	27	37	17	5	11	16	15	11	23	17	12	18	13	8	494
	東京	41	28	37	92	57	67	64	35	58	34	13	104	14	40	9	7	14	17	9	31	23	27	26	13	17	877
	大阪	3	4	3	25	8	14	12	11	8	10	11	23	7	33	12	15	28	16	11	37	21	16	26	13	11	378
	他地方県	64	23	41	123	67	52	44	38	32	68	26	126	45	55	22	24	41	31	18	49	77	44	47	37	36	1,230
	外地	23	4	22	50	31	18	20	17	16	11	8	27	9	22	5	5	11	20	7	22	20	26	15	11	13	433
	計	167	94	139	391	224	198	193	127	176	159	68	350	137	202	62	65	137	115	62	201	207	149	155	96	106	3,980
全就職者合計	出身県	102	38	25	105	63	36	69	24	32	80	18	101	58	67	18	18	54	33	14	84	112	52	54	36	41	1,334
	近隣県		31	53	151	79	64	41	43	90	20	8	50	60	31	15	25	31	25	18	46	36	24	36	28	15	1,020
	東京	100	62	71	226	123	135	134	90	149	103	41	244	49	76	30	19	47	36	24	77	68	49	52	42	36	2,083
	大阪	8	7	9	45	17	26	20	19	17	27	20	46	12	64	29	34	60	34	22	72	67	40	61	38	31	825
	他地方県	158	72	89	291	147	104	77	80	86	149	47	219	92	99	47	41	56	70	37	115	146	84	104	81	75	2,566
	外地	53	17	41	91	54	36	29	26	31	37	15	64	23	32	10	9	24	30	20	42	45	40	37	22	14	842
	計	421	227	288	909	483	401	370	282	405	416	149	724	294	369	149	146	272	228	135	436	474	289	344	247	212	8,670

（注）数値は本 DB による。

一九二〇年に岩手県立盛岡中学校（県立一中）を卒業し、現役で横浜高工電気科学科に入学した。横浜高工は同年新設なので同氏は一期生に当たり、前述のA1型五八七四氏、後述するB2型五八四二氏と同期生である。この年の横浜高工入学者は一一四人、岩手県出身は同氏だけだった。

留年せず一九二三年に卒業後、直ちに一職として青森県工業試験場にJターン就職し、三年在職後の一九二六年に二職として青森県立弘前高等女学校の教員に転職した。県の技術吏員から県立学校の教員に転職しているケースは他にも見られるので、この当時は技術者にこうした人事異動ルートがあった可能性がある。同校の教員を三年したところで、一九二九年に三職として病気療養のため「出身県」の岩手県にUターンした。三年後の一九三二年に病気回復し、四職として同県内の私立岩手高等女学校で再び教職につき、七年間の勤務の後、一九三九年に五職として岩手県経済更生課に転職した。技術吏員から教員になり、その後は他県で技術吏員に戻っている。

一七年間で有職一四年、無職三年のすべてで「出身県」

の岩手県と「同地方」の青森県に居り、就職回数五回のすべてで公的職種に就いていて、総移動距離は一、〇九八キロメートルである。

第三は、栃木県出身の二五八二氏で、本籍も栃木県である。

一九一五年に栃木県立宇都宮中学校（県立一中）を卒業し、現役で米沢高工機械科に入学した。同年の米沢高工入学者は八八人、栃木県出身は四人・五％で、宇都宮中からは同氏一人であった。

留年せず一九一八年に卒業後は、直ちに一職として大阪府の住友製鋼所に就職した。出身地や本籍地ではないので、学校の就職斡旋によるものと思われる。同社を二年で退職し、一九二〇年に二職として東京瓦斯電気工業株式会社にJターン転職した。同社はその後日野自動車などになっていくが、当時は自動車を中心とした軍需メーカーで、本DBでも相当数の就職者が確認できる。同社を一年で退職し、一九二一年に三職として母校の米沢高工で「工業材料工作法実験及実習」担当の助教授に就任している。母校の教員として四年勤務の後、一九二五年に四職として「出身県」の栃木県立太田原中学校教員にUターン転職し、三年後の一九二八年に五職として隣県の埼玉県立大宮工業学校教員に転職した。

二六年間の全期間が有職で、当初の三年間はメーカーに勤務し、その後は官立高工と中学校、工業学校教員として勤務している。就職回数五回、総移動距離一、七五三キロメートルになる。

第四は、長野県出身の五八四二氏で、本籍も同じ長野県である。

一九二〇年に長野県立長野中学校（県立一中）を卒業し、現役で横浜高工電気化学科に入学した。A1型県五八七四氏、B2型県五八三八氏とともに一期生である。この年の横浜高工入学者は一一四人で、長野県出身は四人・四％で、長野中からは同氏一人であった。

留年せず一九二三年に卒業後は、一職として現役で東北帝大工学部金属工学科に傍系進学した。一年留年して一九二七年に卒業後は、二職として神奈川県の横浜工業株式会社に入社するとともに、母校の横浜高工電気工学科の

「冶金学」担当の講師に就いている。名簿で確認したところ常勤教員なので、横浜高工講師が本務、横浜工業（株）が兼務だったと思われる。五年後の一九三二年に三職として東北大学金属材料研究所に転職し、更に三年後の一九三七年に四職として重要軍需品の純鉄を製造できる数少ない企業である神奈川県の日本電解鐵株式会社に転職している。在職二年で同社を退職し、一九三九年に五職として福岡県の九州特殊鋼株式会社に転職した。

一七年間の全期間が有職で、大学進学、母校教員時代を含め、一貫として鋼材関係の職に就いている。就職五回、総移動距離二、二七九キロメートルになる。

第五は、和歌山県出身の一三八二八氏で、本籍も同じ和歌山県である。

一九二二年に和歌山県立田邊中学校（片山哲首相、文化功労者で経済学者の脇村義太郎の出身校）を卒業し、現役で神戸高工建築科に入学した一期生である。この年の入学者は一二二人で、和歌山県出身は四人・三％、田邊中は同氏一人だけである。

留年せず一九二五年に卒業後は、直ちに一職としてとして大阪府の中堅土木建築会社である松村組にJターン就職した。四年在職して一九二八年に二職として兵庫県庁営繕課に転職している。営繕は「新営修繕」の略で、建築関係全般を指す用語として現在も主に官庁関係で使われている。四年後に三職として香川県の丸亀市役所に転勤しているが所属部署は判明しない。丸亀市役所を二年で退職し、一九三四年に四職として兵庫県にある競馬主催団体の社団法人阪神競馬倶楽部に転職した。同倶楽部は、軍馬生産に関連した旧競馬場法の成立で、全国の他の競馬倶楽部とともに同氏転職の三年後の一九三七年に特殊法人日本競馬会に統合されている。

一〇年の間に官・民で四回の転職をしているが、総移動距離は入学、就職ともに「同地方県」のため三八七キロメートルと短い。

第六は、広島県出身の一五三二一氏で、本籍も広島県である。

一九二五年に広島県立広島工業学校（前身は一八九七年創設の広島県職工学校）を卒業し、現役で徳島高工機械工学科に傍系入学した。同校の一九二五年入学者は一一九人で、広島出身は三人、広島工業学校からは同氏一人だけであった。一九二五年の徳島高工への傍系入学は、工業学校卒一八人、商業学校卒一人、農業学校卒一人、計二〇人で、傍系入学率は一七%とかなり高いが、この年は全国の傍系入学率も一八%と高い割合を示した時期であった（図表32）。

留年せず一九二八年に卒業後は、直ちに一職として東京の東京瓦斯電気工業株式会社に入社した。前述のB2型県二五八二氏のほか、本DBで同社への入社事例がかなり見られる。三年勤務の後一九三一年に二職として「出身県」の広島に無職でUターンした。一年後の一九三二年に、三職として瀬戸内海を挟んで隣接する愛媛県松山市に無職で移住しているが、一九三〇年代初めの不況の影響とみてよいだろう。松山で一年を過ごした後、一九三三年に四職として東京で水力発電関係の電業社に就職している。

一二年間のうち有職一〇年、無職二年、就職回数四回、総移動距離は二、一一八キロメートルである。

五　C2型県（未設置県・地方）

C2型県は、地方にあり、かつ県内にも近隣県にも官立高工が設置されていない県で、最も進学条件が厳しい類型である。福岡、佐賀、長崎、熊本、大分、宮崎、鹿児島、沖縄の九州八県が該当し、入学先の官立高工は当然ながら全員が「他地方県」である。

一職で「同地方県」にUターンまたはJターン就職したのは四七四人中一二七人・二七%で、「出身県」に官立高工を持つA1型県（設置県・大都市）以外の各類型と同割合である。二～八職の転職についてもA1型県以外の類型とほとんど同じで、官立高工の県内所在の有無が就職移動にほとんど影響を与えていないことをC2型でも示している。

A2型県もほぼ同じであったが、地方への官立高工の分散設置は地元の生徒の入学を容易にして能力ある生徒を獲得することに効果を挙げているが、就職という点では地元に貢献していない。

C2型県（未設置県・地方）出身者の具体例

大分県出身の一二二四五氏で、本籍も同じ大分県である。

一九二九年に大分県立中津中学校（県立二中）を卒業し、現役で山梨高工機械工学科に入学した。この年の山梨高工入学者は一一四人、大分県出身は二人・二%、中津中出身は同氏一人だけである。

図表14-5　C2型（1912〜1940年度入学者）　（単位：人）

		40 福岡県	41 佐賀県	42 長崎県	43 熊本県	44 大分県	45 宮崎県	46 鹿児島	47 沖縄県	合計
入学者数	入学者計	159	53	66	38	87	43	84	12	542
	出身県高工									
	近隣県高工									
	他地方県高工	159	53	66	38	87	43	84	12	542
1職	出身県	27	3	15	2	12	1	13	3	76
	近隣県	22	4	1	6	7	4	6	1	51
	東京	20	11	16	2	10	8	14	3	84
	大阪	19	3	3	6	10	3	19	1	64
	他地方県	41	16	14	6	32	17	25		151
	外地	17	3	6	4	7	3	8		48
	計	146	40	55	26	78	36	85	8	474
2〜8職	出身県	28	3	3	3	5	5	7	1	55
	近隣県	5	2	8	1	5	1	9	1	32
	東京	9	8	7	5	6	7	16	1	59
	大阪	18	7	2	2	10	1	13	2	55
	他地方県	37	23	20	8	20	6	16	2	132
	外地	23	5	12	5	8	5	19	2	79
	計	120	48	52	24	54	25	80	9	412
全就職者合計	出身県	55	6	18	5	17	6	20	4	131
	近隣県	27	6	9	7	12	5	15	2	83
	東京	29	19	23	7	16	15	30	4	143
	大阪	37	10	5	8	20	4	32	3	119
	他地方県	78	39	34	14	52	23	41	2	283
	外地	40	8	18	9	15	8	27	2	127
	計	266	88	107	50	132	61	165	17	886

（注）数値は本DBによる。

留年せず一九三二年に卒業後は、一職として出身地の大分県中津郡に無職でUターンしていて、一九三〇年代初めの就職難の影響と考えられる。一年後に二職として広島県の呉海軍工廠に就職した。六年間の勤務の後、三職として広島県庁商工課に転職し、五年後に四職として大阪府の大阪機械製作所に転職している。同社は現在の株式会社オーエム製作所で、一九〇六年創立の歴史を持つ工作機械メーカーである。

一〇年間で有職九年、無職一年、就職回数四回、総移動距離一、八一八キロメートルになる。

六　類型化から見える入学、就職状況

類型別に見た就職状況の特徴を整理すると、次のとおりである。

「A1型県（設置県・六大都市）」は、神奈川

県と兵庫県であるが、自らが大都市であるため、進学予備軍としての旧制中学生が県内に多数在籍し、「出身県」入学率が全国平均の二倍と高いことである。また、就職では、東京府、大阪府に隣接しているため、「同地方県」（東京・大阪が含まれる）に七三％が就職し、六大都市の雇用力の強さを示している、特に「神奈川県＋東京府」の雇用力が強力である。

「A2型県（設置県・地方）」は、官立高工所在県で、「出身県」への入学率は大変高いが、反面、「出身県」への就職率が低いという特徴を持つ。出身県を含む同地方県の就職率は二五％でA1型県の三分の一しかないのは、地元で官立高工卒業生にふさわしい職場を用意できないためである。

「B1型県（近隣設置県・六大都市）」の特徴は、六大都市県の四府県で構成され、「同地方県」への入学率はかなり低いが、就職率は一職、二〜八職の転職とも大変高いことである。

「B2型県（近隣設置県・地方）」の特徴は、最多数の県が属する類型で、「近隣県」の官立高工に三六％、「他地方県」の官立高工に六四％が入学していて、これは、B1型県（近隣設置県・六大都市）とまったく同率になっている。入学移動は就職移動と異なり、官立高工までの距離が大きく作用していて、大都市か地方かの要素はほとんど影響していない。また、就職では一職以降のいずれの段階でも他の類型と大きな相違が見られない。

「C2型県（未設置県・地方）」の特徴は、「出身県」にも「近隣県」にも官立高工のないことで、同地方県へのUターン、Jターン率がA1型以外の各類型とほぼ同じで、官立高工の県内所在の有無が就職移動にほとんど影響を与えていないことである。

類型化分析全体を通していえるのは、入学移動は県内に官立高工があるかどうかで大きく左右されるが、就職移動は「大都市」と「出身県」がキーワードになっていて、六大都市の「A1型県」以外は、官立高工の県内設置の有無がほとんど影響していないことである。

政府の官立高工の地方分散政策は、地方の旧制中学生に対して身近な場所で知識獲得と立身出世に直結する高等教育を受ける機会を提供した点で効果的であったが、卒業後の地元での就職は六大都市部を除くとできていない。

国家の側から見れば、立身出世のパスポートである高学歴獲得のチャンネルとなる官立高工を各地に設けて能力ある生徒を誘導し、入学した生徒に実践的高等技術教育を行った上で国家が必要とする大都市に配置するという役割を、官立高工が果たしていたといえる。

官立高工は、山本正美が指摘する「国家が学校系統に基づいて国民全般を振り分け、その振り分けられた人材を国家の中の諸般の職業世界に配置する」、「『近代教育』の最も基本的な特質」を具現化する装置となっていた。国が集中的拡張の中で行った官立高工の地方分散政策は、地方振興策の意味もあったが、より大きくは地方の優秀な人材を国家が効率的に呼び込むものであり、第六章で述べる戦時拡張はそれに国防上の思惑が絡んだものであった。

第四節　入学移動

一　出身地の分散度

官立高工にどの範囲の地域から入学しているのかを見ること、その官立高工が全国型か地元型かを探ってみると、第三節の類型化分析ではわからなかった特徴が現れてきた。

「出身県」から入学した官立高工までの距離を第一章第一節二項「用語の定義」で述べたとおり県庁所在地間のGoogle Map上の直線距離とし、最長距離、平均値、中央値、標準偏差を見た（図表15）。

まず「最長距離」だが、入学地域のいわば外縁となる範囲を示す数値で、各校とも二、〇〇〇キロメートル前後と大差ない。最長の仙台高工は二、三三九キロメートルで台湾からの入学者、最短の徳島高工は一、七三二キロメートルで

図表15　入学移動距離（1912～1940年度入学者）

基礎数値	最長距離	平均距離	中央値	標準偏差	
	km	km	km		
秋田鉱専	2,014	373	375	419	全国型
横浜高工	2,096	243	47	386	
長岡高工	2,184	257	211	312	
米沢高工	2,297	267	222	305	
山梨高工	2,009	204	115	267	
仙台高工	2,339	173	47	262	
浜松高工	2,009	186	136	253	
神戸高工	1,755	140	28	229	
金沢高工	1,924	164	68	221	
徳島高工	1,732	138	90	194	地方型
総計	2,339	201	116	292	

（注）数値は本DBによる。

中華民国からの入学者で、官立高工の最長距離入学者はすべて外地出身者である。

最長距離以外の基礎数値は、各校毎でかなり異なっている。

「平均距離」は、最長の秋田鉱専三七三キロメートルと最短の徳島高工一三八キロメートルで三倍近い開きがある。秋田鉱専から三七三キロメートルの距離は北が北海道、南が茨城県で、徳島高工から一三八キロメートルの距離は東が奈良県、西が愛媛県となる。三倍近い開きはあっても、その範囲は両県とも「同地方県」または「その外周の地方」と同じである。面積が広い北海道・東北地方と、比較的こぢんまりしている近畿・四国地方の違いが距離に現れたもので、定性的には同じと見てよい。すなわち、官立高工への入学者は、同地方県かその周辺が中心になっている。

「中央値」は、最長の秋田鉱専三七五キロメートルと最短の神戸高工二八キロメートルで一三倍もの開きが生じている。詳しく見ると、秋田鉱専の中央値は平均値とほとんど同値だが、神戸高工の中央値二八キロメートルは平均値一四〇キロメートルの五分の一に激減する。神戸高工は外地からの入学者が比較的多く平均値を押し上げたためで、神戸高工の入学範囲は中央値が示すとおり定性的には地元（兵庫県）と隣接県（大阪府）が主となっている。

「標準偏差」は、数値が大きいほどバラツキが大きいことを示す指標である。秋田鉱専は鉱山系の学科のみという特色ある学校のため、全国から鉱山系を目指す生徒が集まる特徴は出身地属性分析で述べたが、標準偏差四一九にもその特徴が現れている。秋田鉱専の正反対が徳島高工で、徳島県内及び「近隣県」の比較的狭い範囲からの入学者が多数を占めることを示している。

二　出身地構成の経年変化

出身地構成が一九一二～一九四〇年までの二九年間にどのように変動したかを分析すると、一九二〇年頃に同地方県と他地方県の2類型の分化が拡大し、そのまま固定している実態が明らかになった（図表16）。

経年変化の特徴の第一は、一九二〇年代半ば以降に官立高工が地元型に定着したことである。

地元性を表す「同地方県」率は、創設期の一九一二年に五〇％前後であったが、一九一四～二〇年にかけては四〇～三〇％と次第に低下し、拡張期の一九二二年には一気に六〇％台に上昇して、以降は安定期、戦時期まで六〇％前後の高率を維持している。

特徴の第二は、第一の特徴の裏返しであるが、全国性も少なからず持っていたことである。

四〇％の生徒が「他地方県」「外地」から入学していて、官立高工は「出身県」と「近隣県」出身者を中心とした地元型の学校ではあるが、同時に少なからぬ全国性を併せ持っていた。一八八九年の帝国憲法で規定された全国移動の自由が、官立高工の入学移動でも活用されている。

特徴の第三は、「同地方県」の一部の学校で、「ミニ全国化」ともいうべき「他地方県」の緩やかな拡大が見られることである。

特徴の第四は、官立高工セクターの受験競争の度合いが入学移動の規模を左右している大きな要因になっていて、戦争や恐慌などの社会的経済的影響はあまり見られないことである。

もちろんまったく関係ないというのではなく、第一次世界大戦後の旧制中学生急増は戦争終結で出生者数が増加したことと大戦景気の相乗効果であり、戦

図表16　出身地構成割合（%）の経年変化（1912～1940年度入学者）

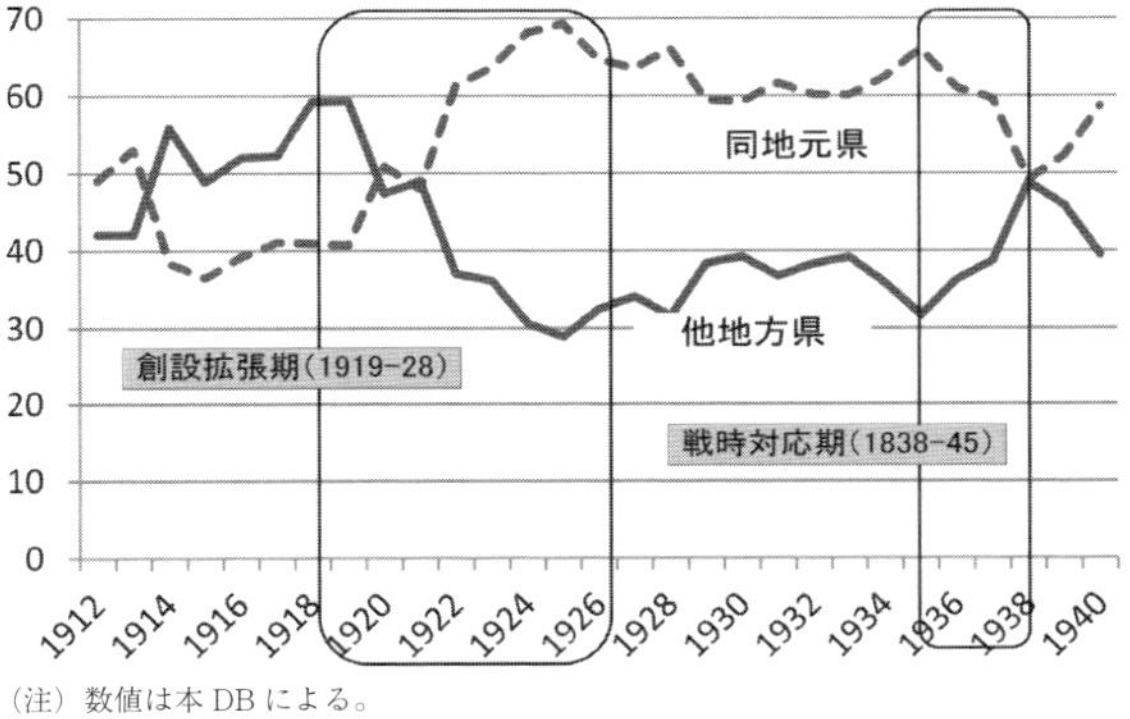

（注）数値は本DBによる。

時期の官立高工拡大は戦時対応の理工系学校拡充策によるものである。

官立高工創設期後半の一九一七～一九一九年に「出身県」率が低下しているが、これは第一次世界大戦後に進学希望の旧制中学生が急増しても受け入れ側の官立高工の入学定員が追いつけず、受験競争が激化したのが原因である（図表16）。進学希望者が全国の官立高工の狭き門を目指したため、それまでは四〇％半ばで推移していた「他地方県」の率が六〇％前後にまで高まった。

そのためもあって、原敬内閣は一九一九年から開始した高等教育創設拡張計画で官立高工の集中的な創設、拡張を行い、学校数、生徒数ともに倍増する計画を全国各地に分散する形で実行したため、「同地方県」からの入学者が増加し、「他地方県」の入学者が減少した。経費がかかる遠方の有名校より、通学に便利で経費が少なく済む近隣の学校を選択した変化が現れている。

拡張期及び戦時期の拡充計画は、官立高工の入学移動に大きな影響を及ぼしているため、第三節で詳述する。

三　出身旧制中学等の上位校

官立高工別に出身旧制中学等の上位五校をリストアップすると、その態様は大きく3類型に分類できる（図表17－1）。

第一は「富士山型」である。

トップ校のシェアが一〇～一五％と、二位以下の旧制中学を大きく引き離している、秋田、米沢、長岡、金沢、山梨、浜松、徳島高工で、一〇校中六校と過半を占め、「A2型県（設置県・地方）」の官立高工である。

秋田鉱専は、出身中学の二位に茨城県の中学、三位に岩手県の中学が入るなど他県からの入学者が比較的多いが、それでも一位は秋田県立秋田中学校（県立一中）が抜きんでたシェアを持つ富士山型になっている。

第二は「二峰型」である。

トップに二校が並列して三位以下を大きく引き離す学校で、仙台一中、同二中が多数を占める仙台高工、金沢一中、

図表 17-1　出身中学校等の上位５校（1912～1940 年度入学者）

順位	出身校	所在県	入学者数	構成比	出身校	所在県	入学者数	構成比	出身校	所在県	入学者数	構成比
			人	%			人	%			人	%
	仙台高工				秋田鉱専				米沢高工			
1	仙台一中	宮城	340	*15.9*	秋田中	秋田	40	*15.8*	米沢中	山形	449	*13.2*
2	仙台二中	宮城	312	*14.6*	太田中	茨城	10	*4.0*	山形中	山形	121	*3.5*
3	磐城中	福島	46	*2.2*	盛岡中	岩手	6	*2.4*	○米沢工	山形	79	*2.3*
4	石巻中	宮城	42	*2.0*	大館中	秋田	5	*2.0*	福島中	福島	65	*1.9*
5	白石中	宮城	38	*1.8*	本荘中	秋田	5	*2.0*	○山形工	山形	59	*1.7*
	その他校		1356	*63.5*	その他校		187	*73.9*	その他校		2636	*77.3*
	全入学者		2134	*100.0*	全入学者		253	*100.0*	全入学者		3409	*100.0*
	横浜高工				長岡高工				金沢高工			
1	横浜一中	神奈川	57	*2.4*	長岡中	新潟	218	*12.6*	金沢一中	石川	214	*11.3*
2	横須賀中	神奈川	54	*2.3*	新潟中	新潟	115	*6.7*	金沢二中	石川	173	*9.1*
3	○商工実習	神奈川	49	*2.1*	三條中	新潟	71	*4.1*	金沢三中	石川	85	*4.5*
4	横浜二中	神奈川	40	*1.7*	柏崎中	新潟	49	*2.8*	小松中	石川	65	*3.4*
5	小田原中	神奈川	40	*1.7*	高田中	新潟	42	*2.4*	神通中	富山	60	*3.2*
	その他校		2087	*89.7*	その他校		1229	*71.3*	その他校		1294	*68.4*
	全入学者		2327	*100.0*	全入学者		1724	*100.0*	全入学者		1891	*100.0*
	山梨高工				浜松高工				神戸高工			
1	甲府中	山梨	197	*12.6*	浜松一中	静岡	42	*8.9*	神戸二中	兵庫	76	*5.8*
2	日川中	山梨	89	*5.7*	豊橋中	愛知	22	*4.7*	神戸一中	兵庫	63	*4.8*
3	諏訪中	長野	27	*1.7*	濱松中	静岡	21	*4.5*	○兵庫工	兵庫	61	*4.6*
4	韮崎中	山梨	24	*1.5*	掛川中	静岡	18	*3.8*	姫路中	兵庫	44	*3.3*
5	松本中	長野	23	*1.5*	刈谷中	愛知	12	*2.5*	神戸三中	兵庫	42	*3.2*
	その他校		1209	*77.1*	その他校		356	*75.6*	その他校		1034	*78.3*
	全入学者		1569	*100.0*	全入学者		471	*100.0*	全入学者		1320	*100.0*
	徳島高工											
1	徳島中	徳島	302	*18.6*								
2	富岡中	徳島	62	*3.8*								
3	撫養中	徳島	48	*3.0*								
4	脇町中	徳島	39	*2.4*								
5	○徳島工	徳島	29	*1.8*								
	その他校		1140	*70.4*								
	全入学者		1620	*100.0*								

（注）1. 学校名の前の○は傍系学校を示す。
2. 所在県欄の下線は他県を示す。
3. 数値は本 DB による。

同二中が多数を占める金沢高工の二校が該当する、富士山型の変形パターンである。仙台市と金沢市は、六大都市に次ぐ地方の中核都市であった。

第三は「連峰型」である。一～五位の旧制中学等が大差なく連なる学校で、六大都市にある横浜高工、神戸高工の二校が該当する「A1型県（設置県・大都市）」の官立高工で、人口が多く多数の優秀な旧制中学等が並立した結果といえよう。

各類型に共通するのは、いずれも一位校（仙台高工は二位も）が県立一中など県下トップクラスの旧制中学という点である。これらの旧制中学の学力が他校より抜きんでて高かった、トップクラスの旧制中学生にとって、官立高工が高等学校に次ぐ準エリート校として魅力ある存在であった、この二点がこうした状況をつくっていた。

図表 17-2　福島県内の中学生の進路（1927〜1938 年）

設置経緯等	学校名	所在地	高校・大学予科		専門学校 官公立		専門学校 私立		軍学校		進学率	就職・自営等		合計	
			人	%	人	%	人	%	人	%		人	%	人	%
先発4中学校	安積中（一中）	郡山市	104	4.8	283	13.1	194	9.0	37	1.7	28.6	1,540	71.4	2,158	100.0
	磐城中（二中）	いわき市	116	4.6	294	11.5	198	7.8	14	0.5	24.4	1,925	75.6	2,547	100.0
	福島中（三中）	福島市	128	7.3	324	18.4	83	4.7	22	1.2	31.6	1,208	68.4	1,765	100.0
	相馬中（四中）	相馬市	40	2.4	196	11.6	110	6.5	34	2.0	22.4	1,315	77.6	1,695	100.0
セクター転換	会津中（旧藩校→私立→公立）	会津若松市	90	4.3	197	9.3	213	10.1	48	2.3	25.9	1,568	74.1	2,116	100.0
その他	公立6・私立1中学校	県内各地	304	4.3	540	7.6	488	6.9	56	0.8	19.6	5,699	80.4	7,087	100.0
福島県合計			782	4.5	1,834	10.6	1,286	7.4	211	1.2	23.7	13,255	76.3	17,368	100.0

（注）渡辺一弘「昭和初期の旧姓会津中学校生徒の進路状況に関する研究」から筆者が作成。

なお、米沢、横浜、神戸、徳島の四校で工業学校が上位五校にランクインしている点は、狭き門であった工業学校からの傍系入学として注目される。

米沢高工では三位に米沢工業学校、五位に山形工業学校の二校が、横浜高工では三位に商工実習学校が、神戸高工では二位に神戸工業学校が、徳島高工では五位に徳島工業学校がランクインしている。傍系入学については第三章で述べる。

視点を変えて、出身中学と官立高工の関係を、送り出す旧制中学の側から見ると異なったイメージになる。渡辺一弘が福島県の旧制中学生について行った進路研究(27)を基に分析したのが（図表17-2）である。

福島県の旧制中学は、先発校の県立四校と私立から転換した会津中のほか、県立は白河中、安達中、田村中、保原中、喜多方中、双葉中の六校、私立は石川中一校の計一二校であった。渡辺が対象とした一九二七〜一九三八年は、官立高工の拡張期が終了し安定期（一九二九〜一九三七年）に入った時期である。

福島県においても他県と同様に伝統ある先発の四校は、「旧制高校・大学予科」「官公立専門学校」への進学志向が高いが、やや他県と違う点もある。

一般的には「一中」が進学上位を占める場合が多いが、福島県では一中に当たる安積中が郡山にあり、県庁所在地の福島に設置された福島中は三中に当たる。そのため一中ではなく県庁所在地にある福島中が、「高校・大学予科」「官公立専門学校」ともに他の中学校を圧して高い。県内における旧藩区域を超え県庁所在地の優位性を示しており、第一章第三節三項で述べた忠勤・朝敵県問題の微妙な影も感じられる。

官立高工の三類型と福島県内の旧制中学の進路分析から判明した点は、高等教育への進学選抜が旧制中学に入学した段階で大方の決着がついていることである。特に旧制中学の少ない地方県では、県下トップクラスの旧制中学を頂点とした学校間の序列が明確になっていて、一番校以外から官立高等教育学校に進学するのはかなりの難関だった。早期選抜の分岐型学校制をとっていた帝国憲法期においては当然の帰結といえるが、様々な事情でトップ校に進めなかった者や進学非正規コースの工業学校等に進んだ生徒には苛酷な仕組みになっていた。

四　官立高工と後継国立大学の比較

1．官立高工と新学制、国立大学設置一一原則

帝国憲法期末期の旧制高校、官立専門学校などの高等教育学校は、師範学校、青年師範学校を含めて、学校教育法による新学制の実施（一九四七年）と、新制国立大学実施要綱（一九四八年、いわゆる国立大学設置一一原則）により、「同一地域にある官立学校はこれを合併して一大学とし、一府県一大学の実現を図る」こととされた。そのため官立学校の大半が、国立学校設置法（一九四七年施行）に基づいて新設された国立大学の文理学部（旧制高校）、工学部（官立高工等）、学芸学部（師範学校、後に教育学部に改組）などに転換し、その結果として学部の歴史が大学の歴史より長いという奇妙な現象が生じた。

このなかで、国立大学設置一一原則の例外地域とされた「北海道、東京、愛知、大阪、京都、福岡」の六県の官立高工は、旧帝大と合併せず工業系の単科大学として独立した。室蘭高工が室蘭工業大学（北海道）、名古屋高工が名古屋工業大学（愛知県）、京都工専が京都工芸繊維大学（京都府）、明治専門が九州工業大学（福岡県）である。旧師範学校も

北海道学芸、東京学芸、愛知学芸、大阪学芸、京都学芸、福岡学芸大学と独立した学芸大学（後に教育大学）となった。また一一原則で「国立女子大学を東西二か所に設置する」ことにより、奈良女高師が奈良女子大学になったため、同県内の奈良師範は単独の奈良学芸大学（後に奈良教育大学）となっている。

大崎仁は、「特別の地域は、京都を除き人口三〇〇万人を基準とした」ため、「旧七帝大の所在地として宮城県が含まれておらず、関係者の強い反対にもかかわらず他の六大学には例のない旧帝大の師範学校との合併という型体《（ママ）》をとることとなり、後々に問題を抱え込むこととなった」[28]という。研究大学としての旧帝大は、官立高工等との合併を避け、「温存」する意図があったなかで、その理由を人口としたため東北大で不整合が生じたものである。

また一九四四年に、戦時対応で経専から工専へ強制的に転換させられた高岡工専、彦根工専、和歌山工専のうち彦根と和歌山が経専に再転換し、戦時末期に創設された大阪高工Bは大阪府立浪速大学（その後の大阪府立大学）として公立大学に転換している。

この過程では、函館水産、仙台高工、繊専、高松経専などの旧専門学校の独立大学昇格運動や、旧制山形高校の東北大、旧制浦和高校の東大など県境を越えた旧帝大との合併を希望する動きも見られたが、最終的に一一原則が貫かれた形で決着した。かつて筆者が論じた国立大学の「分散キャンパス問題」は、このときを契機に発生したものが大半を占める。[29]

2．官立高工と後継国立大学の比較

学生の出身地構成が、その学校を全国型・広域型・地元型か判断する指標となることに着目し、官立高工の出身地構成が後継の国立大学でどのように変化したかを検証した（図表18）。

本DBの官立高工一〇校は、仙台高工が旧帝大の東北大学に合併したほかは、すべて地元の国立大学の工学系学部に移行している。

比較は、帝国憲法期の一九一二〜一九四〇年の各官立高工入学者の合計数と最新（二〇一八年）の後継大学入学者数

図表18　官立高工と後継大学の出身県構成の比較（1912～1940年度入学者）

出身地		仙台高工	東北大全学	秋田鉱専	秋田大理工	米沢高工	山形大全学	横浜高工	横国大全学	長岡高工	新潟大工学	金沢高工	金沢大全学	浜松高工	静岡大工学	神戸高工	神戸大全学	徳島高工	徳島大全学
		宮城県		秋田県		山形県		神奈川県		新潟県		石川県		静岡県		兵庫県		徳島県	
		%	%	%	%	%	%	%	%	%	%	%	%	%	%	%	%	%	%
	01北海道	4.5	3.4	2.0	2.7	3.5	2.4	1.1	2.7	1.3	2.6	0.7	1.3	0.4	1.6	0.6		0.2	0.5
東北	02青森	3.4	15.3	2.4	9.0	1.4	3.1	0.6	0.8	0.2		0.1	0.3	0.2		0.2		0.0	0.0
	03岩手	4.2	5.3	3.2	10.0	1.7	4.0	0.7	0.4	0.1		0.1	0.4	0.2		0.2		0.0	0.0
	04秋田	2.6	4.9	21.3	28.7	3.4	23.2	0.6	0.3	0.5	27.5	0.2	0.2	0.6	2.2	0.3	1.2	0.1	0.0
	05宮城	46.5	3.7	1.6	4.5	2.8	3.7	0.6	1.1	0.1		0.0	0.5	0.0		0.2		0.1	0.1
	06山形	4.1	4.8	5.1	3.1	26.5	23.9	0.6	0.6	1.0		0.2	0.6	0.2		0.3		0.2	0.1
	07福島	9.3	5.2	3.2	2.5	7.4	7.9	2.2	0.9	1.4		0.4	0.6	0.0		0.2		0.0	0.0
関東	08茨城	3.1	5.3	6.3	3.0	3.8	2.9	1.5	1.9	0.8		0.0	0.5	0.2		0.2		0.1	0.2
	09栃木	1.5	4.4	1.2	5.2	3.1	5.8	2.0	1.0	0.5		0.3	1.2	0.4		0.2		0.1	0.1
	10群馬	1.8	4.1	0.4	1.8	2.1	1.7	0.9	1.7	1.3		0.1	2.7	0.8		0.1		0.2	0.1
	11埼玉	0.5	5.3	1.2	1.8	3.1	1.2	1.3	4.0	2.1	16.8	0.2	0.7	0.6	8.1	0.0	2.6	0.1	0.4
	12千葉	1.0	4.0	1.2	1.0	3.1	1.6	2.2	2.9	1.9		0.3	0.2	0.4		0.5		0.1	0.2
	13東京	3.5	7.9	8.7	2.1	9.5	2.7	26.3	16.7	6.8		1.7	1.3	4.7		2.0		0.6	0.6
	14神奈川	0.6	3.3	1.2	0.9	2.0	1.2	22.9	28.8	1.7		0.4	1.0	1.7		1.1		0.0	0.3
甲信越	15新潟	3.8	3.6	1.6	5.6	4.5	4.3	3.3	1.7	40.1	35.4	2.8	4.2	1.5		1.4		0.2	0.1
	16富山	0.6	1.7	0.8	1.1	0.8	0.6	0.5	1.3	2.6		10.6	13.5	0.4		0.5		0.1	0.1
	17石川	0.2	1.6	1.6	0.3	0.3	0.2	0.4	1.0	0.7		37.6	28.4	0.2	6.3	0.5		0.2	0.2
	18福井	0.2	0.2	0.4	0.1	0.4	0.0	0.4	0.6	0.3		2.3	9.6	0.0		1.1		0.2	0.1
	19長野	1.2	1.3	1.2	1.4	1.9	0.2	4.0	2.3	4.9	15.9	0.8	5.5	3.4		1.0	11.1	0.4	0.0
	20山梨	0.1	2.3	0.4	1.5	0.5	1.3	0.7	1.2	0.2		0.1	0.6	0.2		0.1		0.1	0.2
東海	21岐阜	0.4	0.3	1.2	0.6	0.7	0.3	0.4	1.6	1.2		2.7	4.5	5.1	0.0	0.7		0.4	0.4
	22静岡	1.3	3.4	2.0	5.0	1.8	3.1	2.8	3.1	1.3		1.1	3.1	28.9	27.6	0.6		0.2	1.1
	23愛知	0.1	2.4	1.2	5.1	1.2	1.8	1.2	5.1	2.1		2.1	6.9	25.5	33.6	1.4		1.2	1.4
	24三重	0.1	0.5	0.8	0.4	1.1	0.4	1.4	1.2	1.2		1.3	1.9	5.1		1.1		1.3	0.7
近畿	25滋賀	0.0	0.2	0.0	0.1	0.4	0.1	0.3	0.2	0.6		1.7	2.6	1.3		0.7	2.7	0.9	0.4
	26京都	0.1	0.5	0.4	0.2	0.5	0.0	0.9	0.9	1.4		3.4	1.6	0.6		3.7	7.2	1.7	2.2
	27大阪	0.4	0.8	0.0	0.5	1.3	0.3	2.0	1.4	4.4	1.5	6.1	1.3	2.1	12.3	12.4	25.3	8.3	6.6
	28兵庫	0.5	0.7	0.8	0.3	1.1	0.4	2.7	1.6	3.7		5.8	1.5	2.3		39.8	23.3	5.4	18.8
	29奈良	0.1	0.2	0.0	0.0	0.4	0.1	0.1	0.8	1.2		0.8	0.5	0.8		1.2	6.4	1.1	1.1
	30和歌山	0.1	0.3	0.8	0.1	0.9	0.1	0.8	0.4	1.2		2.2	0.3	0.6		2.1	1.7	2.4	3.5
中四国	31鳥取	0.1	0.0	0.4	0.1	0.4	0.0	0.9	0.1	1.0		1.1	0.3	1.1		1.6		1.5	0.8
	32島根	0.1	0.1	0.0	0.0	0.4	0.1	0.6	0.2	0.4		1.2	0.2	0.6		0.8		0.7	0.9
	33岡山	0.3	0.2	0.0	0.2	0.9	0.1	1.2	0.5	1.9	0.2	2.4	0.2	2.1	2.9	4.2	7.9	4.1	8.3
	34広島	0.1	0.5	0.8	0.0	0.5	0.2	1.1	1.9	1.1		1.6	0.2	1.1		3.8		9.5	1.6
	35山口	0.1	0.2	0.4	0.1	0.8	0.0	0.6	0.6	1.5		0.9	0.1	1.3		2.6		3.3	0.2
	36徳島	0.0	0.1	0.0	0.0	0.3	0.1	0.2	0.4	0.3		0.3	0.2	0.4		0.5		33.6	32.1
	37香川	0.1	0.1	0.8	0.0	0.9	0.0	0.5	1.4	1.5	0.2	1.3	0.1	0.0	3.1	2.1	4.3	6.0	5.9
	38愛媛	0.2	0.3	0.4	0.3	0.3	0.1	1.1	0.9	0.8		1.0	0.3	0.4		2.0		4.0	6.1
	39高知	0.0	0.1	0.4	0.1	0.3	0.1	0.8	0.2	0.3		0.8	0.0	1.1		2.5		2.2	1.6
九州	40福岡	0.1	0.5	1.2	0.1	0.8	0.1	0.7	2.0	0.5		0.5	0.2	1.1		1.5		3.5	0.5
	41佐賀	0.2	0.1	0.0	0.1	0.4	0.1	0.4	0.4	0.3		0.4	0.1	0.0		0.2		0.4	0.1
	42長崎	0.0	0.0	1.2	0.1	0.4	0.1	0.7	0.5	0.3		0.3	0.2	0.0		0.5		0.6	0.5
	43熊本	0.0	0.0	0.0	0.1	0.1	0.1	0.3	0.4	0.1	0.0	0.2	0.1	0.2	2.3	0.6	5.3	0.7	0.2
	44大分	0.2	0.0	0.4	0.0	0.5	0.0	0.4	0.5	0.5		0.1	0.0	0.2		1.0		1.3	0.7
	45宮崎	0.0	0.3	0.0	0.1	0.1	0.1	0.4	0.7	0.4		0.4	0.1	0.0		0.1		0.7	0.6
	46鹿児島	0.2	0.3	0.0	0.0	0.3	0.1	0.9	0.8	0.2		0.3	0.1	0.2		0.8		1.2	0.1
	47沖縄	0.0	0.2	0.0	0.2	0.1	0.2	0.0	0.4	0.1		0.2	0.4	0.0		0.0		0.0	0.8
	外地	2.2		2.8		1.8		3.6		1.8		1.1	·	1.5		1.1		1.0	
	不明	0.0		19.4		0.0		0.0		0.0		0.0		0.0		0.0	1.1	0.0	0.2
	総計	100	100	100	100	100	100	100	100	100	100	100	100	100	100	100	100	100	100

（注）数値は本DBによる。

で行い、山梨大学は「出身県」を公表していないため比較から除いた。後継大学の入学者数は工学部の学生数を原則としたが、「出身県」が学部別に公表されていない大学は全学の入学者とし、大学名の下に「学部名」または「全学」の別を表記した。

官立高工校別に見ると、まず仙台高工から東北大学への移行で変化が大きいことが目につく。「出身県」率が、仙台高工四七%から東北大学四%と一〇分の一以下に激減し、「同地方県」率も七〇%から三九%に半減している。官立高工の中で仙台高工だけが旧帝大と合併したことが原因で、地元中心の官立高工と広域から入学する旧帝大の違いが出身地構成に鮮明に現れている。

次に仙台高工以外の九校は、帝国憲法期の官立高工と日本国憲法期の後継大学の間で、学生の出身地構成に大きな変動はないが、学校別に細かく検討するといくつかの異なる点が見られる。

秋田鉱専は、帝国憲法期では鉱山系のみという特色ある学校だったため、全国から入学者が集まり「同地方県」率が三七%と低く、本DBの官立高工一〇校のなかで唯一の全国型であった。しかし、後継の秋田大学理工学部は、各学科を網羅的に置く一般的工学部となったため、全国からの入学者が減少し、「同地方県」率が五八%と秋田鉱専の一・五倍に増加、全国型から地元型に移行している。

米沢高工は、「同地方県」率が四八%と比較的低かったが、後継の山形大学は七〇%と大幅増になった。米沢高工には東京からの入学者が一〇%ほどあったが、山形大学では三%に減少したためである。一府県一大学構想で山形大学が地元性を強めた、東京の私立大学工学系が充実し都内進学が増加した、進学における大都市集中傾向が強まった、などがその原因である。

金沢高工は、「出身県率」三八%であったが、金沢大学では二八%と一〇ポイント減少し、「同地方県」率は逆に五四%から六一%に七ポイント増加した。神戸高工も地元県率四〇%が神戸大学では二三%に半減し、「同地方県」率は八〇%から七九%で変動がない。

金沢高工から金沢大学、神戸高工から神戸大学の両校に、ミニ全国化ともいえる変化が見られるのは国の両大学に対する位置付けが背景にある。金沢大学の中核の医学部は、帝国憲法期から金沢医科大学として既に官立大学で、金沢大学は敗戦で幻に終わったが第八帝大の有力候補でもあった。神戸大学も、帝国憲法期の当時から官立神戸商科大学が東京商大と並んで三商大の一角を占める大学になっていた。

この二大学は、日本国憲法期になってからも国から準帝大ともいうべき位置付けがなされ、学部等の拡大、施設設備の整備などで他大学より優遇されたことが広域化につながったものである。

日本国憲法期の新制国立大学においても、帝国憲法期の旧帝大、官立大、高等師範、旧制高校、官立専門学校、師範学校などの学校種別の階層や、同階層内でも設置年次などによる序列がそのまま温存された。この複雑な階層序列は、旧帝大、旧六大、一一官大、新設医大などの名称であたかも法令のように扱われ、各学部の整備拡充などがこの階層序列にしたがって実施されたことが後継大学の出身地構成に反映したものである。

寺﨑昌男が日本の近代教育の特徴として指摘した「学校間の序列は国家からの距離で決まっていた」ことが、帝国憲法期だけでなく、日本国憲法期においても継続していることが明かである。

五　旧制高校の出身地分布

旧制高校は帝大予科の機能を持つ最もエリート校として、官立高工より上位のポジションにあったが、入試面では官立高工と競合している側面があった。旧制高校と同県内の官立高工の入学者の出身地構成を対比すると（図表19）、両校種の出身者比構成にはほとんど違いが見られないことが判明した。

旧制高校のデータは、国立教育研究所『日本近代教育百年史』掲載データ[(30)]を用いたが、同データは一九二四年調査のため県内にまだ官立高工が設置されていない場合もあるので、その場合は、近接した年度のデータを用いその年を明記した。

図表19　出身地域（「官立高工」対「旧制高校」の比較）（1912～1940年度入学者）

（官立高工）対（旧制高校）	出身地域				
	出身県	近隣県	他地方県	傍系・外地	総計
	%	%	%	%	%
仙台高工	39.0	35.6	23.7	1.7	100
二高	33.1	28.3	38.3	0.4	100
米沢高工	36.5	15.4	48.1		100
山形高校	31.8	20.1	45.8	2.2	100
浜松高工1925	35.5	33.9	28.2	2.4	100
静岡高校	21.0	10.2	67.6	1.1	100
長岡高工1927	41.3	9.2	49.5		100
新潟高校	60.7	3.6	30.7	5.0	100
金沢高工1929	36.6	22.1	38.9	2.3	100
四高	21.4	33.2	42.0	3.4	100
神戸高工	36.9	24.6	36.9	1.6	100
姫路高校	57.5	21.5	20.0	1.0	100

（注）同県内の学校を比較。数値は『文部省年報』及び本DBによる。

旧制高校の出身地構成で特徴的なのは、新潟、姫路、静岡の三高校で、ともに後発のネームスクールである。新潟高校と姫路高校は「出身県」率が六〇％程度と官立高工にもない高い地元性を示し、特に姫路高校は「近隣県」を含めた「同地方県」では八〇％近い高率である。逆に静岡高校は「他地方県」率が七〇％近くと際だって高い全国性を示している。ナンバースクールの二高、四高とネームスクールの山形高校、静岡高校には特段の違いが見られない。

石田雅春の調査では、(31) ネームスクールの旧制広島高校（一九二三年設置）の一九二四～一九四〇年入学者のうち、「出身県」の広島県は四七％、「近隣県」は一四％で、本DBの官立高工と大きな違いがない（図表19）。

東北大学のルーツのひとつである旧制二高と、旧制仙台医学専門学校（後に東北大医学部）の明治期における生徒本籍地（出身中学等は把握できなかった）を見ると、一八〇〇年代後半は東北地方出身が三〇％前後であったが、次第に高くなり一九〇〇年代前半に四〇％程度にまでなっている。(32) この構成は、官立高工の「同地方県」六〇％、「他地方県」四〇％と大きな違いを示さない。

年代が進むにしたがって官立高工、旧制高校とも地方での設置が増加して、「出身県」、「近隣県」の比率が高くなる傾向を見せるが、その時点においても官立高工と旧制高校の出身県構成に大きな違いは見られない。筆者は当初、官立高工の地元性、旧制高校の広域性といった推測を立てていたが、実態は両校種ともほぼ同じ割合であることが判明した。旧帝大と官立高工を比較すると、第三節四項で述べたとおり相当の違いを見せるが、旧制高校と官立高工にはこうした違いは現れない。旧制高校がナンバースクールに続いてネームスクールを全国各地に増設したため、内地に七校しかない旧帝大とは異なる様相になっていたものである。

六　入学者構成の決定要因

官立高工の入学者構成が、学校によって異なる理由を整理すると次のとおりである。

第一に、六大都市との近接度合いが学校間の違いを生む最大要因になっている。人口が多く進学希望の旧制中学生が多い「六大都市県」とその「隣接県」にある官立高工は「出身県」率が高く、地方都市であるが近隣に六大都市がある官立高工の「近隣県」率も同様に高い。官立高工の出身地構成は設置県とその隣県の人口規模＝旧制中学生数の規模と直結していて、しかも都市部は地方に較べると進学意欲そのものが高かったため、更に高くなっているものである。

卒業生インタビューに応じていただいたA氏は、進学率が高まった戦時期の一九四〇年に金沢市郊外の鶴来町から金沢市立工業学校に進学しているが、「中学校または工業学校に進学できたのはクラスの二割くらい」と述べている。一九四〇年の男子中等教育就学率（当該年齢人口に占める在学者数・中学校・実業学校・師範学校を含み高小を含まない）は五一・五％[33]なので、都市部を中心とする全国平均と地方都市の郊外の町では、中等学校進学率に二倍以上の格差があったことになり、高等教育段階の進学率は更に格差が大きかった。

第一章第六節小括で官立高工から文系への転換例として紹介した石原信雄は、A氏と同じ一九四〇年に群馬県佐渡郡剛志村（現在の伊勢崎市）の高等小学校を卒業し、旧制中学を受験している。石原は「当時、中農の長男は小学校から小学校高等科を経て農学校に入るのが普通」、「同級生三〇人ほど」のなかで「旧制中学を受けるのは一割ほどで主に地主や機屋の息子」と述べていて、工業学校等を含まない旧制中学で見れば金沢市郊外とほぼ同様の進学率だったと見られる。「父の許しで親戚の反対を押し切って旧制太田中学を受け」「一緒に受けた六人のうち三人が合格」したが、石原

は不合格だったため、一年浪人して旧制太田中学を再受験し合格している。(34)

第二に、学科構成である。

秋田鉱専のように特色ある学科構成の学校は、所在県の人口規模にかかわらず広域的に入学者があるが、機械、電気等の一般学科を中心とした学校は地元性が高い。

第三に、大都市県、特に東京府が各地の官立高工入学者の供給源になっていて、大阪府も東京府ほどではないが類似の傾向を見せている。

東京府は人口そのものが全国一で、かつ公・私立旧制中学が多数設置されていたため、進学希望の旧制中学生をすべて収容できるほどの高等教育学校の入学枠がなかった、現在ほど私立大学等がなかった、地方の官立高工も魅力ある準エリート校だった、などが地方の官立高工に旧制中学生を送り出す要因になっていた。

大阪は、一九二〇年代に「大大阪」として工学、商業が集結し、人口も一時期日本一になったこともあったが、帝国憲法期を通じて見ると、東京の大規模性が際立っている。

第五節　就職移動

一　企業等の所在地確定

本ＤＢの就職先データの作成に当たって、一職は入学年の『学校一覧』の一年生名簿と卒業年（入学年の三年後）の就職先の記載された卒業者名簿をＤＢ上で突合して関連付け、二職以降は卒業生名簿を毎年追跡して一職時の氏名と関連付ける手法をとった。これにより、生徒個人別に入学から転職（一～八職）を連結したデータにすることができ、史料上でこのことに気付いてDBを作成したことが本研究の基礎となっている。

卒業年の就職先は官立高工が「職務」として作成しているため信頼性が高いが、二職以降のデータは本人の報告をそのまま掲載しているため、卒業年次、所属学科、企業名などに誤記が見られた。他年度のデータなどを突合するなどして、明らかに誤記と見られる場合は修正してDBに登録した。

「移動」をテーマにしているので、就職先の企業名だけでなく実際に勤務した工場などの所在地を確定する必要があるが、『学校一覧』の卒業生名簿に会社の所在県まで書かれてあるのは半分以下であった。県庁、市役所や横浜工場といった名称から所在県が容易に判明する場合もあるが、かなりの人数について独自に所在地を調査することが必要となり、本DB作成に当たって最大の時間を費やした。

近年は、企業のホームページに詳細な社史を掲載している場合が相当あり、インターネット上で丹念に追跡することで、企業合併や社名変更があっても当時の工場等の所在地を確認できた場合が少なからずあった。また廃坑鉱山、廃線鉄道の研究グループがホームページ上に関連情報を公開していて、特に鉱山の位置確認に役だった。

インターネット上の調査で判明しないものは、神奈川県立川崎図書館の社史室を主に利用した。

また当時発行されていた各種の技術者名簿[35]には、官立高工卒業生の就職先企業の広告が多数掲載されていて、支社、工場等の所在地も載っているためここから判明した場合もある。

これらの調査の結果、一〜八職の企業等の八割程度は所在地を特定することができた。

二　就職先の学校紹介

官立高工は産業化を担う戦力として国家の期待が高く、「人材を国家の中の諸般の職業世界に配置」することが、企業側からも要求されていた。一職時の就職先は、「同地方県」が二六％、「大都市県」が三五％で、地元と東京・大阪で六割を占める。二職以降も「同地方県」二五％、「東京・大阪」三二％、合計五七％とこの傾向に大きな変化は見られない（図表13）。

この「同地方県」には、横浜高工における東京、神戸高工における大阪が多数含まれているため、実質的な東京、大阪への集中はもっと大きくなる。

大都市への就職が多い理由には、準エリートの官立高工に相応しい待遇で雇用できる企業が都市部、特に東京に集中していたことのほか、大都市の生活面での魅力が加わったと思われる。

加えて、官立高工による就職紹介が大きく影響した。就職先の学校紹介率（一九二八年）は官立高工六五％に対し、官立高商四六％、官立農工五一％、私立専門三一％、大学三五％で[36]、官立高工が抜きんでて高い学校紹介率を示している。工学系の学生・生徒の就職は、帝大、官立高工とも指導教員が斡旋する場合が多く、その傾向はつい最近まで続いていたが、官立高工に見られる高い学校紹介率は、学校全体として組織的に行っていたというよりも、個々の教員の紹介の累積と見る方が正確であろう。

このような背景の下で、産業化の担い手としての卒業生の就職先決定に学校＝教員が大きな役割を果たしていて、設置者である国の意向を強く受ける官立学校の性格、官立高工教員と企業との密接な関係を考えれば国と産業界の意思が就職紹介に反映していると見てよいだろう。

三　職種属性の分類

職種属性を、下記のとおり八区分して分析した。

（一）「官公吏」は、官吏（国の職員）と公吏（県市の職員）を合わせた区分とした。官吏と公吏は別採用であるが、内務省の土木技術者のように国と県庁、市役所を横断的に異動する例が本DB上でも見受けられ、官吏と公吏を区分するのは本論ではあまり意味をなさない。

なお一職時点の身分は雇員等でまだ官吏になっていない場合もあるが、官立高工卒業生は遅くない時期に官吏の職に就くのが通例なので、本論の属性区分では当初から官公吏とした。例えば、戦時期の一九三六年に官立名古屋高工電気科を卒業し、同年七月に名古屋逓信局工務課に採用されたK氏は、採用から四ヶ月後の一一月に逓信局技手（給八号俸）に任官している[37]。

（二）「教職員」は、主に工業学校教員だが、大学、専門学校、旧制中学、高等女学校、小学校などの教員のほか、大学、官立高工の技術系職員も含めた。就職浪人や転職時の一時的対応として母校の官立高工で実習助手的な職についている例が見られる。

（三）「準公的団体・企業」は、「準公的団体」の水道組合、日本放送協会、電気協会、財団・社団法人、「準公的企業」の製鉄会社、瓦斯会社、鉄道会社、電気（発電・供給）会社、民間放送各社である。

近代日本の公的企業は、鉄道、電気、ガス、水道、発電、放送、製鉄などの事業が国営、公営、公的団体、民間企業に分かれ、また同一事業でも時代により変遷がある。そのため事業で統一せずに官立高工生が就職した時点の企業形態で区分した。

「公的職種」と「民間職種」に大別する際は、「準公的団体・企業」をその実態から見て「民間職種」区分とした。

（四）「軍人」は、職業軍人のほか、幹部候補生として短期間勤務する場合を含めた。

（五）「軍工廠等」は、陸・海軍工廠のほか、軍で土木、電気などの技術者として勤務する者を含めた。

（六）「民間企業」は、上記（一）～（五）に含まれないすべての企業を、規模の大小、株式会社等の企業形態如何に関わらず含めた。

（七）「自営」

（八）「無職等」は、無職がほとんどだが、その他（一）～（七）以外の全てを含んでいる。

「一職」の業種属性別の分析結果の特徴は、第一に民間職種への就職者が四八％と約半数を占め、公的職種二三％の二倍以上の圧倒的に高いシェアを持つことである（図表20）。

図表 20　「1 職」の業種別分類（官立高工別）（1912〜1940 年度入学者）　（単位：人、%）

			（出身官立高工）										
			01 仙台高工	02 秋田鉱専	03 米沢高工	04 横浜高工	05 長岡高工	06 金沢高工	07 山梨高工	08 浜松高工	09 神戸高工	10 徳島高工	総計	順位
（職種） 公的職種	官公吏	%	*35.2*	*4.0*	*8.2*	*8.0*	*5.7*	*14.1*	*25.4*	*12.1*	*20.5*	*17.2*	*15.5*	②
		人	751	10	278	185	98	267	398	57	271	279	2,594	
	教職員	%	*2.1*	*0.0*	*2.6*	*3.2*	*1.3*	*0.4*	*1.0*	*1.9*	*2.1*	*1.7*	*1.9*	⑦
		人	44		90	74	23	8	15	9	28	28	319	
	母校教職員	%	*0.3*	*2.0*	*0.5*	*2.1*	*0.7*	*0.6*	*0.0*	*1.9*	*1.9*	*0.4*	*0.8*	⑨
		人	7	5	17	50	12	11		9	25	6	142	
	職業軍人	%	*0.4*	*0.0*	*0.1*	*0.6*	*0.3*	*0.8*	*0.1*	*0.4*	*0.1*	*0.3*	*0.3*	⑩
		人	8		2	14	6	16	1	2	1	5	55	
	軍工廠等	%	*6.0*	*4.7*	*2.8*	*5.1*	*5.3*	*4.2*	*5.7*	*4.2*	*1.4*	*2.5*	*4.1*	⑤
		人	127	12	95	119	92	79	89	20	18	41	692	
	小計	%	*43.9*	*10.7*	*14.1*	*19.0*	*13.4*	*20.1*	*32.1*	*20.6*	*26.0*	*22.2*	*22.7*	
		人	937	27	482	442	231	381	503	97	343	359	3,802	
民間職種	準公的団体・企業	%	*8.8*	*2.4*	*6.2*	*3.5*	*8.2*	*7.7*	*8.9*	*7.6*	*7.7*	*5.9*	*6.8*	④
		人	188	6	210	82	141	145	140	36	101	96	1,145	
	民間企業	%	*24.7*	*54.9*	*45.3*	*51.1*	*45.9*	*48.1*	*28.7*	*24.4*	*35.2*	*37.6*	*40.3*	①
		人	528	139	1544	1190	792	909	451	115	464	609	6,741	
	自営	%	*0.3*	*0.0*	*1.2*	*1.1*	*0.4*	*0.9*	*0.2*	*1.3*	*1.4*	*3.0*	*1.0*	⑧
		人	7		40	26	7	17	3	6	18	49	173	
	小計	%	*33.9*	*57.3*	*52.6*	*55.8*	*54.5*	*56.6*	*37.9*	*33.3*	*44.2*	*46.5*	*48.2*	
		人	723	145	1794	1298	940	1071	594	157	583	754	8,059	
その他	学生	%	*1.0*	*1.2*	*4.0*	*3.2*	*5.1*	*2.5*	*3.2*	*3.0*	*2.8*	*2.3*	*3.1*	⑥
		人	22	3	137	75	88	48	50	14	37	37	511	
	無職	%	*9.3*	*5.1*	*2.4*	*10.2*	*9.2*	*5.9*	*12.1*	*31.8*	*1.5*	*13.6*	*8.3*	③
		人	198	13	83	237	158	111	190	150	20	220	1,380	
	死亡	%	*0.3*	*0.0*	*0.6*	*0.6*	*0.1*	*0.4*	*0.3*	*0.0*	*0.4*	*0.4*	*0.4*	
		人	7		20	14	2	7	4		5	7	66	
	不明	%	*11.6*	*25.7*	*26.2*	*11.2*	*17.7*	*14.4*	*14.5*	*11.3*	*25.2*	*15.0*	*17.3*	
		人	247	65	893	261	305	273	228	53	332	243	2,900	
総計		%	*100*	*100*	*100*	*100*	*100*	*100*	*100*	*100*	*100*	*100*	*100*	
		人	2,134	253	3,409	2,327	1,724	1,891	1,569	471	1,320	1,620	16,718	

（注）数値は本 DB による。

民間職種の内訳は、民間企業四〇%、準公的団体・企業七%、自営一%、合計四八%で、公的職種の内訳は、官公吏一六%、教職員二%、母校教職員一%、職業軍人〇%、軍工廠等四%、合計二三%である。

天野郁夫は、「大学と違ってはじめから民間工業技術者の育成機関として発足した工業専門学校は、民間諸工業の興隆にともなって着実にその基盤を固め（略）工業技術者の中核的な育成の場になっていった」(38)と述べている。本DBで分析した官立高工は、民間職種の幹部技術者養成の産業士官学校の性格を明確に示していて、この傾向は個々の学校別に見てもほとんど相違がなく、天野の主張を裏付けている。

特徴の第二は、官公吏への就職である。

官公吏就職者は、民間企業就職者と違って学校間の違いが大きい。仙台高工が三五%と飛び抜けて高く、二位の山梨高工二五%と一〇ポイント、最下位の秋田鉱専四%とは三一%の差で九倍の開きがある。仙台高工の卒業生は、宮城県及び「近隣県」の官公吏として地元で就職している点が特徴的といえる。

特徴の第三は、陸海軍の巨大直轄工場である軍工廠等への就職である。

軍工廠は、兵器のほか関連素材、設備等の国産化、「軍器独立」を進めた軍の組織である。

一職段階の軍工廠就職率は四%だが、二~八職の転職段階を合計すると八%に倍増する。この間に離職者もあるので常時これだけの在職者があったわけではないが、軍工廠が官立高工の有力な就職先のひとつであり、軍工廠から見れば官立高工が有力な技術者供給源となっていた（図表21）。特に、二職以降の転職段階で大きく増加している点が注目され、軍工廠が次々と拡大されるのに伴って、既卒の技術者の積極的誘引策がとられた可能性があるが、具体的事例の確認はできなかった。

陸軍工廠は一八七九年に砲兵工廠として創設され、一八九〇年には大阪の砲兵工廠で塩基性平炉の操業を開始するなど当時の先端技術がいち早く取り入れられていた。組織の拡充再編を重ね、一九四三年に陸軍省外局の陸軍兵器行政本部に統合、拡充されている。行政、製造、補給を統括し、教育、研究を行い、全国八造兵廠の下に四六製造所を持つ雇用者二五万人の巨大兵器工場群を形成していた[39]。

海軍工廠は、一九〇三年にそれまでの鎮守府下の造船所を再編拡充して設置され、呉、横須賀、舞鶴、佐世保の四大工廠のほか、戦時体制が強化されるに伴って広、豊川、高座、光、多賀城、鈴鹿、沼津、川棚、相模、津が新設、拡充された。海軍は軍艦の製造などの技術的要素が強いため、陸軍に較べてより多くの工廠を持っていた。

軍工廠等への官立高工別の全生徒に占める就職者の比率は、仙台高工、山梨高工各六%、長岡高工、横浜高工各五%がほぼ同率で上位を占め、逆に神戸高工一%、徳島高工・米沢高工各三%が低い。こうした学校間の就職率の違いは各校の学科構成が主因である。

図表21　軍工廠等への就職者（学科系統別）（1912～1940年度入学者）（単位：人、%）

		卒業した学科系統										
		機械系	造船系	冶金系	電気系	工業化学系	鉱山系	土木系	建築系	繊維系	不明	総計
軍工廠等就職者	1職	*42.8*	*6.9*	*1.2*	*16.3*	*18.9*	*0.6*	*5.5*	*7.5*	*0.3*		*100*
		296	48	8	113	131	4	38	52	2		692
	2～8職	*43.3*	*3.5*	*0.4*	*17.9*	*17.5*		*9.8*	*7.1*	*0.6*		*100*
		310	25	3	128	125		70	51	4		716
	合計	*43.0*	*5.2*	*0.8*	*17.1*	*18.2*	*0.3*	*7.7*	*7.3*	*0.4*		*100*
		606	73	11	241	256	4	108	103	6		1,408
	（シェア）	*12.3*	*33.3*	*12.8*	*7.8*	*6.0*	*2.4*	*4.4*	*10.3*	*1.2*	*0.0*	*8.4*
全生徒数		4,945	219	86	3,076	4,250	167	2,475	1,004	495	1	16,718

（注）数値は本DBによる。

軍工廠等への就職者を、学科系統毎に分析すると、学科により軍工廠への就職状況

図表22　主要民間造船所に対する海軍艦艇建造割り当てと官立高工生の就職
（1912〜1940年度入学者）　（単位：人）

	造船所名	所在地	艦種	仙台高工	秋田鉱専	米沢高工	横浜高工	長岡高工	金沢高工	山梨高工	浜松高工	神戸高工	徳島高工	合計
1	三菱造船 長崎造船所	長崎県	戦艦、巡洋艦、駆逐艦	2		9	10		1	1		8	4	35
2	三菱 神戸造船所	兵庫県	潜水艦			5	11	2	2	3		2		25
3	三菱 横浜造船所	神奈川県	駆逐艦、特殊艦、小形軽巡艇											
4	神戸 川崎造船所	兵庫県	航空母艦、巡洋艦、駆逐艦、潜水艇、小形軽巡艇	4		15	17	5	9	8	2	23	8	91
5	川崎造船所 泉州工場	大阪府	潜水艦											
6	石川島 造船所	東京都	駆逐艦、小形軽巡艇	11		15	17	3		12		1	1	60
7	浦賀 造船所	神奈川県	駆逐艦、小形軽巡艇	4		3	4	1	1	1				14
8	藤永田 造船所	大阪府	駆逐艦、小形軽巡艇			2	7	3	5		1	4	4	26
9	三井 玉野造船所	岡山県	潜水艦											0
10	日本鋼管 鶴見造船所	神奈川県	小形軽巡艇	1			3			1	1			6
合計				22		49	69	14	18	26	4	38	17	257

（注）1. 主要造船所と海軍艦艇の割り当ては、大濱徹也・小沢郁郎『帝国陸海銀事典』から作成。
2. 生徒数は本DBによる。
3. 網掛けは、特に多くの卒業生が就職している造船所を示す。

が大きく違う傾向がわかった（図表21）。

機械系が六〇六人と最多で、工業化学系二五六人、電気系二四一人と続く。冶金系は一一人、繊維系は六人と少数である。軍工廠の役割に応じ、汎用的技術者としての機械系、電気系と火薬製造に関係する工業化学系の卒業生が多く就職している。

軍工廠等への就職が最多数の仙台高工は、機械、電気、工業化学、土木系の各学科を持ち、生徒数も多い大規模校である。山梨、長岡、横浜の各官立高工も、同じ内容の学科をやや生徒数は少ないが持っている。一方で、軍工廠等への就職者が少ない神戸高工は、土木の規模が小さく工業化学系の学科はない、また徳島高工には電気系がなく、米沢高工には土木系が設置されていない。

また、軍工廠ではないが、民間企業に分類したなかに軍需関連企業が多数含まれている。

海軍艦艇の建造を行っていた民間造船所を、大濱徹也・小沢郁郎『帝国陸海軍事典』(40)により整理し、本DBの官立高工生の就職状況を分析すると、一〇造船所に二五七人が就職していたことが判明した（図表22）。

民間の軍需関係工場は、このほかにも航空機工場、兵器工場（砲熕、火薬・爆薬、水雷、光学、公開、電気）など多様にある。軍工廠への就職者一、四〇八人、シェア八％に対して、軍需造船所だけで二五七人就職している事実から推定すると、その他の軍需工場を含めれば軍工廠と同程度以上の就職者のあった可能性が高い（図21）。

特徴の第四は、民間職種と公的職種を合わせると七〇％が俸給生活者（サラリーマン）になっていることである。自営は僅か一％に過ぎず、官立高工卒業生の大半が新中間層を構成するサラリーマンになっていた。天野は、拡張計画によって高等教育学校が「ホワイトカラー層の大量養成機関としての性格」を持ったと指摘するが、官立高工もその一端を担っていることがわかる。

また、官立桐生高工教員が一九二五年に全国一五高工の一、六九九人の就職状況を調べたところ、五割余が会社員、三割弱が官公吏になっていて[41]、この割合は本DBの分析結果とほぼ同率である。

なお職業軍人は、本DB上で〇・三％と極めて少数であるが、これは一九四〇年入学者までを対象としているためで、インタビューした一二人のうち軍人に志願しうる年齢層の者はすべてが将校になるか、または将校の内定段階にあった。

宇都宮國男氏は、神戸高工から大阪帝大に傍系入学し、卒業後は陸軍中尉になっている。D氏は海軍予備学生から沖縄戦や回天要員の海軍中尉になり、青山次則氏は予備学生から海軍航空隊中尉として従軍し、C氏は傍系入学した大阪帝大卒業後は海軍中尉になることが決定していた。その後の世代である吉田壽壽氏は幹部候補生に合格して陸軍飛行学校入校が決定して待機中であり、春山氏は陸士に合格し入校待ちであった。

兵役該当年齢層の全員が将校として従軍、または内定段階にあったので、本DBの対象期間が敗戦末期まで拡大していれば、職業軍人（学徒の志願含む）の割合が大きく増加した可能性が高い。

四　職種属性の経年変化

官立高工卒業生の就職先を大別すると、民間職種五〇％弱、公的職種二〇％強であるが、経年変化を分析すると、好況時は公的職種が減って民間職種が増え無職等が少なくなり、不況時にはこの逆の現象が起きている実態が判明した（図表23）。

図表 23　職種属性の推移（初職）（1915～1939 年度卒業者）

主な出来事	卒業年	職種属性（初職） 公的職種 官公吏	教職員	職業軍人	軍工廠等	小計	民間職種 準公団体	民間企業	自営	小計	学生	その他 無職	不明	小計	死亡	総計
1913官吏削減		%	%	%	%	%	%	%	%	%	%	%	%	%	%	%
1914第一次大戦‥大戦景気	1915	1.5	1.5		3.0	6.1		63.6	3.0	66.7		21.2	21.2	42.4		100
	1916	2.9	1.5		1.5	5.9	4.4	66.2		70.6						100
1918農業国から工業国へ	1917	5.9	4.4		4.4	14.7	7.4	55.9	7.4	70.6	1.5	1.5	1.5	2.9		100
1920戦後恐慌	1918	6.8	0.0		3.4	10.2	5.7	53.4	1.1	60.2	3.4	11.4	11.4	22.7		100
	1919	11.7	0.0		4.9	16.5	9.7	47.6	1.9	59.2	1.9	11.7	11.7	23.3		100
	1920	7.8	1.0		6.8	15.5	9.7	58.3	2.9	70.9	0.0	7.8	7.8	15.5		100
1923関東大震災	1921	14.3	0.0		5.4	19.6	3.6	30.4	1.8	35.7	5.4		1.8	1.8	1.8	100
	1922	11.5	0.0		1.3	12.8	0.0	41.0	1.3	42.3	0.0	5.1	6.4	11.5	1.3	100
	1923	17.0	2.8		7.5	27.4	1.9	26.4	1.9	30.2	3.8	12.3	15.1	27.4	2.8	100
1927金融恐慌	1924	11.0	0.0		1.1	12.2	1.7	39.8	1.1	42.5	1.7	18.2	18.8	37.0	0.6	100
1929世界恐慌	1925	13.4	7.5		1.5	22.4	6.0	28.4	4.5	38.8	1.5	11.9	11.9	23.9		100
1930昭和恐慌 1931満州事変	1926	11.0	3.3		2.2	16.5	8.8	27.5	1.1	37.4	3.3	5.5	6.6	12.1	1.1	100
1932世界恐慌から脱出	1927	19.4	1.1		3.4	23.9	8.2	26.5	0.7	35.4	1.1	19.4	19.4	38.8		100
	1928	25.8	0.5		2.4	28.7	9.1	31.5	0.9	41.5	0.9	15.0	15.5	30.5	0.5	100
	1929	21.9	2.4		3.8	28.1	7.5	39.5	1.1	48.1	1.8	13.8	14.6	28.4	0.7	100
1937日中戦争、軍事予算 膨張、産業の重化学工業化	1930	16.8	1.5	0.3	1.5	20.2	8.9	31.0	1.4	41.3	2.6	20.8	21.3	42.0	0.5	100
1938国家総動員法	1931	16.4	1.5	0.2	2.1	20.2	4.3	26.0	1.1	31.4	3.5	26.0	26.8	52.8	0.8	100
1939 国民徴用令	1932	22.7	1.0	0.1	5.2	29.1	4.0	26.0	1.5	31.5	3.9	27.2	27.6	54.7	0.4	100
1941アジア太平洋戦争	1933	22.2	1.7	0.1	7.6	31.7	7.2	37.2	0.7	45.1	2.7	13.3	13.5	26.8	0.3	100
	1934	17.8	1.1		8.1	26.9	8.9	44.8	0.8	54.5	2.8	10.1	10.8	20.9	0.7	100
	1935	20.3	0.8	0.3	9.3	30.7	9.2	46.8	1.0	56.9	2.9	5.1	5.3	10.4	0.3	100
	1936	21.0	0.8	0.1	6.2	28.1	7.8	50.9	1.2	59.8	2.5	5.0	5.3	10.3	0.3	100
	1937	17.7	0.6	0.1	5.4	23.8	9.0	57.9	0.3	67.1	2.7	1.7	1.8	3.5	0.1	100
	1938	14.6	0.9	1.3	5.2	21.9	8.5	60.3	0.3	69.1	2.7	1.6	1.7	3.3	0.1	100
	1939	16.9	0.0	0.2	6.5	23.6	7.8	58.6	0.0	66.4	5.3	1.6	1.7	3.3	0.1	100
	不明											0.7	0.8	1.5	0.1	100
	総計	15.5	0.8	0.3	4.1	20.8	6.8	40.3	1.0	48.2	3.1	8.3	8.6	16.9	0.4	100

（注）数値は本 DB による。

ただし、この現象は一九三七年に日中戦争が始まる前くらいから異なる傾向を示し始める。

まず民間職種であるが、軍需景気で民間企業の事業拡大により、戦時期には五〇～六〇％台の高率を示すようになる。また準公的団体・企業も、戦時期に入り特徴的動向を示す。通常期の水道、鉄道、放送、電力、製鉄に加えて、日本発送電株式会社（一九三九年合同、国家統制会社）と満鉄関係企業が急増し、新たに鐵鋼統制会、石炭統制会、鉱山統制会、造船統制会、金属統制会などの統制会、工業組合、製品検査所などの業種別の団体が加わり、本DBでも何人もの就職例が確認できる。統制会には「統制会ニ関スル勤労行政職権委譲等ニ関スル件」（一九四三年 勅令五四六号）で行政官庁の職権の一部が委譲され、厚生大臣が学校卒業者使用制限令に基づく使用員数の認可を行う場合にその意見を聴くなどの特別の地位が与えられた。

次に公的職種は、官公吏は減少するものの、軍工廠等が増加して、公的職種全体のシェアはあまり減少しない。このように、民間職種と公的職種が増加した反動で、無職がゼロ近くまで激減する。国家総動員法の下では無職のままでいるのは許されなくなったためで、戦時体制の強化が官立高工生の就職移動に強く影響している。

坂根治美は、一九二九～一九三一年の官立桐生高工卒業生を対象にした就職状況の研究のなかで、「昭和四年三月の桐生高工の卒業生の就職は『各科とも非常に困難』」になっているが、その原因として教員俸給不払い、全国で起こった減俸、馘首、アメリカ株式市場暴落による生糸価格暴落、映画「大学は出たけれど」の公開などを挙げている。

仙台高工電気科卒業生で作る「萩電会」のデータを見ると、[42]二〇〇五年現在の卒業生五一〇人の居住地は地元の宮城県が四三%、東京都が一五%、神奈川県が一一%で、地元率がダントツに高く、大都市部がそれに続いている。

また卒業生の職業構成は、電力一六%、電気機器一三%、教師一二%、官公庁一一%が上位を占める。最多の電力関係は戦時対応で合併、統合の変遷があり、東北地方でも一九二六年東北振興電力株式会社、一九四一年日本発送電株式会社への全国的統合などがあり、インタビューした若生豊多氏をはじめ仙台高工から多数就職している。官庁関係では電気科の性格を反映して、「逓信省及び地方逓信局への就職者が極めて多」く、海軍技術研究所、陸海軍工廠等にも相当数が就職している。

天野郁夫が「工専卒業者の就職状況」として、「官公庁」「民間企業」「学校教員」「自営」に四区分して一九一四～二五年の大正期のシェアを整理している。官公庁が二〇%台前半から二〇%台後半に伸び、民間企業が六〇%台代後半から七〇%台後半に伸びるものの、その後は五〇%台後半に下がっている。[43]本ＤＢ（図表23）によれば、官公庁が一〇%台半ばから二〇%台前半に、民間職種が六〇%台半ばから七〇%台前半になるが、その後三〇%台後半に下がっている。天野の示した数値は合計で一〇〇%になっているので、本ＤＢで毎年一〇～二〇%程度を占める進学者、無職等がどこに含まれているか判然としない点もあるが、官民の比率と増減の傾向は本ＤＢとほぼ同様である。

五　就職・進学浪人

官立高工生は、七五％に当たる一二、五二七人が卒業後にすぐ就職または進学している（図表23）。就職・進学のための浪人期間は、二九年間のトータルで見ると、一年間六％、九九〇人、二年間二％、三九九人であるが、一九三〇年代初め頃の不況期だけは就職に強い官立高工も二〇％前後の就職浪人が発生している。これも戦時景気になる一九三三年は一三％、一九三五年は五％と激減する。これには進学浪人も含まれるので、実質的な就職浪人はもう少し少数である。

六　就職統制

戦時期に入り一九三八年に国家総動員法が施行されるとともに、「政府ハ、戦時ニ際シ国家総動員上必要アルトキハ勅令ノ定ムル所ニ依リ従業者ノ使用、雇入若ハ解雇、就職、従業若ハ退職又ハ賃金、給料其ノ他従業条件ニ付必要ナル命令ヲ為スコトヲ得」（六条）に基づいて、最初の労務統制策である「学校卒業者使用制限令」（一九三八年勅令五五九号）（「使用制限令」と略）が制定された。

使用制限令では、企業等（五条で市町村吏員に適用、六条で国の官吏と県吏員は適用外）が厚生大臣の指定した学校（大学の工学部、工業系の専門学校、工業学校などの工業系の学科、一九三八年厚生省令一一九号）を卒業した者を雇用するときは、あらかじめ厚生大臣の認可を得ることが義務付けられた。この当時は、内務省から分離した厚生省が労働一般を所管していた。

使用制限令は、名称の通りに雇用者である企業等の統制を図るために制定されたもので、一九三八年の制度発足時の状況を当時の受験雑誌では次のように解説している。(44)

「他の工業関係の学校も勿論さうであるが、高工の卒業生は就職するに當って、先づその雇用者側から希望を関係官廳に申込み、政府は厚生省を中心に企畫院其他を網羅した委員會に於て求人数と就職希望数を全国國的に調整し、當面もっとも必要な軍需工業から民需工業へと卒業生を割當て、ゆくことになる。これは昭和一四年度の卒業生から実施される。然し、これは雇用者側の採用数のみ制限するものであって、卒業生の就職先までも制限するものではないから」。ところが一九四一年の使用制限令改正で、学生、生徒の必要な方面への配分を行うなどの拡大がなされ、卒業生インタビューでは各氏が次のように述べている。

「大学の場合は昔は切符だったでしょ。だから各会社に切符を渡して、必要な大学に切符を渡す」、「あの時分は半分強制じゃなかったですかね。政府の行政指導があってね。満洲方面に行くのは何人って大体決まってたわけですよ。だから、成績の悪いひとはどうしてもあっち行かされる。それが何人とかあったんだと思います」（宇都宮氏）。

「戦争が激しくなると就職先が切符制となって、各会社、各工場に割り当てられていたようですね」（梶返氏）。

「一割だけ大学に行きましてね。あとはみんな企業に。これ強制的です、切符制みたいなのでやらされましてね」「だから企業にパーッと押してけられるからね、本人の希望と関係なくていかんとね」、「学校じゃないですよ、通産省（注：厚生省の誤り）から来たんだと思います、とてつもないとこへ、やられてました」（C氏）。

「切符」がキーワードになっていて、官立高工卒業生の就職先選定は、本人の意向など関係なく有無を言わさずに決定されるという状況にあった。ただし、これは工業系に限ってだったようで、前述のC氏と同時にインタビューした絹紡績学科卒業のD氏は「割り当てなんかなかった」といい、C氏も「僕らの科だけ」と述べている。これは、C氏の卒業した繊維化学科が厚生大臣の指定した工業系学科で、D氏の卒業した絹紡績科は指定対象ではなかったことによるものである。

七　生涯一社と若年離職

日本独特の雇用形態といわれる「終身雇用」が、制度として取り入れられはじめたのはおおむね一九二〇～一九三〇年頃といわれているが、官立高工卒業生はどうだったのかを分析してみた。

帝国憲法期の社内規則などには「終身雇用」の使用例がなく、わずかに印刷局で「終身奉仕」の用語が使われ、年金用語として「終身」が使用されていたとの研究報告がある。(45) また菅山真次は「就社」(46) といい、関口功は「明治末期から第二次世界大戦前の時期」に「終身雇用慣行」が成立したが、実態としての「終身雇用」と制度としての「終身雇用制」は分けて考えるべきという。(47)

小熊英二は、「終身雇用」という言葉は、ジェームズ・アベグレン『日本の経営 The Japanese Factory: Aspects of Its Social Organization』（一九五八年）から広まったと述べている。(48)

本DBでは制度としての終身雇用は確認できないので、近似の概念として、全有職期間を同一企業等に在職した場合を「生涯一社」とした。

本DBで生涯一社を分析する場合に、DBの対象期間から来る制約がある。何年間在職すれば「生涯」と見るかだが、最長の米沢高工は二八年間に及び、以下一四年間二校（仙台、徳島高工）、一三年間三校（横浜、長岡、山梨高工）、一一年間一校（金沢高工）、六年間一校（秋田鉱専）、四年間一校（浜松高工）で、最短の一九四三年卒五九〇人は各校とも勤続年数一年である。

こうした本DB上の制約を考慮し、卒業して初職後一〇～二〇年間で転職ゼロの者を「生涯一社」と看做した。卒業後一〇年間以上の職歴を持つ者は一六、一七八人中、七、〇二五人おり、そのうち転職ゼロ（一社勤務）は二、七八〇人で、一〇年以上職歴者の四〇％に当たる。この在職期間を二〇年間に延ばしてみると、七三六人が該当し、そのうち転職ゼロは二三三人・三二％となる。すなわち、官立高工卒業者のおおよそ三〇～四〇％が生涯一社であったと推定できる。

生涯一社率の推移は、一九二〇年代半ば以前が二〇～三〇％程度と比較的低く、一九二六年以降に四〇％前後に高まっている。一九二〇年代後半～一九三〇年代前半は、金融恐慌などが続いて就職状況が悪化した時期であるのに対し、生涯一社率が低い一九二〇年代半ば以前は、第一次世界大戦後の恐慌期を除くと、大戦景気、工業化の進展等で就職状況が良かった時期に当たる。本DBで分析する限りにおいてだが、就職状況の悪い時期の就職者の生涯一社率は高く、

図表 24　卒業後経過年数と転職回数（終身雇用）（1912 入学〈1915 卒〉～1940 入学〈1943 卒〉）

主な出来事	経過年数	卒業年	転職なし（≒終身雇用）		転職あり（転職回数）							不明	総計
			1		2	3	4	5	6	7	8		
1913官吏削減□ 1914第一次大戦,大戦景気□ □	年	年	人	%	人	人	人	人	人	人	人	人	人
	29	1915	10	*15.2*	16	20	8	5	3	1		3	66
	28	1916	19	*27.9*	21	13	7	3	2	3			68
	27	1917	20	*29.4*	15	13	7	2	5	4		2	68
1918農業国から工業国へ	26	1918	26	*29.5*	19	17	9	11	5	1			88
	25	1919	48	*46.6*	12	19	8	10	2	1	2	1	103
1920戦後恐慌	24	1920	55	*53.4*	19	9	7	3	1	2	1	6	103
	23	1921	10	*17.9*	22	5	10	2	1	4		2	56
	22	1922	13	*16.7*	16	16	17	9	3	1		3	78
1923関東大震災	21	1923	32	*30.2*	26	24	11	6	2			5	106
（卒後10年以上　計）			233	*31.7*	*22.6*	*18.5*	*11.4*	*6.9*	*3.3*	*2.3*	*0.4*	*3.0*	*100.0*
					166	136	84	51	24	17	3	22	736
	20	1924	43	*23.8*	45	48	22	13	6	1		3	181
	19	1925	70	*40.9*	46	28	15	7	2			3	171
	18	1926	109	*37.3*	96	35	25	10	5	1		11	292
1927金融恐慌	17	1927	170	*35.9*	145	91	36	12	1	1		18	474
	16	1928	298	*37.4*	234	137	68	30	6	2		22	797
1929世界恐慌	15	1929	341	*43.8*	231	127	49	13	2	1		14	778
1930昭和恐慌	14	1930	343	*39.2*	260	145	61	18	2			46	875
1931満州事変	13	1931	324	*37.6*	291	145	68	7	2			24	861
1932世界恐慌から脱出	12	1932	384	*41.7*	298	153	48	7				31	921
	11	1933	465	*49.5*	277	109	50	7	1			30	939
（卒後11年～20年　計）			2,547	*32.4*	*24.5*	*13.0*	*5.6*	*1.6*	*0.3*	*0.1*	*0.0*	*2.6*	*100.0*
					1923	1018	442	124	27	6		202	7861
	10	1934	473	*48.6*	313	102	25	4	1			55	973
	9	1935	480	*57.3*	272	64	8	1				13	838
	8	1936	563	*64.6*	238	56	4					11	872
1937日中戦争、軍事予算膨張、産業の重化学工業化	7	1937	671	*75.6*	176	28	1					12	888
	6	1938	656	*82.2*	118	11	1					12	798
1938国家総動員法	5	1939	763	*84.5*	109	8						23	903
1939 国民徴用令	4	1940	599	*87.8*	43							40	682
1941アジア太平洋戦争	3	1941	470	*94.0*	6							24	500
	2	1942	734	*98.7*	1							9	744
	1	1943	590	*95.0*								31	621
（卒後10年以下　計）			5,999	*68.3*	*16.5*	*3.4*	*0.5*	*0.1*	*0.0*			*2.9*	*100.0*
					1,293	*272*	39	5	1			233	7,819
	不明		8	*0.4*	1							1,865	1,874
総　計			8,787	*52.6*	3,383	1,426	565	180	52	23	3	2,322	16,718

（注）数值は本 DB による。

好景気で採用状況の良い時期の生涯一社率は低くなっている。

この率は、「準エリート技術者」という官立高工の特性が影響している可能性があり、帝国憲法期における一般的傾向とまではいえないが、少なくても官立高工卒業生の生涯一社率は決して高くない実態が立証できた。

小熊英二は、民間企業の「資格制度は各社がばらばらに導入したもので、他者との互換性がなかった」ことから、「他社では一文の価値もない（略）そうであれば他社に職を求めるといった行動をするはずがない」[49]というが、本DBの分析は小熊の指摘とはかなり異なる実態を示している。

現在の終身雇用状況を見ると、「平成二六年版労働経済の分析」（厚生労働省）「男性は三〇歳台から五〇歳台半ばまで約半数が初職から離職することなく就業を継続している」（「平成二六年版労働経済の分析」厚生労働省）ので、現在の終身雇用率を五〇％とすれば、官立高工の生涯一社率三〇～四〇％はこれより一〇～二〇％低い。

また、終身雇用とは反対の「若年離職率」を厚生労働省調査でみると、二〇一三年新規大学卒業者の三年（二〇一六年）以内離職率が三二％[50]であるのに対して、本ＤＢで分析した帝国憲法期の官立高工卒業生の三年後離職率（四年目で転職した者の割合）は一二％なので、帝国憲法期の若者の定着率は現在より三倍も高かったことになる。

第六節　二度の集中的拡張と入学移動

帝国憲法期に、原内閣による創設拡張計画（一九一九～一九二八年、「創設拡張計画」と略）と戦時対応の拡張（一九三八～一九四五年、「戦時拡張」と略）の二度にわたる高等教育機関の集中的拡張が実施され、官立高工生徒の入学移動に大きな影響を与えた。

一　創設拡張計画（一九一九～一九二八年）

1．創設拡張計画の全体像

創設拡張計画は一九一九～一九二四年（六年間）の予定で立てられた「当初計画」と、当初計画を拡充して一九二八年まで延長した「追加計画」が重複・連続して実施されており、国の予算も当初計画の延長として追加計上されたので、[51]本論では当初計画と追加計画を合わせて創設拡張計画とした。

天野郁夫はこの創設拡張計画の性格について、「戦前において国立高等教育機関に関して立てられたもっとも組織的、かつ大規模な計画」と述べている。創設拡張計画の結果、「昭和一〇年には沖縄を除く総ての県が、最低一校の官立高等教育機関を持つ（略）第二次大戦後の各県一校の国立大学システムの基礎は、この時期につくられた」[52]もので、その後に続く高等教育大衆化のスタートとなった。「より広い文脈で見れば、ホワイトカラー層の大量養成機関としての性格を持ち、大衆化の途を歩み始めた」[53]ものであった。

当初計画は、四一帝国議会（通常会、一九一八・一二・二七～一九一九・三・二六）に、「高等諸学校創設及拡張費支弁ニ関スル法律案」と同「予算案」が提出され、一九一九～一九二四年の六ヶ年計画として可決承認された。

その後、高等教育機関のさらなる拡充を求める声があったため、中橋徳五郎文相は一九二一年に教育評議会に東京高工の大学昇格などを諮詢し、同審議会答申（一九二二・二・一七）を受けて「五校昇格計画」ともいわれる追加計画を決定した。

追加計画の予算案は、一九二二年の四五帝国議会（通常会、一九二一・一二・二六～一九二二・三・二五）の貴族院で審議未了によりいったんは廃案となったが、翌一九二三年の四六帝国議会（通常会、一九二二・一二・二一～一九二三・三・二六）で可決承認され、当初計画の予算に追加された。追加計画期間は一九二三～一九二八年の六ヶ年なので当初計画と一九二三・一九二四年の両年が重複しており、創設拡張計画を当初から通算してみると一九一九～一九二八年の一〇年間となる。

追加計画についての教育評議会答申には、第三章で述べる傍系入学との関係で注目すべき記述がある。東京高等工業学校を東京工業大学へ、大阪高等工業学校を大阪工業大学（後に大阪帝大工学部）へ、神戸高等商業学校を神戸商科大学へと昇格するに当たり、三大学は専門学校卒業者に旧制高校卒業者と同等の入学資格を与えるよう条件が付けられた。この効果は大きく、これ以降の官立高工からの傍系進学は東京工大と大阪帝大が大多数を占めた（第三章第五節参照）。

当初計画の内訳は次のとおりである(54)（図表25）。

1．高等学校（旧制高校）　二、〇五〇人増

①第一六～第二五高等学校、一〇校創設　一、七三〇人

弘前、松江、浦和、大阪、福岡、東京、静岡、高知、姫路、広島高校（すべてネームスクール）。

②北海道帝大工学部予科、増設　一二〇人

③商科大予科、増設　二〇〇人

2．実業専門学校　二、〇六五人増

①農業学校（官立高農）　四二〇人

（一）第七～第一〇高等農業学校、四校創設　四〇〇人

三重、宇都宮、岐阜、宮崎（各一〇〇人）

（二）京都高等蚕業学校蚕種科、増設　二〇人

②工業学校（官立高工）　七四五人

（下記の内訳を合計すると七四三人であるが史料は七四五人になっている）

図表25　拡張計画と生徒数（中学校・専門学校・高等学校・大学）（1897～1945年）

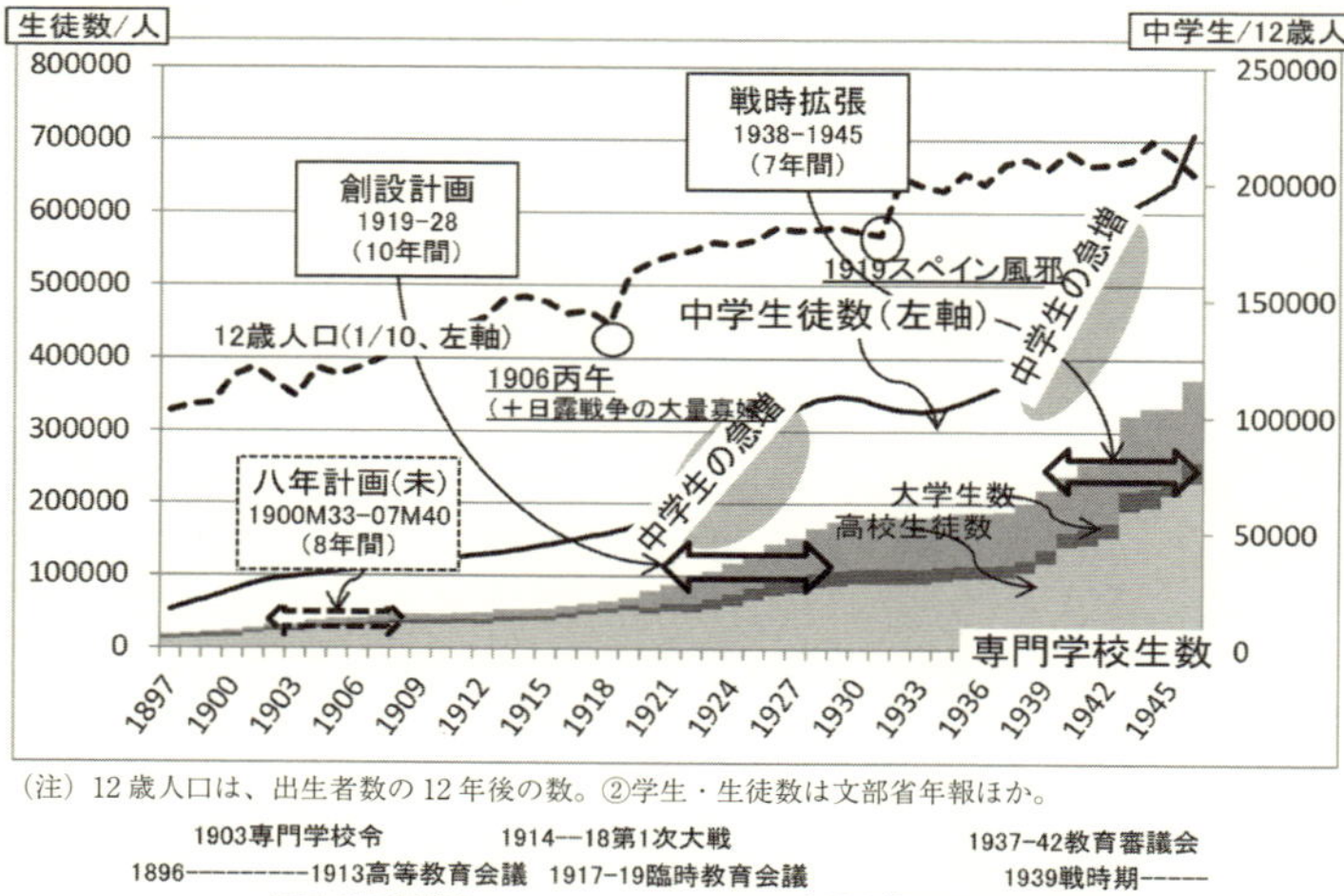

（注）12歳人口は、出生者数の12年後の数。②学生・生徒数は文部省年報ほか。

1903専門学校令　1914─18第1次大戦　1937-42教育審議会
1896──────1913高等教育会議　1917-19臨時教育会議　1939戦時期─────
1904-05日露戦争　1927金融恐慌・1930-32昭和恐慌

(一) 第一三～第一八高等工業学校、創設、六校、七二〇人
　東京工芸、浜松、徳島、長岡、福井、山梨高工　(各一二〇人)
(二) 米沢高工電気科、増員、一二三人
③商業学校 (官立高商) 九〇〇人
(一) 第七～第一三高等商業学校、七校創設　一、〇五〇人
　福島、大分、彦根、和歌山、横浜、高松、高岡
(二) 東京高商の大学昇格による減　△一五〇人

3. 専門学校 (一般) 三〇四人減
①医学専門学校 (官立医専) 大学昇格による減　五五四人減
　岡山、新潟、長崎、千葉、金沢医専 (五校) 五五七人減
②薬学専門学校 (官立薬専) 一校創設　一〇〇人
　第二薬学専門学校 (熊本)
④外国語学校 (官立外語) 一校創設　一五〇人
　第二外国語学校 (大阪)

4. 法学部　八五〇人増
①京都帝大法学部、拡張　二五〇人
②東北帝大法文学部、創設　三〇〇人
③九州帝大法文学部、創設　三〇〇人

5. 商学部　二〇〇人増
　商科大 (東京商大) 創設

6．医学部　三〇〇人
第一～五医科大学創設
岡山、新潟、長崎、千葉、金沢医大
7．工学部　一一五人増
①東北帝大冶金学科増設　一五人
②北海道帝大工学部創設　一〇〇人
8．理学部　五五人増
①東京帝大理学部拡張　三〇人
②京都帝大理学部拡張　一五人
③東北帝大理学部拡張（生物学科）　一〇人
9．農学部　二〇〇人増
①東京帝大農学部拡張　八〇人
②京都帝大農学部創設　一二〇人

この当初計画による生徒収容力の増加は、実業専門学校が二、二一五人増（うち官立高工七四五人）と最多で、旧制高校二、〇五〇人がこれに続いている。薬学・外語等の（一般）専門学校の拡張は二五〇人にとどまり、美術、高等師範はゼロで、実学重点路線が鮮明である。ただしこの創設拡張計画が少数ではあるが一般専門学校にも配慮しているのに対し、後述する戦時拡張ではこうした配慮が一切なく、もっぱら戦時対応の理工系偏重の拡張が実施された。

創設拡張計画による官立高工の創設は、東京工芸など六校で、既設八校を加えると官立高工は一四校となって学校数がほぼ倍増され、入学定員は一、六一五人（既設小計一、四六五人＋計上済一五〇人）から七四五人増えて、五割増の一、九八〇人に拡張された（図表26）。

図表 26　生徒収容力の拡張（1918 年（計画前）～1925 年（計画完成時））

学校種別		既設（1918/T7） 1918現在	未開始	小計	拡張計画（1919/T8～1924/T13） 1919計上済	追加	廃止	計	完成時（1925/T14） 収容予定数	倍数
		人	人	人	人	人	人	人	人	倍
直轄諸学校	高等学校	2,293	650	2,943	520	2,050		2,570	4,863	2.12
	実業専門学校	2,768	630	3,398	235	2,215	▲ 150	2,300	5,068	1.83
	農林	501	100	601	85	420		505	1,006	2.01
	工業	1,085	380	1,465	150	745		895	1,980	1.82
	商業	1,132	150	1,282		1,050	▲ 150	900	2,032	1.80
	水産	50		50					50	1.00
	一般専門学校	977	115	1,092		250	▲ 554	▲ 304	673	0.69
	医学	554		554			▲ 554	▲ 554	0	0.00
	薬学	103	65	168		100		100	203	1.97
	外語	210	50	260		150		150	360	1.71
	美術	110		110					110	1.00
	高師/男子	104		104					104	1.00
	計	6,142	1,395	7,537	755	4,515	▲ 704	4,566	10,708	1.74
大学学部	法学部	820		820		850		850	1,670	2.04
	商学部	0		0		200		200	200	皆増
	文学部	420		420					420	1.00
	医学部	370	60	430		300		300	670	1.81
	工学部	492	25	517	188	115		303	795	1.62
	理学部	170	10	180	10	55		65	235	1.38
	農学部	279	120	399		200		200	479	1.72
	計	2,551	215	2,766	198	1,720		1,918	4,469	1.75
合計		8,693	1,610	10,303		6,235	▲ 704	6,484	15,177	1.75

（注）『明治以降教育制度発達史』第 5 巻ほかから作成。

なお創設拡張期初期の一九二〇年に、横浜、広島、翌一九二一年に仙台（再設置）、金沢、明治専門（私立から移管）の官立高工五校が創設されているが、創設拡張計画以前に決定された学校のため計画数に含まれていない。

追加計画は、次のとおりである。

官立学校五校の大学昇格が中核だったことから、「五校昇格計画」ともいわれ[55]、東京高工と大阪高工の大学昇格により官立高工が二校減少している。

（一）文理科大学二大学（東京、広島両高等師範の事実上の昇格）

（二）工業大学二大学（東京高工が昇格し東京工大、大阪高工が昇格し大阪工大）

（三）商業大学一大学（神戸高商が昇格し神戸商大）

（四）官立高工の拡張

追加計画では官立高工の創設は行われなかったが、既設一二校で学科増設などの拡張が図られた。

仙台（一九二九年土木科クラス増、一九三〇年建築学科）、秋田鉱専（一九二九年鉱山機械科・燃料学科）、米沢（一九二九年電気学科）、桐生（一九二九年機械科）、横浜（一九二五年建築科、一九二九年造船工学科）、金沢（一九三一年定員増）、名古屋

（一九二九年電気科）、京都（一九二九年陶磁器科）、神戸（一九二九年土木科）、広島（一九二九年醸造科学）、明治（一九二七年定員増）、熊本（一九三〇年定員増）である。

この追加計画は、一九二三～一九二八年に完了予定だったが一九二三年の関東大震災の復旧・復興に多額の経費が必要になったため遅延し、大学昇格五校は一九二九年に、官立高工の学科増設等は大半が一九二九～一九三一年に、いずれも計画期間を超えて実施された。

2．創設拡張計画の背景と経費

このような国家の計画を見る視点として、その意図・背景は何か、提唱・主導者は誰か、財源はどう調達したのかが大切である。

創設拡張計画がこの時期に実施された意図・背景は、主に二つであった。

第一は、一九二〇～一九三〇年頃にかけて起きた旧制中学生の急増と、産業界からの人材供給要求である。旧制中学生数の増加は、人口増加カーブ（自然増）を遥かに超える急激なもので、この要因は旧制中学への進学率上昇であった（図表24）。高等教育予備軍としての旧制中学生数が急増したため、その後の進路に当たる旧制高校、専門学校の受験競争は激化し、政府はその改善を強く求められていた。また産業界からは、第一次世界大戦後の好景気と、農業国から工業国への産業化の進展に伴い、第一線を担う上級技術者の供給拡大を求める声が高くなっていた。

第二は、原敬首相、政友会の政治戦略である。

政友会が掲げた「四大政綱」は、㈠教育施設の改善・充実、㈡交通機関の整備、㈢産業・通商貿易の振興、㈣国防の充実で、とりわけ㈠の教育関係の高等教育拡充に力点を置いていた。伊藤彰浩によれば、この時期に高等教育機関設立を求める帝国議会への建議、政友会系地方組織の決議が急増している。[56] 阿部彰は、政党内閣が枢密院と貴族院の制約を逃れて施策を行おうとすれば、「勅令の制定・改廃を伴わない案件に限定」せざるをえない背景があったと指摘する。[57]

高等教育学校の設置を望む地方の要望に応えることで、政党内閣として地方における支持基盤の拡大を狙った原敬首相と政友会は、「我田引鉄」の学校版ともいうような大規模な高等教育機関の全国への拡張計画を企図した。この時代は、坂野潤治が指摘するように、[58]一九一七年に「直接国税の中で所得税総額」が「地租総額を上廻り」「男子普通選挙を採用した場合は（略）資本家から労働者までの都市生活者の声が、一挙に総選挙に反映される」ようになっていた。こうした点も原政友会内閣が、国民の高等教育を受けて知識獲得と立身出世を目指すという声に応える政策に力点を置いた背景といえる。

原敬首相は、臨時教育会議答申の実現を図る体裁をとって多額の国家予算を投入することを目論み、拡張計画の推進役である文部大臣に政友会から中橋徳五郎を起用した。中橋は逓信省鉄道局長から経済界に転じた官僚出身だが、大阪財界で重きをなした後に政界進出したため、政治家としては経済界出身の党人派と見られている。「その財力で政友会を支えてきた[59]」原首相の腹心で、経済界出身として初の文部大臣となった。

中橋文相は、「入學志願者ノ趨勢ニ鑑ミルニ其ノ生徒収容力ハ毎年志願者ノ一部ヲ収容シ得ルニ止リ残餘ノ多數ハ激甚ナル競争試験ノ結果幾度カ其ノ入學ヲ沮止セラレ數年間ヲ空費シ後漸ク其ノ志望ヲ達シ得ルカ如キ惨憺タル状況ニアリ」「國民向學ノ志望ヲ満スニ足ラサルヲ示ス」「國家ノ須要ニ應シ社會ノ各方面ニ活動スヘキ人材ヲ養成スヘキ高等教育機関ノ擴張ヲ圖ルハ最緊要ノコトニ屬ス[60]」と述べ、国が経費を直接投資して創設・拡張を行う近代日本で初の高等教育拡張計画を立てた。

中橋文相は、まず高等教育機関への志願者、入学者数を推計し、現状では不足する人数を算出の上、それに対応した整備計画を立てる手法をとった。需要数の算定が十分なものであったかの議論はあるが、これまでのように国家としての「上から」の必要性によるのではなく、不十分ながらも需要を基礎にした計画立案となっている。

国家予算として、当初計画に四、四五三万四二〇円、同物価騰貴費追加額三六七万二、六八六円、追加計画に一、〇六九万五、五五〇円、合計五、八八九万八、六五六円が計上された（図表26）。創設拡張計画の予算が膨張した一九二〇〜一九二四

図表27　拡張計画予算総額（当初計画＋追加計画）（1918〜1928年度）　（単位：円）

（科目別予算額／当初予算額）	
（款）高等諸学校創設及拡張費	44,530,420
（項）事務費	1,599,310
（目）勅任俸給	22,200
（目）判任俸給	282,880
（目）奏任俸給	205,900
（目）庁費	108,830
（目）雑給及雑貨	979,500
（項）新営及設備費	38,361,990
（項）教官養成費	4,569,120
（目）在外研究費	4,021,920
（目）大学学生給費	547,200

第1期計画予算額				第2期計画予算額		合計	
年度	当初予算額	物価騰貴追加額	予算額計	年度	予算額		
① 1919	2,986,430		2,986,430			①	2,986,430
② 1920	5,926,680	876,364	6,803,044			②	6,803,044
③ 1921	9,223,970					③	
④ 1922	9,914,400	2,796,322	38,413,632			④	40,014,602
⑤ 1923	9,137,930			① 1923	400,000	⑤	
⑥ 1924	7,341,010			② 1924	1,200,970	⑥	
計	44,530,420	3,672,686	48,203,106	③ 1925	1,664,600	⑦	1,664,600
				④ 1926	2,402,660	⑧	2,402,660
				⑤ 1927	3,356,815	⑨	3,356,815
				⑥ 1928	1,670,505	⑩	1,670,505
				計	10,695,550		58,898,656

（注）神山正『国立学校特別会計史考』ほかから作成。

年の間は、文部省予算の一〇％以上が創設拡張計画に充てられるという集中的大型事業であった（図表27）。

当然ながら、その財源確保が大きな課題となる。

原首相は、第一次世界大戦の好景気が続いている時期とはいえ、軍事費が増大する中で高等教育拡張計画に大型の国家予算を新規に計上するのは難しいと考え、既定の教育予算の中から財源を調達すべく義務教育経費を削減して充てることを目論んだ。

この案は、臨時教育会議答申を受け「毎年一千万円ヲ下ラザル」範囲で義務教育教員給与費の国庫負担制度を実現し、更に国庫負担割合を二分の一に引き上げることを目指して運動を強化しつつあった沢柳政太郎（帝国教育会会長、元文部次官、教育界の大立て者）ら教育関係者の強い反発を引き起こした。反対運動は、政府系の帝国教育会、帝国連合教育会から、マスコミ系の全国教育雑誌記者会、更には教員組合系の教育擁護同盟まで含む官民挙げてのものとなり、原首相は方針変更を余儀なくされた。

原首相は打開策として、計画の旗印となりまた予算の呼び水効果とするため天皇から「御下賜金」を得ることを考え、「波多野（敬直）宮相との数次にわたる交渉の結果、『教育問題に付学校増設の為御下賜金とあるよりは奨学の為と云ふが如きにては如何』とする宮内省の反対を押し切って」[61]、御内帑金一、〇〇〇万円を獲得した。

こうした複雑な予算準備を経て策定された「高等諸学校創設及拡張費支弁ニ関

スル法律」（大正八年法律三一号）は、わずか一か条のみの法律で、「政府ハ大正八年ヨリ大正一三年ニ至ル六年度ニ於テ高等諸学校創設及拡張費ニ支弁ノ為総額三、四五五万円ヲ限リ公債ヲ発行シ又ハ借入金ヲ為スコトヲ得」と規定された。学校制度は勅令主義で決定しても、法律と予算は国会の議決が必要だったためである（図表28）。

公債または借入金三、四五五万円に御内帑金一、〇〇〇万円を加えた四、四五五万円を財源としたが、当該年度の国庫金を使用しない政策に対しては、収益を生じない経費に公債・借入金を充てた例が軍事費を外債で賄った以外にないため、「非募債・非増税（ノーロン・ノータクス）」の財政基準に反するものと強い批判が起こった。若槻禮次郎は、「なんでも公債でやってかまわんというやり方（略）大きな新規事業（略）増税案を議会に出すことは容易ではないので、大ていこれで手を引いた（略）公債財源となると、議会の抵抗がなく、最後の切り札がないから（略）国の財政の健全性を失う」[62]と厳しく非難している。現代に通じる見識である。

しかも、実際にかかる経費は御内帑金に公債、借入金を加えた国家予算ではまったく不足していて、当初から地元県、市町村、財界の献納金（寄附金）を当然の前提として見込んでいた。天野郁夫は、総経費の四〇～五〇％に当たる寄附金が官と中央の側に吸い取られたと批判している。

借入金を含めた国費四、五〇〇万円に加え、献納金が総経費の五〇％だったとすると総経費は九、〇〇〇万円に達する。現在の金額との比較は難しいが、仮に建築費を代表する大工日当で換算すると、当時の約一万倍（二円／日→二万円／日）になっているので、[63]創設拡張計画には現在額に換算して総額九、〇〇〇億円程度の巨費が投入されたことになる。

図表28　文部省予算に占める「拡張計画」経費（1918～1928年度）

	文部省予算	高等教育拡張経費	
			構成比
	千円	千円	%
1919	31,339	2,986	*9.5*
1920	43,619	6,803	*15.6*
1921	54,905		
1922	58,408	40,015	*12.7*
1923	85,835		
1924	116,681		
1925	99,282	1,665	*1.7*
1926	134,831	2,403	*1.8*
1927	140,915	3,357	*2.4*
1928	139,436	1,671	*1.2*

（注）財務省統計：明治初年度以降一般会計歳入歳出予算決算、明治26年度以降一般会計歳出所管別予算から作成。

二　戦時拡張（一九三八〜一九四五年）

帝国日本は、一九三七年盧溝橋事件で日中戦争を開始し、翌一九三八年には国家総動員法を施行して本格的戦時体制に入っていった。

戦時に対応した高等教育機関、なかでも官立高工の拡張は、一九三九年に官立高工七校（室蘭、盛岡、多賀、大阪B、宇部、新居浜、久留米）が一気に創設され、少し遅れて一九四三年に長野高工が創設された。また一九四四年には北海道帝大に附属土木専門部、九州帝大と東京工大に附属工業専門部が増設され、更に官立経専（高商）三校（高岡、彦根、和歌山）の工専への転換が強行されている。また既設官立高工（工専）の学科増設、定員増も大規模に進められ、官立高工に関連する戦時拡張は原内閣の創設拡張計画を超える大規模なものとなった。

戦時拡張で特徴的な点は、第一にこの拡張が法令等で定めた計画ではなく、内閣調査局（一九三五年）、企画庁（一九三七年）、企画院（一九三七年）（合わせて「企画院等」と略）により、文部省を傍系に置いて、総理大臣直轄の行政主導で行われたことで、国家総動員法で可能となった体制の下で行われたことである。

戦時拡張計画が企画院等の行政主導だったため、原内閣で創設拡張計画を主導した中原文相に匹敵する中心的人物は浮かんでこない。

特徴点の第二は、大学よりも専門学校を中心として実行され、内容も工業系に的を絞り、畜産を含む農業系、医歯系にある程度の配慮をするが、法文系、経済系などは逆に縮小するという偏重したもので、戦時末期にはそれが官公私のセクターを問わず極限まで強化されたことである。

戦時末期に出た「教育ニ関スル戦時非常方策」（一九四三年指令）、及び同方策に基づく「学校整備要領」（一九四三年閣議決定）は、「理科系大学及専門学校ハ整備拡充スルト共ニ文科系大学及専門学校ノ理科系ヘノ転換ヲ図ル」（第二〈五〉〈ロ〉）とし、併せて文科系の移転整理と私立文科系大学・専門学校の専門学校転換、及び定員半減を行うこととした（同ハ）。また整備要領ではさらに具体的に、「理系専門学校ノ収容力拡充」（第二、一、〈一〉）、「高商の工専転換」（同

〈二〉）が決定されている。

こうした戦時拡張の結果、官立高工の学校数は一九二九年～一九三八年まで一八校であったものが、一九三九年に二五校、一九四三年に二六校、敗戦前年の一九四四年には三二校と急テンポで増加し、戦時期に入る前と較べるとほぼ倍増になった（図表9）。

創設に加えて、既設の官立高工の学科増設も大規模に実施され、官立高工安定期末の一九三七年に七二学科であったものが、戦時期末の一九四五年には一六七学科と二倍以上に増加した。増設された学科は、機械、電気などの汎用的学科のほか、採油、冶金、応用化学、電気通信などの応用系学科、航空、造船、燃料などの戦時対応学科、さらに火兵（桐生工専）、火薬（明治工専）といった軍事直結型の学科である。

本DBの対象校一〇校において実施された学科増設だけを見ても次のとおりである。

仙台高工（一九三九年工業化学科、一九四〇年採鉱学科・冶金工学科の計三学科）、秋田鉱専（一九三九年電気科・金属工業科、一九四二年採油科、一九四四年探鉱科の計四学科）、米沢高工（一九三九年通信工学科、一九四二年工作機械科の計二学科）、横浜高工（一九三八年航空工学科、一九四三年機械科二部・応用化学科二部の計三学科）、長岡高工（一九三九年精密工学科・工作機械科の計二学科）、金沢高工（一九三九年化学機械科・電気工学科、一九四五電気通信科・土木科二部の計四学科）、山梨高工（一九三九年精密機械科・工作機械科、一九四〇年通信工学科の計三学科）、浜松高工（一九三九年通信工学科・精密機械科、一九四一年航空工学科、一九四三年機械化学科の計四学科）、神戸高工（一九三九年精密機械科、一九四二年機械科二部・建築科二部・土木科二部・電気科二部の計五学科）、徳島高工（一九三九年工作機械科、一九四〇年電気工学科、一九四四年造船科の計三学科）、合計三三学科。

更にすべての官立高工で入学定員の大幅増加が行われ、在籍生徒数は、官立高工安定期末の一九三七年の七、五四四人が、八年後の戦時期末の一九四五年には三万九、九五五人と六倍強に急増した。官公私立の全専門学校の在籍者数は、一九三七年九万九、五八〇人が、一九四五年二一万二、九五〇人と二倍強の増加なので、専門学校のなかでも官立高工が集中的に拡張されたことがわかる（図表9）。

この間に大学生数はあまり増加しておらず、専門学校、とりわけ官立高工が急増している。戦時期対応の工学系拡充策と、進学を臨む旧制中学生数の増加に対応して、大学より修学期間が短く、かつ経費が少なくて済む官立高工の拡充に力点を置いたことが明確である（図表25）。

官立高工が担った実践的上級技術者の養成は、指導教員の確保、実験実習設備の用意などがあって拡張はそれほど簡単ではないが、そうであっても経専（高商）の工業系転換を含めて、かなり性急に拡張が行われている。

三　二度の拡張の類似点と相違点

第一回の創設拡張計画と第二回の戦時拡張の類似点として次の二点がある。

第一は、ともに旧制中学生の急増への対応策ということで（図表25）、若者の知的欲求の高まり、高学歴を獲得して立身出世を目指す意欲、それを許容できる国民の経済状況、産業化を担う技術・知識人材の供給要求などが複合的に作用していた。

天野郁夫は、創設拡張計画が旧制中学生数の増加に対応したものであったことに対して、「卒業者の需給関係にたいする配慮は弱く、工業と技術者教育の関連は前期（注：一九一〇年代の官立高工増設、図表9参照）に比べていちじるしく間接化した」[64]と批判する。しかし高等教育学校の拡張計画は、企業等の受入側の需給事情だけでなく、生徒、保護者、地域の進学希望を踏まえることも大切な要因である。官立高工は天野が指摘するように、「それぞれの工業地域の要求を具体化する」ものであったが、本DBで分析したように、卒業生は地元の雇用力の低さのため多くが大都市に就職し地元に残る者は少なかったのが現実である。

官立高工の地方立地の大きな意味は、多様な出身階層の若者に身近な場所で高等教育への進学機会を提供し、国家が必要とする産業化に向けた技術教育をした上で、卒業後は大都市などの「国家の中の諸般の職業世界に配置」された点に意味があった。

ただし、戦時拡張期の地方分散策には、産業化に加えて国防上の観点が重視された点に留意する必要がある。

第二は、地方分散で創設拡張された官立高工が、現在の国立大学工学系学部の基礎となり、工学部は医学部と並ぶ大規模学部として各大学の中核に位置するようになった。国は戦後も工学系の重点的拡充整備を図ったので、優秀な研究者が地方国立大学教員に就任し、山梨大学卒の大村智氏のノーベル生理学・医学賞受賞に象徴される成果を挙げている。

一方、二つの拡張の相違点として次の三点がある。

第一は、計画の立案方式である。

第一回の創設拡張計画は、旧制中学生数（傍系進学者を含む）から算出した志願者数等を基礎に置き、高等教育諸学校として必要な規模を現在の収容数から逆算的に算定して創設学校数等を算出した。こうした需要者ベースの計画立案方式は、近代的教育計画と評価できる。

中学生、保護者、府県などの動向を踏まえて作成した計画は、国会に整備計画法案と予算を提出され、貴族院では臨時教育会議の中心メンバーだった山縣系官僚出身の久保田讓、岡田良平、一木喜徳郎などの強い反対を受けたが、審議を経て議決を得ている。

ところが戦時拡張は、中学生数の増加を背景にしつつも、戦時総動員を前面に、企画院等が行政レベルで作成した理工系偏重の軍事一辺倒の方策を、総理大臣の直轄で翼賛体制の下で実行している。

第二は、主導者である。

創設拡張計画は原首相の主導によるが、その実行には中原文相が大きな役割を果たした。中原文相は、官僚出身であるが原首相の腹心の経済人・党人派として計画立案、推進役を担い、大学昇格に絡んで「食言」事件(65)を起こしたりもしたが、近代日本で最大の創設拡張計画を軌道に乗せている。

ちなみに、中橋文相は、臨時教育会議の答申を受けた一九一八年大学令制定と、それに基づく大学規程の制定にも関与し、複数学部原則と単科大学の容認、帝国大学以外の官、公、私立大学の設置など、現在に続く大学制度の基礎を定めている。

一方で戦時拡張は、企画院等の行政組織が中心で、原内閣における中原文相のような人物は見当たらず、整備法案もないという、「顔の見えない計画」であった。

第三は、計画内容である。

第一回の創設拡張計画は、実学に重点を置きつつも、その他の分野も少数ではあるが拡張が図られ、学問、教育分野全般への目配りがそれなりになされていた。

一方で戦時拡張は、獣医を含む農業系、医歯系にある程度の配慮をした以外は、軍事に資する工業系に偏重したものであった。官立高工の創設、既存の官立高工の学科増設、入学定員の増加を図るだけでなく、関係者の強い反対を押し切って文商系を半減させ、理工系への転換を強行するという教育・研究の各分野のバランスを無視した戦時対応の工業系重点整備といわざるを得ない。

なお、二度の拡張ともに官立高工の地方分散が図られている。

地方の優秀な生徒を官立高工に吸引し、技術教育を効率的に行って産業化要員として全国に配置するという点で、二度の拡張計画は共通であったが、異なる点もあった。

第一回の創設拡張計画は、地方における政友会の勢力拡張が底意にあり、第二回の戦時拡張は国防上の観点で高等教育施設の分散を図る都市計画的意図が含まれていた。

結果的に、この地方分散政策は、戦後の地方国立大学の基盤となる役割を果たした。

第七節　小括

本DBの分析により、新たに次の一二点がデータの根拠を持って解明できた。

第一に、帝国憲法期の官立高工生の内外地における移動は、年代により、また学校による相違が大きいことである。すなわち、先行研究で行われた特定の学校または限定された期間の数値に基づく分析では全体を推定することはできないことが明確になった。

第二に、官立高工入学者の準エリート性である。官立高工入学者は、県立一中など県下トップクラスの旧制中学校出身者が中心で、官立高工が高学力の中学生から見て、旧制高校に次ぐ「準エリート校」として認識されていたことを示している。官立高工は、理工系の上級学校に進学できる能力も持ちながらも、家計が厳しい家庭の生徒にとって「手が届く高等教育学校」として貴重な存在であり、卒業生インタビューでもこの趣旨の発言が多く述べられている。

第三に、生徒の出身地構成から見た官立高工は、地元性を基調としつつ、全国性も併せ持つことである。官立高工生の出身地構成は、「同地方県」（出身県＋近隣県）が六〇％を占める地元型である、同時に「他地方県」出身者が四〇％いる全国性を併せ持っている、最遠方からの入学者は各校ともに「外地出身者」である、の三要素を持っていたことが判明した。（図表15）。

第四に、前述の出身地構成が、一九二〇～一九二八年の官立高工拡張期に成立していることである。このとき以降、出身地構成が大きな変化を見せないので、地元型等の官立高工の性格を決定する上で、創設拡張計画が大きな意味を持ったことがわかる。

第五に、出身地構成の決定要因である。

出身地構成の決定には、(一)官立高工所在県の中学生(受験者)数、(二)大都市との距離、(三)官立高工の学科構成、(四)官立高工の入学定員(受験倍率)の四点が大きく影響していた。

中学生の増加に官立高工の入学定員が追いつかない時期は、全国各地から入学者が集中するため受験競争が激化して地元率が低下し、官立高工の入学定員が増加した時期には受験競争が緩和して地元率が増加している。

第六に、エリート性の高い旧制高校、官立医専の出身者構成と準エリートの官立高工がともに「同地方県」出身者が多数を占める地元型になっていることである。

国家政策で旧制高校、官立医専、官立高工などが地方に分散設置されたため、官立高工よりエリート性の高い旧制高校、官立医専においても、一高など一部の旧制高校以外は経費が安く済む地元の学校を選択する傾向が現れている。

第七に、官立高工の出身地構成が、後継の新制国立大学でも変わらないことである。

「旧帝大」の全国性、「旧専門学校」の地元性という国が設定した帝国憲法期の学校の位置付けが、一九四七年以降の新学制においても国の政策でそのまま維持されたため、学生の出身地構成もほとんど変動していない。

官立学校の地位と性格は、国がその学校をどのように位置付けるかで決定されていて、寺﨑昌男が指摘した「学校間の序列は国家からの距離で決まっていた」ことを裏付けている。

第八に、高等教育の二度の集中的拡張が、官立高工の入学移動に大きな影響を与えていることである。

帝国憲法期の官立高工を一九〇三〜一九一九年の創設期、一九二〇〜一九二八年の拡張期、一九二九〜一九三七年の安定期、一九三八〜一九四五年の戦時期の四期に区分したが、拡張期と戦時期にそれぞれ国による高等教育機関の集中的拡張が実行されている。官立高工から見た二度の拡張は、次の五つの共通点と二つの相違点を持っていた。

共通点の第一は、ともに高等教育予備軍としての中学生急増対策だったことである。

共通点の第二は、地方分散政策で官立高工の地元性が維持・強化されたことである。

共通点の第三は、産業界の技術者要求に応えるものだったことである。ただし戦時期の拡張では国家総動員計画に基づく国の命令の要素が大きくなっていた。

共通点の第四は、結果的にではあるが現在の国立大学工学系学部のルーツとなり、地方国立大学が工学系と医系を中核とした大学になる基盤を作ったことである。

共通点の第五は、設置に当たって全国で激しい誘致運動が行われ、用地提供を含む献納金名称の多額の地元負担が求められたことである。

一方、相違点の第一は、計画立案方式である。

創設拡張計画は、中学生等の進学需要と地元の要望に着目し、必要数を逆算的に算定して立案されたのに対し、戦時拡張は、国の戦時対応の必要性に応じて立案されている。また最初の計画が原内閣の政治戦略の側面もあったが、整備計画法案と予算案を国会に提出して目に見える形で進められたのに対し、戦時期の拡張は整備法も定められないまま国会の関与がなく総理大臣直轄の企画院等による行政レベルで立案し実行されている。

相違点の第二は、創設拡張計画が実学に重点を置きつつ他の分野にもある程度の目配りしていたのに対し、戦時拡張は、文・商系学校の理工系強制転換など学問・教育のバランスを無視した工業系偏重の整備策であったことである。

第九に、就職先の大都市集中である。

一職時における就職先地域は、「同地方県」（出身県＋近隣県）二六％、「東京府・大阪府」三五％、「他地方県」二八％、「外地」一一％で、東京と大阪の二県だけで就職者の三分の一超の高率を占める大都市集中であった。「国家が（略）人材を国家の中の諸般の職業世界に配置する」という近代教育制度の目的が、国家的需要の高い工業地帯の「東京・大阪」に三分の一超が就職することで実現されている。

官立高工の一職時における学校紹介率は六五％で、高農五一％、高商四六％、私立専門三一％、大学三五％のいずれよりも相当高い。この点だけ見ると就職先の大都市集中は学校紹介によるものと考えられるが、学校紹介のない二～八職の転職時でもこの傾向が変わっていなかったことが判明した。

転職時（一～八職の合計）の異動先は、「同地方県」二六％（一職時比較±〇％）、「東京・大阪」三二％（－三％）、「他地方県」三〇％（＋二％）、「外地」一二％（＋一％）で、一職時と較べて、東京・大阪が微減し他地方県と外地が微増している程度で大きな違いがない。これは移動がなかったのではなく、一職の東京・大阪就職者がUターン・Jターンし、同地方県就職者が東京・大阪に転職した結果としてほぼ同じ構成になったものである（図表13）。

官立高工の就職先決定要因として、一職時では学校紹介が大きな比重を持つが、個人の選択で決まる二職以降では、「地元」「東京・大阪」「外地を含むその他全国」の三要素がほぼ等しい比重の要因として働いていることを示している。

第一〇に、就職先の職種属性は、民間職種中心になっていることである。

本DBの二九年間を通じた就職先の職種属性は、民間職種五〇％、公的職種二〇％、進学・無職等三〇％であるが、構成内容をより詳しく見ると、実質的に民間職種が大多数を占めることが判明した。

公的職種の官公吏、工業学校教員、軍工廠などはいずれも産業関係の職種で、大学に傍系進学した者も大学卒業後は企業で技術者として働く者が多いなど、官立高工が幅広く民間職種のための産業士官学校的機能を果たしていた。

学校の養成目的が特化しているのは、高農等の実業専門学校や医専でも同じであるが、官立高工は帝国憲法期の最重要課題である産業化要員の養成という点で、国家目的に極めて近接した存在として機能していた。

第一一に、就職先の職種属性の経年変化である。

好況時に公的職種が減って民間職種が増え、恐慌などで不況期になると逆の傾向になることが明瞭で、この点では現在の就職動向と類似した姿になっている。

しかしこの傾向は、戦時期に入る一九三〇年代半ばから一変する。

民間職種が、戦時景気や統制関係企業の増加で五〇～六〇％台の高い比率を示すだけでなく、公的職種も、官公吏は減少したが軍工廠等の増加で二〇％台を維持し減少傾向を見せない。つまり無職がほぼゼロにまで減少しているためで、無職のままでいることを許さない国家総動員体制が官立高工の就職に反映している。官立高工の就職において戦時の影響が極めて大きかったことがわかった。

第一二に、生涯一社率と若年離職率である。

日本独特の雇用慣習である終身雇用について、制度としての終身雇用制ではなく、勤務実態としての生涯一社率を分析したが、二九年間を通じ三〇～四〇％程度で現在の終身雇用率五〇％より一〇～二〇ポイント低い。一九二五年からおおむね四〇％になっているので、官立高工で見る限りであるが、この時期に終身雇用が実態として定着してきたと考えられる。

この率は、「準準エリート技術者」という官立高工の特性が影響している可能性があり、帝国憲法期における一般的傾向とまではいえないが、少なくとも官立高工卒業生の生涯一社率は小熊英二などの先行研究が指摘したようには、高くない。

また、終身雇用とは反対の「若年離職率」は、二〇一三年新規大学卒業者の三年（二〇一六年）以内離職率三二％に対し、帝国憲法期の官立高工卒業生の三年後離職率は一二％と三分の一以下の低さである。

注

（1）岩内亮一"Production and Recruitment of Technological Manpwer Japan"（Bulletin of the Tokyo Institute of Technology, No.100, 1970, pp.119-128）。

（2）岩内亮一「近代日本における専門技術者の養成」（経営史学会『経営史学』Vol.7, No3、東京大学出版会、一九七三年）、三三一～六三頁。

（3）岩内亮一「戦前期における専門技術者の養成」（明治大学『明治大学教養論集』三八八号、二〇〇五年）、一一一～一三五頁。

（4）片岡徳雄ほか「旧制専門学校の人材養成に関する計量歴史社会学的研究」（平成三～四年度科学研究費補助金研究成果報告書、一九九三・三）。

（5）酒井真一「戦間期広島高等工業学校出身者の職歴に関する考察」（中国四国教育学会『教育学研究紀要』第四八巻第一部、二〇〇二年）、五六～六〇頁。
（6）広田照幸ほかによる「旧制工業学校を通じた社会移動に関する研究：山形県鶴岡工業学校の事例」（日本教育社会学会『日本教育社会学会発表要旨集録』、二〇〇一年）、一九二～一九七頁。
（7）佐藤香『社会移動の歴史社会学―生業／職業／学校―』（東洋館出版社、二〇〇四年）。
（8）中川聡史「国勢調査からみた一九二〇～三〇年代の人口移動」（神戸大学経済経営学会『国民経済雑誌』第一八四号、二〇〇一年）、三七～五一頁。
（9）原純輔編『日本の階層システム1　近代化と社会階層』（東京大学出版会、二〇〇〇年）、藤井優・原純輔・小林甫編『日本の社会学8 社会階層・社会移動』の諸論文。
（10）今西一・飯塚一幸『帝国日本の移動と動員』（大阪大学出版会、二〇一八年）。
（11）竹内洋『立身出世主義―近代日本のロマンと欲望』（日本放送出版協会、一九九七年）、一四六～一四七頁。
（12）竹内洋『学歴貴族の栄光と挫折』日本の近代一二（中央公論新社、一九九九年）、一八八頁。
（13）沢井実「「帝国」の技術者―供給・移動・技能形成」（岩波講座『「帝国」日本の学知／第二巻「帝国」の経済学』第六章、二〇〇六年）、二一七～二五六頁。
（14）沢井実『帝国日本の技術者たち』（吉川弘文館、二〇一五年）。
（15）小熊英二『日本社会のしくみ　雇用・教育・福祉の歴史社会学』（講談社、二〇一九年）。
（16）内田星美「初期高工技術者の活動分野・集計結果」（東京経済大学『東京経大学会誌』第一〇八号、一九七八年）、一三九～一八二頁。
（17）内田星美「明治後期の民間企業の技術者分布―大学・高工卒名簿に基づく統計的研究―」（経営史学会『経営史学』Vol.14, No.2、東京大学出版会、一九七九年）、一～三〇頁。
（18）内田星美「大正中期民間企業の技術者分布―重化学工業化の端緒における役割―」（経営史学会『経営史学』第二三巻第一号、東京大学出版会、一九八八年）、一～二七頁。

(19) 内田星美編『技術の社会史5―工業社会への変貌と技術―』(有斐閣、一九八三年)。
(20) 三好信浩『日本工業教育発達史の研究』(風間書房、二〇〇五年)。
(21) 三好信浩『日本の産業教育』(名古屋大学出版会、二〇一六年)。
(22) 中央職業紹介事務局『昭和二年三月卒業全國大學學専門学校卒業生就職状況調査』報告書(中央職業紹介事務局)。
(23) 図表13の「出身地合計欄」の「出身県」「同地方」合計に、「東京」区分の関東地方四八五人、「大阪」区分の一五八人を加えて算出。
(24) 久慈市『Link』Vol.2(久慈市、二〇一六・三)。
(25) 佐々木聡「日本におけるコンサルティング業の生成と展開」(明治大学経営学研究所『経営論集』四五巻2、3、4合併号、一九九八年三月)、四七頁。
(26) 東京経済新報社編『完結昭和国勢総覧』(東洋経済新報社、一九九一年)、三五三頁。
(27) 渡辺一弘「昭和初期の旧制会津中学校生の進路状況に関する研究―安積、磐城、福島、相馬各中学の状況との比較・検討を中心に―」(公立大学法人会津大学短期大学部『会津大学短期大学部紀要』第七五号、二〇一八年)、一一六～一二七頁。
(28) 大崎仁『戦後大学史―戦後の改革と新制大学の成立―』(第一法規出版、一九八八年)、一四〇～一四二頁。
(29) 田村幸男「わが国の分散キャンパスの研究」(山形大学『山形大学紀要(社会科学)』第三七巻第一号、二〇〇六年)、五三～九〇頁)。
(30) 国立教育研究所編『日本近代教育百年史』第五巻・学校教育3、「表36官立高等学校の地域性 一九二四年調査」(財団法人教育研究振興会)、四〇七頁。
(31) 石田雅春「昭和戦前期における高等学校の就学・進学実態―広島高等学校を事例として―」(広島大学『広島大学文書館紀要』第一八号、二〇一六年)、五一頁。
(32) 東北大学史料館「明治期二高・仙台医専学生の本籍地分布」(『学都仙台/明治の学生群像/東北大学がなかった頃』、東北大学創立百周年記念/第二高等学校創立百二十周年記念展示パンフレット、二〇〇六年)。

(33) 文部省『日本の教育統計　明治～昭和』(文部省、一九七一年)、一九頁。
(34) 石原信雄「私の履歴書②、養蚕農家の長男」二〇一九・六・二、日本経済新聞。
(35)『昭和九年版　日本技術家総覧』(日刊工業新聞社、一九三四年)など。
(36) 国立教育研究所『日本近代教育百年史』第五巻・学校教育三、五八四頁。中央職業紹介事務局『昭和三年卒業 全国大学専門学校卒業生就職状況調査』から作成。
(37) 東京工業大学『昭和一三年度入学願書綴(化88)』(東京工業大学資史料館所蔵)。
(38) 天野郁夫『教育と近代化—日本の経験』(玉川大学出版部、一九九七年)、二四八～二四九頁。
(39) 百瀬孝著・伊藤隆編『事典昭和戦前期の日本—制度と実態』(吉川弘文館、一九九〇年)、二九三頁、及び佐藤昌一郎『陸軍工廠の研究』(八朔社、一九九〇年)、二一～二二頁。
(40) 大濱徹也・小沢郁郎『帝国陸海軍事典』(同成社、一九八七年)、二六七頁。
(41) 坂根治美「昭和初期の就職難問題と修養主義—「学校出」の価値をめぐって」(『仙台大学紀要』第三九巻第一号、二〇〇七年)、一七～二八頁。
(42) 萩電会『萩電会の歴史—SKK一〇〇周年記念』(SKK萩電会、二〇〇六年)、二四～三四頁。
(43) 天野郁夫『教育と近代化』(玉川大学出版部、一九九七年)、二四九頁。
(44) 欧文社編集部『全国上級学校大観』(欧文社、一九三八年)、三八六頁。
(45) 丹生谷龍「いわゆる『終身雇用』制度の変遷について—日本型経営雇用政策の論理とその歴史思想」(熊本県立大学総合管理学会『アドミニストレーション』第一巻1・2合併号、一九九四年)、五〇頁。
(46) 菅山真次『「就社」社会の誕生』(財団法人名古屋大学出版会、二〇一一年)。
(47) 関口功『終身雇用制—軌跡と展望—』(文眞堂、一九九六年)、一～一一頁。
(48) 小熊英二『日本社会のしくみ　雇用・教育・福祉の歴史社会学』(講談社、二〇一九年)、二一四頁。
(49) 前掲(48)、二五〇頁。
(50) 厚生労働省「新規学卒者の離職状況(平成二五年三月卒業者の状況)」(二〇一六・一〇・二五)。

(51) 神山正『国立学校特別会計史考』（文教ニュース社、一九九五年）、二五～二六頁。

(52) 天野郁夫『高等教育の時代（上）―戦間期日本の大学』（中央公論新社、二〇一三年）、二七〇頁。

(53) 伊藤彰浩「大正期『高等教育機関化区長計画』をめぐる政治過程」（日本社会教育学会『教育社会学研究』第四一集）。

(54)「高等諸学校創設及拡張費支弁ニ関スル件ヲ定ム」（国立公文書館デジタルアーカイブ、公文類聚・第四三編・大正八年・第一六巻・財政一・会計一・会計法（収支・寄附）、請求番号／類01313100、件名番号018、及び文部省内教育史編纂会『明治以降教育制度発達史』第五巻（教育史料調査会、一九三九年）、一二〇六～一二〇七頁。

(55) 伊藤彰浩「五校昇格―大正期における官立大学昇格計画―」（広島大学大学教育研究センター（現高等教育研究開発センター『大学論集』第二一集〈一九九一年度〉、一九九二年）、一四一～一六二頁。

(56) 伊藤彰浩「大正期「高等教育機関拡張計画」をめぐる政治過程」（日本教育社会学会『教育社会学研究』第四一集、一九八六年）、一一三～一一六頁。

(57) 阿部彰「大正・昭和期教育政策史―政党内閣の成立と官立高等教育機関拡張計画」（大東文化大学『大東文化大学紀要〈社会・自然科学〉』第一五号、一九七六年）、一～二一頁。

(58) 坂野潤治『〈階級〉の日本近代史―政治的平等と社会的不平等―』（講談社、二〇一四年）、八一～八二頁。

(59) 清水唯一朗『日本の近代官僚』（中央公論社「中公新書」、二〇一三年）、二七八頁。

(60)「高等諸学校創設及擴張計劃大要」（一九一八年第四一議会に提出）、文部省内教育史編纂会編『明治以降教育制度発達史第五巻』、一二〇七～一二〇八頁。

(61) 阿部彰「大正・昭和期の教育政策史―政党内閣の成立と官立高等教育機関拡張計画」（大東文化大学『大東文化大学紀要〈社会・自然科学〉』第一四号、一九七六年）、一～二一頁。

(62) 若槻禮次郎『明治・対象・昭和政界秘史―古風庵回顧録―』（講談社、二〇一一年）、二三一～二三三頁。

(63) ①大工日当は一九一七年一・一八円、一九一八年一・七〇円、一九二一年二・一〇円なので二円／日と想定。②企業（卸売）物価指数は一九一九年一・五二六が二〇一四年六三七・四で四一八倍。③消費者物価指数は一九一九年日銀一・三三三が一九七〇年五七七・九で四三三・五倍、一九七〇年総務省三一・六が二〇一四年九九・七で三・〇五八倍。②③は筆者が文部省で学校整備に携わった行政経験からみて現実的な額ではないため、①大工日当で換算した。

(64) 天野郁夫『教育と近代化』(玉川大学出版部、一九九七年)、二三二頁。

(65) 一九二一年の予算編成に関して、中原文相が公言していた専門学校の大学昇格(東京高工、広島高校、神戸高商)が認められず攻撃を浴びた。

第三章　傍系入学・傍系進学 ―進学非正規コースからの復権―

第一節　概要

一　研究の視点と概要

帝国憲法期における傍系入学は、袋小路になっていた進学非正規コースから復権し、高学歴を得て所属階層の上昇をめざす隠れたコースになっていた。

早期選抜の分岐型学校制度の下でいったんは工業学校等の進学非正規コースに進んだ若者が、どのような経路を辿って官立高工への入学を果たしたかを計量的に分析し、具体的事例と合わせて検討する。同様に官立高工卒業後の大学への傍系進学についての分析を行う。

工業学校等から官立高工への進学を「傍系入学」、官立高工から帝大等への進学を「傍系進学」と区分して表記する。

教育機会と社会階層の関係は、これまで不平等性の視点から論じられる場合が多かった。これは今後も大切な点だが、制度の不備、不公平を指摘するだけでなく、現実の制度上の隘路を様々な方法で突破し、復権を果たした若者たちの実態にも視点を向ける必要がある。教育機会の不平等性の改善は、制度の矛盾点や不平等性を指摘するとともに、当事者自らがそれを乗り越える行動の蓄積があってはじめて実現されるからである。

傍系入学に関する先行研究は、専検や夜間中学などの研究の一端で触れているものが大半で、傍系入学そのものに焦点を当てた研究はあまり見られず、傍系入学に関する長期的・全国的なデータに基づいた実証分析は管見する限り

図表 29　出身学校種別の傍系入学者・傍系率（総括表）（1912〜1940 年度入学者）

	出身学校等の種別	傍系入学した官立高工											
		仙台高工	秋田鉱専	米沢高工	横浜高工	長岡高工	金沢高工	山梨高工	浜松高工	神戸高工	徳島高工	総計／傍系率	
		人	人	人	人	人	人	人	人	人	人	人	%
傍系入学（内地）	工業学校	131	8	296	221	98	52	151	38	207	145	1,347	*86.3*
	商業学校	7		9	2	7	9	6	4	4	5	53	*3.4*
	農業学校	3		3	4	3	3	12	4		4	36	*2.3*
	夜間中学校			9	2	2	1					14	*0.9*
	その他学校	1		5		3	3	1	1	7	4	25	*1.6*
	専検等検定試験	16		8	8	9	4	12	5	13	3	78	*5.0*
	陸軍委託生			7								7	*0.4*
	計	158	8	337	237	122	72	182	52	231	161	1,560	*100.0*
	傍系率%	*7.4*	*3.2*	*9.9*	*10.2*	*7.1*	*3.8*	*11.6*	*11.0*	*17.5*	*9.9*	*9.3*	
広義の傍系入学（外地含み）	外地出身者	47	7	63	84	31	21	23	7	15	17	315	
	内地＋外地計	205	15	400	321	153	93	205	59	246	178	1,875	
	広義の傍系率%	*9.6*	*5.9*	*11.7*	*13.8*	*8.9*	*4.9*	*13.1*	*12.5*	*18.6*	*11.0*	*11.2*	
官立高工全入学者（正系含み）		2,134	253	3,409	2,327	1,724	1,891	1,569	471	1,320	1,620	16,718	

（注）1.「その他学校」は師範学校等、「専検等検定試験」には専検以外の検定試験を含む。
2. 数値は本 DB による。

ない。本DBが生徒個人別に入学から就職まで継続している特色を活かし、これまで不明であった傍系入学の実態を官立高工別、また傍系入学種別に経年変化を含めて分析、検討する。

傍系入学を生み出す要因である早期選抜の分岐型学校制度は、学校種ごとに目的完結型教育ができるので、その点から見れば「効率的」制度ともいえるが、一人ひとりの生徒にとっては若年期に進路決定を要求され、その後の進路変更を著しく困難にする不合理なものであった。

本DBによれば、官立高工入学者一六、七一八人の九%に当たる一、五六〇人が、工業学校や検定試験など進学非正規コースからの傍系入学者である。これに第四章で述べる外地からの入学を加えた「広義の傍系」入学者は一、八七五人、全入学者の一一%に上る（図表29）。

官立高工は、全入学者の一〇%前後という少なくない数の傍系入学者を受け入れていて、もはや「傍系」として例外的に取り扱うべき域を超えているにもかかわらず、専門学校制度が廃止されるまで「傍系」の制度的位置づけは変更されなかった。戦後の単線型学校制度においても、工業、商業、農業などの実業系高校が、大学進学で事実上の傍系的立場に置かれた実態はあるが、身分制度のようにはじめから区分した方策とは別に論じるべきもので

図表30　大学への傍系進学（1912〜1940年度入学者）

	入学した官立高工										
	仙台高工	秋田鉱専	米沢高工	横浜高工	長岡高工	金沢高工	山梨高工	浜松高工	神戸高工	徳島高工	総計
	人%	人%	人%	人%	人%	人%	人%	人%	人%	人%	人%
（傍系進学率）	*2.8*	*2.0*	*5.2*	*5.9*	*7.7*	*3.4*	*4.7*	*6.6*	*4.1*	*3.8*	*4.8*
傍系進学者	60	5	177	138	132	64	74	31	54	61	796
官立高工全入学者（正系含み）	2,134	253	3,409	2,327	1,724	1,891	1,569	471	1,320	1,620	16,718

（注）1. 傍系進学者には、いったん就職した後に改めて進学した者を含む。
　　　2. 数値は本DBによる。

ある。

また官立高工を卒業して大学に進む傍系進学の道は、工業学校等から官立高工へ進む傍系入学より更に厳しく、本DBで官立高工から大学へ進学できたのは、一六、七一八人中七九六人、四・八％に過ぎない（図表30）。このなかには、官立高工卒業後に何年も浪人して入学した者、企業などに就職しその後に改めて大学進学した者も少なからず含まれている。

二　傍系入学の法的、社会的位置

「傍系入学」「傍系進学」の用語は、法令、教育、社会一般、研究のいずれの面においても定義された共通認識はない。

第一に法令面だが、現行法令及び廃止法令等（帝国憲法期に制定され現在は廃止されている法律、勅令、勅語、通達など）のいずれにおいても、学校教育に関して「傍系」が使用されている例は見当たらない。教育とは関係のない現行民法七三四条及び明治民法七二六条、七六九条に、傍系血族に関する規定がわずかに見られるだけである。

ただし法令ではないが、大学入試における使用例はある。一九二〇年の九州帝国大学工学部「傍系入学志願者ニ関スル事項」で、傍系入学志願者を「専門学校程度ノ工業学校卒業者、高等師範学校本科理科卒業者及之ト同等以上ノ学校ヲ卒業シタル者」としている。この種の規定は、他の帝大などでも旧制高校卒業者以外の入学資格を定める際に使用しているが、その内容は各帝大で、また各学部によって異なっていて共通の定義にはなっていない。

第二に教育、社会一般における使用では、岡田良平文相の伝記『岡田小伝』に記述が見られる。

岡田は臨時教育会議を主導して帝国憲法期最大級の教育改革を行い、当時の新聞に「我国の教育は森有礼之を作り、岡田良平之を成す」(1)と報じられている人物である。

寺内正毅首相の学制改革案を紹介するなかに、「該案は図解を添へて、正系傍系全体に亘る学校系統の改革を説明したもので、実に得難き珍品」(2)「(六)高等学校は之を廃止して、一種の簡易実業教育とし、其の他の傍系として多種の簡易実業教育機関を置く」(3)とある。同書には岡田の第二次文相時代について、「第一次に清算し残した傍系学制の諸問題」(4)との記述も見られるので、教育関係者の間で「傍系」が使用されていたのは確認できるが、その範囲は厳密に定義されたものではない。

また一九三五年発行の受験誌で、『官立大学傍系者・独学者入学受験法』(5)と「独学」と並んで「傍系」がタイトルに使用されている。

岡田や受験誌の使用法は、旧制高校・専門学校への進学に当たって、旧制中学を正系とし工業学校等の実業学校や専検等の検定試験の合格者を傍系に、また大学への進学では旧制高校を正系に、専門学校などを傍系にしているものと思われる。しかし、師範学校、夜間中学校、外地の学校、軍学校など様々な学校を視野に入れた定義にはなっていない。

第三に研究面では、研究者がそれぞれの論旨に沿って使用していて、学術用語としての定義や合意は見られない。

永島広紀は、旧帝大への接続の際の旧制高校以外の入学者を示すものとして使用し、(6)天野郁夫は永島と同じ使用法のほか旧制中学以外の学校からの専門学校入学にも使用している。(7)江利川春雄は「中等程度のさまざまな『傍系』学校群」として、工業などの実業学校、師範学校、高等小学校、実業補習学校、成年学校、特殊として陸軍幼年学校・予科士官学校・海軍兵学校・経理学校予科などを挙げる。(8)関正夫は旧制高校から帝大への進学コースと対置して専門諸学校全体を「傍系」、また甲種実業学校を中学校の「亜流の傍系」と表現している。(9)

このように各研究者がそれぞれ区々に使用しているため、外地の中学や夜間中学を正系または傍系のいずれに位置付けるか曖昧なままに、生徒数などがその都度便宜的にあるいは区分すべき意識もなく使用され、その結果、正確な比較や分析ができない状況を生んでいる。

こうした実態を踏まえて、本論では「傍系」を次のように定義した。「旧制中学から官立高工への入学」を「正系」、「正系以外のすべての方法による入学」（工業学校、その他の実業学校、予科、夜間中学校、専検等検定試験など）を「傍系」（狭義）とし、外地からの入学者を「広義の傍系」とする。また、傍系の種別毎の人数及び経年変化を明らかにする。

夜間中学は「正系」と考えることもできるが、上級学校接続で長期にわたり一般中学校と区別されてきた経緯を踏まえ傍系学校の一つとした。また外地の日本人対象の中学は、内地の学校への入学に当たって内地の中学とは別の措置がされたため[10]、正系中学には含めず「広義の傍系」に分類した。

第二節　先行研究

傍系入学に関する先行研究は、専検制度、夜間中学、入学試験制度などを論じる際にその一部として触れられている場合が大半で、傍系入学を主題とした研究は、管見する限り見当たらない。

第一は、佐々木亨「官立実業専門学校の入学制度の歴史―盛岡高等農林学校の例を中心に[11]」である。佐々木は大学入試への問題意識から、戦後の大学入試と対比できるのは戦前期の専門学校入試と捉え、その典型として、日本で最初の高等農林学校で、宮沢賢治の出身校として知られる官立盛岡高等農林学校（「盛岡高農」と略）を取り上げた。年度別に集計したデータをメインに、その対比データとして文部省年報の全国統計などを用いて計量的分析を行っている。

佐々木は、盛岡高農以外の実業専門学校全体の傍系入学制度、実態についても論及し、戦前の官立実業専門学校が「意外に多数の実業学校出身者が入学した」「柔軟な構造」を持っていたと評価する。[12] また「東京高等工業学校の入学選抜制度の歴史」[13]で、対象校を変えて同趣旨の分析を行っている。

ただし、佐々木論文では使用データ上の制約から、入学者の出身地、出身傍系学校、入学学科、就職先を生徒個人レベルで関連させた分析はされていない。佐々木の示したデータと本DBの比較については、関連部分で述べる。

先行研究の第二は、天野郁夫の一連の専門学校研究のなかで、傍系入学に多く論及している『教育と選抜の社会史』[14]、『大学の誕生（下）』[15]である。

天野は、帝国憲法期の学校制度を「選抜機構としてのその基本構造は『正系』と『傍系』という二つの範疇でとらえることができ」、具体的には「中学校と実業学校」「高等学校・帝大と専門学校」という正系・傍系関係が作られたとする。一方で官立実業専門学校について、「農・工・商の各学校群がそれぞれに独自のピラミッドをつくり、高等学校に劣らぬ威信をもつ学校も少なくなかった」と、その社会的地位の高さも指摘している。

天野はまた、「高等教育の場合には教育費の負担能力が、中等教育の場合以上に重要な制約条件」[16]と、家計条件が入試前段階の予備選抜機能を持っていたことを指摘していて、帝国憲法期で学歴基準による階層決定システムが確立していくなかで、重い意味を持っている。

更に、日本の高等教育が「進学機会の開放性という点で、ヨーロッパ諸国にはるかにまさっていた」という。「傍系入学に門戸を閉ざしていたのは高等学校セクターだけで、専門学校セクターは高等教育機会の開放に大きな役割を果たした」との指摘は、傍系入学を検討する上で大切な視点である。[17]

天野は、ヨーロッパ諸国では大学と非大学の間で専門教育面の競合はないが、日本の場合、大学と専門学校が同内容の学科を開設するなど、「帝国大学と専門学校は、ほぼ全面的に競合関係」[18]にあると指摘する。

一方で橋野知子は、内田星美の分析を引用して、「高等工業学校と大学の専門学科構成には、顕著な相違が」あり、「大学―高等工業学校間の教育は、相互に補完的」という。その理由として、官立高工には染色、窯業、醸造など在来産業に関連した学科が設けられたが、土木、鉱山冶金、造船など大学で中核をなした学科は一部の高等工業学校に設けられたに過ぎなかったことを挙げる。(19)

本ＤＢの所属学科系統別の生徒数比率を分析してみると、橋野の挙げた「在来産業関連」学科系統は染色五％（紡織を含む）、窯業と醸造ゼロ（本ＤＢに含まれないが他校で少数設置）、合わせて五％に対し、「大学で中核をなした」学科系統は、機械三〇％、電気二二％（通信を含む）、土木二一％（建築を含む）、化学二〇％の四系統が飛び抜けて多く、鉱山冶金二％、造船一％が続いて、合わせて九〇％以上と大半を占めている。

橋野の指摘は、官立高工初期の学科名称に着目したものと思われるが、「在来産業」関係の学科はいずれも小規模なのに対し、機械、電気、土木、化学など「大学で中核をなした」学科は産業化の進展に応じて大きく規模が拡大された。「在来産業」は準エリート技術者である官立高工生の受け皿になるだけの産業規模がなく、官立高工を地方に立地する理由としての象徴的意味は持っていたものの、量的にも質的にも主流ではなかった。

橋野が例示する米沢高工で見ると、一九一〇年に染色科二五人（色染分科一〇、機織分科一五、いずれも入学定員、以下同）、応用化学科二五人の募集で発足したが、一九二三年機械科二五人、一九二二年電気科三〇人、一九三九年通信工学科三五人、一九四三年工作機械科四〇人が増設されている。しかも色染、紡織科の規模は据え置かれたが、応用化学科、機械科、電気科、通信工学科は戦時期に規模がほぼ倍増された。沢井実は、「我が戦を決断し、遂行するためにはまずなによりも厖大な技術者、とくに機械技術者が必要であった」という。(20)

官立高工入学者の出身校上位は県立一中など県下トップクラスの中学校で、卒業生インタビューでは、旧制高校に進学できる学力を持ちながら家計の事情で官立高工を選択した理由が語られている。天野が指摘する様に、帝大と官立専門学校は技術教育面で競合関係にあったが、官立高工と入学資格が同等の旧制高校については、旧制高校優位ではある

図表 31　傍系入学者の推移（1912～1940 年度入学者）

入学年		傍系の種別（内地）									入学者総数	広義の傍系（外地含み）		
		工業学校	商業学校	農業学校	夜間中	その他校	専検等	陸軍委託	合計	傍系率		外地出身者	内地＋外地	広義の傍系率
		人	人	人	人	人	人	人	人	%	人	人	人	%
創設期	1912	6							6	6.0	100	3	9	9.0
	1913	4							4	4.0	100	1	5	5.0
	1914	5							5	5.8	86	1	6	7.0
	1915	8							8	6.2	129	3	11	8.5
	1916	7							7	5.6	125		7	5.6
	1917	2							2	1.5	134	1	3	2.2
	1918									0.0	71		0	0.0
拡張期	1919	1							1	1.2	86		1	1.2
	1920	11					1		12	10.5	114	2	14	12.3
	1921	22							22	11.0	200	6	28	14.0
	1922	42				2			44	19.4	227	4	48	21.1
	1923	73				2			75	21.5	349	1	76	21.8
	1924	95				1	1		97	17.6	552	7	104	18.8
	1925	142	3	7		3	6		161	18.0	895	17	178	19.9
	1926	112	6	7		3	6		134	15.6	859	24	158	18.4
	1927	118	6	2		2	10		138	14.3	965	23	161	16.7
	1928	97	4	1		4	10		116	12.2	952	23	139	14.6
定着期	1929	77	4	1		3	9	1	95	9.3	1,027	23	118	11.5
	1930	72	2	3			9	1	87	8.3	1,054	17	104	9.9
	1931	77	4	2			3	2	88	8.4	1,049	17	105	10.0
	1932	44		2			3	1	50	5.4	929	15	65	7.0
	1933	44	1	1		1	3		50	5.2	961	8	58	6.0
	1934	34	3	2		1	4	1	45	4.6	971	16	61	6.3
	1935	25	2	2	1		1		31	3.6	866	20	51	5.9
	1936	40	3	2	1		5	1	52	5.2	993	26	78	7.9
	1937	43	1	1	1		3		49	6.5	758	13	62	8.2
戦時期	1938	59	1	1	1				62	11.6	535	11	73	13.6
	1939	40	8		5	2	1		56	6.3	886	16	72	8.1
	1940	47	5	2	5	1	3		63	8.5	744	11	74	9.9
総計		1,347	53	36	14	25	78	7	1,560	9.3	16,718	309	1,869	11.2
種別シェア		86.3	3.4	2.3	0.9	1.6	5.0	0.4	100.0					

（注）1. 網掛け部分は、計人数＝概ね 100 人以上、傍系率＝概ね 10％以上、外地出身者＝概ね 10 人以上を示す。
2. 数値は本 DB による。

が、教育面ではなく入試面での競合関係にあった。

なお、天野は一九三五年の正系・傍系入学率を代表例として提示しているが(21)、本DBの分析によると傍系入学率は入学年により五％以下から二〇％以上までかなりの幅で変動する（図表31）。天野が傍系入学率として一九三五年の数値を掲げた理由は定かではないが、この年は本DBだけでなく文部省年報でも傍系入学率が低い年である。こうした特異年の傍系入学率を代表値と受け取られかねない形で提示するのは適当ではない。また天野の挙げた傍系入学率は、その値から見て外地の学校の卒業者が含まれていると推定できるが、特段のコメントは付されていない。前述したように「傍系」がきちんとした定義がないままに使用されている弊害である。

第三は、関正夫「戦前期における中

等・高等教育の構造と入学者選抜」[22]である。旧制高校の入学者選抜が中心だが、実業学校との接続関係として傍系入学に言及している。

佐々木は限定的だが具体的なデータに基づき、天野は外国との比較を含む制度面を中心として、それぞれ傍系入学について新たな指摘を行っていて参考となった。しかしながら佐々木、天野が使用したのは入学年度を固定した横断面データであり、出身地、入学した官立高工、学科、就職先を連関させた全国的・通時的データに基づく傍系入学についての実証的分析はいまだなされていない。

第三節　傍系入学政策

傍系入学に対する国の主な政策として、支援策七点、制限策一点を検討する。

一　傍系入学支援策

第一は、工業学校に対する「限定指定」である。

専門学校令制定（一九〇三年）を受け、「専門学校入学検定規程」（一九〇三年文部省令一四号、「専検規程」と略）が定められ、文部大臣が官立高工別に指定する工業学校を無試験検定対象とし（「限定指定」と略）、狭い道ではあるが工業学校卒業生の傍系入学の道が開かれた。傍系入学問題を考える際に、専門学校が旧制高校とは異なって、制度発足段階から限定的ながら傍系入学制度を組み込んでいた点に注目する必要がある。旧制高校から帝大に進むトップエリートを正系コースとして純粋培養を図ったのと異なり、準エリートである専門学校についてはやや幅広い考え方をとっていたことがうかがえる。

第二は、限定指定から大きく前進した工業学校の「一般指定」である。

専検規程制定及び限定指定方式開始から約二〇年経った一九二四年に文部省告示一〇九号が出され、「(甲種) 工業学校」を学校別限定指定から中学校と同等に扱う包括的一般指定に格上げした。これにより工業学校卒業生は、中学校卒業生と同資格で専門学校受験が可能となり、傍系入学制度の歴史のなかで画期的な改善であった。

第三は、専検における「合格科目累積制」の導入である。

一九二四年に工業学校の一般指定と併せて、中等学校未修者を対象とした専検について、全科目一括合格制度から合格科目累積制度に緩和された。これまでは一科目でも落とすと翌年度に再び全科目を受験しなければならなかったが、この改正により合格点を得た科目についいは証明書が交付され、以後の受験が免除された。

第四は、制度ではないが、政府の拡張計画における傍系入学の認知である。

一九一九年に原内閣が開始した高等諸学校創設及拡張計画において、実業学校などの進学非正規コースからの入学者の一部を官立専門学校の入学対象者として見込んだ。

同計画では、「高等ナル学校ノ入学志願者ノ将来並其ノ収容力増加ノ計画」の入学志願者数の積算に、「中学校以外ノ指定学校、実業学校ノ卒業者及検定試験合格者ニシテ学ヲ志願スル者等凡ソ一〇〇〇人」を加えている。一〇〇〇人は実態よりだいぶ少ないものの、進学実態を踏まえて正式に取り入れたものである。政党内閣が国民の支持を得る目的があったとはいえ、これまで進学対象学校ではないとした制度上の建前を超えて、国家計画に数字で反映させた点に意義がある。

第五は、夜間中学である。

一九三二年に優良夜間中学を専検「限定指定」とし、次いで一一年後の戦時期になって中等学校令(一九四三年)で「一般中学と同等の扱い」とした。夜間中学については、第三節二項で詳述したので本項では省略する。

第六は、戦時期末になってであるが、実業学校から中学への転校が制度化された。一九四三年の中等学校令（第一章第二節一項参照）で、中学、高等女学校、実業学校がともに同一資格の中等学校とされたのを受け、「中学校規程」（一九四三年文部省令2号）で第三学年以下については相当学年の実業学校生徒の転学を認めることとした（同規程四〇条）。現在の工業高校から普通高校への転校に近いイメージであるが、実際にどの程度の転学が行われたのかは不明である。

第七は、官立高工等の実業専門学校から帝大、官立大への「傍系進学」についてである。第二章第六節一項で述べたように、教育評議会答申（一九二二年）で実業専門学校から大学に昇格する東京工業大学、大阪工業大学（一九三三年に大阪帝大工学部）、神戸商科大学の三大学に対し、大学入学に際して専門学校卒を高等学校卒と同等に扱うよう条件を付けた。

専門学校から帝大への傍系入学について、永島広紀は「東北と九州の法文学部（さらにその法科・経済科）にはとりわけ朝鮮半島出身者を含めた多くの進学希望者が殺到していた[23]」と述べているが、工学系は東北大学で受け入れていたのみで、その他の帝大はほとんど受け入れていなかった（図表34）。

一九二〇年発行の受験誌『官立大学傍系者・独学者入学受験法』を見ると、「帝国大学工学部工業大学」の項に掲載されているのは、九州帝国大学工学部と東京工業大学の二大学のみである。[24]このなかで、東京工大は「高等工業学校ヲ卒業シタル者」以外の条件を付けていないが、九州帝大は「傍系志願者ハ高等学校高等科及学習院高等科卒業者等ヲ収容シ尚缺員アル学科ニ就キ学力検定試験施行ノ上入学ヲ許可ス」と、正系入学者に欠員が出た場合にのみ受験できると、付随的に取り扱うことが明記されている。このほかの帝大では出身学校種類別の優先順位制の入試制度をとっていて、正系及び予科で欠員のある場合に、あらかじめ定めた学校種別の順位に応じて受験を許可していた。

一九二九年に大学へ昇格した大阪工大は、一九三三年に大阪帝大（一九三一年創設）と合併して同帝大工学部となり、官立高工からの傍系入学を受け入れた。定員に余裕のある範囲であったが、官立高工の成績優秀者（上田繊専の場合、四位以内）の学校推薦入学を実施していた模様である。この間の事情は、補章に掲載した宇都宮國男氏（神戸高工から傍系進学）、及びC氏（上田繊維専門学校から傍系進学）のインタビューの中で触れられている。

二　傍系入学制限策

実業学校から官立高工への傍系入学、実業専門学校から大学への傍系進学の道は、遅々とした歩みではあっても緩和の方向で進んでいたが、戦時期に入った一九三九年に一転して進学制限策に切り替えられた。一九三九〜一九四一年に文部省関係局長から関係学校・県に合計で一〇本の通牒が連続的に出され（合わせて「進学制限通牒」と略）、傍系進学制限が強化されていった。

最初は一九三九年で、文部省で官立高工を含む実業学校を所管する実業学務局長から官立高工等の直轄専門学校長に、同時に大学・専門学校（実業専門学校を除く）などの高等教育を所管する専門学務局長から帝国大学総長及び官公立大学長にそれぞれ進学制限通牒が出され、同日付で実業学校を所管する県知事等の地方長官に対し、両局長の連名通牒が出された。傍系学校からの進学制限政策を文部省として統一的に開始したものだが、この時点では通牒の宛先に私立大学長、公私立専門学校長はまだ含まれていなかった。

この三通牒は、「実業学校卒業者の上級学校進学が増加傾向にあるが、実業学校は卒業後直ちに実業に従事する者の養成が目的であり、生産力拡充が焦眉の急なので、なるべく多数を産業界に送り出すことが緊要」と実業学校に対する国の位置付けを述べている。その上で地方長官に対し「最小限の抑制」を、直轄専門学校長に対し「実業学校卒業者が概ね三年間の平均値を超えない範囲」を、大学に対し「趣旨の尊重」を求めた。

三通牒が示した具体的方策は、直轄専門学校に現状維持を求めた程度で、この時点ではまだ精神的意味合いが強いものであった。

ところが精神的規制では実業学校生徒の上級学校進学が止まらなかったため、翌一九四〇年に改めて五本の通牒が出され、数値規制を含む強化が図られている。

一九四〇年通牒は、「昨年の通牒の趣旨が徹底せず前例のない多数の進学希望者が出たことは遺憾」と述べ、地方長官に対し「実業専門学校入学希望の実業学校卒業生は出身学校長の推薦書を必須とした上で、推薦数はその年の卒業者の概ね一割以内」と指示した。また官立高工など官立実業専門学校長に対して、「戦線に応召する意気で産業界に出るよう督励を求め」、実業学校からの上級学校志願について「出願時に推薦書のない者の不受理」を指示している。更に「実業専門学校から官公私大に進学する場合の推薦書必須化と推薦書がない場合の願書不受理、各実業専門学校生の推薦は各学科卒業者の一割以下、大学側の入学許可数は募集定員に応じた三年平均以下の割合」の一連の対応を求めた。

この一九四〇年通牒は一九三九年通牒と異なり、公私立実業専門学校長、私立大学校長に対しても発せられている。

こうした二度目の一九四〇年通牒でも傍系入学希望者を止められなかったため、一九四一年に三度目になる通牒二本を出してより具体的な規制強化を図った。

地方長官に対し「重ねて通牒したが、高度国防国家確立のための労務動員計画完遂が緊切」であり、「繰上卒業や兵役法改正」が実施されたことに触れた上で、「実業専門学校だけでなく、専門学校、高等学校高等科、大学予科（軍関係学校と教員養成学校を除く）への志願も出身学校長の推薦書必須化、実業専門学校以外への進学は最小限に抑制」することを指示した。

また官公立実業専門学校長に対して、「出身学校長の推薦書がない者は徴集延期を認めない、大学志願者の推薦数は各学科卒業生の一割以内で超える場合は本省承認を得ること、実業学校卒業者の入学は五年平均を超えない範囲」など、より具体的指示をしている。

緩やかながらも拡大しつつあった傍系入学制度は、戦時体制に入り一気に制限策へと舵が切られた。

もっともこうした規制は、傍系入学のこれまでの進学実績を追認し、それ以上の拡大を抑制するものに止まっていて、傍系入学制度の廃止やこれまでの傍系入学水準を超えてより厳しい制限を行おうとしたものではない点にも注目する必要がある。

アジア・太平洋戦争開戦直後の一九四一年一二月に開かれた、受験誌『蛍雪時代』の「新卒業生の進学と就職を語る」座談会で[25]、関係者は次のように発言している。

座談会の出席者は、傍系入学の受入側である岩淺武雄府立高工生徒主事、就職指導官庁の石破二朗厚生省職業局技能課（注：戦後に鳥取県知事、自治大臣）、傍系入学の送出側の金井浩府立第一商校長、監督官庁から大畑文七文部省督学官（注：その後に敗戦直前まで東京外国語学校校長）、正系入学側の柳田友輔第一高等学校生徒主事、秋山四麿府立第三中校長、行元豊圓浦和高等学校生徒主事、主催者の赤尾好夫欧文社社長、司会は池田佐次馬欧文社編集局長が務めていた。この座談会は一九四二年二月号に掲載されたが、「欧文」社が敵国の欧州を連想させるとの圧力から「旺文」社に社名変更したのが一九四二年なのでその直前期の発行である。同社はしばらく「旺（欧）文社」と表示していた。

（大畑督学官）　経済的な事情で、中等程度で我慢しようと思った者でも、このやうな時代になって景気がよくなると、専門学校大学へ行きたくなるのも無理はないのです。（略）

（金井校長）　それは所在地による。此の間も、静岡県の田舎（袋井）の商業学校に行ってみましたが（進学者は）一人もいない。ところが私の学校では今卒業生の三分の二位（の進学者が）ある。（略）

（大畑督学官）　府立一商は非常に多いんですが、全国を平均しますと大体一割内外です。それで一割といふことで許可して居る訳です。許可するといふよりも、まあ今まで通り認めたといふ形ですね。

文部省督学官は、受入側の官立高工等の生徒主事、送出側の実業学校の校長等を前に、「実業学校の生徒は国防要員、労務要員のため早く実社会に出てもらいたが、優秀な者には進学の抜道が必要」とも述べ、進学制限通牒は「今まで通り認めたといふ形」と語っている。これ以上の増加は困るが今まで程度であれば良い、無理にそれ以上押さえつけるつもりはないというのが文部省の本音であった。すなわち傍系入学は必要性もあるので、正系ルートを超えない「抜道」の範囲に限定して存続を認めるという訳である。

第一章第三節一項で述べたように、帝国憲法期における教育政策は審議会の事前検討を経て政策化さる仕組みが整えられたが、高等教育会議から戦時期の教育審議会、大東亜建設審議会までの一二の教育関係審議会（注59参照）において、学校制度に関連して傍系を論じることはあっても、実業学校から官立専門学校への傍系入学、官立専門学校から大学への傍系進学について正面から論じられた形跡はない。

岡田文相の「第一次に清算し残した傍系制度の諸問題」との述懐（第一節二項）もあるので、当局者に傍系入学についてのなんらかの意識があった気配はあるが、国の教育政策の基本課題としての位置付けはない。帝国憲法期において、傍系入学は実情に応じた応急対策的な「抜道」以上の意義は与えられていなかったといえる。

第四節　傍系入学者の入学・就職移動

一　傍系入学者の推移

傍系入学の特徴として、傍系入学率は入学年で大きく上下する、各官立高工で相当の違いがある、の二点が挙げられる。

第一に入学年による変動であるが、一九一二〜一九四〇年（二九年間）平均傍系入学率九％は、入学年により大きく変動している。

創設期の一九一八年まで五〜六％以下で推移し、拡張期の一九二〇年に一気に一〇％台に上がり一九二三年には二二％まで上昇した。創設拡張計画で官立高工の創設、既設校の拡張の結果、入学定員が増加して入学しやすくなり、英語などの基礎学力で不安のある傍系入学者の拡大を大きく助けたためである。

一九二九年以降の定着期に入ると入学定員の拡大が終わり、一方で受験勉強を重ねてきた中学生が増加して、受験競争で不利になる傍系入学者が減少している（図表31）。

二　官立高工別の傍系入学率

第二の特徴である各官立高工による相違は、次のとおりである。

各官立高工別の傍系入学率を見ると、神戸高工一八％、山梨高工一二％、浜松高工一一％、横浜高工一〇％の四校が一〇％以上の高率を示すのに対し、仙台高工・長岡高工七％、金沢高工四％、の三校は低く、最高の神戸高工一八％と最低の金沢高工四％で四倍以上の差が生じている（図表32、正系・傍系の不明者が含まれる秋田鉱専を除く）。

こうした学校間の格差が生じる原因は、無試験入学制度の有無と、進学を目指す工業学校の存在がある。

まず、無試験入学制度である。

傍系入学率上位三校の神戸高工、山梨高工、浜松高工は、いずれも工業学校からの推薦入学制度を適用しているが、傍系入学率の低い金沢高工、長岡高工、仙台高工の三校は適用していない。

各校の設置年度を見ると、比較的早期に設置された伝統校の米沢高工（一九一一年設置）、秋田鉱専（同年）、仙台高工（一九二〇年）、横浜高工（同年）は無試験入学を実施していないが、後発校の神戸高工（一九二二年）、浜松高工（一九二三年）、山梨高工（一九二五年）は実施している。つまり無試験入学制度が、傍系入学促進策というよりも後発校の入学者確保策として機能している。

卒業生インタビューの宇都宮國男氏は、神戸工業学校から神戸高工進学の際に「首席の生徒は推薦で入れたが自分は一般入試を受験した」と述べている。同氏が入学した一九三七年の神戸高工学則は、中学校・実業学校の上位一〇分の一以内の生徒を対象に、募集人員の三分の一以内を無試験合格できるとしているが、実行に当たっては限度割合まで運用していなかったようだ。

学校ごとの傍系入学率に差が生じるもう一つの要因は、地元の工業学校の進学志向の度合いである。（図表17）。

図表 32　出身地構成の比較（1912～1940 年度入学者）　（単位：人、%）

			仙台高工	秋田鉱専	米沢高工	横浜高工	長岡高工	金沢高工	山梨高工	浜松高工	神戸高工	徳島高工	総計
地元県		正系	43.0 918	25.5 52	22.1 754	18.7 435	37.4 645	36.9 697	22.1 346	23.6 111	32.6 430	30.7 498	29.2 4,886
		傍系	3.5 74	1.0 2	4.4 150	4.2 97	2.7 47	0.7 14	0.8 13	5.3 25	7.2 95	2.8 46	3.4 563
		計	46.5 992	26.5 54	26.5 904	22.9 532	40.1 692	37.6 711	22.9 359	28.9 136	39.8 525	33.6 544	32.6 5,449
近隣県		正系	22.2 474	17.6 36	15.9 542	7.5 175	7.8 135	15.8 299	11.1 174	34.2 161	7.1 94	28.5 462	15.3 2,552
		傍系	1.5 31	1.5 3	0.8 26	0.4 10	0.8 14	0.7 14	1.0 16	1.5 7	0.6 8	2.7 44	1.0 173
		計	23.7 505	19.1 39	16.7 568	8.0 185	8.6 149	16.6 313	12.1 190	35.7 168	7.7 102	31.2 506	16.3 2,725
大都市県	東京	正系	3.1 67	10.3 21	8.0 273	24.9 580	6.4 111	1.5 28	9.8 153	4.5 21	2.0 26	0.6 9	7.7 1,289
		傍系	0.3 7	0.5 1	1.5 50	1.4 33	0.4 7	0.3 5	1.3 20	0.2 1	0.0	0.1 1	0.7 125
		計	3.5 74	10.8 22	9.5 323	26.3 613	6.8 118	1.7 33	11.0 173	4.7 22	2.0 26	0.6 10	8.5 1,414
	大阪	正系	0.3 7		1.2 41	1.8 43	4.3 74	5.7 107	1.2 19	1.5 7	10.4 137	7.5 122	3.3 557
		傍系	0.0 1		0.1 5	0.1 3	0.1 2	0.5 9	0.5 8	0.6 3	2.0 27	0.7 12	0.4 70
		計	0.4 8		1.3 46	2.0 46	4.4 76	6.1 116	1.7 27	2.1 10	12.4 164	8.3 134	3.8 627
他地方県		正系	21.7 463	39.2 80	41.0 1,399	33.2 773	35.2 606	35.3 667	42.8 672	23.8 112	29.3 387	21.7 351	33.0 5,510
		傍系	2.1 45	1.0 2	3.1 106	4.0 94	3.0 52	1.6 30	8.0 125	3.4 16	7.7 101	3.6 58	3.8 629
		計	23.8 508	40.2 82	44.1 1,505	37.3 867	38.2 658	36.9 697	50.8 797	27.2 128	37.0 488	25.2 409	36.7 6,139
外地		傍系	2.2 47	3.4 7	1.8 63	3.6 84	1.8 31	1.1 21	1.5 23	1.5 7	1.1 15	1.0 17	1.9 315
総計		正系	90.4 1,929	92.6 189	88.3 3,009	86.2 2,006	91.1 1,571	95.1 1,798	86.9 1,364	87.5 412	81.4 1,074	89.0 1,442	88.5 14,794
		傍系	9.6 205	7.4 15	11.7 400	13.8 321	8.9 153	4.9 93	13.1 205	12.5 59	18.6 246	11.0 178	11.2 1,875
		不明											49
		計	100.0 2,134	100.0 204	100.0 3,409	100.0 2,327	100.0 1,724	100.0 1,891	100.0 1,569	100.0 471	100.0 1,320	100.0 1,620	100.0 16,718

（注）数値は本 DB による。

米沢高工は傍系入学率五位であるが、地元の山形県出身者に限ってみると、正系二五%、傍系四五%で傍系が多い逆転現象を生じている。これは地元の山形県立米沢工業学校が出身中学校等の三位に、県庁所在地の県立山形工業学校が五位にランクインしていることによる（図表17）。

傍系入学率三位の浜松高工も同事情で、七位に静岡県立浜松工業学校がランクインしていて、多数が浜松高工に入学している。

傍系入学率四位の横浜高工も米沢、浜松高工と同じで、地元の神奈川県出身者で見ると、正系二二%に対し傍系四一%と二倍近い逆転現象を生じている。地元の神奈川県立商工実習学校が出身学校三位にランクインする、進学者が多い実業学校のためである。

こうした学校とは反対に、傍系入学率の低い金沢高工は出身校上位二〇校までに工業学校がゼロ、山梨高工はやっと一三位に隣県の長野県立長野工業学校が入るのみである。

官立高工進学を目指す進学志向の実業学校が地元にあるかどうかは、無試験入学と並んで傍系入学率の高低を生む大きな要因となっていた。特に米沢高工は、県庁所在地ではなく県内第二の都市の米沢市にあるため、米沢工業学校は山形工業学校よりも多数の入学者を送り出していて、浜松高工も県庁所在地の静岡市ではなく浜松市にあることから浜松工業学校からの入学者が多い。

三　学校種別の傍系入学

1. 工業学校からの傍系入学

工業学校は、官立高工への傍系入学者の八六%を占める傍系学校の中核的存在である。専検限定指定（一九〇三年）が一般指定（一九二四年）に拡大され、工業学校から専門学校への進学は中学と同等になり、また創設拡張計画で入学枠自体が拡大されたため、一九二五〜一九二七年の三年間は工業学校からの官立高工への傍系入学者数が一〇〇人台に大幅増加した。しかし定着期の一九二九年以降になって入学枠拡大が終了するとともに、入学者数は一九三二年には四四人、一九三五年には二五人にまで激減した（図表29）。

戦時期には再び官立高工の大増設が行われ、工業学校からの傍系入学者も増加するがやはり一時的現象に終わり、実業学校からの進学制限政策が講じられたことも加わって、入学者数、傍系入学率ともに定着期の水準を回復した程度で、最高時の半数以下となっている。

工業学校からの傍系入学者の実例

一三四六五氏は、一九二六年に静岡県立静岡工業学校（静岡県で最初の工業学校）を卒業し、現役で浜松高工機械学科に傍系入学した。本籍も静岡県である。浜松高工は傍系入学率が三位、一一%という傍系入学者の多い官立高工である（図表32）。

留年せず一九二九年に卒業後は、一職として名古屋市にある一九二一年創業の大日本木材防腐株式会社に入社した。同社を二年で退職し一九三一年に二職として焼津市の赤坂鉄工場にUターン転職し、四年在職後の一九三五年に三職として東京の木下商会に転職した。同社を二年で退職して、一九三七年に四職として静岡県志太郡に無職でUターンし、更に二年後の一九三九年に再び上京して東京市城東区に移住しているが職歴は確認できない。

卒業後一一年間の内、有職八年、無職三年である。三職で東京に出たがUターンし、そのほかは地元中心に移動している。同氏の無職時代は戦時期で、官立高工卒の技術者が理由もなく無職でいるのは許されない時代だったので、無職Uターンは健康問題だった可能性がある。

2．夜間中学からの傍系入学

官立高工への夜間中学からの入学者は二九年間で一四人、種別シェア一%と極めて低いが、その背景には夜間中学に対する国の法的位置付けがある。

夜間中学は一九一〇～一九二〇年頃から都市部を中心に設置が進んでいたが、官立高工への入学者の初出は定着期半ば過ぎの一九三五年である（図表31）。この頃の夜間中学の法的位置付けは各種学校が大半であった[26]。

一九三二年に「社会政策的見地」から文部省普通学務局通牒が出され、優良夜間中学が専検限定指定の対象となったものの、実際に限定指定を受けられた夜間中学は僅かであった。文部省中学校教育課が行っていた「専検指定校調査」を見ると、同調査の最終である一九四〇年版でも限定指定を受けた夜間中学は一六県二七校にとどまっている。

戦時期に入った一九四三年の中等学校令で、夜間中学が漸く正規中学として認知され、官立高工への進学者数もやや増加してくる。このときの中等学校令の施行通知「中等学校令並ニ中学校規程高等女学校規程及実業学校規程制定ノ要旨」（文部省訓令一号）では、「一九三二年の夜間中専検限定指定は各種学校として認められたに過ぎない」と述べ、夜間中学を新たに正規化した意義を強調するための表現であろうが、夜間中学にとって大切な前進であった専権限定指定を軽んじた表現をしている。

夜間中学からの傍系入学者の実例

五二八五氏は、一九三九年に山形夜間中学を卒業し、現役で米沢高工応用化学科に入学した。本籍も山形県である。山形夜間中学は、本DBの夜間中学出身者一四人中五人と最多数を占める学校で、山形県には山形夜間中学のほか鶴岡、米沢にも夜間中学が設置されていた。作家の藤沢周平は印刷工場で働きながら一九四二年に鶴岡夜間中学に入学し、一九四六年に旧制末期の山形師範学校に傍系入学している。

五二八五氏は留年せず一九四二年に卒業後は、一職として満洲国の株式会社本渓湖煤鐵公司に入社している。同社は有力な軍需会社で一九三九年に特殊会社の満州重工業開発会社（満業）傘下に入っており、同氏が入社したのはその直後である。本ＤＢで確認できる夜間中学入学者は一九三九年入学者以降なので、職歴は最長でも二年しか確認できない。

3．商業学校等からの傍系入学

官立高工に、商業・農業学校など工業学校以外の実業学校からの入学者が定常的にあり、特に商業学校は種別シェアが三％で専検等五％に次いで高い。

商業学校からの入学は拡張期半ばの一九二五年が初出で、戦時対応期には二桁台の人数に増加した。明らかに戦争の影響によるもので、国家総動員体制下における商業学校の工業学校転換、官立高工の入学定員増が行われるなど理工系重視政策がその背景にある。

佐々木亨は一九二四年の実業学校専検一般指定により、盛岡高農に他系統の工、商業学校からも出願できるようになったことについて、「実際にそのような受験生が現れた様子はない」(27)という。官立高工にこれだけ他系統からの入学があり、官立高農は官立高工より幅広く傍系入学を認めていた点から考えると、盛岡高農にも他系統の学校から入学があった可能性が高い。

商業学校からの傍系入学者の実例

一五六〇二氏は、一九二七年に三重県立松阪商業学校を卒業し、現役で徳島高工応用化学科（農産工業化学部）に傍系入学した。本籍も三重県である。

商業学校から官立高工への入学は、工業学校に対する無試験入学制度のような優遇措置はなく、入試科目は商業学校の教育課程がかなり違うため、受験勉強では大変苦労したと思われる。

留年せず一九三〇年に卒業後は、直ちに一職として神戸市の渡邊ゴム工業所に就職している。同社に二年在職し一九三二年に二職として大阪府にある大津織物仕上合資会社に転職した。五年後の一九三七年に三職として三重県にUターンし自営業に就いている。

4. 専検等の検定試験による傍系入学

専検等の検定試験による官立高工入学者は二九年間で七八人、種別シェア五％で、だいぶ差があるものの工業学校の八六％に次いで高い。専検は、中等教育学校を経ずに高等教育学校へ進学する方法として最も一般的制度であった。

一九〇三年制度発足時の専検は、全科目一括合格が条件の難関試験だったが、二一年後の一九二四年に、実業学校の専検一般指定とともに緩和措置が講じられた。試験実施機関が各学校から国家統一になり居住地で受験できるようになった、科目合格累積制で不合格科目のみ翌年度以降に合格すればよくなった、などである。そのため緩和後の一九二七～一九二八年は、専検等による入学者数が二桁に上昇したものの、その後は再び一桁台に戻り、緩和後も依然として難関試験だったことを示している。

國學院大學で教鞭を執ったドイツ文学者の中野孝次は、『清貧の思想』で社会に知られたが、高検（高等学校高等科入学資格試験、受験資格は中学校四修相当）合格で第五高等学校に傍系入学した経歴を持っている。

中野の自伝小説(28)によれば、高等小学校卒後に進学できず海軍航空廠技手養成所に入所したものの、どうしても満足できず中退し、家業の大工見習をしながら一高入学を目標に独学に入った。当初は専検を目指していたが、高検制度があることを知って一九四二年に受験し合格した。千葉県の高検受験者は中野一人だけだったと述懐している。高検合格後、更に二年間の浪人を経て一九歳で旧制第五高等学校（熊本）文科に入学、卒業後は東京帝大独文科に進んでいる。

インタビューした吉田壽壽氏は、中野が高検に合格した前年の一九四一年に高検に合格して一高を受験したが不合格となり、改めて翌年に専検（受験資格は中学五年卒相当）を受験して合格し、正系の中学卒業者と同年齢で秋田鉱専に進学している。

両氏の経験からわかることは、高検、専検合格が直ちに旧制高校、官立高工入学ではなく、合格後にかなり難関の入試が控えていた、独学で上級学校を目指す者にとって高検と専検は希望の星だった、ことである。

本ＤＢには、少数であるが「実検」（実業学校卒業程度検定試験）と「文検」（文部省師範学校中学校高等女学校教員検定試験）合格者もいて専検「等」検定試験のなかに含めている（図表31）。文検受験者は主に師範学校卒の「真面目で、向上心が強く、小学校教員の置かれた状況（国民教育の担い手として強い国家統制を受け、任務に比して俸給が低く、不況時にはその一部を強制寄付させられた）に満足しない小学校教員の目標の一つ」[29]になっていた。

三上敦史は専検について、「中学校卒業程度の学力を要求するさまざまな認定試験に広く準用されるようになった」[30]という。

関正夫は専検を「切断された箇所に教育機会の道をつける弥縫策」と批判しつつ、「高等教育機会の実現に果たした役割は決して小さくはない」[31]とも評価している。菅原亮芳は、専検受験者の多くが夜間中や予備校にも通学していたと述べているが[32]、本ＤＢは『学校一覧』からＤＢを作成しているため、残念ながらこうした事例の把握ができていない。

専検等による傍系入学者の実例

一二〇一七氏は専検合格の資格で、一九二八年に山梨高工機械工学科に入学した。本籍は鳥取県だが専検受験前後の経歴は不明である。

留年せず一九三一年卒業後は、一職として官立大阪工大機械科に傍系入学している。専検合格者は、中学校卒業よりも難関の試験を突破してきているので、大学進学の学力は十分だったと思われる。大阪工大は大阪高工から大学に昇格する際に、専門学校卒業者の受け入れが条件とされたため、東京工大に次いで官立高工からの傍系入学者が多い大学であった（図表34）。

一九三四年に留年せずに卒業し、二職として鉄道省東京鉄道局に就職した。五年後の一九三九年には同省大阪鉄道局に省内異動したが、一年で本省に戻り鉄道省大臣官房勤務となった。

専検合格という傍系入学のなかでもとりわけ厳しいルートを辿りながら官立大に進学し、専門技術を活かして官吏となっている。進学非正規コースから復権し、高学歴を獲得して社会階層の上昇を実現した典型の一人である。

5．外地の学校からの傍系入学

外地校を傍系に含めるのには異論もあると思われるが、外地の学校からの転入学は日本国籍保持者でも内地と異なる取り扱いだったため、本ＤＢでは内地の傍系と区別した上で「広義の傍系」と位置付けた。外地との往来については第四章で詳述する。

6．傍系入学者の学校選択と学科選択

官立高工の入学者で、傍系と正系では学校選択・学科選択に相違があるかを分析した。

まず学校選択であるが、生徒の出身県を「地元県」「近隣県」「東京」「大阪」「他地方県」に五区分し、官立高工別に正系入学者と傍系入学者を対比してみたところ（図表32）、両者の出身地構成に大きな相違はないことが明確になった。

官立高工が設置されている「地元県」（仙台高工であれば宮城県）出身者は、正系三三％、傍系三六％で傍系が若干多い。しかし「近隣県」（仙台高工であれば宮城県以外の東北地方の青森、岩手、秋田、山形、福島の五県）で見ると、正系一七％、傍系一一％で正系がやや多くなり、出身県と近隣県を合わせた「同地方県」では正系五〇％、傍系四七％とほぼ同比率になる。

また遠隔地からの入学者を見ると、「他地方県」は正系三七％、傍系四〇％でこれもほぼ同率である。すなわち、地

元からの入学者、遠方からの入学者ともに、学校選択に当たって正系と傍系で違いは見られない。

次に、学科選択について正系と傍系を比較したが、学校選択と同様に全ての学科系統の選択で正系と傍系の間に相違がない。

官立高工は高農、高商と異なり、機械科、電気科、工業化学科などの学科毎に教育内容が大きく異なるため、工業学校からの傍系入学者の大半が同系統の学科を選択する。

比較に当たっては、学科名称が機械科と精密機械科など異なっていても実質的には同じ機械科系であるため、「学校卒業者使用制限令施行規則」(一九三八年厚生省令二三号)による学校系統別で区分して集計した(図表33)。

図表33　学科選択の正系と傍系の比較
(1912〜1940年度入学者)

		正系入学者		傍系入学者	
		人	%	人	%
学科系統	機械系	4,362	*29.4*	518	*33.2*
	造船系	198	*1.3*	16	*1.0*
	冶金系	83	*0.6*	2	*0.1*
	電気系	2,776	*18.7*	245	*15.7*
	工業化学系	3,715	*25.0*	415	*26.6*
	採鉱系	155	*1.0*	6	*0.4*
	土木系	2,272	*15.3*	164	*10.5*
	建築計	858	*5.8*	128	*8.2*
	性医系	423	*2.8*	66	*4.2*
	不明	1	*0.0*		*0.0*
	総計	14,843	*100.0*	1,560	*100.0*

(注) 数値は本DBによる。

その結果は図表33の通り、正系と傍系での違いは最大の土木系でも四・八ポイントで、大半の学科は一〜二ポイントとほとんど同じであった。

生徒の出身地構成、学校選択、学科選択で正系と傍系の間に違いはないにもかかわらず、正系と傍系を進学の際に区別して扱うのは、生徒の学力の問題などではなく、国家の側の教育政策上の必要性に基づくものだからである。

分岐型学制を全面否定するものではないが、分岐型を採用する場合には、早期に分岐させない、分岐後も進路変更が容易である、の二点が必須である。

帝国憲法期の傍系入学制度は、制限が徐々に緩和されたものの、緩和策のすべてが正系堅持を前提として「抜道」の範囲で容認するものであり、この正系堅持の考え方は帝国憲法期において最後まで変わることがなかった。

第五節　大学への傍系進学者

官立高工から大学へ傍系進学した者は、本DBで見ると一九一二〜一九四〇年の二九年間で全入学者一六、七一八人の四％に当たる七四一人に過ぎず、工業学校等から官立高工への傍系入学率九％の半分以下と極めて少ない実態が判明した（図表34）。

傍系進学先は、専門学校卒を正系の旧制高校卒と同等に扱うことが大学昇格条件とされた東京工大（官立東京高工の昇格）の三九四人と、大阪帝大（官立大阪高工の大阪工大昇格、その後に大阪帝大合併）の一四三人が飛び抜けて多い。東北帝大が三位に入っているのは、同大が専門学校や女性の入学に対して「門戸開放」を掲げ積極的に受け入れていたためである。

その他の大学を見ると、東北帝大に次いで多い京都帝大でさえ二九年間で二二人と年平均一人未満しかなく、その他の大学は更に少数に止まっている。

官立高工は帝大に次ぐ準エリートとしての意識が強く、「格下」と考える私立大への進学はほとんど希望しない。

図表34　傍系進学者数（1912〜1940年度入学者）　（単位：人）

（傍系進学した大学）		（出身官立高工）仙台高工	秋田工専	米沢高工	横浜高工	長岡高工	金沢高工	山梨高工	浜松高工	神戸高工	徳島高工	総計	順位
帝大	大阪帝大※	2		19	15	11	22	7	10	23	34	143	②
	東北帝大	14	4	28	15	5	3	2		2	1	74	③
	京都帝大			12	4		3			3		22	⑤
	北海道帝大			5	1	6	2	4		1	1	20	⑦
	名古屋帝大			5		2	3	3				13	⑧
	東京帝大	1		5	2							8	⑨
	九州帝大			1	2		2			2		7	⑩
	台北帝大（外地）			1	2							3	
	（小計）	17	4	76	41	24	35	16	10	31	36	290	
官立大	東京工大	37		87	76	88	16	49	17	20	4	394	①
	旅順工大（外地）	2		1	4	7	3	4				21	⑥
	広島文理大				1						2	3	
	東京文理大				1							1	
	長崎医大			1								1	
	（小計）	39		89	82	95	19	53	17	20	6	420	
私立大	早稲田大等			3	1	8	3	4		2	4	25	④
留学	アメリカ等			1	3					1	1	6	
総計	傍系進学者数	56	4	169	127	127	57	73	27	54	47	741	
	入学者総数	2,134	253	3,409	2,327	1,724	1,891	1,569	471	1,320	1,620	16,718	
	傍系進学率（%）	*2.6*	*1.6*	*5.0*	*5.5*	*7.4*	*3.0*	*4.7*	*5.7*	*4.1*	*2.9*	*4.4*	
	（進学率順位）	⑧	⑩	④	③	①	⑦	⑤	②	⑥	⑨		

（注）1. 大阪帝大には大阪工大を含む。（大阪工大は1929年設置、1932年大阪帝大合併のため卒業者は1932年のみ）
2. 数値は本DBによる。

図表35　傍系進学の現役／社会人率（1912〜1940年度入学者）　（単位：人）

		傍系進学者数								
		現役入学		社会人（浪人を含む）入学						総計
		進学者	現役率	2職（浪人含み）	3職	4職	6職	小計	非現役率	
傍系進学先	東京工大	257	*65.2*	113	23	1		137	*34.8*	394
	大阪帝大	85	*59.4*	47	10	1		58	*40.6*	143
	東北帝大	44	*59.5*	20	9	1		30	*40.5*	74
	私立大	19	*76.0*	4		2		6	*24.0*	25
	京都帝大	12	*54.5*	6	3		1	10	*45.5*	22
	旅順工大	16	*76.2*	4	1			5	*23.8*	21
	北海道帝大	11	*55.0*	7	2			9	*45.0*	20
	名古屋帝大	12	*92.3*	1				1	*7.7*	13
	東京帝大	4	*50.0*	2	2			4	*50.0*	8
	九州帝大	4	*57.1*	3				3	*42.9*	7
	留学	1	*16.7*	4	1			5	*83.3*	6
	広島文理大	2	*66.7*	1				1	*33.3*	3
	台北帝大	2	*66.7*	1				1	*33.3*	3
	東京文理大	1	*100.0*						*0.0*	1
	長崎医大			1				1	*100.0*	1
	総計	470	*63.4*	214	51	5	1	271	*36.6*	741

（注）数値は本DBによる。

本ＤＢでは僅かに二五人が私大に進学しているが、その内訳は多数順に、早稲田大学一〇人、関西大学九人、日本大学三人などである。

インタビューした中で傍系進学した方には、神戸高工から大阪帝大に推薦入学した宇都宮國男氏（同氏は神戸市立工業学校から神戸高工に傍系入学）、宇部工専から九州帝大に一般受験で入学した梶返昭二氏（同氏は、二年間の新制高校教員の後に進学）、上田繊専から大阪帝大に推薦入学したＣ氏の三人がいる。工業学校から官立高工への傍系進学の理由に共通するのは「家計条件」であったが、三人がインタビューで語った帝大進学の動機は「知的関心」であった。この点で、大学への傍系進学は官立高工への傍系入学と異なる面を見せている。

傍系進学で注目すべきは、官立高工から現役で大学進学した者が六三％で、残る三七％が進学浪人またはいったん就職した後に改めて進学していることである（図表35）。

東京帝大と京都帝大以外の後発帝大では、特に人文系学部、農系学部の入学定員確保に苦心し、専門学校等からの傍系入学を比較的多数受け入れていた。しかし、医学部、工学部は人気学部で各帝大とも定員を充足していたため、傍系志願者の平等取扱いが義務付けられていた東京工大、大阪帝大と、大学の方針として傍系進学を受け入れていた東北帝大以外は、極めて少数にとどまっている。

天野郁夫は，一九三五年当時の「専門学校等」からの傍系入学者が、東京帝大〇人、京都帝大五人、東北帝大三一人，九州帝大一〇九人、北海道帝大一七人、大阪帝大四五人、東京工大六八人と分析し、[33]「学部別の数字は明らかではないが（略）実業学校から実業専門学校をへて、帝国大学や官立大学へという進学ルートは、閉ざされてはいなかった」[34]という。これは前述したとおり九州帝大の人数が多いのは人文系、農系学部の入学定員確保策によるもので、人気の医、工学部への進学は事実上閉ざされていたのに等しいものであった。

第六節　小括

官立高工に関する傍系入学、進学研究の焦点は二点である。

第一は、官立高工への傍系入学で、一二歳で進路決定される早期・分岐型学校制度の下で、上級学校に進学できない袋小路のコースを選択せざるを得なかった若者による傍系入学の実態を計量的側面から解明することである。

第二は、知的好奇心と所属階層の上昇を求め、官立高工から帝大等への傍系進学を果たした実態を、計量的に探ることである。

帝国憲法期における国民の所属階層の決定は、封建制下の門地門閥から個人の能力＝学歴（学校歴）に速いスピードで移行したため、上級学校に進学できるか否かは生涯にわたる所属階層決定に直結する問題となった。

しかし帝国憲法期の学制は、若年期の節々で進学正規コースと非正規コースを学校種で分離し、「自動的」にエリート・非エリートを選別する分岐型学校制度がとられていた。そのため、いったん進学非正規コースに進んだ若者が進学するためには、正規コースにはない大きな障害を乗り越えなければならなかった。特に最上位のエリートコースとして設定された旧制高校から帝大に進むコースでは、学「校」歴による厳しい選別がなされていた。

一方で、準エリートコースであった専門学校については、専門学校制度の発足当時から、推薦（無試験）、検定試験などで進学できる傍系進学コースが、狭いながらも設けられていた。

本ＤＢを分析した結果、学歴が階層決定基準となった帝国憲法期において、隠れた階層上昇コースになっていた傍系入学、傍系進学の実態について、次の七点が明らかになった。

第一に、本ＤＢの二九年間における官立高工への傍系入学率は平均九％で、外地からの入学者を含めた広義の傍系入学率は平均一一％である。

官立高工入学者の一〇％内外が工業学校などの傍系入学者で占められていて、量的に見ても例外扱いする域を超えていた。

第二に、傍系入学率は官立高工によって最高と最低で四倍の格差があり、この原因は無試験入学制度の有無と、地元に進学志向の工業学校かあるかによっている。無試験入学制度の背景には、入学者確保で苦戦する後発の官立高工校の募集戦略もあった。

傍系入学に対する具体的な運用は、制度の範囲であれば各専門学校の裁量だったため、高商では商業学校卒業者に数学の代替科目として簿記での受験を認め、高農と高商では全校が無試験入試を行うなど傍系入学者を積極的に受け入れていた。しかし基礎学力を要求した官立高工は、代替受験科目を工芸学科と建築学科の「図画」以外ではほとんど認めず、無試験入学はそもそも実施しない学校もかなりあった。こうした学校種、また同じ学校種でも学校ごとに対応が違うのは、各学校の自主性に委ねたというよりも、傍系入学に対して、国があえて統一的対応をとるほどの重要性を認めていなかったためと見るべきだろう。

第三に、傍系入学率は入学年によって大幅に上下する。

最高率の一九二三年二二％と最低率の一九三五年四％で五倍以上の開きが生じている（一九一八年以前は傍系入学者が少なかったため除外）。

この原因は明確で、拡張期や戦時期には官立高工が創設拡張され、入学定員が増加して受験競争が緩和された結果傍系入学率が上昇し、入学定員の増加がない定着期には受験競争が厳しくなって傍系入学率が低下している。英語等の基礎科目で不利な工業学校の生徒が、正系の中学生に受験競争で勝てなくなるためである。

第四に、官立高工入学の際の学校選択、学科選択では、正系と傍系で違いがない。また出身地構成は、「出身県」が正系三三％、傍系三六％でほぼ同率、遠隔地の「その他地方県」が正系三七％、傍系四〇％でほぼ同率である。

これは、正系の中学校生と傍系の工業学校生が同じ意識で進路を判断している実態を示しており、傍系生徒の側から見れば正系と区分される理由はまったくないといえる。

第五に、官立高工から旧帝大等への傍系進学の現役入学率は六三％で、三七％は浪人または就職後に改めて進学した社会人入学である。

工業学校から官立高工への傍系入学は、社会階層の上昇と家計条件が主たる理由であったが、官立高工から帝大等への進学理由は知的興味が大きな要因になっている。

第六に、インタビューしたなかで官立高工に傍系入学した吉田壽壽、A、宇都宮國男の三氏が、官立高工を選択した最大の理由として、いずれも「家計条件」を挙げているのが印象的である。

独学で専検に合格し秋田鉱専に入学した吉田壽壽氏は「入学したら給費を受けることもできる」のが選択理由の大きな一つと述べている。工業学校から金沢工専に入学したA氏は「やっぱり日本全体が貧しくて、親は子どもを大学まではやれないと。しかも東京や京都、大阪の大学だと、その地で下宿する費用まで出せないと。そうすると近くの専門学校という道を選んで。素質は非常にあった人も工専に入ったということなんじゃないですかね」という。工業学校から神戸高工に傍系入学し、更に大阪帝大に傍系進学した宇都宮國男氏は「一二人もの兄姉があったことでの経済問題」を挙げている。

第七に、国の学校制度との関連である。

官立高工などの専門学校は、旧制高校とは異なり、専門学校制度発足当初から検定による傍系入学の道が狭いながらも設けられていた。傍系入学の歴史は、この狭い道をいかに拡大してきたかの歴史である。

工業学校の一般指定による中学校同等の取り扱い、専検制度緩和などは産業化の進展といった社会の要請もあるが、最大の要因は進学非正規コースに進みながら上級学校を目指した生徒の自助努力の結果である。国の早期選抜、分岐型学校制度による効率的教育の思惑の矛盾を、本人が格別にそうした意識をしていないとしても、実績を積み重ねるなかで打破してきた。

国の側も徐々にではあるが制度を緩和し、戦時に入って一気に制限策に転じた際も、激変を避け抑制的対応をしている。しかし肝心な点は、これらの改善策があくまでも正系の「抜道」の範囲に止まり、正系と傍系を峻別する政策の抜本的変更は最後までなされなかったという事実である。

帝国憲法期のエリート養成は、高級官吏を中核に、早期選抜によって旧制中学、旧制高校、帝大と進む正系コースでの純粋培養が図られた。封建的身分制度に代わって、家計条件による事前選抜制と一体化した新たな身分制度の構築ともいえる。

そのなかで、傍系入学は専門学校が正規コースの「抜道」としての役割を負ったものといえるが、エリート養成の本道としての帝大進学にはほとんど適用せず、準エリートと位置付けた専門学校に限っていたことが特徴的である。

注

（1）『万朝報』、一九一九・一・一

（2）松浦鎮次郎編『岡田良平先生小傳』（非売品、一九三五年）、一四五頁。

（3）前掲（2）一四六頁。

(4) 前掲(2)一七三頁。
(5) 野口絢斎編『官立大學傍系者・独學者入學受験法』大明堂書店、一九三五年。
(6) 永島広紀「帝国大学『法文学部』の比較史的検討―内外地・正系と傍系・朝鮮人学生―」(九州史学研究会『九州史学』第一六七号、二〇一四年)、六～三〇頁。
(7) 天野郁夫『高等教育の時代(下) 大衆化大学の原像』(中公叢書、二〇一三年)。
(8) 江利川春雄「近代日本の「傍系」諸学校における中等英語科教育の展開に関する研究」学位論文(広島大学)、二〇〇四年。
(9) 関正夫「戦前期における中等・高等教育の構造と入学者選抜」(広島大学大学教育研究センター『大学論集第六集』、一九七八年)、一三八、一四四頁。
(10) 例えば「台湾総督府中学校及高等女学校生徒及卒業者ノ他ノ学校へ入学転学ニ関スル規程(一九〇七年文部省令第三五号)。関東州、朝鮮、樺太、南洋等についても同様の規程があった。
(11) 佐々木亨「官立実業学校の入学制度の歴史―盛岡高等農林学校の例を中心に」(『名古屋大学教育学部紀要教育学科V30』、名古屋大学教育学部、一九八四年)。
(12) 前掲(11)、一二三頁。
(13) 佐々木亨「東京高等工業学校の入学者選抜の歴史」(『名古屋大学教育学部紀要教育学科V三三』、名古屋大学教育学部、一九八六年)。
(14) 天野郁夫『教育と選抜の社会史』(ちくま学芸文庫、二〇〇六年)。
(15) 天野郁夫『大学の誕生(下)』(中央公論新社、二〇〇九年)、九七頁。
(16) 天野郁夫『教育と選抜の社会史』(筑摩書房、二〇〇六年)、一二三八頁。
(17) 天野郁夫『大学の誕生(下)』(中央公論新社、二〇〇九年)、一三一頁。
(18) 天野郁夫『教育と選抜の社会史』(ちくま学芸文庫、二〇〇六年)、二〇〇頁。
(19) 橋野知子「近代日本における産業構造變化と教育システムの相互作用」(青木昌彦・澤昭裕・大東道郎・『通産研究

レビュー』編集委員会『大学改革─課題と争点』、東洋経済新報社）、六頁。
(20) 沢井実『帝国日本の技術者たち』（吉川弘文館、二〇一五年）、一九五頁。
(21) 天野郁夫『高等教育の時代（下）』（中公叢書、二〇一三年）、九七頁。
(22) 関正夫「戦前期における中東・高等教育の構造と入学者選抜」（広島大学大学教育研究センター『大学論集』第六集、一九七八年）、一三五～一七三頁。
(23) 永島広紀「帝国大学『法文学部』の比較史的検討─内外地・正系と傍系・朝鮮人学生─」（九州史学研究会『九州史学』第一六七号、二〇一四年）、九頁。
(24) 野口絢斎『官立大学傍系入学者・独学者入学受験法』（大明堂書店、一九三五年）、四八～五〇頁。
(25) 一九四一年一二月二六日「新卒業生の進学と就職を語る」『蛍雪時代』一九四二年二月号。
(26) 三上敦史『夜間中学』北海道大学図書刊行会、二〇〇五年、八六頁ほか。
(27) 佐々木亨「官立実業学校の入学制度の歴史─盛岡高等農林学校の例を中心に」（『名古屋大学教育学部紀要教育学科V30』、名古屋大学教育学部、一九八四年）、二二八頁。
(28) 中野孝次『わが少年記』（彌生書房、一九九七年）、一一〇～一四四頁。
(29) 佐藤由子「戦前の分権制度と地理の受験者たち─地理学と地理教育の関係を考える─」（日本地理学会『地理学評論』第六一巻第七号、一九八八年）、五三三頁。
(30) 三上敦史『近代日本の夜間中学』（北海道大学図書刊行会、二〇〇五年）、六八頁。
(31) 関正夫「戦前期における中等・高等教育の構造と入学者選抜」『大学論叢』第六集、広島大学大学教育研究センター、一九七八年、一五三頁。
(32) 菅原亮芳『近代日本における学校選択情報─雑誌メディアは何を伝えたか─』（学文社、二〇一三年）、三五〇～三五二頁。
(33) 天野郁夫『高等教育の時代（下）大衆化大学の原像』（中公叢書、二〇一三年）、一六〇頁。
(34) 前掲（33）一七八～一七九頁。

第四章　外地との往来 ――「出超」――

第一節　研究の視点

帝国憲法期の日本には「外地」があった。

有馬学は、当時の国民の意識として、法的位置づけの如何に関わらず、「外地＝海外領土」と認識していたと述べている。(1) 敗戦まで朝鮮に居住していた内田三和子は、日本に引き揚げてきてから「ケンちゃんと缶けり遊びをせし路地を植民地朝鮮と我は知らざり」と詠んだ。(2) 内海愛子は、ＢＣ級戦犯の飯田進に「『アジア解放の聖戦』の大義と台湾、朝鮮の植民地支配の矛盾をどう考えていたのか」と質問したところ、「朝鮮を植民地とは考えていなかった」「内地の延長であり、欧米の植民地とは違う」と答えたと述べている。(3)

朝鮮等の外地に対する当時の国民一般の意識は、欧米的な武力侵略で獲得した植民地ではなく、「内地」とは明確に区別しているものの、「平和的」に存在する「外地」だったのである。標準時も日本内地と朝鮮、台湾、満州国は同じ、すなわち日本内地にあわされていて、時間感覚も「一体」であった。ただしこれは日本からの見方であって、植民地化された台湾や朝鮮から見れば当然異なり、多くの国民が意識していなかったにしても、日本が直接、間接の武力行使によって、外地を植民地化していた事実は直視しなければならない。

近代のアジア各国のなかで海外領土を持ったのは日本だけであり、その時期は帝国憲法期のみであったことからすると、「外地」が帝国憲法期を特徴付ける大きな存在だったといえる。外地に関する先行研究は、対外侵略または、その

図表 36　外地在住の「内地人」(1920〜1942 年)

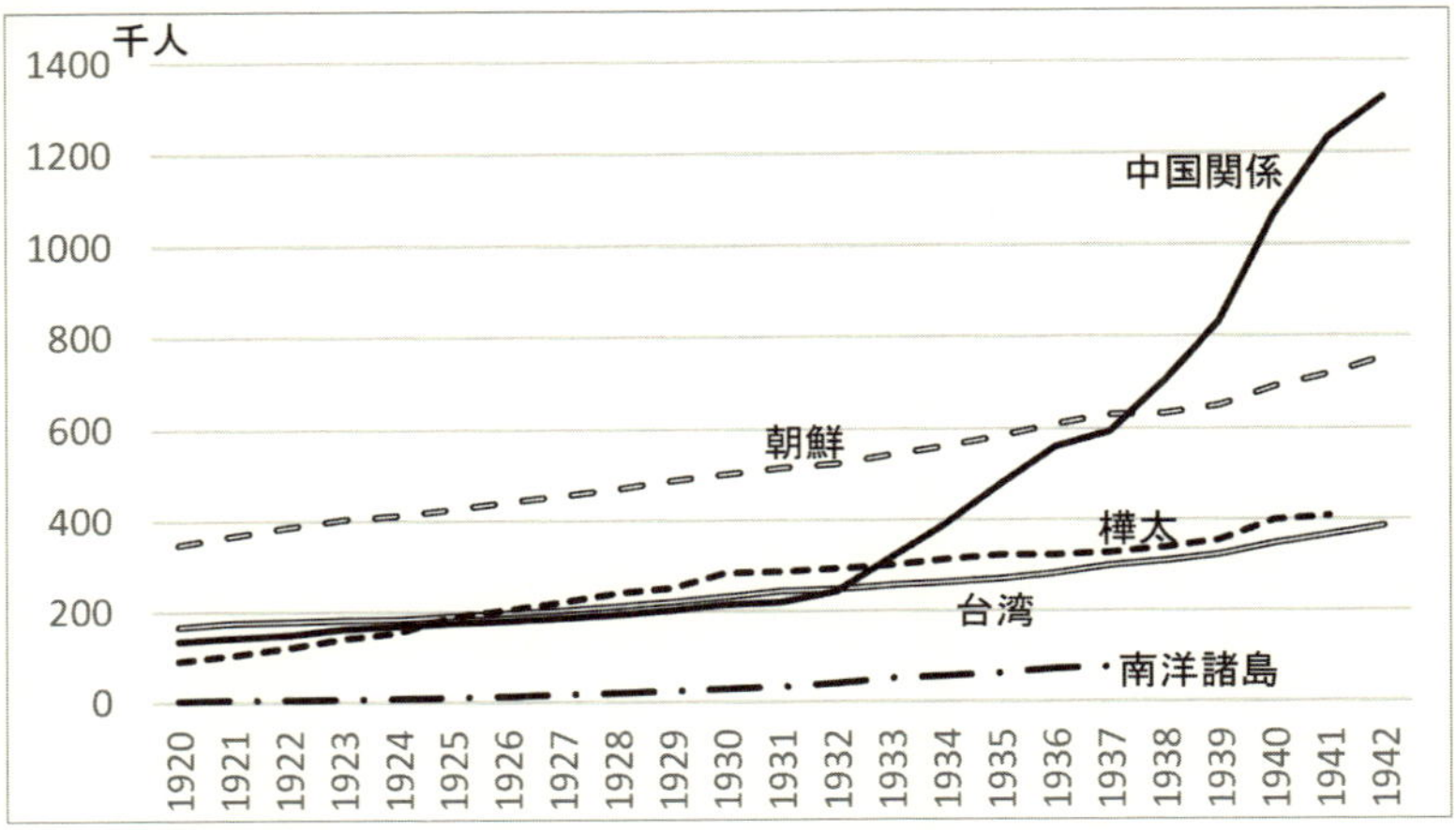

(注) 1.「中国関係」は、「満洲国」と「関東州」(1839 年までの満鉄附属地を含む) の計。
2. 東洋経済新報社『昭和国勢総覧／下巻』「18 旧植民地」(1980 年刊) による。

反対のアジア解放のためといった政治的、軍事的観点から扱われる場合が多いためか、人的交流についての研究は少なく、特に入学、就職に伴う内・外地の移動に関する実証的研究は管見する限りほとんど見られない。

帝国憲法期の近代化、産業化を第一線で担った官立高工が、帝国憲法期を特徴付ける外地にどのように関わったのか、入学、就職移動の計量的分析を通じて日本の近代化の一端を探ろうとするものである。

一般的に国境を越える人口移動は、政治的宗教的迫害や経済的困窮から逃れるため、自由な先進地や豊かな国に向かって難民や出稼ぎなどの形で起きることが多い。現在のヨーロッパで起きている中東地域やアフリカからの難民はその典型である。近代日本では、帝国憲法施行前から貧困層のハワイ移民である「元年者」がおり、その後も過剰人口対策としてアメリカ、中南米、満洲等に集団移民している。官立高工の外地との往来は、こうした貧困や過剰人口対策の移民ではなく、帝国日本の国策に沿った準エリート技術者の「サラリーマン」としての職業移動という点に特徴がある。

外地における現住または常住（本籍の有無を問わない）の「内地人」の数は、一九二〇〜一九四二年まで右肩上がりに増加し、特に中国関係（関東州、満洲国、中華民国、内蒙古）が一九三〇年代以降急激に増加していて、その中核は満洲国であった。次いで朝鮮が多く、その他の地域はこの二地域に較べるとかなり少数である（図表36）。

本ＤＢによれば、本籍と出身地がともに外地の者の割合は、多い順に南樺太四一％、中華民国四〇％、朝鮮三一％、満洲国二八％、台湾二六％、関東州六％となっている。南樺太は、ポーツマス条約（一九〇五年）で日本領となって以降、多くの日本人が永住前提で移住して内地化が進んでいたので別格とすると、外地からの官立高工入学者のうち外地に本籍を持つ者は三〇％前後で、他の七〇％は転勤などによる一時的居住者であった。すなわち、本ＤＢに現れる外地からの入学者の大半は、親の転勤などに伴って一時的に外地に在留している者の子弟だったといえる。

満洲国は、最後まで戸籍法が作られず「国籍のない国」などともいわれるが、『学校一覧』では五人の生徒の本籍が満洲国と記載されていた。名前から見て全員が中国人と推定され、四人が満洲国の南満中学校を、一人が東京の錦城中学校を卒業している。南満中学校の四人は満洲国成立（一九三二年）から間もない一九三八～一九四〇に米沢高工に、錦城中学校の生徒はその少し前の一九三五年に金沢高工に入学している。米沢高工と金沢高工にのみ「本籍」として満洲国の記載があるのは特別な理由があったのか、または学校の事務上の記入ルールによるのかなど不明のため、本ＤＢでは原史料の通り「満洲国」とした。本籍地を移動の出発点には用いていないので集計・分析上の大きな影響はない。

石田雅春は旧制広島高校出身者を分析して、「外地の学校出身の日本人はいずれも本籍地が日本国内であり（中略）当時の日本人は移住しても本籍地を変更していなかった[4]」と述べている。本ＤＢによれば、本籍地が外地の内地出身者もいるので石田のいうように「いずれも本籍地が日本国内」というわけではないが、それに近い結果を示している。石田の「昭和期において、本籍地は生徒の出身属性を示す指標として単独で取り扱うことは問題がある」との指摘は首肯できる。

第二節 「外地」の定義と「植民地」

一 法令の規定と実際の使用

1.「外地」について

まず、「外地」についての法令上の規定と先行研究である。

結論的にいえば、「外地」を通則的に定義した法令はない。

帝国憲法は、制定時点で植民地の存在を想定していなかったためか、その適用地域についての明文規定はなく、一八九五年に台湾を植民地化してから徐々に運用上の整理がされた。最終的には、南樺太、台湾、朝鮮を日本領として帝国憲法適用地域とし、租借地の関東州、委任統治領の南洋群島、占領地の中華民国・東南アジア、独立国の満洲国は、日本国領土ではないとして帝国憲法の適用外としている。(5)

外地に関する法学的研究は、戦後の憲法学の泰斗である清宮四郎が帝国憲法期末の東北帝大教授のときに著した『外地法序説』(一九四四年)(6)があり、外地の法的問題の基本文献になっている。

清宮は「外地という語(略)が広く使われるようになったのは近年(注:一九四四年)」で、「由来は明らかでな」く、「植民地は(略)帝国主義的搾取(略)を連想(するので)わが帝国の新領土統治の本旨を適正に表現するにふさわしくなかった」ため「外地」を使うようになったと述べている。

清宮は同書で、植民地性を帯びた外地を肯定的にとらえているが、石川健治がその間の事情について、同書は一九三五年に京城帝大教授当時に清宮が研究会で行った「外地及外地人」報告が基礎になっていることを解き明かした。石川は、美濃部達吉の愛弟子であった清宮が、直前に起きた天皇機関説事件を考慮して慎重な表現をしていると指摘している。(7)

近年の研究を時系列で追うと、二〇〇七年に法務省で外地の国籍認定等に携わった向英洋が『詳解旧外地法』[8]を著し、用語としての外地、法的概念、具体的場所等について実定法上の解釈、運用を解説している。

二〇〇八年には、浅野豊美が『帝国日本の植民地法制』[9]で、「帝国法制」の概念で台湾、朝鮮、満洲を実証的に分析し、「日本とその周辺に構築しようとした地域がどのような法的論理によって日本本土と結ばれ、そして国際関係の一部になっていたのかを明らかに」した。浅野はこのなかで、「帝国秩序に従属せる法域として周辺地域を再編し、住民をそこに帰属させることによって外国人、『外地人』『内地』という存在を生みだす」と述べている。

また二〇一〇年に、遠藤正敬が『近代日本の植民地統治における国籍と戸籍―満洲・朝鮮・台湾』[10]で、外地の植民地化に批判的視点から法令、実態を詳細に論証している。

遠藤は、日本人を念頭に定められた帝国憲法下の法令を新領土に適用した場合の統治上の弊害を考慮して、「帝国憲法体制における異法領域の存在を日本本土の外部に認めるものとなりそれが『外地』と呼称されるものであった」という。

二〇一四年には、石川健治が「憲法のなかの『外国』」を書き、「恩師樋口陽一教授を介した学問上の祖父に当たる清宮」の外地法研究を中心に論じている。[11]

次に、外地関連の実定法を見る。

外地関連の法令としては、「共通法」（一九一八年法三九号）がまずあげあげられるが、同法は私人の財産処理や戸籍移動を規定した準国際私法（同一国内で異なる法適用地域がある場合の調整を行うもので、例えば州の独立性が強いアメリカの州際法など）で、「外地」の法律関係を通則的に規定したものではない。またその適用地域は、内地のほか朝鮮、台湾、関東州、南洋諸島に限定され、独立国の体裁をとった満洲国や、占領地の内蒙古、中華民国、東南アジアは「外国」のため対象としていない。

共通法では、「内地」と並んで「朝鮮」「台湾」「関東州」「南樺太」の用語が使われ、これらの地域が外地を指しているのは文脈上から明確だが、「外地」の用語は使用されていない。

外地居住の日本国民に適用された教育法令は、「在関東州及満洲帝国臣民令」「台湾教育令」「朝鮮教育令」などがあり、内容的に共通点が多いが法令上は別のもので、これらの教育関係法令にも「外地」は使用されていない。

「海上ニ於ケル人命ノ安全ノ為ノ国際条約」（一九三五年）では、「朝鮮、台湾及ビ関東州租借地」を日本固有領土と区別して適用すると明言している。この三地域が植民地である保護領、宗主権行使国、委任統治領のいずれかであると間接的に表明しているわけだが、用語としての「外地」は使用していない。

清宮は法令における外地の使用例として、「外地電信電話規則」（一九三四年省令五一号）、所得税法人税内外地関渉法（一九四〇年法五五号）をあげている。

法令ではないが、国が基本統計として作成していた内務省の「人口動態統計」では、「外地」を地域区分として使用しているものの、その区分は時代によって変遷している。

逢見憲一の研究[12]によると、一九三五年に「内地外總数」として朝鮮、台湾、樺太、南洋諸島、関東州が上げられたが、一九四三年に南樺太の内地編入で外地の区分名が変更されている。「樺太ヲ除キタル舊内地」の区分に、一九三五年規定の朝鮮、台湾、南洋諸島、関東州に加え、満洲国、北支、中支、南支、南方大東亜帝国圏内諸地域其ノ他外国が新たな区分として明記された。同統計の表の作成に当たっては、「朝鮮から南支」までの区分と「南方大東亜帝国圏内諸地域其ノ他外国」を区別して集計している。国家の統計で「国籍を同じくする『日本人』のなかで『内地人』と『外地人』の区別がなされた」ものである。

また公文書の「在満日本人教育施設要覧」（一九四〇年度在満教務部関東局官房学務課編）では、「第8章　外地教育に関する措置」と「外地」を使用している。

このほか「内外地」「内地以外ノ地域」の表現も見られる。

「大東亜省ノ設置及内外地行政一元化ノ実施等ニ伴フ樺太法施行法律特例外五十九勅令中改正等」（一九四二年勅令七二五号）では「内外地」を使い、「内地以外ノ地域ニ於ケル学校ノ生徒、児童、卒業者等ノ他ノ学校ヘ入学及転学ニ関スル規程」（一九四三年文部省令六三号）では「内地以外」を使用している。

清宮は「学者の用法」として、「新領土」「特殊地域」「植民地」「内地以外の領域」などが外地に統一される傾向にあったという。

なお、戦後に作成されたものであるが『完結昭和国勢総覧』[13]では、「旧植民地」として、朝鮮、台湾、樺太、南洋、関東州と満鉄附属地、満州の六地域を挙げている。以下、南満州鉄道株式会社を「満鉄」とする。

2．「植民地」について

「外地」と事実上同義に使用されていた「植民地」について検討する。

日本政府は、東亜の盟主国として西欧の植民地支配からアジアの解放を主唱していた立場から、侵略的意味合いがある「植民地」の使用を極力避けていた気配がある。三上太一郎は一九二九年拓務省官制制定に当たって「拓植務省」とせず「拓務省」としたのは、同化政策を進める観点から植民地性を極力排除したためと述べている。[14]

そのため実定法上で「植民地」の使用は見いだせないが、[15]官公庁の実務レベルでは「植民地」を気遣いなく使用している。

「外国人及植民地学生ニ関スル件」（一九二六年、発専六六号）では、植民地学生を一般外国人学生とは区別して規定した。また朝鮮総督、台湾総督、関東庁、南樺太庁、南洋庁への拓務省からの通報では「植民地官庁交渉事項拓務省へ紹介方」（一九二九年、官文五号）の標題になっていて、朝鮮、台湾、関東州、南樺太、南洋諸島を植民地と表現している。これらは行政実務上の文書で法令ではないが、それだけに法令の「植民地」使用回避が、国際的評価を懸念した対外的、公式的なものに過ぎず、国内の官公庁の日常業務では「植民地」が当たり前に使用されていた実態を示しているといえよう。

3．「外地」の定義

清宮は、「純領土たる外地と準領土たる外地」の概念を提示し、朝鮮と台湾は第一外地である純領土、関東州と南洋群島は第二外地である準領土とするほか、「支那事変及び大東亜戦争による占領地」を第三外地または準外地として、「満洲国・タイ・仏印等の大東亜圏内の諸外国に準じるやうな扱い」をすることを提案している。

浅田修二は、植民地を「他民族の居住している国土を軍事的、政治的に支配して自国の領土とした土地」[16]と規定した。また百瀬孝は、「習慣」としての「外地」は「日本の統治権は完全に実施されるが、国家全体のために制定された法規は原則として行われず、その地域のために特別に制定された法規が一つの体系をなして行われる地域」と定義し、朝鮮、台湾、澎湖島、南樺太、関東州、南洋諸島を挙げる。[17]

清宮、浅野、遠藤、向の見解と法令の規程等から整理すると、事実上の植民地である外地には「完全領土」(純領土)と「不完全領土」(準領土)の区分ができ、前者は朝鮮、台湾、南樺太の三地域、後者は関東州、南洋諸島の二地域である。また「領土外の勢力圏」として中華民国、内蒙古、満洲国があり、「その他」に分類した東南アジア(軍政地)がこれに加わる。

以上の法令、実際の使用例、先行研究を参考として、本論では「外地」を次のように定義した。

帝国憲法及び諸法令の適用の有無や統治形態の違いに関わらず、日本が実質的に統治、支配していた「1朝鮮」「2台湾」「3関東州」「4南洋諸島」「5内蒙古」「6南樺太」「7満洲国」「8中華民国」の八地域に、東南アジアの占領地及び諸外国を「9その他国」として加えた九地域を「外地」とする。

日本政府は外地の正式名称を、朝鮮、台湾、南樺太、関東州租借地、日本国委任統治領南洋群島としていたが、本論では上記九地域の区分と名称を使用する。

近代日本は、中国との間で日清戦争(一八九四年)からアジア・太平洋戦争敗戦(一九四五年)まで、軍事、経済など様々な面で他の国々とは異なる関わりを強く持っており、朝鮮、台湾を含めて外地問題の底流は中国との関係にあるともいえる。そのため分析に当たって、満洲国・中華民国・関東州・内蒙古を合わせ「中国関係」とする区分を設け、中国との関係が明確になるようにした。

二　外地化の経緯

第一に、朝鮮である。

江華島事件（一八七五年）の結果、日朝修好条規（江華島条約、一八七六年）で李氏朝鮮を武力で開国させ、日本が幕末に欧米諸国と締結した不平等条約を今度は日本が強者の立場になって締結した。壬午事変（一八八二年）、甲申事変（一八八四年）後は、日本軍が出兵した甲午農民戦争（一八九四〜九五年）を経て、日清講話条約（下関条約、一八九五年）により清国からの朝鮮独立確認がなされた。その後、日露戦争中であったが「第一次日韓協約」（一九〇四年）で朝鮮の財政、外交を事実上の日本の支配下に置いて保護国化し、「第二次日韓協約」（一九〇五年）では外交権を朝鮮から剥奪、伊藤博文を初代統監とする統監府を設置して（一九〇六年）植民地化した。「第三次日韓協約」（一九〇七年）では韓国軍を解散、国政の全てを統監の下に置き、「日韓併合ニ関スル条約」（一九一〇年）で日本領に編入している。

併合後に置かれた朝鮮総督（統監府を改組して朝鮮総監府を設置）には、台湾総督の立法（律令）に相当する命令（制令）が認められ、台湾のような内地延長主義はとられないまま、直轄植民地の形態がとられた。

朝鮮は本ＤＢの入学、就職移動では中国関係（中華民国・満州国・関東州・内蒙古）に次いで往来の多い地域になっている。

朝鮮における官立高工等は、一九二二年に京城高等工業学校、一九二四年に京城帝国大学（六番目の帝大）、戦時期になって一九三九年に京城鉱山専門学校、一九四四年に平壌工業専門学校が設置されている。これらの学校は朝鮮総督府の所管であったが、戦時期の一九四三年に内務省所管に移管している。

一九四二年時点の朝鮮の現住人口は二、六三六万一千人、うち内地人七五万三千人・三％、朝鮮人二、五五二万五千人・九七％、外国人八万三千人・〇％で、内地人はわずか三％であった（以下、外地の人口は図表36、『昭和国勢総覧』による）。

第二に、台湾である。

台湾は清国から「化外の民」とされていたが、日清講和条約（下関条約、一八九五年）で澎湖諸島とともに日本に割譲され、日本最初の植民地となって軍政が敷かれた。坂野潤治は、「近代日本が領土や特殊権益の獲得をめざして対外進出に着手したのは、一八七四（明治七）年の『台湾出兵』から」[18]と指摘していて、台湾植民地化は割譲に至る前史があった。軍政一年で形式的には「民政」に移行（一八九六年）したが、台湾総督府の下で、「台湾ニ施行スヘキ法令ニ関スル法律」（一八九六年法 六三号、六三法）により軍人総督による武断的統治が行われ、「内地編入」はせず直轄植民地と位置付けた。一八九八年に当時の児玉源太郎総督の下で民政局長に就いた後藤新平により、近代的制度の整備が行われたが、台湾開発整備の基盤であると同時に、当然ながら植民地体制の強化の意味を持っていた。

こうした六三法による総督への包括的委任立法（律令）に対しては、帝国憲法で立法権が帝国議会の協賛（三七条）を経て天皇が行う（五条）との規定に反するとの指摘がなされている。

その後、六三法が改正され、同法はいわゆる三一法（一九二二年法 三一号）に移行したが、違憲問題の解決にはならなかった。

そのため、原内閣は初の文官総督として官僚出身政治家の田健次郎を任命するとともに、内地延長主義による「大正一〇年法律 三号」を制定し、内地と「一体化」の方向での融合的統治に切り替えた。同法は、時限法であった六三法、三一法と異なり恒久法として制定されている。朝鮮とは異なる法体系、統治方法であるが、移住した多数の日本人が、内地人として本島人（大陸からの移住の漢族）、蛮人（先住台湾人）の三階層の最上位に位置した植民地支配が変更されたわけではなかった。

台湾から朝鮮へ拡大した植民地化で、帝国日本はアジアにおける植民地保有国の道を進んでいった。

官立高工等は、一九二八年に京城帝大に続いて台北帝国大学（七番目の帝大）、一九三一年に台南高等工業学校が設置されている。これらの学校は朝鮮と同様に当初は台湾総督府の所管であったが、戦時期の一九四三年に内務省所管に移管された。

一九四二年当時の台湾の常住人口は六四二万八千人、うち内地人三八万五千人・六％、本島人五九九万人・九三％、外国人・朝鮮人五万三千人・一％で、内地人の比率は朝鮮よりは多いものの六％に過ぎなかった。

　第三に、関東州である。

　台湾と同様に「日清講和条約」（一八九五年）で遼東半島を清国から割譲されたが、仏、独、露の三国干渉（一八九五年）で返還を余儀なくされた。その後はロシアが清国から二五年の期限で租借地としていたが、日露戦争による「日露講和条約」（ポーツマス条約、一九〇五年）に基づいて同年に、日清間「満洲ニ関スル条約」（満州善後条約、一九〇五年）が締結され、ロシアから引き継ぐ形で遼東半島先端の大連などを日本の租借地とした。当初は軍政が敷かれたが、翌一九〇六年に民政に移行して関東都督府が置かれた。また、満鉄が半官半民の特殊会社として設立され（一九〇六年勅令一四二号）、大連に本社を置いた。

　中華民国政府の成立（北京政府、一九一二年）を受け、改めて同国と租借地契約を結び、限定的委任立法措置による自国領同然の扱いをし、対華二一ヵ条要求で一八九八年～一九九七年の九九年間に延長した。関東都督府は関東庁に改組（一九一九年）、その後は満洲国成立で租借権は満洲国から受ける形に改定され（一九三三年）、関東庁は関東州庁（関東局）に改組された（一八三四年）。満鉄の路線を通じて関東州と満州国は一体化され、満州国の「玄関」的役割を担った。

　関東州は、租借地のため日本の国内法の直接適用はなかったが、内地と共通的な点については内地法に「依る」と定めた「法律の依用」の形態がとられ、内地の法に従う植民地性を象徴する法規定になっていた。

　一九〇九年に四年制官立専門学校として旅順工科学堂が設置され（勅令一三三号）、一九二二年に官立旅順工科大学に昇格し、一九二九年に東京高工、大阪高工の大学昇格があったため、合わせて「三工大」と称された。旅順工大も当初は関東局所管であったが、一九四三年に内務省所管に移管している。

　一九四二年当時の関東州の現住人口は一五八万四千人、うち内地人二二万三千人・一四％、朝鮮人七千人・一％、満州人一三五万二千人・八五％で、内地人の割合は朝鮮、台湾よりは多かった。

第四に、南洋諸島・南洋群島（「南洋諸島」と略）である。

南海諸島は、サイパン、テニアンなどの北マリアナ諸島、トラック島などから成る島々で従来はドイツの植民地であったが、第一次世界大戦の際に日本が軍事占領して軍政を敷いた（臨時南洋群島防衛隊民政署）。第一次世界大戦後は講和条約（ヴェルサイユ条約、一九一九年）に基づき、日本が国際連盟規約二二条によるC式委任統治領として受任し国際連盟による日本の委任統治領になった（一九二二年）。C式は、受任国の事実上の一部のように扱うことが可能な植民地性の高い方式である。

施政機関として南洋庁が設置され（一九二二年）、関東庁と同じく南洋庁による限定的委任立法措置がとられ、満洲国成立（一九三二年）に関わって日本が国際連盟を脱退（一九三三年）した後もこの措置を継続した。

官立東京高工の卒業生で台湾の製糖業に携わっていた松江春次が、「南の満鉄」とも称される南洋興発株式会社（南興）を国策会社として設立し（一九二一年）、官民一体の開発が進められた。松江はその業績から「シュガーキング」といわれ、本DBでも同社への就職者が複数確認できる。

官立高工等は設置されていない。

南洋諸島には、沖縄を筆頭に日本から多くの移民が渡っていて、委任統治領になった一九二二年時点では島民四七、七一三人、内地人三、一六一人であったものが、一九三五年には島民五〇、五七三人に対し、内地人五一、三〇九人と逆転している。(19)

人口はその後も増加を続け、一九三九年時点の現住人口は一二万九千人、うち内地人七万五千人、島民五万二千人となっている（資料では、この年度の人口総数と内訳の数値が二千人合わない）。

内地からの移民等の理由は、沖縄県民が製糖業の甘藷栽培に比較的習熟していたことがあるが、それだけではなく貧困と徴兵忌避が多かったという。(20)

第五に、内蒙古である。

外蒙古及び満洲国への編入部分を除く地域で、中華民国の実効支配地であったが、満州事変（一九三一年）以降は日本軍が軍事的に占領した。

官立高工生の往来は少ない。

第六に、南樺太である。

江戸期末に幕府がロシアと締結した「日露間樺太島仮規則」（一八六七年）で全島が日露雑居地となり、「樺太・千島交換条約」（一八七五年）でいったんはロシア領に編入されたが、「ポーツマス条約」（一九〇五年）で南樺太が割譲されて日本領となり樺太民政署が設置された。その後、樺太庁の設置（一九〇七年）、地名を日本語表記にするなどの内地化政策が進められ、共通法で「内地ニハ樺太ヲ含ム」（一条二項、一九一八年）と規定されたことを経て、一九四三年に外地の中で唯一の内地編入となった。本ＯＢでは、内地化の経緯を踏まえつつ、データの継続性を考慮して全期間を外地として扱った。

こうした内地化の進行とともに、産業の中核は漁業から製紙業に転換されて、内地の製紙各社が進出し、企業合併を行う中で、王子製紙が南樺太で圧倒的独占企業の地位を築いていく。

吉永小百合主演映画「北の桜守」（二〇一八年）で南樺太の敗戦時の様子が描かれたが、日本人が移住を前提に多数居住していて、本ＤＢの出身地と本籍の一致率は四一％と外地のなかで最も高い。大相撲の大鵬（納谷幸喜）も南樺太出身で、敗戦後に最後の引き揚げ船で北海道に渡ったが、残留した兵士、住民の多くは侵攻したソ連により抑留された。

内地化が進んだ南樺太には内地から移住した「内地人」、日本への同質化が進んだため「内地人とされた樺太アイヌ」、日本戸籍法の適用がない先住の「樺太土人」の三種類の人が混住していた。

官立高工等は設置されず、本ＤＢでも確認できるように、東北地方の高等教育学校に進学する場合が多かった。

一九四一年当時の内地編入後の樺太の現住人口は四〇万七千人、うち内地人三八万六千人・九五％（旧アイヌ人一千人を含む）、朝鮮人二万人・五％、原住民四百人、外国人三百人で、内地人が圧倒的多数であった。

第七に、満洲国である。

「ポーツマス条約」（一九〇五年）で満鉄附属地がロシアから日本支配地となり、満州事変（一九三一年）で日本軍が満洲全土を軍事的に占領し、満洲国成立（一九三二年）後は、「独立国」として日本と満州国の間で日満議定書が締結された。同議定書は締結の日本側全権が関東軍司令官で、解釈に疑義のある場合は日本語文を正文とするという軍事前面かつ著しく片務的なものであった。また日本軍を満洲国の負担によって駐屯させ、満洲国の要職には日本人が就任し、任免は関東軍司令官の同意を必要とするなど、独立国とはいい難い内容を含んでいた。

満州中央銀行の設立（一九三二年）、満州国経済建設綱要（一九三三年）の策定などで、満州国の重工業化が進められ、さらに、戦時期を目前にした一九三七年に、満鉄への対抗的意味を持って、満州重工業開発株式会社（満業）が満州国の満州重工業開発株式会社管理法（満州国康徳四年、勅令四六〇号）に基づく特殊会社として設立された。

満洲国については「植民地」「準植民地」とする見解もあるが、日本の強い影響下にあったとはいえ一応は独立国の形をとり、ある程度の承認国もあったため、「満洲国」と表記し、その実態を踏まえて外地の一つとした。

満州国立建国大学が一九三七年に設置されているが、内地の官立高工に相当する学校は創られていない。

一九四三年当時の満州国の現住人口は四、五三二万三千人、うち日本人一一四万八千人・二％、満州人四、二四七万五千人・九四％、朝鮮人一六三万四千人・四％、その他六万六千人・〇％であった。現住人口二％の「外国人」である日本人が、満州国の全権を握っていたことになる。

第八に、中華民国である。

日清戦争後の中国は、義和団事件（一九〇〇年）、その賠償と駐兵権を定めた北京議定書（一九〇一年）、辛亥革命（一九一三年）など日本を含む外国の武力介入を含む国内の混乱が続いた。こうした混乱を背景に、北京政府（北洋政府、一九一二～二八年）、軍閥割拠（一九一六～二八年）、第一次国共内戦（一九二七～三七年）などがあり、更に日中戦争期（一九三七～四五年）には中華民国臨時政府（華北）が中華民国維新政府（華中）、中華民国政府（汪兆銘政権、一九四〇～

四五年）などが併存し輻輳、変転している。本ＤＢでは、これらの政権ごとの時期、支配地域を区分せず、『学校一覧』で出身地または就職先を「中華民国」「支那」「青島」等と表記された地域について中華民国とし、日本の勢力圏下にあった外地の一部とした。

最後の第九に、「その他国」である。上記八地域以外のすべての外国を含む地域とした。

東南アジアの軍政地（ビルマ、マレイ、スマトラ、ジャワ、ボルネオ、フィリピン）では、現地通貨表示の軍用手票（軍票）を発行（南方開発金庫の「南発券」移行後も実質同様）するなど占領地行政が敷かれたが、本ＤＢには入学例がなく、特に別区分をしなかった。南方特別留学生は、正科正とは別の区分で本ＤＢの対象となっていない。また数は多くないが、留学や就職でアメリカ、ヨーロッパ各国に移動している者もある。

第三節　外地出身者の入学・就職と内地出身者の外地就職

一　内・外地の往来の概要

外地の中学校等から官立高工に入学した者（「外地出身者」と略）の入学・就職移動と、内地の中学校等から官立高工に入学した者（「内地出身者」と略）の外地への就職移動の双方を計量的に分析、検討した（図表37）。

外地出身者は三一五人で、官立高工入学者一六、七一八人中の二％と極めて少ない。地域別の人数は多い順に朝鮮一〇六人、中国関係九三人（中華民国五八人・満洲国一九人・関東州一六人）、台湾五九人、南樺太五七人で、朝鮮と中国関係の二地域で外地出身者の三分の二を占める。

一方で外地への一職段階の就職者は、内地出身者一、二七一人、外地出身者のＵターン一〇九人、合計一、三八〇人

図表 37　外地への往来（出身地別）（1912〜1940 年度入学者）

		出身地								総計
		内地	外地							
			朝鮮	台湾	関東州	南樺太	満洲国	中華民国	外地計	
		人	人	人	人	人	人	人	人	人
入学者		16,403	106	59	16	57	19	58	315	16,718
就職先（就職回別） 初職	朝鮮	340	22			1			23	363
	台湾	109		20					20	129
	関東州	91	1		2			4	7	98
	南洋諸島	9								9
	南樺太	55				10			10	65
	満洲国	545	10	2	5	7	2	5	31	576
	中華民国	107	3				3	11	17	124
	その他国	15		1					1	16
	計	1,271	36	23	7	18	5	20	109	1,380
2職	朝鮮	152	15						15	167
	台湾	80	1	12				2	15	95
	関東州	37			1			2	3	40
	南洋諸島	11								11
	蒙古	1								1
	南樺太	13				2			2	15
	満洲国	241	4	1	2	3	1	3	14	255
	中華民国	108	2			1		4	7	115
	その他国	20						2	2	22
	計	663	22	13	3	6	1	13	58	721
3職	朝鮮	70	1						1	71
	台湾	32		3					3	35
	関東州	25								25
	南洋諸島	5								5
	蒙古	1								1
	南樺太	9				2			2	11
	満洲国	148	1		1		2	2	6	154
	中華民国	89	1	1	1			3	6	95
	その他国	11								11
	計	390	3	4	2	2	2	5	18	407
4職	朝鮮	23		1					1	24
	台湾	11		1					1	12
	関東州	10								10
	南洋諸島	1								1
	蒙古	9								9
	南樺太	3								3
	満洲国	63	2						2	65
	中華民国	35								35
	その他国	7								7
	計	162	2	2					4	166
5職	朝鮮	10								10
	台湾	5								5
	関東州	2						1	1	3
	南樺太	1								1
	満洲国	22								22
	中華民国	16								16
	その他国	4								4
	計	60						1	1	61
6職	朝鮮	4								4
	台湾	3								3
	関東州	3								3
	南樺太	1								1
	満洲国	8								8
	中華民国	5								5
	計	24								24
7職	朝鮮	1								1
	満洲国	1								1
	中華民国	4								4
	計	6								6
8職	関東州	1								1
	中華民国	1								1
	計	2								2
総計	朝鮮	600	38	1		1			40	640
	台湾	240	1	36				2	39	279
	関東州	169	1		3			7	11	180
	南洋諸島	26	0							26
	蒙古	11	0							11
	南樺太	82	0			14			14	96
	満洲国	1,028	17	3	8	10	5	10	53	1,081
	中華民国	365	6	1	1	1	3	18	30	395
	その他国	57	0	1				2	3	60
	計	2,578	63	42	12	26	8	39	190	2,768

（注）数値は本 DB による。

と全入学者の八％あり、入学者の四倍になる。更に一～八職の転職を含めた外地への延べ就職者数（複数回の転職者はそれぞれ一人と計上）は、内地出身者二、五七八人、外地出身者一九〇人、合計二、七六八人で全入学者の一七％になり、一職時から倍増し、外地出身者の八倍に上る（図表40）。

この一～八職の外地就職者合計二、七六八人の就職先を地域別に見ると、中国関係一、六六七人六〇％（中華民国三九五人一四％、満洲国一、〇八一人三九％、関東州一八〇人七％、内蒙古一一人〇％）が抜きんでていて、以下朝鮮六四〇人二三％、台湾二七九人九％、南樺太九六人三％と続く。中国関係への就職者一、六六七人のうち、内地出身者が一、五七三人（中華民国三六五人、満洲国一、〇二八人、関東州一六九人、内蒙古一一人）で九四％を占め、その他の地域も九〇％程度を内地出身者が占めている（図表37）。

内・外地の入学、就職移動は、外地出身者の「入」に較べて、内地出身者の「出」が圧倒的多い「出超」になっていて、これが外地との往来を見るときの重要なキーワードである。特に満洲国の「出超」が飛び抜けて多く、帝国憲法期の日本にとって、満洲国は軍事上の重要拠点であると同時に、それと相互に補完しあう資源供給、生産拠点、市場、就職先として極めて重要な位置にあったことが官立高工卒業生の就職移動に現れている。

満洲国における官立高工生の就職先は、大半が日本資本の大企業、日本の実質支配下にあった満洲国官公庁、満鉄などの国営企業とその周辺である。外地の企業や官公庁の仕事は、その成果の一部が現地の産業振興や国土整備に貢献するところもあったとはいえ、目的は日本の利益であった。

二　外地出身者の入学と就職

外地出身者三一五人を官立高工別に見ると、多い順に横浜高工八四人、米沢高工六三人、仙台高工四七人、長岡高工三一人、山梨高工二三人、金沢高工二一人、徳島高工一七人、神戸高工一五人、秋田鉱専七人、浜松高工七人である。入学生に対する構成比で見れば、横浜高工三・六％、秋田鉱専二・八％、仙台高工二・二％、米沢高工一・八％、長岡高

図表38　外地の中学校等出身の官立高工入学者（1912〜140年度入学者）

			仙台高工	秋田鉱専	米沢高工	横浜高工	長岡高工	金沢高工	山梨高工	浜松高工	神戸高工	徳島高工	外地計
			人	人	人	人	人	人	人	人	人	人	人
外地からの入学者	朝鮮		12	2	21	27	14	8	10	2	3	7	106
	台湾		2		7	19	5	7	8	3	2	6	59
	中国関係	中華民国		5	7	27	7		3	1	5	3	58
		満洲国	2		6	3	1	2	1		3	1	19
		関東州	1		2	6	2	2		1	2		16
		小計	3	5	15	36	10	4	4	2	10	4	93
	南樺太		30		20	2	2	2	1				57
	（占有比%）		*2.2*	*2.8*	*1.8*	*3.6*	*1.8*	*1.1*	*1.5*	*1.5*	*1.1*	*1.0*	*1.9*
	合計		47	7	63	84	31	21	23	7	15	17	315
入学者総計			2,134	253	3,409	2,327	1,724	1,891	1,569	471	1,320	1,620	16,718

（注）数値は本DBによる。

工一・八%、浜松高工一・五%、山梨高工一・五%、金沢高工一・一%、神戸高工一・一%、徳島高工一・〇%の順となる。（図表38）。

外地出身者の出身地域へのUターン就職は、一〜八職を合わせて朝鮮一〇六人中三八人・三六%、中国関係九三人中二六人・二八%（中華民国五八人中一八人・三一%、満洲国一九人中五人・二六%、関東州一六人中三人・一九%）、台湾五九人中三六人・六一%、南樺太五七人中一四人・二五%である。最高の台湾六一%と最低の南樺太二五%では二倍強の差があり、学校別に見てもそれぞれ違う様相を見せている（図表37）。

各外地から比較的まんべんなく入学者のあった米沢高工と横浜高工について分析した。

米沢高工に入学した外地出身者は六三人おり、その内訳は、朝鮮二一人、南樺太二〇人、中国関係一五人（中華民国七人、満洲国六人、関東州二人）、台湾七人と、朝鮮と南樺太の二地域で過半数を占める。

まず朝鮮出身者だが、二一人中半数の一〇人が朝鮮人で、この内五人が日本名に改姓名し五人が朝鮮名のままで、これは入学時期の違いによるものと思われる（図表38）。朝鮮人一〇人のうち、卒業後に一職段階で朝鮮へUターン就職したのは三人だけで、日本国内に二人が就職、五人は就職浪人して一年後に一人が朝鮮で、二年後に一人が日本で、三年後に一人が朝鮮で就職し、二人は不明である。米沢高工だけをとると朝鮮人の就職状況が悪く見えるが、他の各官立高工に入学している朝鮮人は、大半が普通に就職しているので、朝鮮人が理由で就職状況が悪かったとは考えにくい。

次に南樺太出身者だが、米沢高工に二〇人と多数の入学者があるのは地理的に近いためである。南樺太出身者は地理的に近い東北地方への入学者が多く、仙台高工にも三〇人が入学していて、同校の外地出身者四七人の中で最多数を占めている（図表38）。

二〇人の入学者のうち、卒業後に南樺太へのUターン就職した者はわずか一人だけで、父母は南樺太に定住する覚悟の者が多かったものの、その子弟は大半が南樺太以外に就職している。南樺太に、官立高工生にふさわしい産業基盤がまだ十分に整っていなかったことが原因といえよう。なお、南樺太出身者二〇人中の五人が、満洲国で職を得てそのまま満洲国で留まっており、樺太出身者にも満洲国の雇用需要が反映している。

次に、横浜高工である。

外地出身者は八四人で、内訳は中国関係三六人（中華民国二七人、満洲国三人、関東州六人）、朝鮮二七人、台湾一九人、南樺太二人で、中国関係が最も多く、朝鮮がそれに次いでいて、米沢高工と異なり南樺太出身はごく少数である。

まず中華民国二七人だが、本籍も中華民国の者が一三人・四八％おり全員が中国人である。日本国籍の一四人・五二％の本籍地は、大阪四人、兵庫三人と関西出身が七人と半分を占める。一一人・四〇％が出身地域の中華民国にUターン就職し、二職以降の転職も新たに二人がUターン就職したので、出身者の半数の一三人がUターン就職したことになる。このうち一人は東京に転職したが再び中華民国に戻り、一人はロンドンに行った後に再び中華民国に戻っているので、これらの転職を勘案しても増減ゼロとなる。その他は一人が台湾に行き、一人が関東州から満洲国に移動している。

次に朝鮮出身者二七人だが、そのなかで本籍も朝鮮の者は七人・二六％で全員が朝鮮人である。その他の者の本籍は、南樺太が一人のほか東京府、福島県、石川県などに分散している。卒業時に朝鮮へUターン就職したのは、現地の日本企業に就職した二名だけである。東京出身者一人が朝鮮の窒素肥料会社に就職したが、その他の者は東京七人、神奈川五人、大阪三人など各地の民間企業に職を得ている。朝鮮以外の地に職を得た者の内六人が転職時に朝鮮にUターンしていて、一職の二人もそのまま勤務しているので、合計すると九人・三三％が朝鮮にUターン就職していることになり、その大半が朝鮮人である。

朝鮮、中国からの入学者で出身地に戻った者の大半は朝鮮人、または中国人であった。

外地出身者の入学例

計量分析を補完するため、外地出身者の具体例として、各地域別に転職回数の多い者一人ずつを選んで分析した。南樺太から仙台高工、朝鮮から山形高工、中華民国から横浜高工、台湾から徳島高工への入学者四人である。

第一に、南樺太から仙台高工に入学した四七七氏である。

同氏は一九二八年に南樺太庁大泊中学校を卒業し、仙台高工機械工学科に現役入学した。本籍は茨城県なので南樺太は親の転勤などによる一時的居住であった可能性が高い。南樺太からは東北地方の官立高工に多数の入学者があり同氏もその一人である。

留年することなく一九三一年に卒業後は直ちに応召し、一職として静岡県の浜松飛行第七連隊第一中隊に入営している。二年間の兵役終了後一九三三年に二職として埼玉県にある陸軍航空本部所沢支部に就職し、更に三職として二年後の一九三五年に同立川支部に部内異動したが一年で退職しているので、陸軍航空本部勤務は通算三年であった。航空本部での仕事内容はその後の転職状況から見て、軍人ではなく技術者だったと思われる。

一九三七年当時の陸軍における軍人以外の技術者は、技師（高等官の奏任文官）二四五人、技手（判任文官）一、〇七九人、計一、三二四人が在職し、文官総数二、七六六人の四八％を占めていた。[21]

四職は一九三六年に東京の萱場製作所に就職している。同社は現在のＫＹＢ株式会社だが、当時は航空関係の軍需を中心とした企業であった。仙台高工で学んだ機械工学を活かし、応召中、除隊後の陸軍、民間企業と転職しても一貫して軍の航空関係の仕事に就いていて、出身地の南樺太には一度も戻っていない。

第二に、朝鮮から米沢高工に入学した二六〇八氏である。一九一五年に朝鮮における日本人対象のトップ中学校であった官立京城中学校を卒業し、現役で米沢高工応用化学科に入学した。本籍は東京なので、朝鮮はおそらく一時的居住だったと思われる。

留年することなく一九一八年に同校を卒業し、直ちに一職として米沢高工の地元山形県の大日本鑛業株式会社に入社した。二年後の一九二〇年に退職し二職として東京にある東洋道路工業株式会社に転職している。更に二年後の一九二二年に三職として東京市道路局試験所に転職して公吏となった。東京市は二年で退職し、一九二四年に四職として道路用アスファルトを取り扱う東京瀝材工業所事務所に転職しているので、官民を通じ一貫して道路関係の職に就いたことになる。

第三に、中華民国から横浜高工に入学した六五二四氏である。

一九二七年に北京日本中学校を卒業後、現役で横浜高工電気科学科に入学した。本籍は兵庫県なので、中華民国は一時的居住だったと思われる。

留年せず一九三〇年に卒業後は、東京にある社団法人照明学会に就職していている。同学会は一九一六年創設の歴史ある組織だが二年で退職し、二職として一九三二年に東京にあった関西連合電球株式会社に転職した。この当時は電球会社の競争が激化して経営基盤が悪化したため、会社合併がいくつも行われていて、関西連合電球もそのひとつである。ここも二年で退職し三職として一九三三年に東京電気東京出張所に転職、三年後の一九三六年には同社名古屋出張所に社内異動し、更に二年後に関東州の同社大連出張所に再度の社内異動をしている。東京電気は株式会社芝浦製作所と合併して東京芝浦電気株式会社（現在の東芝）となった企業である。同氏は横浜高工で学んだ電気技術者としての知見を生かし、電気関係一筋に勤務している。

第四に、台湾から徳島高工に入学した一五八二〇氏で、本籍も台湾の台湾人である。

一九二九年に台湾の台南州立台南第二中学校を卒業後、現役で徳島高工応用化学科農産工業化学部に入学した。留年せずに一九三二年卒業後は直ちに一職として東京の平泉洋行薬品部に就職しているが、おそらく学校紹介による就職と思われる。同社は一九二〇年創設の化学メーカーで、ドイツのバイエル社ゴム薬品の日本総代理店として、ゴム薬品のPR、販売活動を行っていた。同社に五年勤務した後、二職として一九三七年に東京の亀戸ゴム製造所に転職しているが、同社は平泉洋行と一体の会社なので実質的には社内異動だったと思われる。同氏は、徳島高工卒業後に平泉洋行とその関連企業に継続勤務し、台湾出身者五九人中三六人・六一％が台湾にUターンしているなかで、同氏は一度も戻っていない（図表36）。

外地出身者の内地の学校への入学制度は、まず学校別指定に始まり、その後に地域別指定方式に拡大され、戦時期（一九四三年）の一連の学制改革時に第二節一項で紹介した「内地以外ノ地域ニ於ケル学校ノ生徒、児童、卒業者等ノ他ノ学校ヘ入学及転学ニ関スル規程」に一本化された。その内容を一五八二〇氏の台湾に即して見ると、「台湾教育令ニ依リ設置セル学校ノ生徒児童並卒業生ノ他ノ学校ヘ入学転学ニ関スル規程」（一九二三年文部省令一二号）の第二条「台湾教育令ニ依リ設置セル中学校ノ生徒並卒業者ハ他ノ学校ヘ入学転学ノ関係ニ就キ中学校令ニ依リ設置シタル中学校ノ生徒並卒業者ト同一ノ取扱ヲ受ク」により、内地の中学校と同等に取り扱われた。外地の中学校は内地の中学校とは違う制度下にあることを前提に、入学転学手続きについて同一に扱うと規定しているものである。

三　外地出身の入学者の推移

地域別の外地出身者数の推移を分析した（図表39）。

傍系入学者のピークは、一九一九〜一九二九年の拡張期と一致する時期であるが（第三章参照）、外地出身者にはこうしたピークが見られず、一九二五〜一九四〇年の拡張期後半から定着期、戦時期へとなだらかに継続している（図表31）。

傍系入学者のピークが拡張期に当たるのは、官立高工の集中的新増設で入学定員が増加して入学しやすくなったことが最大要因だが、外地出身者は外地の正系中学卒業者が大半で、外地出身者が傍系入学者の減少を補うように増加して

図表39　外地出身者の推移（1912～1940年度入学者）

			出身の外地								
			朝鮮	台湾	中国関係				南樺太	総計	関連の出来事
					中華民国	満洲国	関東州	小計			
入学年			人	人	人	人	人		人	人	1910韓国併合
	創設期	1912	1		2			2		5	
		1913			1			1		2	中華民国成立
		1914			1			1		2	第一次大戦、青島占領
		1915	1	1	1			1		4	
		1916									
		1917	1							1	
		1918									
	拡張期	1919									南樺太の内地化
		1920			2			2		4	南洋諸島を委任統治領に
		1921			3	2	1	6		12	
		1922			2	2		4		8	
		1923			1			1		2	関東大震災
		1924	2	1	2			2	2	9	
		1925	5	6	2	1	1	4	2	21	
		1926	6	5	7		4	11	2	35	
		1927	5	5	9	1	2	12	1	35	国民政府成立
		1928	7	5	9	1		10	1	33	
	定着期	1929	10	5	3	1		4	4	27	
		1930	5	5	3	1	1	5	2	22	
		1931	3	5	3		3	6	4	24	満州事変
		1932	4	3			2	2	6	17	満洲国建国
		1933	5	2					1	8	
		1934	8	2	3	1		4	2	20	
		1935	10	2	1	1		2	6	22	
		1936	14	7	1	1		2	4	29	
		1937	7	1		1		1	4	14	盧溝橋事件
	戦時期	1938	3		1	2	1	4	4	15	国家総動員法
		1939	4	4	1	2	1	4	5	21	
		1940	5			2		2	7	16	
総計			106	59	58	19	16	93	57	408	

（注）数値は本DBによる。

いて、官立高工の入学定員増加とは連動していない。

　この時期の内地は、不況や就職難が断続的に続いていて、広田照幸等の研究によると、経済的には中～中の下層を多く含む工業学校卒業者層を昭和恐慌とそれに続く農村不況が直撃している。本DBでも対応する時期の工業学校卒業生の傍系入学者が激減しているが（図表31）、外地ではこうした内地の不況の影響が薄かったようである。

　地域別では、朝鮮、台湾、南樺太の三地域から年代に関わらずに安定した入学者がある。これは、朝鮮と台湾が内地と社会的、経済的関係が深く、内地からの転勤等による一時的居住者の子弟だけでなく、現地の朝鮮人、台湾人の子弟も内地の官立高工に入学してきているためである。

また南樺太は、他の外地に較べて内地化が進んでいたことがその原因といえる。

一方で満洲国は、これらの三地域と異なり、少数の外地出身者に対し多数の内地出身が就職している典型的「出超」現象を見せている。

また、関東州には満鉄が設立した私立南満洲工業専門学校があったが、一九四〇年創立なので本ＤＢへの影響はない。興味深いのは中華民国である。拡張期後半の一九二六年から定着期前半の一九三一年頃までは各年に最多で九人、最少でも三人の入学者があったが、その後は途絶え、一九三四年にいったん三人になるが、その後はまた一人またはゼロに戻る。中華民国・関東州・満洲国を合わせた中国関係として見てもこの傾向は変わらない。入学者の絶対数が少ないので断定的にはいい難いが、満州事変（一九三一年）以降の日中間の関係の変化が影響しているのではないかと考える。

四　内地出身者の外地への就職

外地就職者の大半を占める内地出身者の外地就職状況を、出身官立高工別に分析した（図表40）。最下欄の「総計」の地域別人数を見ると、中国関係一、五七三人（満洲国一、〇二八人・中華民国三六五人・関東州一六九人・内蒙古一一人）が飛び抜けて多数で、朝鮮六〇〇人、台湾二四〇人と続き、その他の地域は二桁の少数に留まる。中国関係のなかでも満洲国への内地出身者の就職は一、〇二八人で同国からの入学者一九人の実に五四倍に上る。入学者数は朝鮮、中国関係、台湾、南樺太が上位を占めるが、卒業生を最も必要としていたのは中国関係、なかでも満洲国であった事実を鮮明に示している。

内田星美が明治、大正期の技術者の活動分野を分析した研究によると、[22]一九〇六年に満鉄が設立されて以降は同社に多数の大学卒、高工卒技術者が就職したという。本ＤＢで就職先企業名に「南満州鐵道」「満鉄」が含まれる会社への就職者を調べてみると延べ一三七人であった。これらの満鉄関係企業の所在地は関東州または満洲国なので、この二地域における全就職者一、一九七人（関東州一六九人＋満洲国一、〇二八人）の一一％強が満鉄関連となる。上述の満鉄関係には中央研究所、中央試験所、撫順炭坑などを含んでいるが、このほかにも満鉄の名称を含まない関連企業も少なからずあると思われるので実際には更に多かったといえる。

また、一九三七年創業の満州重工業開発株式会社（満業）とその関連会社には八三人（満州重油工業 三人、昭和製鋼所 八人、同和自動車 七人、満州自動車製造 五人、満州飛行機 一四人、満州炭鉱 二〇人、満州軽金属 二三人、満州鉱山 三人）が

図表 40　内地出身者の外地への就職（1912～1940 年度入学者）　（単位：人）

外地就職者（就職期別・就職地域別）		内地出身者（出身官立高工別） 仙台高工	秋田鉱専	米沢高工	横浜高工	長岡高工	金沢高工	山梨高工	浜松高工	神戸高工	徳島高工	総計
1職	朝鮮	98	3	50	21	26	71	21	8	4	38	340
	台湾	22	1	14	23	3	16	10	2	5	13	109
	関東州	21		4	10	7	9	5	1	9	25	91
	南洋諸島				6		1	1			1	9
	蒙古											
	南樺太	30	1	12	4	1	3	2	1		1	55
	満洲国	102	2	117	53	79	106	61		1	24	545
	中華民国	7	3	37	9	10	26	10	1		4	107
	その他			3	8		1	1		1	1	15
	小計	280	10	237	134	126	233	111	13	20	107	1,271
2職	朝鮮	30	2	28	16	12	19	17	5	2	21	152
	台湾	13	2	13	20	1	7	7	6	1	10	80
	関東州	9		4	8		1	5	4	3	3	37
	南洋諸島	1		1	7		1			1		11
	蒙古					1						1
	南樺太	7		3		3						13
	満洲国	45	2	45	40	9	26	44	3	1	26	241
	中華民国	16	1	32	12	5	14	17	2	2	7	108
	その他			5	10		2		1	1	1	20
	小計	121	7	131	113	31	70	90	21	11	68	663
3職	朝鮮	16	2	9	6	7	7	8			15	70
	台湾	2	1	9		2	7	6	2	1	2	32
	関東州	3		5	2			2	5	1	7	25
	南洋諸島			1	1	1			1		1	5
	蒙古								1			1
	南樺太	2		4	1	1		1				9
	満洲国	35		26	20	3	11	26	6	2	19	148
	中華民国	19	2	27	11	5	5	11	1	2	6	89
	その他			4	4	1	1	1				11
	小計	77	5	85	45	20	31	55	16	6	50	390
4職	朝鮮	4		7	1	1	2	1	3		4	23
	台湾	2		2	1		2	1	1		2	11
	関東州	1		3	1	1	1	1			2	10
	南洋諸島				1							1
	蒙古	1		3	2	1	1				1	9
	南樺太	1		1		1						3
	満洲国	14		22	6	5	1	5	3		7	63
	中華民国	8		10	7	2	1	2	2		3	35
	その他	1		6								7
	小計	32		54	19	11	8	10	9		19	162
5職	朝鮮	2		4		1		3				10
	台湾			1	2			1	1			5
	関東州			2								2
	南洋諸島											
	蒙古											
	南樺太	1										1
	満洲国	2		7	3	3		2	4		1	22
	中華民国	2		9			1		3		1	16
	その他	1		2	1							4
	小計	8		25	6	4	1	6	8		2	60
6職	朝鮮			1	2				1			4
	台湾			2	1							3
	関東州			2					1			3
	南洋諸島											
	蒙古											
	南樺太			1								1
	満洲国			5	1	1			1			8
	中華民国			5								5
	その他											
	小計			16	4	1			3			24
7職	朝鮮				1							1
	台湾											
	関東州											
	南洋諸島											
	蒙古											
	南樺太											
	満洲国			1								1
	中華民国			4								4
	その他											
	小計			5	1							6
8職	朝鮮											
	台湾											
	関東州			1								1
	南洋諸島											
	蒙古											
	南樺太											
	満洲国											
	中華民国			1								1
	その他											
	小計			2								2
総計	朝鮮	150	7	99	47	47	99	50	17	6	78	600
	台湾	39	4	41	47	6	32	25	12	7	27	240
	関東州	34	0	21	21	8	11	13	11	13	37	169
	南洋諸島	1	0	2	15	1	2	1	1	1	2	26
	蒙古	1	0	3	2	2	1	0	1	0	1	11
	南樺太	41	1	21	5	6	3	3	1	0	1	82
	満洲国	198	4	223	123	100	144	138	17	4	77	1,028
	中華民国	52	6	125	39	22	47	40	9	4	21	365
	その他	2	0	20	23	1	4	2	1	2	2	57
	小計	518	22	555	322	193	343	272	70	37	246	2,578

（注）数値は本 DB による。

初職、転職を含めて就職している。本ＤＢで確認できたのは一九三九〜四一年の三年という短期間なので、八三人はかなりの人数といえる。

外地への就職者の最多を占める満洲国・関東州について、当時の就職誌はその実情を次のように伝えている。[23] 大学卒、専門学校卒も昭和九年度には大量に採用したが、昭和一〇年度には試験を課さず、成績優秀なものは本人の希望により学校当局の推薦だけで採用した。また、新社員は大学、専門学校出身者は三週間、中等学校出身者は六ヶ月間の准備人を経て本社員となり、給与（本俸）は大卒技術系八五円、同事務系七五円、専門学校技術系七〇円、同事務系六〇円、中等学校出身者は日給一円八〇銭程度で、手当を合わせると内地の二〜三倍程度になるという。

この記事で見ると、大学と専門学校は身分的に同ランクであり、修学年数を考慮すると専門学校技術系の給与は、大卒または中卒と較べて優遇されていたことがわかる。

内地出身者の外地就職の具体例

外地への就職者の少ない秋田鉱専、神戸高工の二校を除き、他の八校の外地への就職の具体例を検討する。各官立高工の外地就職者数を勘案して、各地域別に転職歴の比較的多い一人を選んだ。朝鮮は山梨高工、台湾は米沢高工、関東州は徳島高工、南洋諸島は浜松高工、内蒙古は横浜高工、南樺太は仙台高工、満洲国は長岡高工、中華民国は金沢高工である。

第一は、山梨高工から朝鮮に就職した一二二〇四氏である。

一九二八年に長野県立松本第二中学校を卒業し、隣県の山梨高工電気工学科に現役で入学した。留年せず一九三一年卒業後は、直ちに一職として朝鮮の咸鏡南道の道庁に就職している。

一年で内地に戻り、二職として福島県の日本沃度株式会社に転職した。同社は現在の昭和電工株式会社であるが、当時は軍事産業で成長した森コンツェルンの中核企業で本ＤＢでも多数の就職者が確認できる。同社に二年在職後は三職として再び朝鮮に渡り一九三四年に朝鮮窒素肥料株式会社電気課に転職している。同社は、現在のチッソ株式会社で、当時は朝鮮総督府の庇護の下で水力開発などに取り組んで発展した日窒コンツェルンの朝鮮における中核企業である。

同氏が特徴的なのは二度に渡って朝鮮で就職していることで、二度目の朝鮮窒素は朝鮮で突出した存在になっていた国家と連携した日本資本の大企業である。後述する横浜高工から満洲国に就職した六三五一氏とともに、官立高工を卒業して外地の大企業で勤務した技術者の典型の一人といえよう。

第二は、米沢高工から台湾に就職した三七二三氏である。

一九二八年に山形県立米沢中学校を卒業し、現役で米沢高工機械科に入学した。米沢中は地元の名門中学校で、米沢高工入学者の出身校の最多を占めている。留年せず一九三一年に卒業後は、直ちに一職として台湾の台湾電力に就職した。台湾電力は台湾総督府下の半官半民の電力会社で、経営の中枢は日本人だった。同氏は七年間勤務して退職し、二職として秋田にある日本電興株式会社にJターン転職したが三年で退職、一九四一年に三職として南樺太庁内務部度量衡所に転職した。台湾での就職は米沢高工の就職紹介による可能性が高く、七年間と比較的長期間在職している。内地に戻ってからは南樺太で就職して一職地の台湾には戻っていない。

第三は、徳島高工から関東州に就職した一六一三八氏である。

一九三二年に岡山県第二岡山中学校を卒業し、現役で隣県の徳島高工機械工学科に入学した。留年せず一九三五年卒業後は、直ちに一職として関東州の南満州鉄道株式会社に就職している。徳島高工から一職で関東州に就職した二五人のうち二〇人が満鉄への就職で、徳島高工の就職紹介があったものと推測できる。その後は二職として一九三七年に満洲国にある同社のチチハル検車段に社内異動し、三職として翌一九三八年に同じく満洲国の同社白城子検車段に社内異動している。検車段は客車や貨車の整備を行う部署で、一六一三八氏は徳島高工卒業後直ちに満鉄に就職し、機械関係の専門技術者として関東州、満洲国で勤務を続け、本ＤＢで確認できる限り内地には戻っていない。

第四は、浜松高工から南洋諸島に就職した一三三七六氏である。

南洋諸島への就職者は一六、七一八人中二六人・〇・二％と極めて少数で、同氏はその数少ない一人である。

一九二五年に長野県立松本第一中学校を卒業し、現役で隣県の浜松高工応用化学科に入学した。一九二八年に卒業後は、一職として官立高工卒業生として異色であるベーカリー店を東京で自営している。五年後の一九三三年に二職として同じ東京の女子経済専門学校附属高等女学校（現在の私立新渡戸文化高等学校）教員になり、二年後の一九三五年に三職としてサイパン島にある「南の満鉄」と称された国策会社の南洋興発（株）彩帆製糖所に転職した。南洋興発に三年勤務した後、一九三八年に東京に戻り四職として商工省工務局工政課勤務の官吏として採用されている。工政課は商工省の中心的課のひとつで、同氏が入省した一九三八年は工政課が組織改正で廃止される直前期に当たり、最後の工政課長は革新官僚の代表格の美濃部洋次であった。美濃部が同氏の南洋諸島の現地経験を買って採用したのかは残念ながら定かでない。

第五は、長岡高工から内蒙古に就職した九二九九氏である。

内蒙古への就職者は、南洋諸島よりも更に少なく延べ二〇人しかいない。一九三七年に新潟県立三条中学校を卒業、現役で長岡高工機械工学科に入学した。

留年せず卒業し、一九四〇年に一職として東京の日本光学工業株式会社に就職した。同社は現在の株式会社ニコンで、戦艦大和の光学機器が日本光学製だったことに象徴されるように、帝国憲法期の日本を代表する光学機器メーカーだった。二年後に二職として、日本光学の子会社である満洲光学工業株式会社の蒙古の部署に事実上の社内異動をしている。満洲光学の本社は満洲国の奉天に置かれていたので、同氏が異動した蒙古は支店的な部署だったと思われる。

第六は、横浜高工から満洲国に就職した六三五一氏である。

一九二六年に岩手県の一関中学校を卒業し、現役で横浜高工の電気化学科に入学した。

留年せず卒業し、一九二九年に一職として満洲国にある満鉄撫順工場に就職した。満鉄は鉄道だけでなく撫順で炭坑、製油工場などを経営していた。一年後に二職として関東州にある同社大連沙河口工場研究所に社内異動し、更に三年後に三職として同社からドイツに留学している。岩手県出身者が都市部の横浜高工に進学し、専門技術を身につけた後は、当時の日本が最も力を入れ多くの技術者を就職させていた満洲国の最大企業である満鉄に就職している。高学歴を得て所属階層上昇を目指しながら、日本の産業化の先端を担った官立高工卒業生らしい職歴といえる。

第七は、仙台高工から南樺太に就職した一二五九氏である。

一九三三年に東京の私立立教中学校を卒業し、現役で仙台高工機械工学科に入学した。同氏は本籍が南樺太であり、東京の立教中学校への入学も南樺太から単身で進学してきた可能性が高い。留年せずに一九三六年に卒業し、直ちに一職として南樺太にある南樺太鑛業株式会社太平鑛業所にUターン就職している。太平炭坑は南樺太第一と謳われた炭坑であったが、同氏は一年で退職し、一九三七年に二職として関東州の関東軍野戦兵器廠鐵嶺出張所に転職している。更に三年後には満洲国の哈爾浜に移住しているが職には就いておらず、その後の動向は追跡できない。南樺太は一九一八年に事実上内地化していたが、正式に内地編入になったのは一九四三年なので、同氏の一職はその直前期に当たる。卒業後に南樺太、関東州、満洲国と外地を転々としていた。

第八は、金沢高工から中華民国に就職した八九八六氏である。

一九三〇年に軍人を目指す生徒が多いことで知られる神奈川県立湘南中学校を卒業し、現役で金沢高工機械工学科に入学した。本籍も神奈川県だが、地元の横浜高工ではなく金沢高工に進学した理由は定かでない。留年せず一九三三年卒業後は、一職として中華民国の奉天造兵廠に就職している。造兵廠で二年勤務した後、二職として一九三五年に満洲国内の同和自動車興業株式会社に転職した。同社は、満洲国と満鉄が大株主の国策会社で、満洲国内の自動車生産を行っていたが業績不振となり、同氏が在職中の一九四〇年に日産コンツエルンと満洲国の共同による満洲国特殊法人で満業の関連会社の満洲自動車株式会社に吸収されている。

以上の八例は、転職回数の比較的多い者を選択したこともあるが、内・外地を問わず二〜三年毎に頻繁に転職している。この職歴から見る限り準エリート技術者であった官立高工卒業生が転職で困った様子は見受けられない。

第四節　小括

帝国憲法期における官立高工生の外地との往来を表すキーワードは、「出超」である。

官立高工の外地出身者は一九一二〜一九四〇年の二九年間で三一五人だが、内地出身者の外地就職は二、四七四人（複数回就職をそれぞれ一人とカウントした延べ人数）おり、これに外地出身者で外地に就職した一九〇人を加えると外地就職者は述べ二、六六四人になる。外地出身者の「入」と、内地出身者の外地就職の「出」の差は二、三四九人になり、外地就職者が内地への入学者の八倍強という大幅な「出超」となっている。

就職先を地域別に見ると、「中国関係」（中華民国、満洲国、関東州、内蒙古）が最多で、なかでも満洲国が圧倒的多数を占める。

中国関係の「就職者／入学者・倍率」は、中華民国三九五人／五八人・七倍、満洲国一、〇八一人／一九人・五七倍、関東州一八〇人／一六人・一一倍、内蒙古一一人／〇人、合計一、六六七人／九三人・一八倍である。その他の外地は、朝鮮六四〇人／一〇六人・六倍、台湾二七九人／五九人・四倍、南洋諸島二六人／〇人、南樺太九八人／五七人・二倍、その他国六〇人／〇人、合計一、一〇三人／二二二人・五倍なので、中国関係の一八倍、なかでも満洲国の五七倍が突出している。

こうした「出超」が生じている理由ははっきりしていて、外地、特に関東州と一体となった満洲国が日本の利益と最も密接な関係にあったためである。これらの地域には国防上の要衝として多くの日本軍が配置されるとともに、帝国日本と一体となった日本企業が進出し、資源開発、国土整備、製造、販売などを展開していた。特に満洲国と関東州では軍需に対応した重化学工業化が推し進められたため、技術に長けた官立高工卒業生を多数必要としていた。「満蒙は日本の生命線」は、松岡洋右が一九三一年に唱えたのが始まりといわれるが、官立高工卒業の技術者は、それ以前から松岡の主唱を先取りするように満蒙に「配置」されていた。

竹内洋はアジア・太平洋戦争開始前の時期の就職状況を、軍需工業の全面的活況と大陸進出とによって、「暗い谷間の時代」ではなく高等教育卒業者にとって史上空前の就職天国の時代だったと述べ[24]、キンモスの説[25]を引いて「満洲進出は日本の農業の危機の解決策として正当化されたが、もっとも利益を得たのは大学や専門学校卒の俸給生活者の『インテリ』であった」という。

沢井実の研究によれば、一九四一年当時に企画院で作成した「学卒技術者配当計画[26]」では、専門学校卒の技術者の「配当数／申請数・配当率」は、配当率の高い順に、支那二〇〇人／六二八人・三二％、満関五三三人／一、八一五人・二九％、南洋五人／二一人・二四％、朝鮮四一九人／一、七八六人・二三％、樺太六四人／二九二人・二二％、内地人四、七一四人／二六、七六〇人・一八％、台湾九二人／五八六人・一六％となっている。「支那」「満関」を合わせた「中国関係」が人数、配当率ともにトップで、戦時期における日本の外地の位置付けを反映したものになっている。

卒業生インタビューでの発言によると、「政府の行政指導があってね。満州方面に行くのは何人って大体決まってたわけですよ。だから、成績の悪い人はどうしてもあっち行かされる」（宇都宮國男氏）、「満州は多かった。もう先生たちは満州の方で先輩の話ば、頑張りよるとって話ば聞くけん、やっぱみんなそういう気持ちになっちまうですよね、俺も行ってやろうっていうようなことで」（青山次則氏）であり、官立高工生たちが「利益を得た」との竹内の評価は肯けない。

加えて内地の当時の社会情勢を反映し、日本の盟主意識からくる現地住民への優越感も少なからずあり、また社会から受ける閉塞感打開のため、比較的束縛が少ないと感じた外地を志向した、などの要素もあったのではないかと考える。

更に、実益として多額の在勤手当など給料の問題も大きかった。

沢井実によれば、三菱合資会社の朝鮮勤務は官立高工卒初任給七五円（帝大並み）＋朝鮮在勤手当四五～五〇円なのに対し、北海道在勤手当は僅か七円であった。また三井合名会社の外地勤務は、官立高工卒初任給四四円（帝大の下、早慶並み）に加えて海外在勤手当として、朝鮮四〇円、上海・青島五〇円が支給された。このように外地勤務には給与の半額から同額程度という多額の外地在勤手当が本俸に加算されたが、内地の北海道勤務の手当は一〇％〜ゼロであった。

沢井はこうした給料の優遇措置もあって、一九三四年当時の外地には、日本人技術者総数六三、六五〇人中の八・五％に当たる五、四〇〇人が外地に在勤していたと指摘している。(27)

一方で町田祐一は、沢井の分析と同時期の一九三四年の大連新聞を引用して、満洲への就職は「官公庁や一部の会社のみであり、学校縁故もしくは『個人縁故』、そして内地では求められない体力や専門性、そして覚悟を要するものだった」(28)と述べている。

本DBによると満洲国の一職段階の就職者は、一九一九年二人、一九二〇〜一九二五年三人、一九二六〜一九二九年一一人、一九三〇〜一九三四年七七人、一九三五〜一九三九年二三七人、一九四〇〜一九四三年二四六人、合計五七六人となる。確かに町田の引用した一九三四年段階の就職者は七七人（一九三〇〜一九三四年の五年間）だが、その翌年以降の五年間には二三七人という多数の就職者がある。就職先は圧倒的に満鉄とその関連企業、満洲国官吏だが、年を追ってそれ以外の企業も増加している。本DBで分析する限り、満洲国への就職は特殊とはいえず、官立高工卒業生にとって外地の中における最大の就職地だったことは間違いない。

注

（1）有馬学『日本の歴史二三帝国の昭和』（講談社、二〇〇六年）、一三〜一四頁。
（2）朝日新聞「歌壇」（二〇一五・九・一三、朝日新聞東京版）。
（3）内海愛子「日本人の植民地意識と教育」（日本植民地教育史研究会運営委員会編『植民地の近代化・産業化と教育』植民地教育史研究年報第一九号、皓星社、二〇一七年）、四頁。

（4）石田雅春「昭和戦前期における高等学校の就学・進学実態―広島高等学校を事例として―」（『広島大学文書館紀要』第一八号、二〇一六年）、五一頁。
（5）法学的にはいくつかの異なる見解もある（石川健治「憲法のなかの『外国』」、早稲田大学比較法研究所編『日本法の中の外国法―基本法の比較法的考察―』〈早稲田大学比較法研究所、二〇一四年〉、一三～四六頁など）。
（6）清宮四郎『外地法序説』（有斐閣、一九四四年）。
（7）石川健治「『京城』の清宮四郎―『外地法序説』への道」（酒井哲哉・松田利彦編『帝国日本と植民地大学』、ゆまに書房、二〇一四年）、三〇五～四〇四頁。
（8）浅野豊美『帝国日本の植民地法制―法域統合と帝国秩序』（名古屋大学出版会、二〇〇八年）。
（9）遠藤正敬『近代日本の植民地統治における国籍と戸籍―満洲・朝鮮・台湾』（明石書店、二〇一〇年）。
（10）石川健治「憲法のなかの『外国』」早稲田大学比較法研究所編『日本法の中の外国法』（早稲田大学比較法研究所、二〇一四年）。
（11）向英洋『詳解旧外地法』（日本加除出版、二〇〇七年）。
（12）逢見憲一「第二次世界大戦以前のわが国における人口動態統計―作表にみる視座の変遷」（日本公衆衛生学会『日本公衆衛生雑誌』第五一巻、第六号、二九九四・六）、四五二～四六〇頁。
（13）東洋経済新報社編『完結昭和国勢総覧　第三巻』（東洋経済新報社、一九九一年）、二九四～三一九頁。
（14）三上太一郎『日本の近代化とは何であったか―問題史的考察』（岩波書店、二〇一七年）、一八八頁。
（15）一例だけ使用例があるとの記述もあるが、該当法令を確認できていない。
（16）浅田修二「植民地」（吉川弘文館『国史大辞典』、一九六八年）、六八七頁。
（17）百瀬孝『事典昭和戦前期の日本―制度と実態―』（吉川弘文館、一九〇〇年）、四頁。
（18）坂野潤治『帝国と立憲―日中戦争はなぜ防げなかったのか』（筑摩書房、二〇一七年）、七頁。
（19）東洋経済新報社編『完結昭和国勢総覧　第三巻』（東洋経済新報社、一九九一年）、三〇九頁。
（20）産経新聞「世間の戦争―第一次世界大戦から一〇〇年」（産経新聞、二〇一四・八・二〇）

(21) 氏家康裕「旧日本軍における文官等の任用について―判任文官を中心に―」防衛研究所『防衛研究所紀要』第八巻第二号(応永研究所、二〇〇六年)、七四頁。
(22) 内田星美「初期高工卒技術者の活動分野・集計結果」(東京経済大学『東京経大学会誌』第一〇八号、一九七八年九月)、一三九~一八二頁。同「大正中期民間企業の技術者分布―重化学工業化の単著における役割―」(経営史学会『経営史学』第二三号、一九八八・四)、一~二七頁。
(23) 林卯吉郎『満州の就職手引き』(東亜書房、一九三六年)、三〇~三一頁。
(24) 竹内洋『大学・インテリ・教養 第九回知識階級の黄金時代 教養難民の系譜』(NTT出版Webマガジン)、2017.6.2DL。
(25) E・H・キンモス『立身出世の社会史―サムライからサラリーマンへ』広田照幸・加藤潤・吉田文・伊藤彰浩・高橋一郎訳(玉川大学出版部、一九九五年)。
(26) 沢井実『帝国日本の技術者たち』(吉川弘文館、二〇一五年)、二九頁。
(27) 沢井実『帝国の技術者たち』(吉川弘文館、二〇一五年)。
(28) 町田祐一『近代日本の就職難物語―「高等遊民」になるけれど』(吉川弘文館、二〇一六年)、一八二頁。

第五章　結　論 ―官立高工の入学、就職移動が示すもの―

第一節　一六、七一八人を一人に集約すると

本ＤＢで分析した官立高工生一六、七一八人を一人に集約してイメージしてみた。

県庁所在地にある商家の男三人、女二人兄弟姉妹の次男に生まれ、地元の尋常小学校を経て県立一中に進学した。同級生の五～六割は、小学校を卒業してすぐ就職するか上級学校に進学しないコースの高等小学校に進んだ。三～四割は進学したが、その多くはそれ以上進学しないことが前提の工業学校や商業学校などの実業学校だった。

自分は学校の成績が割合良く、家は裕福ではないが中学校に進学できる程度の家計だったので、みんなが憧れる県立一中を受験し合格できた。父は商家の長男に生まれ、小学校を卒業して直ちに家業に就いた経験から、子どもたちの教育に熱心で、兄弟姉妹が多い家庭だったが、成績の良かった子どもは中学校や高等女学校に進学させてくれた。

江戸時代であれば、頭が少し良いからといって、商家の二男が藩校に入学するようなことはあり得なかった。

中学校卒業後は、同じ市内にある官立高工機械科を受験し、競争倍率は三倍位だったが現役で合格できた。旧制高校から帝大に進むのがもっともエリートコースだが、修業年限が長く、その間は収入が得られないので、兄弟姉妹が多い家計を考え、また理数系は得意だが英語はやや苦手だったこともあって官立高工を選択した。

官立高工は旧制高校から大学に進学するコースよりも早く社会に出られ、幹部技術者として高い処遇を受けられるため、エリート意識の強い県立一中生にも旧制高校に次ぐ人気があり、入学した官立高工でも一割くらいが県立一中

の同期生だった。そのほかの生徒も県内や隣県の有名中学校出身が多く、また四割くらいは全国各地からの入学者で、工業学校からの傍系入学も一割くらいおり、浪人生もいた。また数は多くないが、朝鮮など外地からの入学者もいた。こうした多彩で優秀な同期生と切磋琢磨できたのは大変うれしかった。

官立高工での勉強は、大卒並みの実力を三年間で身につけるため、朝から夕方までびっしり授業が組まれていて、一年生からすぐに専門科目の講義、実験、実習が始まるため、ついていくのに必死だった。

学校生活では、県内で唯一の官立高等教育学校の「選ばれた学生さん」として地元で大切にされ、望まれて婿養子に入り姓が変わった者もいた。旧制高校のようなバンカラ寮生活や課外活動もあったが、なにしろ勉強が大変で、のめり込めるような環境ではなかった。

三年生のときに父がなくなって家業が傾き、家計が苦しくなったが、特待生に採用されて学費免除になったのでなんとか退学せずに卒業できた。

同期生の何人かは東京工大や大阪帝大に傍系進学したが、自分は指導教員の紹介で東京の大手鉄鋼メーカーに技術者として就職した。この時点で小学校の同級生の九割以上はとっくに社会で実務に就いていた。

会社でもらった給料は、大学卒より二歳若いのに帝大や早大、慶応大などの一流私大卒とあまり変わらない額で、私大法経学部卒よりも高く、会社の官立高工卒技術者への高い評価を実感した。もっとも帝大卒は最初から本社勤務の別コースになっていて、どんどん昇進していったが、自分たち官立高工卒は工場勤務中心で帝大卒との格差も実感した。

三年勤めた後に、新聞などを見て憧れもあった満鉄に応募して採用され、鉄道補修の仕事に就き、給料は倍増した。満洲国には中国人、朝鮮人、ロシア人などいろいろな人がいたが、日本人はそのなかで最上位に置かれていた。

結婚することになり三年で退職して東京に戻って、戦時景気に湧く軍需中心の機械メーカーに転職した。戦争が激しくなり、小学校、中学校官立高工の同期生には戦死した者が少なくなかった。

徴兵検査は第一乙種だったので召集され、技術を活かして陸軍造兵廠で兵器製造に携わり国内で終戦を迎えた。

戦後は元の会社に復帰でき、戦後の復興期を本社、研究所、工場などに勤務し、最後は役員ではないものの工場長になって退職した。その後は、培った技術を活かし技術コンサルタントや、学校の講師などをしている。

第二節　まとめ―課題と成果―

一　課題と成果

研究課題として次の三点を掲げ、独自に構築した本ＤＢ一六、七一八人のデータを集計・分析して、考察を加えた。

課題の第一は、官立高工の進学、就職移動が、近代化の道を突き進んだ帝国日本の教育政策の下でどのように実行されたかを計量的根拠を持って解明することである。

官立高工は、日本近代化の基軸であった産業化を第一線で担った日本独特の学校で、その入学、就職移動には日本の近代化過程における人口移動と社会移動の双方の要素が色濃く反映している。

課題の第二は、帝国憲法期の早期選抜・分岐型学校制度における傍系入学、傍系進学の実態を計量的に解明することである。

いったんは袋小路の進学非正規コースに進んだ若者の内で、どのくらいの人が、どのようにして進学正規コースに復権したのかを、制度の変遷を踏まえつつ明らかにする。

傍系入学、傍系進学は、帝国憲法期における国家の側のエリート選抜政策と、帝国臣民の側の知識獲得、階層上昇志向の矛盾の結節点である。

課題の第三は、帝国憲法期特有の存在である「外地」において産業士官学校ともいえる官立高工が、入学、就職でどのように移動したのかを解明することである。

外地との往来は、外地から官立高工への入学移動と、内地出身の官立高工卒業生の外地への就職移動の両面を一体的に分析することが重要である。

官立高工生の外地との往来は、日本の歴史上で唯一の「植民地」を持った帝国憲法期の対外政策が反映されている。以上の三つの課題について、次の一九点を計量的根拠に基づいて新たに解明することができた。

課題1　入学、就職移動の実態関係

第一に、帝国憲法期の官立高工生の内・外地における移動は、年代により、また学校により相違点が大きいことである。

先行研究で行われた特定の学校または限定された期間の数値では全体を推定することはできないことが明確になった。

第二に、生徒の出身地構成から見た官立高工の性格である。

官立高工は、「同地方県」（出身県＋近隣県）出身者が六〇％を占める地元型学校であり、同時に「他地方県」出身者も四〇％いるという全国型の側面を併せ持ち、各官立高工とも入学者の最遠方地は外地という、出身地構成から見た三つの性格を持っていた。

第三に、こうした出身地構成の成立は、一九二〇年代の創設拡張計画時ということである。

一九二〇～一九二八年の官立高工の拡張期に、「同地方県」六〇％、「他地方県」四〇％という構成が成立し、その後は大きな変化を見せない。原内閣による創設拡張計画が、官立高工の立ち位置を確立したといってよい。

第四に、各学校別の出身地構成を決定する三つの要因である。

官立高工の出身地構成の全体像は前述したとおりであるが、官立高工別に見ると異なる点もある。

各校の出身地構成は、所在県の中学生数（人口）、大都市である東京・大阪との遠近の度合い、官立高工の学科構成の三点の要因により変動している。

第五に、官立高工の出身地構成が、現在の国立大学にほぼそのまま継続されていることである。帝国憲法期における旧帝大の全国性、旧官立大のブロック性、旧専門学校の地元性という学校種による出身地構成が、後継の国立大学でほぼ同様の形で継続されている。

帝国憲法期から日本国憲法期に移行して、学校制度が大きく変革したにもかかわらず、国の政策は、帝国憲法期の学校の位置付け、寺﨑昌男によれば「国家との距離」をそのまま引き継いでいて、そのことが入学者の出身地構成に反映している。

第六に、官立高工の「準エリート性」と「手が届く高等教育学校」という性格である。

官立高工入学者は、県立一中など県下トップクラスの中学出身者が中心で、官立高工は高学力の中学生からトップエリートである旧制高校に次ぐ準エリート校と見られていた。

また官立高工を含む官立実業専門学校は、能力はあるが家計条件が厳しい若者にとって「手が届く高等教育学校」として貴重な存在であった。

専門学校研究の先鞭を付け研究をリードしてきた天野郁夫は、日本の高等教育の特徴として、国公立と私立、大学と専門学校の二重の階層構造があると指摘し、官立高工を含む官立実業専門学校を私立専門学校と同一カテゴリーに置いて分析している。これまで論じてきたように、官立実業専門学校は高等教育セクター内部において帝大と明確な差がある一方で、法文系私立大学や私立専門学校と比較して給料面では上位のカテゴリーとして優遇されている。

官立高工を理解するときに、旧帝大と比較して「低度の大学」とする観点だけでなく、「準エリート性」も併せて着目することが重要と考える。

第七に、就職先が、「地元」「東京・大阪」「外地を含む遠隔県」にほぼ三分割していることである。

官立高工卒業生の就職先は、「同地方県」二六％、「東京・大阪」三五％、「他地方県（外地一一％を含む）」三九％で、「同地方県＝地元」「東京・大阪」「外地を含む遠隔県」に、ほぼ三分の一ずつ分割されていることがわかる。

「国家が（略）人材を国家の中の諸般の職業世界に配置する」という近代教育制度の目的は、国家的需要が高い工業地帯の東京・大阪に三分の一、外地を含む遠隔地の県に三分の一が就職することで実現されている。このなかで、地元が三分の一弱あることも特徴的である。

第八に、転職を繰り返した結果としての就職場所の割合が、一職時と変動していないことである。二職以降の転職先の構成は、「同地方県」二六％（一職時比較増減なし）、「東京・大阪」三二％（三％減）、「他地方県」三〇％（二％増）、「外地」一二％（一％増）となっていて、一職と比較して東京・大阪が微減、他地方県と外地が微増しているが、大勢としてほとんど変動していない。

これは一職後に移動がなかったのではなく、「同地方県」以外への就職者がUターンやJターンし、「同地方県」就職者が「東京・大阪」や「外地」に転職するなど、多様な移動を経た結果として一職時と同一になっている。今後の課題である。

第九に、就職先の職種属性が民間中心になっていることである。

官立高工生の就職先の職種は、民間職種五〇％、公的職種二〇％、進学・無職等三〇％で、民間が半数を占める。しかも公的職種に分類した官公吏、工業学校教員、軍工廠などの業務内容は産業関係の職種で、進学した者も大学卒業後は多くが民間企業の技術者として働いているので、ほとんどが民間職種といってもよいかもしれない。

官立高工生の就職先が民間中心であることは先行研究で指摘されているが、全国的・通時的データによる実証はこれまでされていなかった。

官立高工のように社会の需要に応じた教育機能は、高商、高農、医専などの養成目的を特定した学校でも同様であるが、官立高工は、帝国憲法期の最重要課題であった産業化を担ったという点で、国家目的に極めて近い存在という特徴があった。官立高工を民間技術者養成を中心とした「産業士官学校」と名付けた所以である。

第一〇に、職種の経年変化が現代の就職動向と類似していることである。

本DB二九年間の職種別就職動向は好況時に公的職業が減って民間職種が増え、不況期はこの逆の傾向を示していて、現在と類似している。

ただし、戦時期には民間、公的職種とも増加し、無職が激減する特異な動向を示している。

第一一に、生涯一社率と若年離職率である。

日本独特の雇用慣習である終身雇用について、制度としての終身雇用制ではなく、勤務実態として生涯一社率を分析したところ、二九年間を通じ三〇～四〇％程度で、現在の終身雇用率50％より10～20ポイント低い。一九二五年からおおむね四〇％前後で定着するので、この頃に官立高工の終身雇用が実態として定着してきたと考えられる。

関東大震災の復興で技術者需要が高まって転職防止策が講じられたこと、金融恐慌などの経済不況期が続いて就職環境が悪化したことの影響と考えられる。

この率は、「準エリート技術者」という官立高工の特性が影響している可能性があるので、一般的傾向とまではいえないが、少なくとも、官立高工卒業生の生涯一社率（終身雇用率）は先行研究で指摘されているようには高くないことが立証できた。

また、終身雇用とは反対の「若年離職率」は、二〇一三年新規大学卒業者の三年（二〇一六年）以内離職率三二％に対し、官立高工卒業生は一二％と三分の一以下と低い。

第一二に、国の創設拡張計画の影響である。

一九一九～一九二八年の原政友会内閣による創設拡張計画、一九三八～一九四五年の戦時拡張の二度の集中的な創設拡張が、官立高工の入学移動に大きな影響を与えている。

この二度の集中的拡張は、ともに中学生急増対策だった、産業界（戦時は国）の技術者要求に応えたものであった、戦後の国立大学工学部の基礎になった、などの共通点がある。

一方で計画立案方式は、原内閣による創設拡張計画が曲がりなりにも特別の法律を定め国会の予算審議を経たのに対し、戦時期の拡張は、国家総動員法の下で、企画院等の内閣直轄の行政組織により実行された違いがある。

課題2　傍系入学・傍系進学関係

次は、傍系入学、傍系進学についてである。

第一三に、官立高工の傍系入学者は、全入学者の概ね一〇％である。

一九一二〜一九四〇年の二九年間の平均傍系入学率（狭義の傍系）は九％で、外地を傍系に含めた平均傍系率（広義の傍系）は一一％である。一〇％内外という割合は例外扱いする域を超えているが、帝国憲法期の政府は傍系入学、傍系進学に対し「抜け道」的緩和策は講じても、「正系の例外」と位置付ける方針は最後まで崩さなかった。

第一四に、傍系率の学校間の格差の大きさである。

傍系率が最高の神戸高工一八％と、最低の金沢高工四％で四倍以上の差がある。

この原因は無試験入学制度導入の有無と、地元に進学志向の工業学校があるかにより、その背景には、優秀な志願者確保で苦心する後発校が、傍系入学にある程度依存するという募集戦略があった。

第一五に、傍系率の入学年による変動である。

傍系率が最高の一九二三年二二％と、最低の一九三五年四％で五倍以上の差がある。この原因は明確で、拡張期や戦時期のように官立高工が新増設され受験競争が緩和した時期は傍系率が高まり、入学定員の増加がなく受験競争が激化した時期には低くなっている。

受験競争が激化したときは、英語などの基礎科目に弱点がある工業学校生が、正系の中学生に負けてしまうためである。

第一六に、官立高工入学に当たっての学校選択と学科選択の動向を分析すると、正系と傍系でほとんど違いがない。

学校選択の際に出身県、近隣県、その他県等のどこの官立高工校を選ぶのか、学科選択で機械、電気、化学等のどの学科を選択するのか、正系と傍系で違いが見られない。

にもかかわらず入学の入口段階で正系と傍系を峻別する理由は、生徒側ではなく、エリートと準エリートの養成を制度的に区別し、効率的な人材育成を行おうとする国の側の教育政策にあったといえる。

第一七に、家計条件である。

インタビューした多くの方が、官立高工を選択した理由として家計を挙げている。旧制高校から旧帝大等に進学するめには、長期間の学費、下宿費、その間の「得べかりし」収入の放棄など多額の経済負担がかかる。優秀だが経済的に厳しい生徒の家庭にとって、官立高工は相対的に軽費で済むなんとか「手が届く官立高等教育学校」の役割を果たしていた。

課題３　外地との往来関係

最後の課題は、外地との入学、就職移動である。

第一八に、帝国憲法期の外地との往来の最大の特徴は、大幅な「出超」になっていることである。

外地出身者は二九年間で三一五人だが、内地出身者の外地就職は延べ二、四七四人あり、これに外地出身者の外地就職者延べ一九〇人を加えると、合計二、六六四人が外地に就職している。外地出身者の八倍強の大幅「出超」である。帝国憲法期の外地は、日本にとってカネ、モノだけでなくヒトもつぎ込む「価値ある」場になっていた。

第一九に、外地就職における満洲国の突出である。

外地への就職者を地域別に比較すると、「中国関係」（満洲国、関東州、中華民国、内蒙古）が最多で、なかでも満洲国が圧倒的多数となっている。

中国関係の「就職者／入学者・倍率」を区分すると、中華民国三九五人／五八人・七倍、満洲国一、〇八一人／一九人・五七倍、関東州一八〇人／一六人・一一倍、内蒙古一一人／〇人、合計一、六六七人／九三人・一八倍である。

中国関係以外は、朝鮮六四〇人／一〇六人・六倍、台湾二七九人／五九人・四倍、南洋諸島二六人／〇人、南樺太九八人／五七人・二倍、その他国六〇人／〇人、合計一、一〇三人／二二二人・五倍なので、中国関係の一八倍、なかでも満洲国の五七倍が突出している。

帝国憲法期の日本は、満洲国のためというよりは帝国日本のために、満洲国の資源開発や重工業化を進める強い必要性があった。満鉄をはじめとした国の直接投資や、様々な民間資本の投資により、資源開発、生産工場の展開、農業開発、水力、電力開発などを大規模に展開し、帝国陸軍の駐屯を拡大した。官立高工卒業生の満洲国への就職が突出しているのは、帝国日本の国家戦略によって、他の外地をはるかに上回る技術者需要が生じたためである。

二　官立高工はどんな存在だったのか

最後に「官立高工はどんな存在だったのか」を、本DBで解明した視点から捉えてみる。

官立高工を国家の側から見れば、帝国憲法期の最重要課題であった産業化を第一線で担う「準エリート」幹部技術者の養成を、短期、軽費で効率的に行う「産業士官学校」だった。一方国民の側から見れば、身近な場所で、短期間の相対的に低い学費で教育を受けられ、知識獲得と所属階層上昇のための学歴を獲得できる「手が届く高等教育学校」であった。

「準エリート」と「手が届く」は官立高工以外の官立高農、官立高商なども同様であるが、「産業士官学校」は官立高工に特有の点である。

官立高工は、国の政策意図と国民の願望の、それぞれ異なる狙いが融合された場として、有効に機能していた。

帝国憲法期になって、学歴が国民全般の階層決定の基準として機能しはじめた。これは近代前の封建社会と比較すれば明らかに前進であるが、いったん学歴を基礎に階層が決定されるとその後の変更は難しいという新たな身分制度となっていった。官立高工生の入学移動も高位学歴獲得による階層上昇を最大の動機としているといってよく、傍系入学は例外的にその挽回の道を開いたものであった。入学試験で個人の能力を基準に人材を選抜し、必要な教育を施して国家に役立たせる仕組みは近代国家一般の特徴であるが、帝国憲法期の日本は、封建期にはなかった全国移動の自由と、ヨーロッパにはなかった学校選択の開放性の高さによりその速度を上げた。

政友会の地盤固めの底意もあって拡大した官立高工の地方分散配置政策は、地元の優秀な生徒を誘引し、短期間で高等技術教育を行って卒業生を各地に配置した。産業化を進めるためには、トップエリートだけでなく、実務の専門知識を持った第一線の指揮者となる「産業士官」が必須で、官立高工はその意図に沿って設計され、展開したものである。学校制度の成功の可否は、卒業生の社会での活躍の程度により判断されるが、本ＤＢの分析と卒業生インタビューから見た官立高工は、進学希望の生徒、保護者の大方から支持され、産業界の期待に応ている成功した学校制度と評価して良いだろう。

官立高工の視点から見た帝国憲法期の国民の生活は、軍国主義的統制や戦争による疲弊などのなかでも、敗戦の直前まで受験勉強に励んで知識獲得と階層上昇を目指し、敗戦直後に授業を再開するという活力を持っていた。外地の植民地化や侵略戦争は容認できないが、その時代に生きた若者たちの「逞しさ」ともいえるエネルギーと、そうした若者に対応できる学校制度の重要性を痛感した。

官立高工をはじめとした専門学校制度については、専門に特化した教育を短期集中で行う方式に批判があり、戦後の専門学校制度廃止と「教養教育重視」の新制大学一元化につながった。歴史の外形的結果から安易に「教訓」を取り出して現在に当てはめることは厳に慎むべきであるが、現在の実践的で高度な技術者教育のあり方を巡って混迷が見られるときに、官立高工の歴史を振り返ることは意義あるものと考える。

帝国憲法期の産業は、直接、間接に軍事と関連していた点が大きく、官立高工卒業生も技術将校、軍工廠など直接に軍に勤務するだけでなく、軍需工場とその関連企業等への就職を通じて軍事に貢献している。「技術」は使う立場で効果の異なる性格があり、軍事的な貢献があったからといって官立高工を批判するのではなく、戦後の復旧・復興を担って成果を上げたことも見なければならない。

沢井実は「技術者は与えられた活動の場を変えるだけの力を有するとともに、その場のあり方に大きく規定される」

（『帝国日本の技術者たち』、吉川弘文館、二〇一五年）と述べていて同感するが、「与えられた場を変える」のは簡単なことではない。

帝国憲法については、全面的否定や一方的賛美ではなく、ひとつひとつ事実に照らして検証、批判すべきと考えている。門地門閥制度はいわば「かけ算」で、門地門閥がゼロであればその他の因子がいくら高くてもゼロになってしまう。帝国憲法が曲がりなりにも開いた学歴による登用は「足し算」になっていて、家計条件という前提問題はあるが、門地門閥でゼロであってもその他の努力で足し上げる道を開いた。日本の近代化の基本理念であった帝国憲法の貴重な前進的側面というべきである。

三　書き終えて

本論は、官立高工生の数、移動距離といった「外的」面に着目し、制度史的側面にも触れつつ帝国憲法期の検討を行ったが、教育課程などの「内的」面については卒業生インタビューを除いて触れていない。学校を全体として把握するには、当然その教育内容、指導方法等の内的面が重要であるが、あえて外的面に焦点を絞った理由は次の三点である。

第一は、筆者には幅広い工業教育の内容を判断する能力に欠けることである。

第二は、各校の教育課程を見ると、科目設定や授業時間数などで大きな違いが見られないことである。

帝国憲法期には、現在のJABEE（Japan Accreditation Board for Engineering Education 日本技術者教育認定機構）のような標準的技術教育課程はない。各学校の学科目はそれぞれ定めたものを、変更の都度、文部省令で個別承認する方式をとっていて、戦時末期の一九四四年に官立工業専門学校規程で「学科目及其ノ他授業時数ハ第二号表ニ依ル」（五条）と定められるまで、軍事教練を除いて統一規程がなかった。それでも各官立高工のカリキュラムは、東京高工などの先発校をモデルに教育課程を組んでいたため大きな違いがなく、外国語教育も第二外国語の有無などの相違はあったが、英語教育にはそれなりの配慮がされていて大きな違いになっていない。

教育方針については、「自由主義と三無主義（無試験・無採点・無賞罰主義）」（横浜高工初代校長鈴木達治）、「技術に堪能なる士君子」（明治専門学校初代総裁山川健次郎）など各校で掲げられた教育方針がカリキュラムにどのように具体化されたのかは確認できなかった。

第三に、この点が最大の理由であるが、内的面の評価はどうしても主観的要素が強くなり、客観的「比較」に適さないことである。二九年間の長期にわたり、場所も内外地に広がる一六、七一八人について、教育内容などの定性的側面を一定の基準で評価し比較するのは困難である。

執筆に当たって、基礎史料は『学校一覧』しかないと見極め、極力多数の入手を目指して全国の大学図書館などを調査し、閲覧可否を照会し、断られたときは様々なルートで要請した。入手できた『学校一覧』は、入力作業の途中で「あ、こうした方が良いな」と気づくたびにDBのフォーマットを変更しながら進め、DB完成に四年を要し、気がつけば二〇一七年の暮れ近くになっていた。

それから本格的なデータ分析に入り、その考察をしつつ書き上げたので、論文執筆は八ヶ月程度の短期集中であった。計量分析の手法をとる場合に、いち早く基礎資料を確定し、使えるデータベースを構築することが重要であると再認識した。

データベースが完成した後の分析と文章化はいわば楽しい作業で、分析して図表化するたび「そうだったのか」と新たな発見をしつつ、勝手に興奮しながら論文を書き進めた。

河井寛次郎は近代を代表する陶芸家であるが、一九一四年官立東京高工窯業科卒の官立高工OBで「手考足思」という名言を残している。各地の大学の図書館等を訪ねて史料を写しながら当時の官立高工生の行動を知り、全国の卒業生を訪ねたインタビューでは紙の資料で理解できなかった様々のことを学んだ。自宅に戻ってパソコンと向き合い、ひたすらデータ入力、分析、文章化をした執筆過程は、河合の言葉どおり「手考足思」の楽しい六年間であった。

補章　卒業生インタビュー――十二人十二色――

第一節　インタビューの位置付け

一　インタビューの位置付け

インタビューを試みた狙いは、第一に数値化ではわからない官立高工生の「生」の姿を知る、第二に同窓会誌の寄稿といった書き手からの一方通行ではなく相互の応答を行う、第三に全員に同一質問をすることで官立高工の共通点と相違点を見いだす、の三点であった。

こうした「回顧」のインタビューでは、本人が意識せずに「記憶の再構築」が行われることがある。同内容の質問を違う角度からするなどにより、記憶違いがあれば気づいていただく工夫をしたが、インタビューは現在のお気持ちを聞くことに意味があることから、別の手段で発言内容を確認するといったことはしていない。

官立高工の卒業生は、制度末期に卒業した方も既に八〇歳代半ばを超えていて、今回のインタビューでも九〇歳以上の方がかなりおられた。当初はもう少し多数の方にインタビューすることも考えたが、適任者を探すのが予想していた以上に難しかったこと、遠隔地の方にインタビューする時間や経費の問題があったことなどから最終的に一〇校、一二人となった。

近年は、「オーラル・ヒストリー」として、関係者からのインタビュー記録を史料として残す努力が進み出している。先駆者のひとりである御厨貴は、オーラル・ヒストリーを「公人の、専門家による、万人のための口述記録」[1]と定義している。伊藤隆は「日本近現代史の研究テーマのためにその問題の関係者に質問して答えていただく（略）より広い範囲で日本の政治や行政、その他国内の組織や運動で重要な役割を果たした人物から、その人物の生涯を通じての経験について質問し答えていただく」[2]ものをオーラル・ヒストリーとしている。また清水唯一朗は、公人のほか、非公人の「歴史として残りにくいマイノリティ、技術者、女性などを対象」[3]とすることと述べている。

今回インタビューした方のなかには、国立大学の学長、学部長や上場企業の社長など社会的地位の高い方も少なからず含まれている。御厨などの定義に合致しているかはともかくとして、趣旨に沿ったインタビューにすることができた。インタビューに類似した用語として、オーラル・ヒストリーのほか、ヒアリング、口述、聴き書きなどが使用されているが、特段の厳密な定義や区分はないので、一般的に用いられる「インタビュー」を使用した。

二　インタビューの概要

官立高工一〇校の卒業生一二人（二校は二人のグループ）に、直接インタビューした。

インタビュー先の選定は、個人的伝手や官立高工同窓会のご協力などによるもので、結果的に社会的成功者が多くなった傾向はあるが、全体として見れば、工業学校卒二人と専検合格一人の傍系入学者三人、新旧帝大への傍系進学者三人を含む趣旨に沿った多彩な顔ぶれとすることができた。C氏とD氏は官立上田繊維専門学校卒業で、同校は厳密には官立高工ではないが、学校卒業者使用制限令で「工業ニ関スル専門学校」と並んで指定されている学校であることから、インタビューをお願いした。

官立高工は、専門教育一辺倒のため技術に偏した教養の薄い人物になるといった悪評もあるが、インタビューした一二人の方々は帝国憲法期の最終段階の官立高工生として、困難な時代であっても精一杯に勉強し、青春を楽しんでいた。従軍された方もいるが、卒業後は技術者として、教員として、また家業を継ぐなど堂々と人生を歩み、敗戦後の日本を支えた。

金子みすゞの「みんなちがって、みんないい」を体現していて、「一二人一二色」のお話しをうかがうことができた。

ご協力いただいた方々に、改めて深く敬意を表し心から感謝申し上げる次第である。

インタビュー後に、残念ながら宇都宮國男氏、錦戸光一郎氏、B氏の三人がお亡くりになった。お元気でインタビューにお答えいただいたときのことを懐かしく思い起こし、謹んで哀悼の意を表する次第である。また、何人かの方は現在病床にあるが、ご回復を心から祈念している。

インタビューした内容（統一項目）は次のとおりである。

一　官立高工入学前
①生年、②出生地、③出身学校、④家庭環境（父の主職、兄弟姉妹、家計等の家庭環境）、⑤官立高工志望理由、⑥他校受験の有無と合否など。

二　官立高工在学中
①寮・自宅通学、②授業、③課外活動、④勤労動員、⑤軍事教練など。

三　官立高工卒業後
①一職、②一職時の学校紹介の有無、③志望動機、④転職、⑤同級生の動向、⑥現況など。

インタビューは、事前に質問リストを文書でお知らせし、当日は質問リストに沿って進めた。当然ながら質問リスト通りには進まず、「そういえばこんなことがあった」など同一話題が後から何度も繰り返して語られ、また質問事項にはない点もたくさんお話しいただく「談論風発」の雰囲気の下で行われた。

インタビュー記録は、同一話題で前後した部分をひとつにまとめるなど最小限の補正をしたが、ご本人の方言や独自の表現を含めて、極力インタビュー通り再現した。なお、文書でご了解いただいた方については実名としている。

C	D	青山次則 （あおやま　つぎのり）	中村　弘 （なかむら　ひろし）	若生豊多 （わこう　とよた）	錦戸光一郎 （にしきど　こういちろう）
1923（91歳）	1922（92歳）	1924.2.3（90歳）	1930.（84歳）	1925（91歳）	1928（88歳）
福岡県立 小倉中学校	神奈川県立 厚木中学校	熊本県立 玉名中学校	福岡県立 小倉中学校	仙台第一中学校	仙台市立中学校
上田蚕糸専門学校⇒上田繊維専門学校（改組）／繊維化学科	上田蚕糸専門学校⇒上田繊維専門学校（改組）／絹紡織科	熊本高等工業学校／土木科	九州工業大学明治専門学校／電気科	仙台工業専門学校 ／電気科	仙台工業専門学校／化学工業科
1943.4～1945.9	1942.4～（1943.11仮卒業／学徒出陣））～1944.9	1941.4～1943.9	1948.4～1951.3	1944.4～	1945.4～
2014.4.25（金）		2014.8.21（木）	2014.8.22（金）	2016.12.24（土）	
2人の合同インタビュー 一般社団法人千曲会開館会議室 （長野県上田市）		熊本大学工業会会議室 （熊本県熊本市）	九州工業大学百周年中村記念館内／明専会会議室 （福岡県北九州市）	2人の合同インタビュー 仙台メトロポリタンホテル喫茶室 （宮城県仙台市）	
・千曲会理事長・前信州大学副学長 ・千曲会事務局長		なし	なし	なし	
信州大学名誉教授		日本技術士会熊本技術センター顧問			社会福祉法人共生福祉会参与（前会長）
大阪大工学部進学■⇒旧制中学校教員（1年）⇒カネボウ（1年）⇒信州大学繊維学部、教授、学部長、学長	応召⇒海軍予備学生（対潜学校）⇒駆潜艇航海士⇒製糸工場（3年）⇒中学校教員（数、理、英）	熊本県庁⇒土木部次長⇒技術士・建設コンサルタント⇒日本技術士会熊本技術センター理事長⇒九州測量専門学校長	八幡製鉄所（現新日鉄）⇒部長・理事（この間、ブラジル・イタリア派遣）⇒日鉄電設取締役	卒業後直ちに東北電力⇒退職まで同社の各部門	家業の洋服店を継ぎ仙台市内有数の店に発展させ現在に至る。今回インタビューで唯一技術系統以外の仕事に就く。

図表 5-1 卒業生インタビュー(総括表)(敬称略)

		吉田壽壽 (よしだ ひさとし)	A	宇都宮國男 (うつのみや くにお)	B	梶返昭二 (かじがえし しょうじ)	春山文夫 (はるやま たけお)
生年月日 (インタビュー時の満年齢)		1924(90歳)	1927(85歳)	1925(90歳)	1924(89歳)	1927(86歳)	1928(86歳)
出身中学校等		専検合格■	石川県金沢市立 金沢工業学校 電気科■	兵庫県神戸市立 工業学校 電気科■	福島県立 磐城中学校	山口県立 宇部中学校	愛知県立 豊橋中学校
官立高工		秋田鉱山専門学校/採油科	金沢工業専門学校/電気通信科	神戸高等工業学校/電気科	米沢高等工業学校⇒米沢工業専門学校(改組) /応用化学科	宇部工業専門学校 /化学工業科	浜松工業専門学校/機械工学科
入学~卒業年度		1943.4~1945.9	1945.4~1948.3	1937.4~1939.9	1943.4~1945.8	1945.9~1948.3	1945.9~1948.3
インタビュー	日付	2014.10.11(土)	2014.11.7(金)	2015.3.15(日)	2013.5.10(金)	2013.8.1(木)	2014.2.23(日)
	場所	自宅 (東京都杉並区)	金沢市カフェ・喫茶フレール (石川県金沢市)	ホテルグランヴィア大阪/ラウンジ リバーサイド (大阪府大阪市)	NPO法人ライフマネジメントセンター事務所(B氏が理事長) (東京都中央区)	一般社団法人常盤工業会会館会議室 (山口県宇部市)	自宅 (奈良県奈良市)
	同席者	なし	なし	なし	・NPO法人ライフマネジメントセンター理事、B氏元部下 ・國學院大學大学院生	なし	夫人
略 歴	現職		金沢大学名誉教授		NPO法人ライフマネジメントセンター理事長	山口大学名誉教授	技術士(経営工学部門)事務所自営
	卒業後の主な経歴	軍需工場⇒東大用務員⇒秋田鉱専進学⇒民間企業⇒同社長(この間北海道大から学位取得)	金沢工専教務員⇒電電公社研究所⇒金沢大学工学部教授⇒金沢工業大学教授	民間企業⇒大阪帝大工学部進学■⇒陸軍技術将校⇒民間企業(日立など)	製紙会社社員⇒タカラ創業、社長・会長、ダッコちゃん・リカちゃん人形等でおもちゃ王⇒現職 山形大学博士課程に入学86歳で博士学位取得	新制高校教員(2年)⇒九大理学部進学■⇒九大教養部講師・助教授⇒山口大学工学部助教授・教授・工学部長	早川電気工業(現シャープ)入社⇒国産テレビ第1号開発⇒広島工場長⇒生産技術センター所長⇒技術士事務所、大阪府大非常勤講師等

(注)「出身中学校」欄と「略歴」欄の■は傍系入学、傍系進学を示す。

吉田 壽壽 氏 （よしだ ひさとし）

一九二四年生まれ、九〇歳。

一九四二年専検合格（同年齢の中学卒と同時期）、一九四三年秋田鉱山専門学校（秋田鉱専）採油学科入学、一九四五年九月卒業（繰上）、日本物理探鉱（株）入社、後年社長に就任。理学博士。

一 官立高工入学前

――早速でございますが、お生まれは何年ですか。

吉田 大正一三年、一九二四年一月生まれです。

――秋田のご出身ですか。

吉田 いいえ神奈川県。茅ヶ崎尋常高等小学校に昭和五年入学、昭和一二年卒業です。今は小学校がたくさんございますが、当時は茅ヶ崎駅の近くの線路沿いにございました。それで、天皇陛下がお召し列車で通過するたびに線路に向かって整列して、列車の通過するまで最敬礼をしたんです。そういう思い出があります。

――葉山の御用邸へ行かれたんでしょうか。

吉田 さあ。それで、祝祭日には学校に集まり、講堂で校長が教育勅語を朗読するのを聞きました。教育勅語は校庭にある奉安殿から運ばれまして、奉安殿から朗読の終わるまで、直立不動で一時間ほど講堂に居るんで、時折倒れる生徒もいました。帰りにはお菓子をもらった記憶がございます。

――ずっと茅ヶ崎にお住まいでしたか。

吉田 ええ、生まれが茅ヶ崎でございます。

――中学も、そうすると茅ヶ崎ですか。

吉田　いいえ、それは湘南中学校といいまして、昭和一二年入学です。

――軍人志望者が多い名門校ですね。

吉田　藤沢にございますね。

――中学へは自宅通学でしたか。

吉田　ええ、そうなんですが、そこでいろいろございましてね。私の父親が早く亡くなりまして、母親一人で育てられて小学校に通ってたもんで。湘南中学に入学してわずか三カ月、七月に母親が亡くなりまして。

――お一人になったのですか。

吉田　ええ。家庭の事情により退学ですね。それで、東京の親戚にひきとられました。その親戚があまり裕福でないもんですから、そこで、今度は東京の杉並の第一尋常高等小学校の高等科を昭和一四年に卒業しました。卒業と同時に軍需工場に就職しました。

――軍需工場はどちらだったんでございますか。

吉田　これは、三鷹の方にございまして。

――三鷹の軍需工場と申しますと。

吉田　飛行機を作る工場です。それで、昭和一七年の一月に東京府立第一中学校で行われた高等学校高等科入学資格試験※というのがあって、これに合格すれば中学四年修了ということになる試験に合格いたしました。

（※同試験は専検と並ぶ難関試験。昭和一九、二〇年度は実施されなかったので、吉田氏はギリギリで間に合ったといえる）

――それはすごいですね。同世代の方と同じ時期に中学校に行かずに中学四年の分を。

吉田　そうそう、軍需工場に勤めながら。

――それは、軍需工場の仕事が終わった後の時間に勉強されたんですか。

吉田　その軍需工場そのものは技術者養成ですから、青年学校っていうのがございましてね。

――青年学校へ行ってらしたわけですね。

吉田　ええ。一応夕方五時ごろから授業があったりしましたけども、それは別にこういう試験を受けるための授業でございませんでしたからね。

――一緒に受験された同僚は。

吉田　それはいません。それで、せっかく合格しましたから、一七年二月に第一高等学校を受験しました。今の東大の教養学部ですね、井の頭線の沿線にあります。しかし不合格。

受験の理由はお金が無いもんですから、給費生になれると思ったからです。今度は昭和一七年の三月で軍需工場を退職しまして、東京大学の航空研究所というのがございます。そこの用務員っていうんですかね、小使いですね、就職しまして一八年三月まで一年間。その間に昭和一七年一〇月、文部省の専門学校入学者検定試験を受けました。

――専検ですね。

吉田　そうです、専検に合格しました。

――これが専検の合格証ですか。

吉田　専検ですね。これは文部省です。

――専検は「象が針の穴を通るよりも難しい」といわれた、本当に厳しい試験だったようですね。そうしますと、秋田鉱専は専検合格資格で受験されたわけですね。

吉田　そういうことです。昭和一八年四月に秋田鉱山専門学校の採油科に入学しました。

――秋田鉱専を選ばれたのは。

吉田　それは、私の住んでた東京の家の近くに、中学の英語の先生をして退職してから佃煮屋をしておられた方が居たんです。淀橋区の落合ですかね、私、親戚がおりまして。

その佃煮屋さんに私と同じくらいの年の息子さんがいて、その人が海兵に受かりました。それで、私はその人から個人的に英語を勉強させていただきまして。専検合格後に、私は自然科学の分野で勉強したい旨を、その英語の先生にお話ししたんです。そうしたところ、例えば横浜の高等工業に行くよりは、あっちの方（秋田鉱専）がご飯も食べられるだろうし、生活的にもいいだろうと思って、教えてくれたんだろうと思うんですがね。食料事情から何から考えても、そのころ戦争の時代ですから。

——そうですね、戦争が始まってました。

吉田　はい。また、入学したら給費を受けることもできるということで、それは後日紹介すると、その佃煮屋さんの英語の先生からいわれました。金属、石炭、石油が採鉱学科だったんですが、石油は特別に採油学科っていうのができたんです。それで、私は採油学科の二回生になるんですね、昭和一八年の入学で。一七年からできたんですかね。

——ちょうど燃料問題で……。

吉田　ええ。南方油田の開発の技術に従事したいと思いまして、東京試験場で受験したんですね。

——東京で入学試験があったんですか。

吉田　はい、そうです。昔の高等師範があったところです。

——茗荷谷ですね。ところで、秋田鉱専以外は受験されなかったんですか。官立高工以外も併願受験される方が多かったと思いますが。

吉田　そうでしょう、私も高検のときに第一高等学校落ちたわけで。だから、おまえ一高受けて秋田入るっていうのは、これまた面白えやつだなと。どうせ府立一中で（高検を）もらったもんだからこれは受けた方がいいやと思って。ちょうど軍需工場の技術長の方もそういう経験がある人でしたもんだから、受けたらいいじゃないかと。こういう問題出るかもしんないからここをよくやっとけ、なんていわれて行ったんですがね。そしたら、ちょうど、松岡洋右の息子でしたかな、それと一緒になって、あのころ既にたばこ吸ってたんで、どうだね試験は、なんていいながら試験場で話ししてたことを覚えてますけどね。

――しかし、ご両親が亡くなられたということはありますが、湘南中学は残念だったですね。専検の勉強は、ものすごく大変だったと聞いていますが。

吉田　そうですね。結局はいかに学校で習うっていうことは、教わるっていうことは、非常に楽しいっていうことが分かりましてね。一人で勉強するっていうことは、その科目に合格しようっていうことですから、だいたいでることは、今までの傾向から見ると分かるわけですよね。それを暗記するもんですから、常識的にはあんまり良くないんですね。

――学校っていう仕組みはほんとに重要でございますね。

吉田　はい、そうです。

二　官立高工在学中

――秋田では、寮に入られたのですか。

吉田　はい。

――空襲は大丈夫だったんですか。

吉田　それもありましたけども、授業は正常に行われて。入営延期になっておりましたんで。教授は、「浜までは海女も蓑着る時雨かな」という江戸時代の俳句を引用して、たとえ戦時中であっても学業に専念するようにいわれました。この句は、卒寿を迎えた現在もわが身にしみる句となっております。どうせ卒業したら戦争行くんだと、だから勉強はいいやなんて思わないで、とにかく学生である間は勉強するようにということを訓示されました。

物理で最初に地球物理の講義がございまして、卒業後の自分の進路にも影響があったと思います。その講義は六〇ページのノート三冊にわたって現在も保存してありますが、そのノートの初めに、私が専門とした物理探査の講義が示されておりました。物理の的場※という先生です。この的場先生はその後、山梨大学の学長になられたんじゃないかと思うんですけど。よく分かりませんが。

（※的場鉄哉教授。数学・物理学・工業物理学担当。後に現山梨大学の前身の旧制山梨高等工業学校第四代校長一九四四・一一～一九四九・五）

私は独学で中卒の資格を得たんで、先生から教わることに非常に興味を覚えて、特に的場教授の話は非常に分かりやすくて、卒業後も参考になる項目が多かった、ということでございます。

――物理学の授業は多かったんですか。

吉田　ええ、そうですね。週に三～四時間あったと思います。

――採油科は物理学が多いんですね。

吉田　そうですね。英語、数学も週六時間程度あったと思われます。

――多いですね。官立高工の英語は四時間ぐらいですが。

吉田　特に英語は、普通のエッセーと工学関係の英語に分かれておりまして、第二外国語としてドイツ語が週四時間。

――それはすごいですね。

吉田　はい、第二外国語がありましたから。

採油工学で、『transaction of the petroleu メートル develop メートル ent and technology』って、この本ですね。

――英語は敵性語だけれども、専門学校は遠慮しないで勉強しろという話を聞きましたが。佃煮屋さんの方に英語を習ったことは役立ちましたか。

吉田　それは助かりましたね。ディクテーションっていいますか、先生が英語でしゃべって、それを何しゃべったか書くのがございまして、それに役立ちましたね。

――専門学校の方は、どちらかというと語学苦手っていうところがあって。

吉田　そうですね。それで、秋田で習った普通のエッセーの方の先生は、今度は米軍の通訳になりましたからね。すぐ学校へ入ってきました、米軍が。

——専門学校の授業は、実験、実習がすごく多いですね。

吉田　そうですね。

——機械科の方にいわせると、座学は午前中だけで午後はいつも旋盤回したりしていたといいますが。応用化学は少しまた事情が違うようで。

吉田　そうですね。機械の方は鋼板みたいのございましたんであれですが、別に採油科の方は特にそういうあれはなかったですね。

——機械を使うとかいうようなこともなかったですか。

吉田　なかったですね。

——だから、むしろ勉強するということなんですか。

吉田　そういうことですかね。

——給費生制度は助かりますね。ご兄弟はいらっしゃらなかったんですか。

吉田　そうですね、一人なんですね。

——旧制中学へ行かれた方は、お金持ちってことじゃなくてもある程度家計に余裕のある方が多かったですね。

吉田　中学から高等学校に入ると、高等学校だけで済むわけにはいかない、大学までね。だから、相当資金的な余裕がないと。

——秋田鉱専での寮生活はどのような。

吉田　入学時より卒業まで、学内にある北光寮、動員中を除くですが、北光寮に昼間は寮母さんがおられて。

——寮母さんがいらっしゃったわけですか。

吉田　ええ、寮母さんが入学時に寮生の家庭環境を把握しておりまして、いろいろと相談に乗ってくれました。寮費は、これちょっと私も記憶になかったんですが、私の一年先輩が千葉県の松戸に居まして、それに電話しまして、それも北光寮に居たもんですから、そしたら月一五円だった。下宿は二五円だったです。だから私は一五円の方に居たんです。

――それで三食ですか。

吉田　いやいや昼は学校で。私は先に述べたように、英語教師のいわれた給費を入学三カ月後から月額二〇円、毎月指定した銀行に送金されて受け取ることができましたと。東京と異なり、寮では丼一杯のご飯を頂けました。特に食事に不満などはなかったですが、おなかがすいたら農家の手伝いに行き、ご飯を頂いたこともあります。

――秋田はそうですね。戦後もそのまま北光寮は続いてたんですか。

吉田　いや、今はなくなったようです。北光寮、私のときは学内にありまして。一寮、二寮、本館、三寮、四寮とございましたんです。

――全寮制ではなかったんですよね。

吉田　違います。初め入学試験のときに、寮に入りたいかどうか、それを書いたんですね。

――一年生だけは全員入る、というようなこともなかったんですか。

吉田　そうではないのです。

――寮は何人部屋だったんですか。

吉田　四人ぐらいでしたね、普通は三人ぐらいですが。

――それは、一年生から三年生まで一緒に。

吉田　そうですね。それで、二年、三年っていうのは、各学部で一人ずつになっちゃうわけですよ。

――個室ですか。

吉田　いや残る人が限定されて。それですから、私の場合は三年まで居たんで。そういうのを総代といって、えらい。それで、ちゃんと最後には秋田のフキの葉っぱ画いた漆の箱を頂いたりしましたですけどね。

――寮には、何人ぐらいいらっしゃったんですか。

吉田　二〇〇人ぐらいいたと思います。

――寮母さん以外に寮監のような先生もいらっしゃったんでしょうか。

吉田　そうですね。先生は別に泊まってはいないですけども。

――課外活動のようなことは。

吉田　はい。私は寮生活でしたので、寮祭が年に二回程度あり全員で出演しました。友人の中には女装の似合う人もあり、女性の衣装を借りて女形を演じました。近所の方もたくさんお見えになり、笑いと涙の芝居でしたと。この寮生活は、各学部から入寮するので広範な知識が得られ、また共同生活は、卒業後の社会生活に有意義な経験となりましたと。

――寮祭は昭和一九年、二〇年ごろもやってたんですか。

吉田　一九年、二〇年はやってないですね。動員先では灯火管制で、ちょうど電球の所に新聞で丸くして明かりが外側に行かないようにして、そういう時代でしたですからね。

――空襲されたときは、秋田鉱専は大丈夫だったんですか。

吉田　大丈夫です。土崎の製油所だけです。

――軍事教練も厳しかったと聞きましたけれども。

吉田　週に二~三時間あったと思います。各自むしろを持たされまして、それを敷いて、その上で制服のまま伏せをしたりしました。なお、特別に野外訓練が、各学期に一~二日程度ありましたと。陸軍伍長で入学した学生が居まして、それが教練のときは教官の補助として、指導に当たったこともありました。

教官には、非常におとなしい陸軍大佐と、それから予備役となった陸軍大尉がおりました。

――勤労動員はどちらに行かれましたか。

吉田　昭和一九年五月～二〇年五月まで、各学科が専門とする業務に動員されました。私は帝国石油の秋田鉱業所の八橋油田※に決まりました。

（※八橋油田は秋田の代表的油田のひとつで現在も石油を採掘）

――はい。

吉田　宿舎は川反五丁目といって料亭が多いとこでしたが、料亭「初音」なんです。当時川反では二軒だけが国民酒場となって、これは切符制でお酒を飲むと。他の料亭は店じまいとなりましたが、「初音」はその店じまいの一つで私たちの寮になったわけです。

今まで住んでた寮とは異なり、部屋は非常に立派でした。担当教官である藤岡教授は、自宅が近くであるにもかかわらず私たちと寝食を共にされましたと。それで、この動員中の九月ごろ、東大の地震研究所の表《おもて》教授が、八郎潟付近で油田開発のための地質構造調査で、地震探鉱を実施することになりました。地震探鉱といいますのは、ダイナマイトを地中に入れて爆発させて、それで、その振動を地震計で記録していくんですね、地下の様子を調べる手伝いをした。そこで、私たち一五名が手伝いにいくことになり、私も参加しました。

今度宿舎は、豊川油田※っていう油田がございまして、そこが宿舎になって、指導教官は山下教授※2となりました。約二カ月でございましたけども、夜の食事が終わると地震探鉱の講義がございました。

（※豊川油田は八橋油田とともに秋田の代表的油田。現在は廃止され近代化産業遺産に認定）

（※2　山下四郎教授、採鑛科の新設で着任）

――勤労動員先ではどのようなお仕事を。

吉田　採油井の「皮換え作業」、ポンピングやってるわけです、こうやって、穴の中に。皮がございまして、こう押すとこれが開いて、石油が上に上って、上げるとこれが閉じて、それで、石油を上げてくるわけです。時々外の皮が薄くなってくるもんで、それを丸いぐるぐる回るやつを人間で回しながら、そういう作業をやっておりました。その後に地震探鉱に行って、一、〇〇〇メートル級の掘削業務、これは帝石の技術者が監視の指導の下に、掘削作業を昼夜の交代でやりました。

――生徒のときにやられたわけですね。

吉田　ええ、そうです。だから、約一年の動員のうち二カ月間が地震探鉱に従事したわけですね。あとは帝国石油で、分捕ったアメリカの機械で一、〇〇〇メートル級の掘削作業をやっておりました。

――アメリカから分捕ってきた機械ですか。

吉田　そうそう。ジャイアントとかいうような機械だった。

――東南アジアから持ってきたんですかね。

吉田　そうでしょう。

――八月一五日はどちらにいらっしゃいましたか。

吉田　終戦前日の八月一四日夜に土崎の製油所が爆撃されて、私は寮生を学校裏の手形山に避難させました。油が燃えて海にも広がり、明るくなり、数キロ離れた手形山で新聞の字が読めるほどでしたと。翌日、陛下のお言葉を校庭で校長以下全員で拝聴することになりました。校庭の水たまりには土崎より飛来した油が浮いていました、というような状況です。（土崎への米軍機による空襲は八月一四日夜から一五日にかけて行われたもので、埼玉県熊谷市とともに本土最後の空襲であった。）

――製油所に動員で行ってらっしゃった生徒さんはその場に居なかったんですか。

吉田　いや、それはみんな引き上げてきましたから。

三　官立高工卒業後

——卒業後は、軍関係に進まれるおつもりでしたか。

吉田　軍関係への勧めはなかったけども、入学当初は、卒業後に技術将校として南方油田開発に従事するだろうと教師からいわれましたけども。

——そこは国も秋田鉱専に強く期待したところだったと思います。しかし昭和一八年のご入学だと、卒業は戦争が終わってですね。

吉田　ちょうど二〇年九月卒業、二年半です、短縮ですから。本当は二一年三月卒。だから二一年卒業っていうのは誰もいないと思いますがね。

——戦争末期の二〇年四月以降は授業がありましたか。

吉田　それはありました。この間に動員してますからね一年間。

——最後の一年間は、学校ほとんど閉鎖状態の所が多かったみたいですが。

吉田　理工系学生は卒業後に兵役に服することになっており、兵隊検査のときは昭和一九年ですが、入営延期届けを提出して検査を受けましたと。検査の結果は甲種合格、飛行兵でした。兵隊検査は本籍地の茅ヶ崎で受け、動員中は帝国石油に。

——帝石に行ってらっしゃったのですか。

吉田　ええ。二泊三日の旅費が支給されました。検査のとき、在学中に幹部候補生を受験するようにいわれました。それで幹部候補生試験に合格して、卒業後の昭和二〇年一〇月に仙台の陸軍飛行学校の入学通知を頂きました。

——これは、結局なくなったわけですね。

吉田　そうですね。

——波瀾万丈ですね。ご卒業後の就職はどのように。

吉田　（勤労動員で指導を受けた）山下教授が、吉田君この仕事が好きですかとの問いに、好きですと伝えたところ、この仕事をしてる会社を紹介しますといわれ、卒業後その会社に入社することになりましたと。普通は帝国石油へ全部行きます。この山下教授は表教授の先輩でございますが、昭和二三年に探鑛学科が新設され、山下教授は主任教授となられましたということなんですが。

私のクラスは、採油科が前に申し上げましたように第二回目でございまして、一回目は四〇人ぐらいだったんです。二回目から七三人採りまして、大学進学者が一〇数名程度はいたと思われます。私も大学に進学したかったんですが、貧乏のためできませんでした。他の大部分は、帝国石油で勤めております。高等学校教員が五〜六名と、私のような特殊な会社勤めが二〜三人。

私の勤務した会社は、先に示したように「日本物理探鑛株式会社」です。社長は、地学辞典という古今書院で初めて発行した理学博士の渡邉貫です。鉄道を辞められて、昭和一七年に会社を設立されましたと。特殊な地質調査業務を事業として始められた先駆者でもありますと。

渡辺社長亡き後、私は昭和五四年〜六一年の七年間、社長を務めました。私は入社以来、一三年間に調査したのは、若いときですね、北海道から南は沖縄まで一六〇カ所、渡辺社長および上司より調査結果についての解析業務について指導がありました。また、公表してもよい調査結果については学会に報告し、研鑽を積むよう指導されました。

――帝石に入られた方は、戦後もだいたい皆さん帝石にそのままいらっしゃったのですか。

吉田　ええ。今度、石油資源とかいろいろ分かれました。それで、帝国石油ってのは、初めのうちは、いろいろな石油の会社がございました。

――合併したのですね。

吉田　それで、秋田の油田っていうのは、結局地下で山型になってる所にガスがたまって、その下に石油があって、一番下が塩水になってる。このトップに当たると、ガスと油が出るんですが、ですから、いち早くみんなそこを狙うわけですよ、他の会社が。石炭と違いまして液体ですから先に突いた人に取られる。今度こっち側突いても少なくなっちゃうわけですね。それで、競争して無駄な井戸がたくさんできるわけです。その当時、私が勤労動員のときも油田の掘った跡がたくさん並んでました。砂の層がこうなっているような所に石油がたまるんで。ですから、山のこういう所にずっと線上にたくさんあるわけです。無駄なことをしてはいかんというんで、会社を一つにして、帝国石油にしたと。今は国際石油とか何とかになっているようですけれども。

――吉田さんは、技術士をはじめとして、難関資格をたくさんお取りになっていますが。

吉田　私の取得した資格は、技術士本試験、甲種火薬類取扱免状、物理探鉱技術協会賞、土木地質に対する屈折波法に対する学問技術の貢献、それから、測量士の登録、さらに、理学博士の学位。

――学位は北大ですか。

吉田　これは北大ですね。北大の理学部の教授がちょうど地震探鉱をやっておられまして。表題が『不規則な地下構造の解析法についての研究』っていうんで、これはあとで製本して出したもんです。

――論博は大変だったんじゃないですか。

吉田　そうですね。英語とドイツ語の試験がございました。教授の部屋で、何見てもいいから字引引いていいから訳しなさい。論文の要旨ですからね、四～五行ぐらいしたね。英語の方は楽なんですが、ドイツ語はよく見たら津波の速度でルートghって、gは地球の重力の加速度、hが水深なんですよね。ルートghに比例するわけですという、津波ですから、tsunamiってなってて。

――津波は英語でもtsunamiですね。

吉田　だから割合に簡単だった。そしたら、吉田君、ちょっと、ドイツ語これ簡単だから大学院の入学試験に出して、これちょっと宿に持ってっていいから、明日の朝持ってきてくれと、明日は物理についての先生方もおられるし、いろいろ質問があるから。

——口頭試問ですね。

吉田　ええ、それをやるからということになってね。待てよ、物理の試験の方が大変で、ドイツ語はこれ難しくって解けないいんですよ、このぐらい書いてありますからね。見たら、何か印刷のこと書いてあるようで、これはできないなと思ったらそれは放っておいて、先生これちょっとできないっていったら、いいです、いいですって。

——技術士も難関資格ですが。

吉田　ええ。第二回目ですね、私の場合は。一番最初は日本工営の社長とか、そういう方が受けられまして、新聞にみんな出ましてね。そのときは何持ってきてもよろしいというんですが、時間が限られてますからそんなの見ていたら駄目になっちゃうです。それで、私ら二回目から持ってこないようにということになりました。

——専門学校卒業された方は、技術士の資格取ってやってらっしゃる人が多いみたいで。

吉田　そうですね。会社は、博士の学位よりも技術士がないと、仕事が取れないことが多いんです。トンネルの設計やってる会社なども。

——話は変わりますが、戦前の専門学校は教養教育が不足だったという声がありますが。

吉田　教養の意味の捉え方ですが、一般にはいろんな事象に対して問題を解決できる能力であって、高等教育を受けたから教養があるとはいえないと思います。

　しかし、専門的な領域の学問は、基礎的な知識がないと前進しないので、この基礎的な知識を得るための学問を教養という場合もあろうかと思います。いずれにしても、問題解決のため自分自身が考えるべきでしょう。英語は、文系、理工系を問わず必要で、海外へ留学もして話のできる英語を学ぶべきというふうに思います。

——戦後は、官立専門学校がなくなって大学の工学部になりましたが、戦前の専門学校のような教育もあって良いかなと思いますが。

吉田　私の秋田鉱専時代は戦争中であり、文系と異なり入営延期となっておりました。先に述べた、「浜までは海女も蓑着る時雨かな」の俳句が、私の人生訓となって今日に至ってます。今、秋田大学の資源学部は、旧秋田鉱専の卒業者も同等に北光会員としてお互いに絆を深めております。東京支部では毎月第一木曜日に北光会が開催され、講演会と懇親会が開催され、今年で三百数十回になります。私も二回ほど講演をしました。また、奇数月の第三土曜日には、サタデー北光会が開催され学生時代の話でにぎわっております。

秋田鉱専の時代についての感想としては、寮生活、学業、動員による作業など、いずれも自分の卒業後の生活に、有益であったと思います。今後の専門学校の在り方としては、昔と異なることは当然ですが、専門とする業務についての実習と学業を両立させることが、専門学校の理想となることは昔も今も変わりはないと私は思います。

さらに一般的なことについて、現在の若い学生に忠告を与えさせていただきますと、私の専門とした土木の地質調査で、限られた費用の中で最も効果を上げるためには、工事の目的を十分把握した上で調査することです。ここに知識と経験が問われることになります。

近年になって、土木地質調査にもコンピューターによる解析が行われておりますが、どのような解析手法でも自然現象の把握には未知な部分があることは事実であります。しかし、世の中がコンピューター解析をしたとなると信用する、という風潮があることは確かであります。例えばトンネルの内腔断面の変形計算でも、与える物性値に誤差が多分に含まれているにもかかわらず得られた数値を信用するなど、人間がコンピューターに使われないように注意する必要があります。

私ども、土木地質で対象としている、わずか地表下一〇〇メートル内外の範囲内でも、まだ分からないことが多くあるということは、そのような仕事に携わる人にとって研究の励みになることでしょう。私は、今から数年前に早稲田大学の客員研究員をしていたころ、教授はあるテーマを宿題として学生に出したところ、同じ文章で答えが出されたとのことです。全てコンピューターに頼るということが現実のようです、ということなんですが。

——いわゆるコピペは、残念ながら大学でたくさん出てます。学生も上手になって、少しずつ変えるんですが見る人が見れば分かりますから。

吉田　私も、学会に随分入ってたんですが、今は物理探査学会は名誉会員ですから、送ってくるわけなんですが、雑誌をですね。それで、応用地質学会、地震学会、地すべり学会で、昭和二〇年からこのぐらいになって、それを秋田大学に寄付したんですけれども、あんまり先生が喜んでないんで、よく考えてみたら図書館にみんなあるんですよね。それと、学生があんまりそういうのはあれしないで、みんなインターネットで調べるという風潮があるんでね。学生さんがそういうのを特に欲しがるということもあんまりないようなんで。それで、いろいろ先生方に聞いても、本は燃やすごみに出しちゃってるんですよなんて、そういうことといわれましてね。

私もいろいろ本があるんですが、私の会社に理科大を出た人が昔の歴史地震について勉強してましてて、古文書読んで昔の地震がマグニチュード幾つに相当するかっていうのを計算してるわけ。その人にみんな送りまして、要らなきゃ捨ててくださいってこのぐらい送ったんですけど。

——長時間、ありがとうございました。

吉田　お役にどうも立たないようで。

——いやいや、興味深いお話がたくさんお聞きできまして、随分勉強になりました。ありがとうございました。

A氏

一九二七年生まれ、八五歳。

一九四五年金沢市立工業学校卒、同年金沢工業専門学校（金沢工専）電気通信科入学、一九四八年同校卒業、母校で教務員、電電公社研究員、金沢大学工学部助教授・教授、金沢工業大学教授を歴任。工学博士。

一　官立高工入学前

――ご出身はどちらですか。

A　小学校はこの金沢近郊に鶴来町という町があって、今は白山市に統合されましたけど。

――鶴が来ると書く町ですね。

A　ええ。昭和一〇年に小学校に入学しまして、一六年に卒業という時代でございまして。

――そういたしますと、小学校時代はまだ開戦の前ですね。

A　まだ平和なもんで。戦争が始まる年の三月に卒業したんですね。家族にそういう軍隊行く人をあんまり身近に感じなかった…そうか、やっぱりおじなんかが軍隊行かされまして、それは影響ありましたね。私の家は父親が表具業をやってまして。

――金沢には、表具のお店は多いのでしょうか。

A　わりにあるかもしれませんね。鶴来町は、手取川って川が白山から流れてきていまして、その山からちょうど平野に出る出口のとこに鶴来町がありまして。その川の上流の人たちがみな買い物に来るので、商業都市みたいでした。また、山間部の方がお正月とかに襖を張り直すとかいうような習慣がありました。そんなことで、父親と山の方や農村の方へ出かけたりして。

――先生は、そのまま金沢で中学校へ行かれたのですか。

Ａ　そうです。金沢市立工業学校というのがあって、そこへ昭和一六年に入りまして。入ったときは確かに配属将校っていうのはいましたけれども、あまり軍事色っていうのは感じなかったんです。

――工業学校は、旧制中学と同じレベルですね。

Ａ　旧制中学と同じですね。そこの電気科に入りまして。英語の授業なんかが三年生ぐらいまではそれまでのカリキュラムできたのかな。それから、急に変わりだして、例えば、野球なんかも禁止されたり。それまでは野球も排球もみんなやってましたけどね。

――電気科ですと、教科書の中には英語のものもあったのでしょうか。

Ａ　旧制の工業学校ではそんなのありませんでしたね、英語は、普通の英語の教科書で勉強しました。

――先生のご兄弟は。

Ａ　九人もおりまして。姉がいましてその次が私で長男。小学校のとき少しは成績良かったもんですから中学へ進みたいと。父親が、長男っていうものは家業を継ぐもんだっていうことで。

――電気科と表具店と少し違いますね。

Ａ　近所の親しくしてる方でとてもかわいく面倒見てくれる方が、進学されたらどうかというふうに。小学校の先生も進学したらどうかっていうので、とうとう父親が折れまして。最初は金沢一中へ行くっていってたんですけども、中学だけじゃどうにもならないから、その先が分からないというので。

――金沢一中は名門校です。

Ａ　そのときに、クラスで一人金沢一中に入ったかな。その方が、当時は肺結核って怖い病気ですね、なったらなかなか治らないっていう。その優秀な学生さんが中学二年生のときに亡くなったね、今は簡単に治る病気なんです。

――先生のころ、小学校から旧制中学や工業学校などに進学される人は、どのぐらいおりましたか。

A　二〇％弱かな。やはり金沢市と付近の町と、それからもっと先の村とでやっぱり違いますね。金沢市の方は市内を歩いて通えますけども、鶴来町だと三〇分ぐらい電車に乗らねばならないからね。

――先生は、下宿されないで電車通学を。

A　みんな電車で通学してました。それで、鶴来町までは直通電車が来てます、それより先になると、また別の能美線という電車とか、あるいは山の方にはちょっと小さな機関車が引っ張る汽車がありますけど。それは本数が少ないもんだから、そこの方が通学するにしても非常に時間かかるし不便だから、ガクンと進学する％が減ります。それから、どっちかっていうと、金沢市内の小学校は教育が進んでて、田舎の方はやっぱりレベルが低いもんで、受けても落ちたとかいうのございます。

――受験勉強のようなことは鶴来町の学校でありましたか。

A　塾じゃないけど、夜にそういう別の学校もあったりして、勉強したようですけど、私、田舎の方ですから遅れておりました。

――先生のご兄弟の方は、失礼ですが皆さん進学されたんでしょうか。

A　私の次の弟が五歳下だったもんですから、ちょうど新しい中学校ができて、新制高校もできたような時代だったもんですから。親も子どもが大勢いるもんだから大変だったですが、これもやっぱり近所の方が一人大阪に出てられて、その方の伝手で。なんかちょうど子どもさんがいない方がぜひ養子に欲しいっていわれて、それで養子に行ったおかげで進学できたような。

――ちょうど新制への切り替わり目ですね。

A　新制高校が、最初は旧制中学から入った方と新制中学から入った方の両方ミックスしたクラス編成だったです。二五年に弟と一緒に当時金沢に下宿してて、その一年生か二年生ですから。昭和二四年ぐらい高校入ったかな、待てよ三一年に弟は大学出てますので、そうすると二七年に卒業になりますね、二四年入学ですかね。

――大変な時期ですね。

Ａ　そのまま中学校で卒業してもよいし、高校へ進んでもいいというような時代でした。その次の三番目の弟は、とうとう親に説得されて表具業を継ぐことになりまして。

――先生は家業をお継ぎにならなかった。

Ａ　結局継がなかったんです。その次の弟は一応金沢大学出ました。私は昭和一六年ですから戦争が始まる直前に入ったわけですね。その年の一二月に開戦したわけですね。そして三年生まで普通の授業で、急に戦況が厳しくなりまして、中学生もみんな工場へ勤労動員に行った。

――先生が工業学校に入学されたころは、まだ授業は普通に行われていたんでしょうか。

Ａ　普通にやられました。

――工業学校を卒業される頃までは、まだ大丈夫だったんですか。

Ａ　三年生までは正常でしたが、四年生になった昭和一九年に戦況が急に悪化し、五年で卒業するのが四年に短縮されたんです。一年先輩は五年でしたけども。私どもは四年生の秋から半年間、工場へ勤労動員しました。金沢市に津田駒工業※っていうのがありまして、社長が津田駒次郎さんっていうんで会社が津田駒っていう会社なんです。世界で繊維の大きな会社っていうのは五社あるそうです。繊維の機械を作っておられます。そんな五社で、あんまり大きくすると相手がつぶれるからお互いにバランス取って世界で共存して、日本に三社だったかあった。津田駒はそのうちの一つで。戦争中はもちろん軍事工場になってまして、機械の旋盤を操作することを覚えたり、ドリルで精密な穴を開けるとかね。

（※津田駒工業株式会社。金沢で創業の織機メーカー。「K型織機」は国内外のベストセラー織機になるが、一九四一年に戦時対応で織機生産が全面禁止になり、A氏が勤労動員された時期は、航空エンジン部品や弾丸製造等を行っていた(4)）

――先生は工業学校を卒業後に金沢工専に進学されますが、工業学校からはそれほどたくさん専門学校へ進学されないでしょう。

Ａ　そうですね。私どものクラスは五〇人ぐらいのクラスで、三人受けて一人おっこっちゃったんだな、二人だけで。なんか枠があったようで、そういうなんか制限されてるような感じでしたね。何か違ってた。工業学校の卒業生は早く社会へ出て、国のために働けっていうような雰囲気があった時代でございましたね。だから、あまり大量に入学させなかったような感じがしますね（注：文部省通牒で工業学校等の実業学校からの進学制限が行われていた。第三章第三節二「傍系入学制限策」参照）。

――学科試験はありましたか。

Ａ　そのときは、面接だけでした。

――推薦枠があったわけですか。

Ａ　いや、国の方針で受験勉強に時間を取ったりしては（だめという）。みんな軍事工場へ勤労動員してるときですからね、そういうことにあまり力注いじゃ困るというので、面接だけになった時代ですよね。

――そうしますと、工業学校での成績で。

Ａ　と面接。

――工業学校に入学されたときに電気系を選ばれたのは理由があったのでしょうか。

Ａ　いや特にあれですけども。機械系のものよりも、電気のラジオとかに興味持って。

二　官立高工在学中

――金沢工専に入られたときは、もう高等工業ではなく工業専門学校ですね。

Ａ　一九年ぐらいには工業専門学校に変わってました。

――工業学校へお入りになったときと、工専に入られるときに、軍の学校へ行かれるという選択肢は考えませんでしたか。

Ａ　そんときやっぱり、元気盛んな人は予科練とかに。数は少なかったですね。

――少なかったですか。

Ａ　ええ。旧制中学はまだいたのかな、海軍兵学校とか陸軍士官学校。このころは割合少なかったですね。で、親戚のおじが、科学技術が大事だから軍ばっかり行っては駄目だって説教されて、それで。

――工専へ入られたころは、戦争が終わって混乱の真っただ中だったのでしょうが、社会の様子は変わりましたか。

Ａ　すごく変わりましたね。それまではお国のために尽くせっていうようなことだったのが、今度は文化国家を目指すっていうようなことになりまして。それで価値観が一八〇度変わったってことをおっしゃる方もいましたけど。自分の好きなことを自由にやりたいっていうのも、確かにありましたね。金沢には、米軍図書館といってましたかな、東京と京都、大阪、北陸に。金沢は利用する人がわりに少ないから、先生方が利用され、私なんか卒業生も利用したりしておりましたけど。その後に日比谷へ行きましたら、日比谷の方が規模が大きいですけどもすごい大勢の利用者がいましたね。金沢はやっぱり、なんか志向がありましたよね。戦争中ですけど、金沢高等師範っていうのが一時できたんですね。

――金沢の高師は短期間でしたね。

Ａ　ちょっとできたんですけど。それから美術工芸専門学校っていうのができましたね、金沢市立で。わりに学生が多い町でした。東京に、赤井米吉さんって自由学園を経営されている方が金沢に金沢女子専門学園をつくった。戦後、北陸ではもちろんそれ一つでしたけどね。金沢は学生の多い町で、昔から学生を大事にする市民の気風もありましたので、学校祭とかいろいろ活発にやっておりましたね。

国民体育大会が、昭和二三、二四年に京都で第一回をやってから第二回は昭和二四年に金沢でやりましたね、食料事情もあったんでしょうけど。そのときに、金沢には陸軍第九師団の司令部があったりしたもんですから、市内に陸軍の建物とか土地もあったもんで、それを利用して国体やるためのテニスコートを作ったりとか、そういう点では割合恵まれていたんじゃないかなって感じはいたしますね。

――専門学校入られたときも、工業学校で選んだ電気をそのまま続けて。

Ａ　そのときは、電気でも大きなモーターを回すよりも通信関係ですね、好きで。電気通信科っていうのができたんでそこへ入ったんです。

――戦争末期のころに通信系が沢山つくられました。

Ａ　そうですね。今までの電気工学っていうと発電機とかモーターとか主体でしたけども、通信系が伸びてきて需要もあったからでしょうかね。

――一クラス五〇人くらいですか。

Ａ　電気通信科っていうの四〇人のクラスですよね。電気科は八〇人ぐらいですかね。

――電気や機械は規模が大きいですね。需要があるということなんでしょうか。

Ａ　学生の就職の基盤っていうか、社会のニーズに対応してたっていうことでしょうかね。通信系っていうと、日本でいえば日本電気って会社は昔から通信やってます。それから、その後に富士通が出てきて。日立とか東芝さんも通信やってましたけど、やっぱり電気通信の関連の仕事では日本電気と富士通が強かったですね。電子工学系の関係は日立も東芝も。

――工専に入られた頃の授業はどうだったのでしょうか。

Ａ　入ったときは二〇年春ですけれども、自宅待機っていうか。そのときは工業学校の後輩が勤労動員されている工場へ監督みたいに行ってました。八月の初めぐらいから工専の勤労動員が始まりまして加賀市の方に。今でもありますが安立電気※という会社が。そこで午前中は高専の先生と、それから安立電気の専務さんみたいな方が授業を教えてくださって。

（※現在のアンリツ。一八九五年操創業の情報通信ネートワーク関係企業。Ａ氏が勤労動員されていた時期は、同軸ケーブル用中継装置の製造など）(5)

――勤労動員先ですか。

Ａ　動員先で。午前中勉強して午後は通信機のハンダ付けをしたりね、作れなくてもやっておりましたね。

――金沢は空襲されましたか。

Ａ　やられなかったんです。危ないといわれたら先に富山と福井が空襲を受けまして、次は金沢といわれて。所々で防災の意味で家を壊して火災の延焼防止に。爆撃受けなかったので町が残ったんですけどね、家を壊すんですよ、えらい迷惑なことで。

――授業は八月一五日を迎えてからどのように。

Ａ　九月の中ごろから授業が始まったんですね。

――他の学校もだいたい九月半ばぐらいに授業再開されたようですが、あれだけの戦争に負けてから一か月足らずでというのは、随分早いなと感じますが。

Ａ　私どもより二年前の方は、非常に気の毒でした。一年生のときに授業やりまして、急に戦争が始まって二年生から勤労動員。三年生の六、七月ごろに学校戻ってきて授業をやる計画をして、二年半で卒業されましたね。昭和二〇年九月にはろくに授業がなかったのに卒業させられちゃったっていうか、後の学生さんが入ってくるもんだから。だから一番気の毒だった。

――工専の勉強は、だいたい午前中が座学、午後実習のパターンですか。

Ａ　かなりそういうパターンです。午後は全部実習ばかりというわけではありませんけども、やっぱり実験、実習は午後やっていましたね。午後に講義がある場合ももちろんありしたけど。当時は物資が不足ですから、英語の先生なんかも以前に発行されたプリントの裏を使って手書きのテキストを作られた。昔は、いわゆるガリ版で切って先生が印刷されたものが配られて。本も買えない時代でした。とにかく、数学なんて本が不足なもんですから古本屋が繁盛しましてね、買おうとするとなかなか高くて。

——九月から授業開始ですが、教員の方はあまり出征されずに残ってらっしゃったんですか。

A　教員の方もやっぱり（いろいろ）。一人の先生は、金沢の奥の方に日本電気の研究所が疎開してきて（そこで働いて）おられたんですが、その先生のおじさんが、金沢高等工業の機械科の先生をしておられたんで、終戦になったら他の方はみんな東京へ引き上げられたんですけど、その先生はおじさんに金沢工専の先生になれということで。だから、NECでいろいろ研究なさって工専の先生になられたっていうケースもありましたし。あとは、大学へ進む方もおりましたね。

——工専時代の授業はずっとあったのですか。

A　二〇年に入りまして、九月から授業が始まったわけです。そしたら当時は、とにかく非常な混乱期で、しかも食料不足で、餓死する人が出たんで新聞が騒ぎ立てて。お正月は、皆さん遠くから来て金沢に下宿していらっしゃる方もいるもんだから、二月一一日までお正月休みってこともありましたね。そういうことで、やっぱり授業時間は、十分には取れなかったと思いますが。

——食糧難は、大変だったですか。

A　金沢でも地元の人は割合よかったんです。ところが遠くからいろいろ来られた方は、下宿してると非常に困るわけですね。例えば高山から来られた方なんかおられましたけど、高山にはこういう専門学校がないもんですから金沢へ来るしかないということで、そういう方は困られたわけですね。

——専門学校での英語の授業はどうだったでしょうか。

A　ええ。外地留学された先生なんかおられたですので、レコードプレーヤー持ってこられまして、授業で生の英語を聞かせていただきました。それも当時はなかなかそういうのが聞けない時代でしたから。なにしろ戦争中で、旧制中学時代の一番力が付く時期に英語は三年生までだったわけです。

——旧制高校は、語学教育に力を入れてましたね。

A　旧制高校は数学と語学をゆっくり、ゆっくり時間かけて。旧制高校から旧制大学出られて先生になられた方は英語を読んだり書いたりする力は十分おありですが、しゃべる方はやられる先生とやられない先生で全然差があります。

——読み書きはかなりきちっとやっていても。

A　実際に自分の仕事で英語で論文書くっていうの、昔はあんまりそういう習慣なかったですね。英語の論文なんて投稿するとものすごく投稿料高くて、日本人はとても投稿できないですよね。今はほとんど差がないもんですから。だから英語の論文投稿したり、国際会議に出るってことができるようになった。

——先生が金沢工専の最後の卒業生ではなく、あと何期かありましたね。

A　二五年、二六年…。

——金沢大学金沢工業専門学校というような学校名に。

A　そうですね。新制大学が発足しましたから併設してましたね。

——先生は、卒業証書は金沢工業専門学校卒業ですね。

A　ええそうです。そのころまだ金沢（大学）できてませんから。

三　官立高工卒業後

——先生は、工専をご卒業後に大学にお進みになったのですか。

A　いや、家庭の事情でとても行けないです。で、今の電気通信研究所、電電公社の電気通信研究所というのがまだできる前で、今の通産省の産業技術総研ですが、あれ電気試験所っていわれてました。

電気試験所で通信部門が分離するという動きがあったときに、通信関係希望するということで受験しようとしたんです。そしたら、その直前に先ほどお話しした日本電気におられた先生が、おまえ学校に残らんかというような話をされまして、それで学科長と話をするかといわれて。それがまだ決まらないうちに東京へ受験しに来たわけです。そしたら夜そこへ電報が来まして、学校へ残ることになったから試験を棄権せよという。

それで、工業専門学校では助手というようなことじゃなくて、教務員という格好で残ることになりました。そのころは、なかなか就職難でございまして、二三年ごろは国家的になんとか卒業生を救済するために、今のＪＲ、国鉄だとか、それから今のＮＴＴが学生さんを採ったりされたんですね。メーカーさんはなかなか採られなくて。

北陸電力は、やっぱり地元である程度採りましたね。それから音響関係の日本コロムビアとかビクターとかですかね。ビクター入った方なんかは、半年してストが起こって一部解雇されて、一部はまた会社へ戻ることができたようですけど、なかなか大変な時代でした。

製造会社はなかなか学生を採らなかった。皆さん大変だったんだ。地元で電気以外の商社に勤めたり、自分でなんか全然違うことやったりする人もございましたね。東北大学に進んだ人がいましたかな。

――先生、そのまま専門学校にお残りになって、教務員から大学に移行されたんですか。

Ａ　せっかく先生に呼んでもらって勉強させていただいたんですが、二五年に公務員試験というのが始まって。それで第一回だったんですがそれを受けて。先生の方ではおまえの好きなようにやれと。学校へ残ってもいいし、出てあそこに行ってもいいという。で、電気通信所に昭和二五年に入ったわけですけど。それがまた十何年たって学校（金沢大学）へ戻ってこないかっていわれて、戻ってきたんです。

――なるほど。金沢大の工学部の教員はＯＢの方が多いのでしょうか。

Ａ　学科によりまして。教員もあまりＯＢだけで固まっちゃまずいから半分ぐらいにしようとかね、工夫して教員を採用しておりましたけどね。
　学科によっては、大学できたときにあっちこっちの旧制大学から先生に来ていただいて、その後を継ぐ方を金沢大学卒業者を採られて、それがあんまり多すぎるとやっぱり沈滞するわけね。それで、そうなるとまたなるべくよそから引っ張ってきてとかね、いろいろ波がありますからね。

——金沢工専の先生は、そのまま金沢大学に移行されたのですか。

Ａ　そうだったんですね。そのときに大学をお辞めになった方もおられた一方、新しく採用された先生もおられるというような状況ですね。あのときだいぶ異動がございましたね。落ち着いてくると、地元の方がいっとき増えた感じはありましたね。

——公務員試験を受けて研究所に入られて、そのころの研究論文は英文が多くなってきたんですか、まだそうでもないですか。

Ａ　通信研究所は、お金持ってたから外国の雑誌を多数取っていましたけど、地方の大学は、一学科でやっと一つの雑誌を取れるようになったって時代でしたね。それでも、当時まだゼロックスやコピーがない時代で、そうすると大勢の人が読みたいもんだから、同じ雑誌を二冊取りまして、一冊は図書館に置いて一冊は論文をちぎりまして。ページなんか裏表で違う論文にまとまってるとこは写真で撮って、個別に論文毎に貸し出ししていました。なかなか外国雑誌も高い時代で、コピー機もあまりない時代でしたもんで。

——青焼きのコピーもまだですか。

Ａ　青焼きのコピーはわりに早く。その後、ゼロックスになるまでがちょっと時間がかかりましたね。最初は値段も高くてなかなかコピーを取らせてもらえないってなことがありまして。中央と地方の大学の外国の情報の入り方が違いましたね、初期のころは。昭和三〇年ぐらいまでは地方の大学はなかなか情報が手に入らなかったんじゃないですかね。

——研究所には、一〇年くらいいらっしゃったんですか。

Ａ　一二年いました。

——どのようなご研究を。

Ａ　わが国の電話機の数は、戦争中の昭和一五～一六年ぐらいがピークで、終戦時にはだいぶ電話機の数も減りましたね。それをまず復興させて、それからだんだん電話機の交換機、それまで交換手が出て、公共の電話でも何番の電話につなぐかを手でやってた時代。それを自動交換機に換えていくような作業がありましたけど、私は長距離の電話を効率よく送るための長距離の電話伝送の研究をやっておりました。それから、信号波形の伝送も行うっていうようなことをやってました。それの一切のシステムと改良、フィルターとかイコライザーっていうようなものの研究をやってました。それがわりに数学っぽいことをやってまして、それで大学からお話があったりで迷ったけども数学っぽいことやりたいなと思って、三七年に金沢大学に（戻ってきた）。

——金沢大学では電気工学科ですか。

Ａ　電気工学科ですね。その二年後に電子工学科もできたんですよね。電子工学科へ行きたいと思ってたけど、いろんな都合で電気工学におりましたけど。金沢大学を退職後に金沢工大へ行ったんです。金沢工大は今や有名校です。

——先生の工専時代の同期の方には、どのような方がいらっしゃいましたか。

Ａ　私の同級生で持田さんというのは、最初に日本電気音響っていう会社へ入りまして、その後に日本コロムビアになったんですが。それからヤマハへ入って電子楽器を初めて作り出したんですね。普通の市販のトランジスタ類では性能が安定しないっていうんで、日立さんと組んでトランジスタの開発から始めたわけです。電子楽器を初めて世の中に出したというので、科学技術功労者として科学技術庁長官賞をもらったんですね。この人、学生時代から好きなことに一生懸命熱中してやる方ですね、外国に行くために、外国人と一対一で英会話を習ってわずか二～三週間勉強して海外で仕事してきたとか、そういうことやってのける方だったね。

それから、これも私の一年先輩の奥村っていう金沢工業専門学校二二年卒業の方が、昨年ですけど日本で初めて、工学のノーベル賞といわれるチャールズ・スターク・ドレイパー賞っていうのを受賞された。これはNTTの研究所に居たときに、移動通信の関係を研究されて。

――金沢工専の卒業生ですね。

A　卒業生です。日本人で初めてこの賞を受賞した。アメリカ人三人と、奥村さん、ノルウェー人一人と、五人で受賞したんですけど。移動通信の研究は、アメリカ、ヨーロッパ、日本でやっていたわけですけども。この方は、非常に行動派の方ですね。自動車電話なんて、そんなのあまり使う人も出ないと思って、それを研究テーマに取り上げになるのがだいたい一苦労されるわけです。それを上司を説得して、かなり先まで見込んで予算を取って。今まで通信っていったら、電波を出すところと受けるところにアンテナがあって、それで例えば五〇キロ先のビルの屋上へ電波を届ける。これでよかったんですが、移動通信になると電波を出しても受ける方は動いてるわけで、そうすると電波の伝わり方の状況が刻々変わります。次の基地局があってそこへうまく移り変わるのはどうするかと、もう全然状態変わる。で、途中の電波の伝わり方も周りがどんどん環境が変わるもんですから、電波の伝わり方が分からないと。その奥村さんっていうのは電波の伝わり方の研究を。

――それで自動車電話に。

A　ええ、先鞭つけられたっていうことで。四五年でしたか関西万博がありました。あそこで初めて披露されたのが世界で初めてだったといいますね。先鞭つけたのがNTTの研究所で、その研究テーマを設計されたのはこの人が。NTTもうからないことは研究させませんからね。自動車電話とか移動電話は必ず普及するということで説得して研究室を作られたっていう。研究室の規模が大きくなってきたら、みんな大勢の若い人が参画された。この方は、今、八七歳かな元気な方ですが。

――工専の卒業生には随分優秀な方がいらっしゃった。

A　やっぱり日本全体が貧しくて、親は子どもを大学まではやれないと。しかも東京や京都、大阪の大学だと、その地で下宿する費用まで出せないと。そうすると近くの専門学校という道を選んで。素質は非常にあった人も工専に入ったということなんじゃないですかね。

――官立の実業専門学校は、かなりのエリートだったようですが。

A　年代にもよりますが、とにかく初期のころは、金沢高等工業の応用化学なんか志願者は一〇数倍の倍率だったとかいうような話がありましたかね。かなり裕福な人は大学目指して行けるけど、普通の人は…。年数も長くなる、親がサポートできないっていうことになって。

――先生、急にお願いをいたしまして、お時間を取っていただき、長い時間いろいろとお話を伺えまして本当にありがとうございました。

三　宇都宮國男　氏　（うつのみやくにお）

一九二五年生まれ、九〇歳。

兵庫県立工業学校卒、一九三七年神戸高等工業学校（神戸高工）電気科入学、一九四〇年卒業、同年大阪帝国大学工学部航空学科入学、一九四四年同大卒業、陸軍で技術将校、戦後は大手電機メーカーで技術者として勤務など。

一　官立高工入学前

――宇都宮さんのお生まれは。
宇都宮　私は神戸です。神戸で生まれてずっと神戸。親は広島です。それで、もう若いときに神戸出てきて。
――お父さまは、どこかへお勤めだったのですか、それとも自営を。
宇都宮　いや、その広島の先輩っていうのかな、その人が神戸に出てきて成功したと。それを頼って出てきたんです。酒屋さん。その先輩が場所がよくて成功した。
――宇都宮さんはご長男ですか。
宇都宮　いえいえ一番末。
――何人ご兄弟だったのですか。
宇都宮　何人かな。女が四人で、男が生きてるのは八人ですね。
――その一番下ですか。
宇都宮　ええ。まだ下がいたんですけどね、みんな死んじゃった。
――そうしますと、神戸で生まれ育って神戸の工業学校へ入られた。
宇都宮　兄は神戸一中に行ってるんですよ。私も行くつもりだったんだけど、親父が早く死にましてね。「おまえは行かされへんから工業学校行け」って。

――工業学校の学科の希望がありましたか。

宇都宮　そうですね。それは、工業へ行くときにどこの科にするかっていうのがね、もう兄が一五ぐらい上ですから、兄と小学校の先生が私の母と相談して、「おまえは電気に行けばいいんじゃないか」と。「ほかの建築とか土木とかには向かんだろ」と。で、電気に。私の意思っていうのは何もないんですよ。

――機械とか電気は、汎用的で応用が利くということでしょうか。

宇都宮　そこまでは考えてなかったですよ。とにかく、こいつはどこ行かせたらいいだろうというと、まあ、電気ぐらいしかないなって。そうらしいです。学校の先生と相談して、「おまえは工業学校の電気に行け」と。

――工業学校の同期生は、ほとんどご就職ですね。

宇都宮　あの時分は半分強制じゃなかったですかね。政府の行政指導があってね。満州方面に行くのは何人って大体決まってたわけですよ。だから、成績の悪い人はどうしてもあっち行かされる。それが何人とかあったんだと思います。

――神戸高工を受験されたときは、受験勉強をずいぶんされたんですか。

宇都宮　兄が神戸一中行ってましたからね。いろいろ教えてもらってだいぶ勉強しましたよ。

――工業学校からの進学はかなり大変だったですか。

宇都宮　私の同級生が四〇人いて、浪人したん入れますと専門学校に全部で七人ぐらい行ったんです。ところがね、浪人せずに入ったのは二人なんです。その時分も非常に入りにくくて。工業学校でずっと一番通した連中は推薦で入れた。私なんかそんなんじゃないからね、自力で二人だけ入りました。

――四〇人中七人は比較的多いと思いますが。

宇都宮　多いんですよ、うちでも多い方です。どういう風の吹き回しになったんか知らんけど。その中で浪人せずに入ったのは私ともう一人だけ。

二　官立高工在学中

――神戸高工に入られてから、例えば、英語は工業学校時代の授業が少なかったと思いますが、ご苦労はなかったですか。

宇都宮　それはね、入学して最初の夏休みの宿題に「英語の本を翻訳して出せ」っていわれましてね。それまでの卒業生は皆さん書かされたらしいですけど、私のクラスはもう結局出さずじまいに終わったんですよ。だけど本は一冊訳せっていわれました。

――専門科目もかなり難しい授業だったと聞きますが。

宇都宮　だから、私なんかは工業学校の卒業生で、そういう専門用語は知ってますからね楽だったんです。だいぶ勉強させられましたけどね。

――私の以前の上司に、明治専門学校を卒業して九州帝大に行かれた方がおりました。

宇都宮　明専は四年制で一つ上ですね。神戸高工の校長、初代は電気屋さんなんですよ、名前忘れちゃったな（注：廣田精一、東京電機大学創立者）。その方が、神戸高工の電気をつくるについて「大学出はいらん」と。ということで、電気試験所におられた優秀な方を引っ張ってきたんです、われわれの先生で。電気主任技術者っていったら、一種、二種、三種ってありますね。その一種を通った優秀な方だけ来てるんです。だから、最初のころは大学出の先生がいなかったですよ。私らが入ったときは一人ぐらいおられたかな。

そのとき、ちょうど戦争で古い制度から新しい制度に変わる時分でしょうね、校長が代わったんです。そうすると今度来られた校長は、「電気にそういう博士号を持ったとか大学出の先生が要る」というんで。だいぶおありになったらしいんだけど、結局は電気は頑張ってそういう先生を採らなかったんです。そうしたら、私らのときの二代目の電気科長の望月隆二郎先生ね、その方は明専をトップで卒業して電気試験所に就職され、神戸高等工業の設立とともに教授になりました。学生に慕われて、お宅が集会所のようになっていて、終戦後の就職などにお世話になりました。

――宇都宮さんは自宅通学されたと思いますが、同期生には下宿の方が多かったですか。

宇都宮　自宅から通ってるのは少なかったですよ。東の方は横浜から来たのが一人だけで、あとはみんな西ですね。

――まだ食糧難になる前ですね。

宇都宮　そうですね、まだ普通の飯、食いましたね。

――学生も穏やかで勉強も一生懸命、遊ぶのも遊んでる？

宇都宮　ちょうどそのとき校長が代わってね。それまでは長髪でよかったんですよ。私の兄が二年上で長髪で。細かいことをいうと、冬になるとオーバー着るでしょ、マントでよかったんです。私なんかそれやりたいなと思ってたら、私が入った年から駄目になった。時期もそうなんでしょうね。

――軍事教練は始まってましたか。

宇都宮　とっくにありましたよ。私が工業学校におるときから配属将校いましたわ。

――工業学校卒業して、軍関係の学校に行かれた方はいなかったですか。

宇都宮　おりませんね。その点はそううるさくなかったですね。軍人の息子が一人いまして、それは海軍かどっかに行ってますよ、委託学生か。それだけでしょう。

――委託学生は難しかったようですが。

宇都宮　そいつはお父さんが海軍に行ってたか何かで。神戸って割にフリーやったんですよ、軍人になろうなんて男はいなかった。神戸が変わってたんですね、よそと。そこに新しい校長が来たからね。その校長が何とか、時局に沿うように盛んにやってたんですけどね。

——卒業後の就職は学校の紹介ですか。それともご自分でこういう所に行きたいと。

宇都宮　あのころの就職は文部省かどっか（注：厚生省）から来てたんでしょうね。だから、この連中は何人か知らんけど満州とかへやれって来てたと思います。だいたい制限あったん違いますか。

——宇都宮さんも学校からこの会社行けと、指導というか指示みたいなのがありましたか。

宇都宮　あったと思いますね。大学の場合は昔は切符だったでしょ。だから各会社に切符を渡して、必要な大学に切符を渡す。

——神戸高工では、クラブ活動のようなことはやってらっしゃいましたか。

宇都宮　私はサッカーやってました。

——サッカーは盛んだったのですか。

宇都宮　盛んというほどでもないですけど。いや、「ちょっと入ろうかっつったら、来いや」って。一遍だけ高工大会っていうか、それに優勝しました。そのときが初めてでね。その後は戦争でなくなっちゃった。優勝旗も焼けた。

——神戸の官立の高等教育学校は、神戸高校と高工と高商の三つですか。

宇都宮　いや、高等商船がある。今はそれがみんな一緒になって神戸大学。

——神戸は大きい街ですが、京都なんかに較べると官立学校が少ない気がしますが。

宇都宮　それは全然比べもんにならんですよ。単科大学ってのは（生徒数が）少ないですからね。われわれ四〇人でしょう。四〇人が四つで一六〇人ですか。それでしまいですから。

——昭和の一九年ころに生徒数が大体倍になってます。

宇都宮　そうそう、われわれから二年ぐらい後かな。

三　官立高工卒業後

——ご卒業後は、どちらにご就職になられたのですか。

宇都宮　いやいや、阪大に行った。大阪大学の航空。神戸高工の推薦でね、一緒に行った中には明治大学の工学部長になったのがいる。われわれのときは、専門学校から大学を受けられなかったんです。大阪帝大と東京工大は、大阪高工、東京高工の後身ですからね、そこだけは採ってくれた。あと電気は仙台（東北帝大）が採ってくれたんです。もう上級学校に進むっていってもその三つしかないんです。

——阪大の航空は学生数が少なかったんじゃないですか。戦時で増えたんでしょうか。

宇都宮　最初は一〇名、その次がやはり一〇名。私のクラスが一一名、その次から二〇名でずっといったんですね。そのまま終戦になっちゃった。

——航空はエンジンですか、それとも別の方面で。

宇都宮　私らの航空っていうのは機体なんですよ。エンジンは機械関係の方で。

——一八年三月のご卒業ですか。

宇都宮　うん。そのときに軍に採られましたね、卒業とともに。われわれの一年前が三カ月短縮。私らのときは六カ月短縮。だから私ら卒業と同時にもう入隊です。卒業したら徴兵延期っていうのか、それが効かないからね。

——どちらで入営されたんですか。

宇都宮　加古川に航空整備の部隊があったんです。そのときは、大学出るときに何ていうのかな、軍の、名前忘れちゃった。軍関係の方に行くというふうになると、試験を受けて通ったら六カ月訓練して中尉になれるんです。
　その試験を皆さん受けたんです。私は海軍関係の「愛知航空」っていう会社がありましてね、就職したんです。したけれども一日も務めずに軍に採られちゃった。そのときに、試験に通っとれば候補生か何かになって、半年たったら中尉になれたんです。試験を受けてたんだけど、途中で私は取り止めたんですよ。「陸軍に行ったらとても帰してもらえないよ」ということで、やめて一兵卒で行った。
ところが私の一年先輩が、この試験受けろよっていってね、結局一年遅れで受けたんです。何で一年前に受けなかったかっていうのは忘れちゃってね、もう「一緒に行こうや」って誘われて行っちゃって、そのまま陸軍中尉になったわけです。※

（※軍の技術将校制度は、陸、海軍で異なり、また歴史的変遷があるが、宇都宮氏が述べるのは、一九四〇年「陸軍武官等表」改正により、経理部等と並んで「技術部」が置かれ、工学または理学を学んだ大卒は中尉、高工卒は少尉に任用する制度である[6]）

――ずっと内地にいらっしゃったんですか。

宇都宮　ずっといましたよ。私なんか一年遅れの連中と一緒になったんだね。それで陸軍航空審査部っていう所に行きまして、そこで終戦までいたわけです。陸軍航空審査部っていうのは福生（東京都福生市）にあったんです。

――何を担当されたんですか。

宇都宮　結局はいうたら事務関係ですね。「一つの機体をおまえらお守りをせえ」いうんですね。それに関する情報は全部来るはずなんです。戦隊と航空会社の掛け渡し役だったんです。だから戦隊から来る情報は私の所を通らなきゃいかんわけ。面白いことにね、陸軍はメーカーと密接にくっついてて、メーカー丸投げなんです。だから私は中島飛行機の窓口みたいなものなんです。戦隊からこういう交渉があるがどうするかっていうのが来たら、必ず私の所を通って中島飛行機ってことになってたんです。ところが、実は戦隊から中島飛行機に直接行きおるわけ。直接行って「ここが悪いから直せ」、いうたら中島飛行機は喜んでやります。私が知らん間に勝手に直しとる。よく脚が折れたんですよ。それは何故かっていうとね、飛行機の弱い所があるわけですね。その一番弱いのを設計では脚の後ろ辺にしているわけですよ、安全率を考えて。だから壊れるのは当たり前なんですよ。ところが、戦隊は困るわけですよ、それが壊れたらもう運転できないから。だから強くせえやと。そうすると一番初めに直したのは脚の尾輪なんですね。その次、またよう壊れるいうのは尾翼へいく間に桁ていうのかな、それが一番尾輪に近い所からやられるわけです。ここ直したら強くしたら、もう一つ前がやられる、またやられたって。そうすると何のために飛行機の設計してたんだか、本当はね。

だけど、現実はそれをやってもらわんと戦隊が困るわけや、どこが壊れたって。飛行機屋さんの考え方は、安全性を基にしてるから、しっぽからやられるのは当たり前なんです。そこらがうまくいかんでね。そういう馬鹿げたことをやってたんです。だから、どういうふうに整備してるかってのは、本当は一番問題なんや。ただ、今の交通機関もみんな一緒だと思います。壊れたからって、知らん人は強くせえいう。ところがね、つくる方は弱くしてるんですよ、設計で。

――壊れてもいいと。

宇都宮　そこから壊れてくれやと。そうしたらそれだけで済む。一番基の大きなやつがやられたら救いようがないですね。そういう馬鹿げたことを今だにやってると思う。その辺の難しいですわな、どこを強くするかって。

そういうことの連絡を、私の手を経て本当なら中島飛行機に命令せないかんのです。そんなもん無視でね。それは陸軍の航空行政っていうのか、海軍と違うところなんですよ。陸軍はそうして飛行機会社に丸投げなんです。だから飛行機会社が思うようにやってて。ところが、海軍は自分のとこで直すわけです。直すっていうのか命令しよる。だから遅れるんですよ海軍はね。その代わり海軍は零戦っていうのをつくって、次々自由にやったけどね。陸軍は壊れたら直した。

で、どっちが最終的にうまくいったかというと、陸軍の方がうまくいった。海軍はそういう点で航空廠っていうのがありまして、そこが命令するわけです。そこの命令がなかったら変えられない。修理に時間が掛かるわけですね、設計者通してやって。だから終戦前になると、陸軍の飛行機の方がよくなったんですよ。海軍は直せないんですよ、そういう関門があって。そこが陸軍と海軍の差なんですよね。陸軍は自分の所の技術者がおらんもんだから、みんな丸投げでやってた。

——宇都宮さんは、実戦の参加は？

宇都宮　全然行かない。一遍だけ満州に出張しましたけど。満州に飛行機会社つくってね。そこへ中島飛行機の模造品っていうか、それをつくったんでその第一号を検査しに行ったことはあります。

——そうすると、八月一五日はどちらですか。

宇都宮　その日は中島飛行機の会議室にいましたね。群馬県の太田。

——終戦時は陸軍大尉ですか。

宇都宮　いやいや中尉。海軍の方が早いんですよ。

——軍から帰ってこられてからはどちらへご就職に。

宇都宮　五年ほどうろうろしてましたよ、そこらの中小企業かどっかで。結局、最後が小企業から中企業になったんかな、そんな会社にいましたけど。

——電気技術者は、どこでも人手不足だったんではないですか。

宇都宮　働く場所は一応あるんですが。そこの社長さんが大阪高工の機械を出られた方で、「おまえ設計ぐらいできりゃいいよ」って引っ張ってくれて。

——神戸でお生まれになって、高工も神戸で大学は大阪ですから、ほとんどずっとこちらにいらっしゃったわけですね。

宇都宮　うん。あんまりおってもよくないから、家内が変われってね。日立製作所が日立化成っていうのをつくって募集したわけですよ。じゃあそれ行こうかって。

——日立市ですか。

宇都宮　そうそう。

——それはいつごろまでいらっしゃっいました。

宇都宮　私の定年まで。

――日立には、今は茨城大学の工学部になった官立多賀高工があって、卒業生が日立に大勢入ってますね。

宇都宮　私の後輩なんかも随分いましたよ、多賀高工出たのが。

――日立は。超大企業。

宇都宮　だから、随分と同窓会多かったですよ。私は阪大でしょ、それから神戸高工でしょ、県立工業ね。その三つの同窓会がありました。

――高等工業の卒業生の方にいろいろ話をお伺いしてますと、みなさん高等工業がよかったたっていうんですよ。

宇都宮　高工の電気の科長なんかは、「おまえら大学行かんでいいぞ、ここで十分だよ」って。確かにそう思いますね。大学行って何するんだ。

――今の大学は全然違いますね。

宇都宮　教育できる方がいないんじゃないですか。あの時分に専門教育するいうてもね、したってせんでも同じですよ。私なんかは、終戦後、結局小さな企業に行ったんは、機械の設計です。だからなんでもこなせるんでしょう。もうちょっと教育方法を考えなきゃいけんのじゃないかと思いますね。何でもできる可能性があるんですよ、神戸高工におればね。それを今の教育やってる方は分かってないんだ。

というのも、今なら標準が大学ですよね。大学出た方は知らないんですよ、身に付いてないんだ。そこらを文部省は分かってない。政治家も一緒ですわ。そういうのが勝手に法律つくってやっとるけど、自分の身に付いてないんですよね。

殊に専門になってくりゃね。終戦後はいろんな技術屋さんがバラバラになってやったんが、あれはよかったと思いますよ。あれで僕は日本の復興がなったと思います。本当にそういうのができる人はいないんですよ。そのときになって自分で勉強してやらなきゃ。その能力がない人はどうもならないですよね。そういう方が日本を支えたんじゃないですか。

――それはいえますね。

宇都宮　それの分かってる政治家が何人おるかですよ。見直せる人がいないんですよ。仮に、エンジニアが総理大臣になったとしても、結局、エンジニアらしくなれないでしょう。だから、どうするかといったらどうにもならんですよ。

――最初は、ご自分の意思というわけでは必ずしもなくて、工業学校、神戸高工と電気を専門に選ばれて、その後は阪大で航空ですが、航空に電気的なアプローチというのがあったんですか。

宇都宮　流体力学ね。私の先輩が航空から来たので、そう思って行ったんです。だけど実際はそういうことはできなかったですね。あのころに、阪大には流体力学の偉い先生がおられてたんですよ。ところが、阪大はその時分に工学部と理学部と離れてたんです。だから行こうと思っても時間が取れないんです。結局はこれはあかんなと思って諦めました。

　私がなぜ航空に行ったかというと、そういうつながりだけだったんです。何とか流体力学やりたいなと思ってね、結局そんなものせずじまいですよ。

――今日は、本当にありがとうございました。

宇都宮　ただ、私はそういう点で変わった経歴やから、皆さんの意見とだいぶ違うと思います。私なんて決して神戸高工の卒業ですって肩を張って歩けるような男じゃないです、本当に。

――そんなことないですよ。神戸高工の電気科をご卒業になって帝大に行かれた方は、本当に一握りでしょう。

宇都宮　ですかね。そういう点では代表になれないです。私が学校にいたときを代表するような男はみんな死んじゃった。私らのクラスでも、「ミナト製薬」（注：一八八八年創業の製薬会社）で漫画に出てくるような鼻の薬ね。あれをやっとった息子が電気に入って、結局は終戦後に何をやったかというとそういう電気設備でカイロプラクティック、あれをつくった。それなんか非常に変わってますけどね。親父が薬屋さんなんです。それで、その兄貴が後を継いでるんですよ。片っぽは電気に来たから化学屋さんじゃないですよね。そういう変わった経歴の男もいますけどね。

――いえ、官立高工の卒業といいましても、当然ながら皆さん。お一人お一人が全然違います。宇都宮さんならではのお話しをいろいろとお聞きできまして、大変興味深いものでした。ありがとうございました。

B氏

一九二四年生まれ、八九歳。

一九四三年福島県立磐城中学校卒、同年米沢高等工業学校応用化学科入学、一九四五年九月卒業（繰上）、製紙会社勤務、タカラ創業、社長。ダッコちゃん、リカちゃん人形など。母校の後継大学である山形大学大学院に入学し二〇一〇年に八六歳で博士（工学）。

一　官立高工入学前

B　私は福島の田舎の山奥の農村地帯で、小さい盆地のある村で小学校まで過ごしたんです、一三歳まで。道もないし、なかなか大人になるまでは町に出られないから、村以外の世界を全然見たこともないし知らなかったんです。
　六年生の修学旅行で、初めて私は汽車を見たんです。子どものうちは歩けないので町は見られない、修学旅行だと町へ先生が連れてきてくれるんですけど、汽車を見たときはびっくりしちゃってね。二〇何人が、先生に引率されて来たのは忘れちゃって、踏切のところまでみんなで行っちゃって、わーっと。汽車が通るまでずっとしばらく見てたら、先生が、「何やってんだちゃんと並べ」って怒られて。宿舎に帰ったらみんな来いっていわれて、「あんなに隊列をけがすなっていっておいたのに、汽車が来たらおまえたち踏切のところまで駆けていっちゃって、先生呼んでも全然帰ってこない、ばか者」って。田舎っぺを連れてきて田舎っぺ丸出しして、先生は恥ずかしくていられなかったよって、すごく怒られたのを覚えてるんです。それだけ、町を見てびっくりしちゃって。それから住むようになって、中学に入ってから農家の生活とあまりにも違うんで。

　私が一番楽しいなと思ったのは、小学校の四年生ぐらいのとき、おじいちゃんがやっている炭焼き小屋に行って、景色のいいところで落ち着いて、おじいちゃんと作ってくれた味噌汁とご飯を食べたっていうことだったんです。それ以外は楽しみっていうのはないんです。腹が出っ張ってて、栄養失調だったと思うんです。鼻垂らしてここで鼻をこすっていたのは、二年生のときに私は直ったんです、こういうふうにやるのは。先生からきつくいわれても直んないやつも三人ぐらいいたんだ。これをみんなでいじめちゃって。鼻垂らすのは学校行ったから直っちゃったんですけど、草だけ食べてたから腹は出っ張ってるんです、昔の写真見ると分かるけど、どうして鼻垂らしていたかというと栄養失調なんです、今からいうと。

それから、家で戦う相手は動物なんです。

――動物、馬ですか。

B　一番の強敵はキツネです。キツネが鶏を取りにくるんです。昼間でも来る場合がある。親たちは働きに行っちゃってるんで、子どもががんばってあれしなきゃいけないんですけど、キツネはよくできてて、金網の下の土を掘って鶏を取ってしまうことがあるんです、夜。キツネが来て取られちゃうと親たちに怒られちゃうので、見てなくちゃいけない。鶏、ウサギ、犬、猫、馬と一緒に、親たちがいないと私一人が動物を見てなくちゃいけないんで、そういう生活だったんです。町行ったら、今でいうとカルチャーショックを受けちゃったんです、そういう農村の生活をしてた人間が。

それで、磐城の中学に入ってみたら、とにかく驚いたのはいろいろな人がいて、何やってんだか分かんない。私は身長小さかったが、私よりちょっと小さい人がいたんです。殿様の親戚で、「お父さん何やってんだ」っていったら、弁護士だっていうんです。弁護士って何やるんだって本人も分かんないんです。でも「弁護士かー」っていうことで。

それから大城山へ行く途中にきれいな道があって、そこにかわいいお嬢さんが庭んとこにいつもいるんで。それでブランコあったりいろいろあってきれいな家だな、「この家何やってるんだろう、あのかわいい子がいる家なんだろう」っていったら、絵描きさんだったんです。

――理事長のご出身の磐城中学校は福島の名門中学校ですね。

B　「二桁、一〇人以上東大に入れるぞ」っていうことでね、東大進学を目指したクラスを校長が作ったんですが、そこに入れられまして。先生が夜も勉強してるかどうかって生徒の自宅を見にくるんです。

――下宿にですか。

B　下宿に来るんですよ、一〇時まで。誰んとこ、いつ行くかっていうのは絶対秘密なの。突如として来るんです。そんときに勉強してないとえらい怒られて。一〇時までは机に座って勉強してないと駄目だということになってて。その習慣付いて、今はやっぱり最低二時間ぐらいは自宅で毎日机に向かって。今はほとんどパソコンでやりますけど。

――磐城中の時代に開戦ですね。

B　私は、日米開戦で天皇の詔勅があって、全校生徒が感想文を提出しなさいっていわれて、日本は負けるだろうということを作文に考えたので……。

――旧制中学の時代に？

B　そうです一六歳でした。「アメリカのあんな大きい国と日本が戦って勝てるわけがないので負けるだろう」と書いて出しましたところ、赤ペンで担任の先生から昼休みに来なさいと。行ってみたら、「必ず勝つと作り直して出しなさい」といわれたんで、書いて出したんですけど。敗戦のとき、どうして負ける戦争を日本は始めたんだろうということを非常に強く思いました。

――そういう中で米沢高工を志望したのは。

B　私は磐城中学から東北大の文科に進む予定でした。だけど担任の先生から、「法律が変わって翌年から兵隊に」。「米沢高工に行けば卒業まで学生でいられ、しかも技術将校になれる道ができたと」※。「同じ兵隊でも武器を作る、そっちへ進んだらいいんじゃないか」っていわれましたので。一番大切な石油関連の専門家になるのがいい、日本で一番足りない石油がもとになっていろいろな物ができるんだということを先生から教わって。

（※軍の技術将校制度については、宇都宮國男氏のインタビューの注参照）

――それは担任の先生ですか。

Ｂ　クラスの担任の先生です。

――あのころ中学では、理系向き、文系向きと分けて勉強をしてましたか。

Ｂ　特にしていないですね。

――先生は、理事長が理工系に向いていると思ったんでしょう。

Ｂ　そうじゃない、全然。米沢高工に行けば、そのとき学徒動員とかありませんでしたから、「卒業まで技術の勉強できる。そこを選んでおけば間違いない」っていわれたんで。

――磐城中学から米沢高工にはかなりの方が行かれたんですか。

Ｂ　四人ほど、同じような指導を受けて行きました。応用化学ではなかったし、受けて落っこったのもいた。一年遅れで入ってきたのもおります。結構難しかったんです。

――官立高工はレベルが高い学校でしたから、浪人して入る人もたくさんいました。

Ｂ　先生が推薦してくれたの四人いたんだけど、二人は落っこちゃった。人数が少なかったから競争率が非常に上がったんです。

二　官立高工在学中

――これは昭和一八年の米沢高工の『学校一覧』ですが、理事長のお名前も、応用化学科第一学年のところに福島県出身、磐城中と出ております。

Ｂ　私が入ったときは米沢「高等工業」で、途中で「工業専門」に変わったんですけど（注：一九四三年に全国の高等工業学校が工業専門学校に名称変更し、学科名も整理変更された)。基礎的なケミカルの技術の基礎知識を実際に学んだのは一年半、あとは学徒動員に行って。

――入学して最初の一年半ですか。

B　軍事品の秘密工場に学徒動員を受けましたので、一年半しか授業を受けてないんですけど、基礎教育を受けましたので。分子とか原子とか、それから分析、合成っていうのがありまして、非常に難しいんだけどとても面白いもんだなと。

――一年半の授業は、教養的な科目じゃなく専門科目で。

B　専門科目で、六割は実験なんです。中学みたいな暗記するんじゃなくて、半分以上は実験なんです。実験っていうのは、実験器具があって、分析と合成の実験をとにかく一年間はかなりの時間かけて。例えば水を分解するにはどういうふうにするのかっていうのを。分解してみて、出てくる酸素と水素っていうのはどうするのか、酸素と水素を合成させるにはどうするのか。それから、ある種の材料を持ってきてここにどんな金属が含まれてるかっていうのを。分析法、合成法っていうのを覚えていきますので、びっくりするぐらい楽しいです。例えば金属も熱を加えますと、鉄は赤、ストロンチウムは紫色とか、金属が燃える色は全部違うから。炎の色見ただけで、カラーを分析するだけですぐ出てきちゃうんです。

土を要素に分解してみて、水に溶けるものと塩酸に溶けるものと。化学薬品を加えながらずっと土を分析していくと、土が何からできているかっていうのは出てきちゃうんです。誰がやっても同じ土を分析すれば、同じようなデータが出てくるんです。間違ったデータが出てくると間違った実験をやってる、これが化学なんで。サイエンスじゃなくて。ケミカルの技術っていうのはすごいものなんですが、それが英語のテキストでばっちりそろってるんです、やり方から何から全部。

――テキストは英語ですか。

B　中学は日米開戦してから敵性語っていうことになってあれですけど。米沢では化学はみんな英語のテキストでしたので。

B　カリキュラムを見ますと、英語が毎週四時間ずつ三年までずっとある。

B　英語は敵性語なんだけどやらなきゃ駄目だっていうことで、英語に関してはですね、原語で専門書読んでましたので。後に六年、ニューヨークで仕事しましたが、そのときは全部サインなんですね。だから今も判をつかないでサインにしてます。アメリカへ行ったときは、もうちょっと英語は、パーっとしゃべれるようにやっときゃよかったなって。

――米沢での英語授業は読み書き中心でしょうか。

B　専門語中心に。専門語っていうのは決まってますから、勉強すれば読めるようになる。哲学みたいなのは全然ありませんから。

――アメリカと戦争やっている最中に、英語で勉強することへの抵抗感みたいなのはなかったですか。

B　英語のテキストしかないんで、それを習わなかったらどうしようもないだろうかと。敵性語なんだけどそのままでやるしかないから。敵性語っていうのは、東條内閣が出てから急にそういうこと始めたんです。アメリカは逆なんですよ、日本と戦争始まってから日本語の学習を非常に多く始めてるんです。

――米沢高工に入って、一年生からすぐに化学実験ということに、抵抗感はありませんでしたか。

B　一番抵抗感があったのは（実験ではなくて）、ほとんど全員寮に入ってるわけですが、夜コンパ、ストームがあって、寝てると上級生がガラっと一升瓶を持って入ってきて、なんか訳が分かんないうちに「飲め」って。しょうがないから酒飲むんです。そのうちに歌を歌ったりして。最初はなんの意味だか全然分かんないんで、なんでこんな学校に来ちゃったんだって、三カ月ぐらいはそういう話を繰り返しやってて。

――ストームとかコンパとかですね。

B　要するに一つのエリート教育、一年はそういう形で。

――あのころ、官立高工へ行けた人は、同世代の五％ぐらいのエリートですね。

B　エリート意識みたいなのもあったんです、全体的に。そこんとこがよく分かんなかったから、最初はすごく違和感で。

――お酒や食料は、不足していなかったですか。

B　その当時はやたらにお酒。米沢行って何が勉強できたかっていうと、酒だけは強くなった。私の家族は誰も飲まないんですけど、私だけ夏休みに帰ってみたらグイグイ飲んで。我が家へ帰ってきてから、学生のくせして酒飲んでびっくりしちゃったって、親たちは。

――寮歌なんかも。

B　われわれがその当時好きだったのは、一高の「ああ玉杯」と三高の「紅萌ゆる」。栄華の巷を低く見てっていうのね。地元の人たちも学生さんを大切にしてくれましたんでね。あの当時は、地元の生徒っていうのはほとんどいなくて、全国、例えば満州からも台湾からも。グローバル感があって、エリートが集まったような感じがしてました。東京から来た連中も、非常にいい中学校の出身が多かったんで。

――ところで、理事長は学徒動員で大ケガをされたと。

B　平和の時代にはできないような死の体験をして、皆さんが亡くなるところを目で見ざるを得なくて。たまたま学徒動員先に来られた校長先生と生徒が、左の入口のところにおりまして、その先に女学生が、一六歳の子が七人入ってましたので、みんな亡くなりました。私は血だらけになってましたけど、実は自分の血じゃなくて校長先生の出血を受けちゃって。自分じゃけがしたと思って、掘り出されたときも「相当下半身に重傷してる」というようなことを。兵隊さんが病院に運んでくれましたんで、こいつは重傷を負ってるって、血だらけになってましたんで。ところが、夜遅く軍医が来て順番でずっと並んでましたんで、けがした人が。私は最後の方で、「これはなんだ、足切断するのか」なんて大きい声で聞いてるんです。それで、「はさみ持ってこい」ってパンツまで脱がしちゃって。そしたら「傷口がないぞ」って。「足曲げてみろ、次に伸ばせ」って、そしたら「自分の血じゃないよこれは、治療方法は湿布薬しかない」と。「湿布薬を毎日三度取り替えろ」なんていって、隣に行っちゃったんです。

――その場所で卒業証書を受け取られたとお聞きしましたが。

Ｂ　それは退院して自宅療養で。打撲傷なんで後遺症が残んないように、温泉か何かで運動しながら過ごしなさいっていう状態で。最初は松葉杖をついてたんですけど、終戦のときは普通に歩けるようになってましたんで。自宅で終戦のあれを聞いたんです。正直いって、やっぱり俺の思った通り負けたのかというような感じで終戦を迎えたんです。

――予備仕官の訓練を受けられたというのは。

Ｂ　急に士官になっても難しいんで予備訓練を受けた方がいいぞって、夏休みに二週間だけ受けて。そこでは特攻隊に組み入れられても笑顔で死になさいと、ちゃんと決まり文句をできてるんですよ。お父さん、お母さん、親不孝をお許しくださいとかって、原文があるんです。これに近いことを自分で考えていいなさいって。これで死ぬかって思ったときに、ニコッとすればいいんだって、できないはずはないだろうって。

――それは軍人が来て？

Ｂ　いや、訓練する先生がいるんです。琵琶湖のところに訓練所があってね。

――琵琶湖まで行ってやるわけですか。

Ｂ　そういう訓練所があって、実際にやるときは排水口掘りみたいな。そういう労働作業みたいなのをやりながら精神を訓練する。それから部下を持ったときはどうするかとか。軍隊ってポッと行くと、学歴でみんなすぐに分隊長になる。それで三カ月もすると、すぐに小隊長にさせられちゃったのね。それで「おまえは一番若いんだけど分隊長になるんだ」って。分隊っていうのは七人部下いますので、どうしたら統率できるかいうことをちゃんとやっていかなくちゃいけない。部下とけんかしちゃいけないんだと。そのために部下と競争するというのは一切駄目なんだ。部下と腕相撲もやっちゃいかん。部下はやろうっていってきても、やっちゃいけない規定になってるんだということで。「なんで先生、やっちゃ駄目なんですか」って聞くと、「お前らは必ず負けて部下たちがたいしたことないじゃねーかっていうことになるから」。なんで部下を統率するかというと、頭の良さで統率するんだから表面的なことで部下と競争しちゃ駄目なんだ。もちろん部下と一緒に寝るようなことはありませんので、将校宿舎は全部違いますんで、付き合ってるのは日中だけなんです。そういう基本的なことも結構。

——兵隊検査はいかがでしたか。

B　私はかなり体格がよかったんで、兵科が工兵なんです。それもあってね、工兵は行ったらすぐに死んじゃうよね。

——甲種合格ですか。

B　甲種合格。私の一級上の人は、そういう状況であっても二高の文科に入って、兵隊に行って台湾で二年ぐらいやって、終戦で無事帰ってきて東大の経済学部出てます。

大学も途中でも卒業の免状を渡しちゃおうと。専門学校でも。学校自体が今後継続できるかどうか分からんということなんで、卒業の免状を今のうちに出そうということで。しかし継続出来るってことが分かりましたので、今度はさらに大学へ行きたい者は推薦できることになりましたので。大学っていっても東北大の工学部か東京工大なんですけど、三分の一ぐらいの人間は東北大と東工大に行ったんですけど、私はもう勉強は結構だから世の中に出たいということで行かなかった。

三　官立高工卒業後

B　戦後ね。二一年から働きだしましたんで。そのときも非常に大きいカルチャーショックを受けて、東京っていうのはすごいなと。

実社会に出て、例えば労働組合やったときも、私が労働組合にのめり込んだのかなと。いろいろなことがあるんですけど、組合で発言してみたら、五〇〇人ぐらいの組合員が二二歳の私の話をじっと聞いてくれるんです。それで、これはやったらどうだというと、賛成って決まっちゃって組合が動くんですよ。これは俺は組合の方が…。私の仕事は、製紙工場の小さい実験をやる、要するに出来上がった紙の検査をやるとか、そういうレベルの本当にチマチマっとした小さいことなんです。専門学校出てもやるのは紙の品質検査、規定があってそれをずっとやるんだ、地味に一人で研究室で。それと比べちゃ、組合は五〇〇人ぐらいが自分の部下が出きたようになっちゃって。しかも選挙してみたら、結構いい票数が集まっちゃうんで。それでこんなに年配の人たちが俺を尊敬してくれるんじゃ組合の方が面白い。

――なるほど。

B　労働組合から始まって、昭和二一年に共産党宣言いっていうのを見ました。毛沢東の持久戦論っていうのも見ました。これがよくできてるんです。すっかり感激しちゃってね。共産党宣言と、日本の軍閥と資本家が日本の戦争を起こして、そして日本の国を滅ぼしたというような解説がありまして。共産党の徳田球一とか、それから慶應大の野坂参三がソ連から帰ってきたりして。デモで演説したのは新聞なんかに出てて、すごいな、これからは共産主義の社会になっていくんだなというふうに思っておりましたんですけど、翌年からＧＨＱが変わっちゃったんです。

――その後に仕事を独立された。

B　ケミカルですと、関東から以西は山形大学の卒業生なんです。応用化学が東京工大にもあるんですけど、東京工大は新日鉄とか超大企業に入っちゃうんで。中堅企業以下は山大の卒業生がどこ行ってもいるんで、非常に便利で。私が会社辞めたときも、早速「おまえ辞めちゃたのか」って。私は組合やって引っ込みつかなくなっちゃって。親と叔父とけんかして辞めちゃったんで。「今度は自分の力でちゃんとやってみたいんだ」っていって。「そうかね、それじゃ君、今のビニールの方をやったらどうか」って、一人の先輩がいってくれて。「仕事はいくらでもあるぞ、月賦も保証もみんなしてあげるからうちの下請けやりなさいよ」って。「じゃあやらせてもらおうかな」っていうことで、始まっちゃったんです、簡単に。ビニール工業所創業のときです。今の宝町、だから「タカラ」って名前。

ビニールの生地のことを原反っていうんですよ、原反をあれするには切らなくちゃいけない。その切るのがなかなか難しいんですけど、よく聞いてみたら裁断屋っていうのがあって、専門にやってくれるところがある。こういうふうに切ってくれっていえば、ちゃんと型紙通りに切ってくれるんです。便利だなって。それから、商品によってはホックを付けなくちゃならない商品がある、バックみたいなものに。ホック付けるところもちゃんと専門家あるんです。商品を日本橋まで納めたいんだっていえば、目の見えるところで運送屋さんもあるし、何しろなんでもあるの。

電気部品も売ってるところもあるし、自動車売ってるところもあるし、オートバイ売ってるところもあるし、自転車売ってるところもあるしで、なんでも分業化されているんです。例えば、今も向島の辺を見るとまだ残ってるんです。これがみんな夫婦でやってるわけです。全部が家族労働なんです、不思議なもんで。奥さんと旦那さんが仕事を分担してやってるわけです。そのちょっと規模が大きくなったのが私のビニール。

――六畳一間でお始めになったと。

B　ええ。それで始めちゃったんです。会社の方で「ちゃんと機械屋さんには話してあるから」っていうことで、機械もんが来ちゃったんです。そしたら小学校の教員をやってた私のいとこがいて、「独身で仕事なんかやったって全然駄目だよ。いい人がいるから紹介するから、あの人と結婚してやったらどうか」っていうので、家内を紹介してくれたんです。時々学校に来る教え子のお姉さんがいるからって。

――ケミカルを勉強されたから関係の仕事を。

B　だってやろうとしても何もないから。先輩に話したら、「すぐやれ」っていうことになっちゃって、じゃあそれでいいやっていうことで。結婚の話もそのときはなかったんですけど。

――軍事工場へ学徒動員に行かれてた分はあったとしても、実質的には米沢高工の一年半の勉強が生涯の方向を決めたことになりますか。

B　そう、そこんとこが不思議なんです。会社の経営ができるなんてことはまったく考えてもいなかったんですけど、家内が人使いをやってる染色工場やってた長女なんで、帳簿と人使いがうまくできるんで。なるほど、こういうふうにしてみんな面倒見ていくのかって。元の家でやってることをそのまま私のところでやってくれましたので。

現場の女の子は中卒なんです。結婚相手も探してあげるし、花嫁道具も買ってあげるし、そういう形をしてあげなくちゃいけないんだっていうことで、家族とおんなじように社員を扱っていったんです。これでいいんだなっていうことで。

ビニールの仕事で始めたんですけど、社長を四〇何年やってる間に、おもちゃはセルロイドか金属か材木かで作ってたんですけど、プラスチックで作るようになってしまいました。私がやったリカちゃんをはじめ、トランスフォーマーのロボットやなんかも全部プラスチックの商品です。これはやっぱり米沢のケミカルですね、ほんとの基礎的な教養レベルのことなんですけど。でもそれを学んだっていうのはとても大きいです。

――従業員の方はたくさんいらっしゃったんですか。

B　女性だけなんですけど二〇人ぐらい。今から考えると、非常にゆとりのあることを考えてたんです、私は。例えば私の趣味はハンティングなんです。鉄砲持って一一月～三月末まで狩猟なんです。北海道に行ったり関西に行ったり、自分のふるさとの福島へ行ったり。冬になるとね、楽しみでずっとやってたんです。それから好きなスポーツは、野球を自分でやることだったので、夢は会社で野球チームを作るって思ってたんです。田舎に来たときも、おやじやおふくろに、「俺、野球好きだから自分で野球チームを作りたいんだ、そのためには男の子を九人まで入れたいと思う」んだって。

――野球は米沢でやったということではなくて。

B　自分で好きなんで野球がやりたいって。宝町から青戸に引っ越したのは、野球やるため。野球場の隣に土地があったっていうんで買っちゃったんです。会社にとんできて、「野球が毎日できるようになったぞ」って。「何やるんですか、おやじさんって」「俺は青戸町に土地を見つけた、野球場の隣なんだ、毎日野球ができる」って。困ったのは、実際にはボールが毎日飛んできてガラス窓が壊れちゃうの。それで網貼って。でも毎日昼休みになるとすぐ出て野球やって、仕事終わってから明るいうちは野球をやっていました。他の会社も野球やってましたので対抗試合も。

会社が集まってやる運動会っていうのがありましたので、それにみんなで出てやろうやということで。社長も必ず入らなくちゃなんないリレーがあって。それを狙って、三年目ぐらいに優勝しました。最後に社長が出てずっと引き離しました。そういうことですから、会社の中で運動のチームも作ってたし、野球の強い若者もいるっていうことで。会社自体が一生懸命仕事もやってたんですけど、遊ぶことにも一生懸命になってた。

――海外にも進出されて。

B　アメリカとヨーロッパ、中国でも事業を積極的にやりまして。

――中国でもやられたのですか。

B　中国では非常に早く、昭和三四年にやりました、合弁会社なんですけど。海外の事業はことごとく失敗しましたが、初めて中国の実態を知り、それからまたアメリカの実態も知り、ヨーロッパという国はすごい国だなって、仕事をやってみて初めて。

おもちゃは間違いなく平和産業で。これはもうアメリカでちゃんと輸出すれば、アメリカが認めた平和産業なんだ、それで輸出ができるんだと。

――米沢高工での勉強が、だいぶ仕事に活きてますね。

B　高度成長時代はやっぱり物づくりでやりましたんで。例えばソニーの皆さんもキヤノンの皆さんも、海軍の技術将校なんです。それで社是の中に軍事品は作らないっていうのを入れてありますけど。海軍の将校は技術部隊としてはずば抜けた頭の良い連中ばっかり集まってましたから。ですから戦後の復活はやっぱり、トータルの化学技術の進行によって奇跡の復活が。

——米沢高工の同期生の方たちは、いかがでしたか。

Ｂ　大学へ行った連中で大学教授になったのが二人います。あとはなんというか、上場企業の技術部でサラリーマンをずっとやったのが大部分です。高校の先生になった人もいる。実社会で活躍するっていうのは、東京工大とか東北大の法学部を出ちゃうとそういうふうにならないのかな。工業技術者のエリートの道っていうのは、教授になるのか、一流企業の研究所みたいなとこ入っちゃうのか。実社会でバタバタ、俺みたいなビジネスをやるようなことは専門学校出ぐらいしかやんないのかな。ほんとの超エリート技術者はやんないのかなと思うんです。

　考えてみたら、技術の勉強はみんなしてると思うんです。だけど、世の中に出て活用するやり方のところが違ってたのかなと思います。私が技術だけじゃ駄目だというふうに考えて、技術者を辞めて経営者にならなくちゃいけないと。俺は技術者を辞めたんだ、ということをいい出したのは、私が一番尊敬する三年先輩の方が倒産して。

——それは山大の方ですか。

Ｂ　山大の応用化学の先輩。東京で一番のプラスチック成型工場をやってたんです。私はそれこそ世界一と当時思えたんですけど。その機械の優秀さと、成型工場の全体の設計と。それが昭和四〇何年かに倒産しちゃったんです。新聞記事によれば技術過信。あまりにも技術が優れて力を入れすぎちゃって、採算が合わなくなって倒産したと。ショックを受けて、技術偏重の経営だとうまくいかないな、やっぱりトータル経営でバランス良く経営していかないと駄目なんだなって。

——ありがとうございました。資料もいろいろと助かりました。論文にまとまるのには少し時間がかかるかと思いますが、このインタビューを活用させていただきます。

梶返昭二　氏（かじがえし しょうじ）

一九二七生まれ、八六歳。

一九四四年山口県立宇部中学校卒業、一九四五宇部工業専門学校入学、一九四八年同卒業、同年山口県立宇部高等学校教諭、一九五〇年九州大学理学部（旧制）入学、一九五三年同卒業、一九五四年山口大学工業短期大学部助手、九州大学教養部講師、助教授、山口大学工学部助教授、教授、工学部長。理学博士（旧制）。

一　官立高工入学前

――お差し支えない範囲で少し踏み込んだところのお話を伺えたらと思います。

梶返　私は『人間万歳』（注：梶返氏の回想録）、あれは本音を書いておりますので参考になると思います。私は、昭和二年一月生まれなんですよ、だから昭二と。

――私もそうなのかなと。

梶返　国語の教科書が「サイタ　サイタ　サクラガサイタ」「ススメ　ススメ　ヘイタイ　ススメ」※、あの時代の一期生です。だから小学校は昭和八年四月から一四年三月ですね。

（※「サクラ読本」と呼ばれる第四期国定国語読本、一九三三～一九四〇年に使用された）

昭和六年九月の満州事変勃発以来、昭和一一年の二二六事件、日支事変の発端となった昭和一二年の盧溝橋事件など、この国が次第に戦争へと向かった時代で、兄たちが大陸へ出征して行ったりして。なんとなく世の中が張り詰めた雰囲気のもとでの小学校を過ごしたわけね。結構楽しかったですけど。

――あの時代は暗かったというイメージがありますが、楽しいこともいっぱいあった。

梶返　一年のときちょっと病気で休みましたが、二年生以降六年生まで私は皆勤で皆勤賞をもらってます。小学校卒業してすぐ宇部中学に入ったんですが、昭和一四年四月から一九年三月、五年間も皆勤でした。まさに戦中時代だった。

――厳しくなっていくときですね。

梶返　特に昭和一六年一二月八日の戦争勃発以降は、勉強、武道、体育などで大いに鍛えられた。それで、校長先生が「指揮官機に乗れ」と、えらく勇ましくわれわれにハッパをかけまして、呼応して多くの旧友が陸士や海兵、予科練に行きました。しかし幸い中学五年間は、勤労奉仕で農家の手伝いなどに出かけはしたが、長期の動員で学業放棄して工場などに駆り出されることはなかった。

――なかったんですか。

梶返　私より一年後の連中が、夏休み後に強制的に学徒動員で。われわれのときは、曲がりなりにも五年間勉強ができました、厳しい時代でしたけどね。後輩たちは光の海軍工廠に派遣され、工場は終戦前日に爆撃で完全にやられちゃってね。※好運にも宇部中の者は助かりました。我々は、長期動員で学業を放棄したりせずに、英数国漢、理科、すべての学科を一応学ぶことができました。われわれが最後でしたけどね。

（※山口県光市の「光海軍工廠」。学徒動員で高射砲の弾の製造作業などに従事。一九四五年八月一四日の敗戦前日の米軍の空襲で、学徒動員約一三〇人を含む七三八人が死亡[7]）

――先生のご家庭は。

梶返　家は宇部市の西の方の居能《いのう》の商店街で家業は和菓子屋、それから雑貨販売。商店街の下町っ子で、兄三人と姉一人の五人兄弟の末っ子です。自称「うらなり」で、生まれながらにして省エネタイプの痩せっぽち。父母、兄、姉にかわいがられて育ったように思います。特に母は教育ママで、よう頑張って私を教育してくれました。『人間万歳』に書いた「ある明治女」っていうのはおふくろのことです。おふくろは、小さいときからよく勉強ができて。ただ、中産階級の農家の生まれだったもんですから、兄弟も多く、母は長女で弟妹の面倒を見たりして、高等科まではやってもらったが、女学校には経済的な余裕もなくて行けませんでした。次に兄弟のことですが、私の中学時代は、歳が一八も違う長兄が幹部候補生から陸軍将校として中支に。

――旧制中学校から入れたんですか。

梶返　幹部候補生になってね。山口の連隊ね。陸軍少尉で徐州、徐州と。大東亜戦争が始まったころには陸軍中尉でジャワ島へ派遣されました。

――大陸じゃなかったんですね。

梶返　兄貴は、幸いにして終戦直前に日本に帰ってきて、そのときは陸軍大尉だったんですけど命拾いしました。次の兄貴は、大阪の私立の専門学校を出まして、宇部で炭鉱勤務しておりました。すぐ上の兄貴は、旧制松江高校の理乙。生物系で、農学部と医学部ね。当初は宇部工業学校電気科に入学したが、傍系入学が至難のときに上級学校進学のため私立中学校に転校して、一年浪人して旅順工大予科と松江高校に合格した。お医者になるつもりもあったんで理乙に入りましたが、私の家は貧乏で、お医者になるだけの経済的余裕はないってことで、東大の農学部に入りました。終戦後、大学を卒業して山口県庁にもおりましたが、静岡県庁とか、結局、農林省に帰りまして、東北、北陸農政局の建設部長に。農業土木が専攻で、農業用ダムを造ったり農道を造ったりしておりましてね。最後は福島県の農林部長になって。

――福島は長州とはなかなか微妙な関係が。

梶返　彼は一、〇〇〇人ぐらいの部下がおったようですけど、「俺は長州人であるけれども菊池寛の『恩讐の彼方に』のように恩讐を越えて欲しい」と願い、部下を大変可愛がったようです。それから、姉は炭鉱技師のところへ嫁ぎました。

――先生が宇部工専に進まれた理由は。

梶返　主な理由は食糧難、昭和一九年ですからね。宇部高工から名称が宇部工専になっていましたが、自宅から通える唯一の理工系の上級学校だった。昭和一九年三月に宇部中を卒業しましたが、宇部工専入学は昭和二〇年四月。師範学校出た男の先生はみな出て行っちゃって、中学卒業したばかりの未熟者でしたが、半年ばかり代用教員をしておりました。実は高等学校を希望して、旧制山口高校を受験しましたが失敗して、一年浪人した次第です。

――二〇年四月といいますと戦争の最末期ですね。宇部は空襲されたと思いますが。

梶返 七月二日深夜です。

――そうすると、入学は空襲の前ですか。

梶返 私の住まいの居能には宇部油化工業って石炭を液化して航空燃料作る工場があって、確実に狙われまして。その巻添いを食いまして、さっきの大阪の専門学校を出た私の二番目の兄は、子どもが三人おりましたが、防空壕に入っておって爆撃くって死にました。義姉だけが、お腹に子どもがおったんですが、爆風で吹き飛ばされて生き残ったという悲惨な出来事でした。

二 官立高工在学中

梶返 昭和二〇年四月に、人より一年遅れて宇部工専に入りました。化学工業科を選んだのは、中学時代に化学が一番好きだったんです。化学だけは三クラス一五〇人のなかで、私が一番成績が良かったですね。

――旧制中学の理科の授業は、実験もあったんでしょうか。

梶返 いや、実験は先生がやるのを見るだけ。自分だけではさせてくれませんでした。

――そうすると化学方程式を使って。

梶返 はい。大変好きだった、だから化学工業科を選んだ。それとさらにね、体力的に機械科とか炭鉱で炭を掘る採鉱科とか土木科とか、そういう学科はやめて化学だけ。

――戦時中いかがでした。

梶返　宇部工専は、一年生は全寮制度でした。入学した昭和二〇年四月は、学校も臨戦状態で、防空壕掘りや軍事教練などで、まともな授業はありませんでした。

――先生の好きだった学科目や先生は。

梶返　特に有機化学が好きでした。印象に残った先生は物理の松山英太郎先生。

――松山先生の話は、先生もいろいろお書きになっていますが。

梶返　松山先生が亡くなったときに、私は山口大学の学部長をしておりまして、西宮に行きまして、先生のご霊前に弔辞を捧げたことがございます。先生は、松山高校から東北帝大の物理科を出られました。

それからもう一人、大変私に大きなインパクトを与えた有機化学の大河原信先生、「まこと」と読みますがね。僕より四つしか違わないんですよ、歳が。兄貴と歳が同じでね。先生は岡山の六高柔道部の猛者で、柔道部の先輩で東大へ入り、のちに東京工大のプロフェッサーになられた先生に憧れて東京工大に入りまして、卒業したのは昭和二〇年、終戦の年の九月です。

それで、戦後、宇部工専に有機工業化学の講師として赴任。大変教育熱心でバイタリティがあって、私は、この大河原さんに有機化学を習ったおかげでますます好きになって、有機化学の道を歩みました。

――専門学校が戦後に廃止されますが、教養教育無しの専門だけじゃダメだというのですが。

梶返　教養科目としたら、例えばこれが化学工業科の授業科目で、正味二年半で英語は習ったし、いわゆる公民っていうか結構面白い講義を受けたし、哲学の講義も受けました。いい先生がおられました。

英語はアメリカの小説をテキストにして、先生がそれを面白く訳しながら講義してくれた覚えがありますしね。好きだったもんだから一生懸命教わりましたね。ドイツ語はウエイトが少し軽かった気がしますけど、英語はちゃんと習いましたよ。

――そうなんですか。

梶返　それから数学も、微分、積分、ちゃんと私ら習いましたよ。

――軍事教練はどうでしたか。

梶返　私より一年前に在学した学年までは、かなりの時間、軍事教練がなされたようで。面白いことがあるんです。樋口誠一先生、あだ名が「樋口のおやじ」という名物教授。宇部高工の発足当時に、何か一つぐらい誇れるものを作ろうということになり、軍事教練がそうなったとの笑い話が。宇部と萩の間ですが、土のうを背のうに詰めて鉄砲担いでの夜間行軍が年中行事でした。一〇〇キロくらいあるでしょう。

――ありますよね。

梶返　それは一例でね。そのように軍事教練はかなり鍛えたようです。激しい軍事教練が評判になり、軍の幹部候補生試験では、宇部工専の出身というだけでフリーパスだったという話もある。これは樋口先生から聞いた話です。

――軍ではどのような方面に進まれたんですか。

梶返　卒業生は多くは軍の技術将校ね。技術将校は内地勤務ですから、希望する者が多かったようですね。

――工専には配属将校がいたと思いますが。

梶返　人材不足じゃったか知りませんが、宇部中の配属将校が宇部工専の配属将校になっておりまして、なじみが深かったです。工専生を、中学生と違って大人として扱ってくれたように思います。

――勤労動員はどうでしたか。

梶返　動員先は、県内とか北九州の工場、炭坑。筑豊炭坑なんかに随分出ていった。関西方面の工場も多かったように思う。戦争が激しくなると就職先が切符制となって、各会社、各工場に割り当てられていたようですね。山口県内ではやっぱり宇部興産関係ね。

――宇部興産は大きい存在でしたか。

梶返　はい。ですから勤労動員では、沖ノ山炭坑、宇部窒素工場、鉄工所、セメント工場が多かったようですね。ほかの宇部市内の会社では理研金属とか宇部曹達、今はセントラル硝子になってますが。石炭を液化して燃料を作った宇部油化工業。周南地区では徳山曹達とか東洋曹達ね。下関では三井東圧とか神戸製鋼などにも出ておりました。岩国では帝人と、あちこち県内に出ておったようですね。

——動員先では寮に入るんでしょうか。

梶返　動員先でも宇部市内は自宅から通ってたと思います。動員先の作業は適材適所でしょうね。専門を生かしたものは、当然であったと思いますね。化学工業科の学生は、化学工場で働いておりました。居能の宇部油化工業、数度にわたる爆撃で徹底的に破壊されて、さっき申しましたように私の兄一家が巻き添え食って死にましたが。

——戦時中だった期間は半年もなかったのですが、その時期の学生生活はいかがでしたか。

梶返　私の場合、自宅が宇部にありながら終戦まで、わずか数カ月の間だけでしたが寮生活を経験したました。食糧事情ですが、これは「若きウェルテル」ならぬ「飢えてる」の悩みと。ひどかったですね。寮の周りはイモ畑とかスイカ畑があったんですが、お百姓さんには大変迷惑をかけた。お百姓さんも、「寮の学生さんは腹ぺこじゃろうから少々はええわ」ちゅうて、ありがたかったですね。「けつまずいた」とかいうて掘って、悪いことをしておった。

——工専の生徒は地元でエリートだったでしょう。

梶返　宇部高工、宇部工専生は大事にしてくれましたね。昭和一九年になって医専ができましたけど、それまでは工専だけ。ところで異才江口功一郎君にまつわる話をしておきたい。

——江口さんは、先生の同級生ですか。

梶返　いや、一年早く彼は…。私は一年遅れて入ったから年は同じですけどね。江口君は本当、すばらしい人でね。彼は文学青年で、三高受験に失敗して神戸から宇部に来たんです。当時は官立学校ちゅうのは二つしか受けられなくて。

——そうだったみたいですね。

梶返　三高が駄目やったから、徴兵延期の恩典がある工科系の学校ちゅうことで。官立工専もなかなか難しかった。時局柄、浪人は許されなかったから宇部に来たとのこと。

——七〜八月になった頃はどうでしたか。

梶返　私の場合はもう授業を受けたのはわずか。もう勤労奉仕ばかりで、防空壕を掘ったり、雑草刈り、校内の整備などの作業と。だから恋よりは食欲の方が最大関心事でね。

——授業再開はいつ頃から。

梶返　一〇月ごろより授業は再開したが、敗戦のショックによる虚脱状態や、悪化した食料事情などが原因で、まともな授業は望むべくもなかった。その後に学生自治会が誕生し、戦時中、軍国主義を鼓吹したという教官追放などを目的としたストライキを断行するかどうか、連日、討論会が持たれた。もう毎日のごとく、やるかやらんかちゅう議論をした覚えがあります。結局、ストライキは強行されました。それで学生の完勝になったんですが、本当に落ち着いて授業を受けることができるようになったのは、一二月ぐらいからでした。

——早かったんですね、立ち直りが。

梶返　一二月には、もう落ち着いて授業ができました。軍事教練は当然なくなった。英語とドイツ語、数学、物理実験は正常に行われました。化学工業科専門の正規授業は、戦中と同じカリキュラムで行われた。

大半の学生は中学校からの入学ですが、宇部工業学校や下松工業学校から一番、二番の優秀な生徒も入ってきていて。彼らは製図とか分析実験は得意でした。私はまるきり製図が下手なんですよ。彼らに書いてもらって提出した覚えがあります。

——軍隊から戻った方も。

梶返　そう、あのころ私のクラスは中学五年卒も居るし四年卒もおったですよ。それから工業学校卒、私のように浪人。一〜二割近くは陸士とか、外地の朝鮮、台湾、満州などの中学からの進学。中学四年で終戦になって進学して来たとかね。それから、台南工専から一人来てました。復員してきた者はもう貫禄があって、我々も「おじいちゃん」

といって、頭が上がらんわけですよ。もう本当に雑多でした。機械科のクラスに陸軍中尉殿もおった。

――この数年間はどこの学校も大変だったようです。

梶返　学生は、全寮制の生活から解放されて下宿や自宅通学生となった。親戚を頼ったり、下宿して自炊生活をする者も多くいた。

――先生は自宅通学に。

梶返　私は自宅からですね。自宅通学生は、物がないとはいいながら食料面では恵まれておりました。私の場合、母に頼んで昼食弁当のおかずを倍、作ってもらい、自炊していた友だちと一緒に食べた思い出がある。下宿して自分で自炊しよった連中が何人かおって、「おい村田（梶返氏の旧姓）、おかずがないからお袋に頼んでたくさん作って持って来い」って。それで、お袋にかぼちゃをいっぱい炊いてもろうて、お袋に。一緒に飯を食べた思い出はありますね。

――宇部は、そういう意味では大阪とか東京に比べると食糧事情は良かったと。

梶返　恵まれちょったですよ、野菜はありましたからね。あの当時、黒澤明の映画に「我が青春に悔いなし」ならぬ「食いなし」と。そういう時代でしたね。

――勉強以外の学生生活では。

梶返　物の欠乏した時代ながら、解放された私たちはそれなりに自由を謳歌しました。恋の仲介をした覚えもあります。それから、二年生や三年生のころは、学内でも演劇を主とした寮祭や学内開放に参加しました。これはさっきの江口功一郎君ね。彼はかなり文才があったから、シナリオを書いて寮祭で演出した。学校の広場で寮生の夜のファイアーストームに仲間入りしたこともあります。

宇部の高等工業は、高等学校を落ちて入ってきてる者が割と多かったです。だから旧制高校の雰囲気が好きで、常盤寮なんかは旧制高校の寮と同じようなことをようやりよったです。例えば「寮雨」なども…。主な娯楽はなんといっても当時は映画でした。

――映画ですか。

梶返　西部劇などのアメリカ映画とか、フランス映画などは欠かさず私らは見に行きました。映画館は渡辺翁記念会館という、当時日本一といわれた音楽堂でしたよね。そこで、県産の俵田明社長の婿養子、俵田寛夫さん、一高から東大出た音楽にものすごく堪能なお方が、学生のためにレコード・コンサートを開いた。別の話ですが、化学工業科では「せいみ」という機関誌を作っており、私、編集長になっておりました。

――学生の雑誌ですか。

梶返　はい、学生の自治の。「せいみ」はオランダ語だが、「舎密」と日本語ではね。結構書くのが好きで、工専二年生のときにこの「せいみ」を作ったんですが、一番最初に特集として、「ラヴォアジェ」を執筆しました。

――それはどんな人物ですか。

梶返　化学の有名人な開拓者です。フランス人で、上流社会に属していたため、フランス革命でギロチンにかけられた悲劇の科学者です。夏休み一カ月、棒に振りまして、文献を調べながら一生懸命執筆しました。

三　官立高工卒業後

梶返　私は、宇部工専卒業後に母校の宇部中学校、今の宇部高等学校で昭和二三年から二年間、正規の化学の教員をしたんですよ。兄が東大を出たこともあって、旧制大学進学を希望しておったのですよ。だから受験勉強はしてました。いよいよ旧制大学の進学の最後、これは昭和二五年四月で終わりだったんです。それで、やっと昭和二五年四月に旧制の九州大学理学部化学科へ入学することができました。白線浪人※が出ました頃ですね。

（※旧制高校卒業生で、大学に進学できず浪人している者。旧制高校の帽子に白線が入っていたためこう呼ばれ、戦後の学制改革期に大量に発生し社会問題となった）

――ありましたですね。

梶返　白線浪人救済の意味もあって定員が増えちゃったんですよ。どこの旧制大学も定員を増やしておりました。新制宇部高校の教え子ら、彼らは新制大学の一期生、教え子らと一緒に大学の門をくぐることになる。工学部の応用化学科ではなくて理学部化学科を選んだ理由の一つは、高校教師の二年間で、基礎化学に興味を覚えたためでもありました。

――先生の同期の方の進路は、どうだったですか。

梶返　約半分は会社の技術屋となり、のちに課長、部長、子会社の社長になったりしております。その中で、特に出世頭だったのは原田謹次君です。彼は、東洋曹達へ入社して、食塩水を電気分解して苛性ソーダ作ってたんですよ。そうすると塩素がどうしても出てくるんですよ。その塩素をなんとか使わないといけんということで、エチレンと塩素を作用させて塩化ビニール。その工場も彼は手掛けてね。それをなんとイランに出掛けて、新しい工場を作って、社長になったんですよ。そういうことでずいぶん貢献したんですよ、東洋曹達にね。日本に帰ってきてから副社長まで上り詰めた。

それから、教員になったのも七名いました。新制高校、新制中学の教師ね。公務員になったのが四名おって、広島通産局とか県の商工指導センター、県警の分析室長もいました。岩国出身で課長にまでなったのもいました。その他には法人組織の職員にも三名おりました。自分でガラス屋を起こしたり、時計屋になったりした自営業が四名。それからどう調べても分からないのが三名。卒業して早く死んだのもおりました。合計四五名いましたが、こういったところです。

――大学進学が少ないような感じもしますが。

梶返　旧制大学進学者はたった二名でした。落ち着いた世の中じゃなかったから、少なかったです。ところが二年、三年先輩連中は、東京工大へ行ったのが多かった。京大の工学部なんかにも結構入っておりますよ。それとか九大理学部などに。

――東工大は工専の受入大学ですが、東工大出身の先生が多いことの影響などもありますか。

梶返　それもやっぱりありました。校長先生が元東京工大の教授だったので、工大出身者を引っ張ってきてるんですよ。

――九大ではどのような。

梶返　九大での授業ですが、旧制大学なので、新制大学教育のような語学や教養教育はまったくありませんで、いきなり専門教育。

ただし、必要なことだけは選択科目ながら開講されており、私は受講しました。応用数学です。三年次はもう一年間卒論研究のみでね。だから教養教育は宇部工専時代に結構教わることができたと思います。

――九大には専門学校出身方は多かったですか。

梶返　専門学校出身は少数でしたよ。その中でも、熊本工専出身者が一番多かった。旧制高校出身に比べてどうしても語学に弱くて、特にドイツ語には大きな差を感じました。

――授業時間数がまったく違いますからね。

梶返　当初、傍系というコンプレックスをやっぱり感じました。一年後には全く消滅しましたけどね。専門の化学の基礎については、旧制高校出身者に比べて優位を感じました。俺の方が上だぞと思いましたね。

――九大をご卒業後は、大学教員の道に。

梶返　卒業一年たって、昭和二九年四月に山口大学工学部に夜間の工業短期大部が併設された。工専時代の恩師の推薦もあって私が第一号の教官、助手に採用されることになりました。ここでいよいよ研究者としての道が開かれました。指導を受けた鈴木一夫教授、東北大学の応用理学教室の助教授から教授になって来られたんですよ。まだ三三か四のときでね、若く研究意欲に燃えた先生。その先生に鍛えられました。そのおかげで、母校の九大から旧制最後の理学博士の学位を得ることができました。

――先生は、旧制学位を取られた。

梶返　学位は昭和三六年、旧制の最後でした。ちょうどそのころ九大の教養部で有機化学の先生一人を募集しておりました。何人か候補者がおったようですけど、学位があったおかげで教養部の講師に採用されました。それから一年後に助教授になりまして。このままずっと九大で教育研究生活を送る気持ちもありましたが、その当時、山大で教授になられた工専時代の恩師の村田淳先生から、「俺のところの講座の助教授として帰ってこんか」という声がかかってきたんです。

――学部の講座の助教授ですね。

梶返　そう。それで私は喜び勇んで帰ったんですよ。九大教養部では若い研究仲間に恵まれず一人ぼっちだったんです。教養部でしたからね。ところが母校の山大では、新制大学ではありながら四年生の卒論生が配属された。大学院修士課程も昭和四二年にできることになっていました。研究ができるぞとの思いが強く芽生えたということなんです。

――奥さまは反対でしたか。博多はいい町ですから。

梶返　ところが女房が反対しましてね、宇部に帰りたくないって。

私は養子で、結婚して「梶返」に改名というかね。梶返って部落があるんですよ、山大工学部まで歩いて一〇分くらいのところに。子どもも大きくなって福岡で生活できる、実は家も買ってたんですよ福岡で。六本松近くの建売住宅ですけど。

――それは大きいですね。

梶返　六本松の福岡高等学校が九大の教養部になりまして、その近くですよ。子どもも小学校上がっておって博多弁がしゃべれるようになってるし、家はちゃんとあるし、福岡で安心して生活できて楽しみにしてたのに、「もう宇部に帰るの」っていうことで女房は反対したのですが。ところが私は卒論生がつく、間もなくマスターコースができるっていうことで、仕事がしたかったからね、喜び勇んで帰りました。

――教養部では卒論生、いませんからね。

梶返　学生も通過するところだと思ってますから。

――話は少し戻りますが、工専卒業後に宇部高校で教員をされたことはいかがでしたか。

梶返　いい経験になりました。弟のような後輩連中を教えるということで、またそういう連中との付き合いで、ほんとにいい勉強になりました。ところで、私は山大で有機合成化学講座の教授になってから一〇数年、講座で教え子たちと一緒に仕事をしましたが、毎年講座の同窓会やってくれるわけ。他の講座ではあまりないかも分かりません。「今度の一一月には先生、また呼びますよ一緒に飲もうね」って。

――それはすごいですね。教え子の方も結構ご年配に…。

梶返　みんな偉くなっておりますよ。最初に教えた連中は定年になってます。六〇歳過ぎてますからね。山大工学部は、地方の新制大学ですが、私の教えた連中は頑張って、会社で課長とか部長とか研究所の所長とかなっております。だから、私の教え子は立派だなと思う。先生は大したことないけどね、教え子はできた人が多い。

――先生が良かったんですよ。教師冥利に尽きますよね。

梶返　うん。その中には私のところで四年卒業して、マスターに残ってくれりゃいいのに、九大のマスターに上がってドクターに上がって、今は九大のプロフェッサーになってるのがいます。それから私のところでマスターを終えたが、ドクターは私の大事な大河原先生、東工大のプロフェッサーのところへ私が押しこんだこともありましてね。彼はそこを出まして、九大の助教授になって今は島根大学の教授になってます。彼も間もなく定年、そういう年配です。そういうふうに、結構私の教え子は自慢じゃないけどね、よく勉強して偉くなってます。

――いいですねえ。

梶返　道草を食いながらヨタヨタして、ほんとにやっと九州大学を卒業して、こういう人生をたどってたんですが、考えてみりゃ私の人生も悪くなかったなと。

――先生、お元気ですね。

梶返　もう来年ごろには数え年は米寿ですから。友達がどんどん亡くなっちゃってね、残ってるのは数えるほどしかいませんね。これは旧制中学の友達も同じね。そういうことで、友達が減りましたけども、あちこちでいい友達に恵まれたということです。

――長時間、ありがとうございました。

梶返　お役に立ったか知りませんけども。

――大変参考になりました。ありがとうございます。

梶返　そうですね、何かまたお役に立つことがあったらご連絡ください。

――ありがとうございました。ほんとに助かりました。

春山 丈夫 氏 （はるやま たけお）

一九二八年生まれ、八六歳。

一九四五年愛知県立豊橋中学校卒、同年五浜松工業専門学校（浜松工専）航空工学科入学（機械科に転換）、一九四八年同卒業、同年～一九八八年早川電機工業株式会社（後のシャープ）で工場長など。大学非常勤講師等。

一　官立高工入学前

――旧制中学はどちらでしたか。
春山　豊橋中学。
――あの時代に士官学校も旧制高校もありましたが、そのなかで浜松高工を選ばれた理由は。
春山　簡単にいえば滑り止めです。というのは、私、親父が連隊長してましたから、南方におりまして。ほんで不明だったんですけども、親父の意志を継いでもって士官学校をなんと七月に受けたんですかな。それで合格通知が来ましてね。
――お父さまは、連隊長というと大佐だったんですね。
春山　ポツダム少将ですわ。
――士官学校は、でも行かれなかったわけですか。
春山　それで、士官学校受かって、入学生という通知が来たのが八月の六日でしてね。そのときに名古屋駅に集合せよという指示があって、それが八月の二三日に来いと。ところが、「今から士官学校に行ったら捕虜になるぞ」ってわけですよ、それですぐ解散。そのときに滑り止めに受けといたのが浜松高工。それで、これはもう勉強することもないなと思っとったら、九月一五日に連絡がありましてね、学校から。授業を再開するから浜松に出てこい。だから全然ロスなしに行けたんですね。
そのころ、特攻志願やらなんやらで、予科練とか海兵、陸士、みんなその辺の連中がおりましたんですけども、その連中は一年遅れになりましたね。

――そうでしたね。

春山　私、陸士と海兵、両方受かっとんですよ。おやじが陸軍だったし、先に合格通知が来たほうが陸士だったから陸士に決めとったんですがね。

――復員された方も工専に。

春山　みんな一年遅れになりました。そのとき私は中学四年生だったんですね。それで、五年生と四年生が、また一緒に卒業するという時期、ご存じですか。

――はい、分かります。

春山　そういう面白いことがありまして、同じ年になりましてね。だから御年一八歳。数えですね、これ。一年繰り上げになったんですね。もう、一番短いタイミングで陸士行けたわけですけど、おじゃんになっちゃった。それで、滑り止めの浜松高工へ入ったんですね。そのときは航空工学科だったんです。

――八月一五日はどちらで。

春山　はい。終戦の日に私は何をしとったかっていうと、三菱重工の安城分室って疎開工場がありましてね、そこで勤労動員やってましたから。それで戦闘機のエンジンの設計をやっとったわけです。※

（※この間のいきさつを整理すると、春山氏は一九四五年四月に愛知県立豊橋中学校を四年で卒業し、滑り止めの意味で官立浜松工業専門学校を受験し合格した。官立工専の受験資格は中学校卒業が原則であったが、一九四四年から特例的に四年修了で受験できることとなっていたため、一年短縮での受験が可能となっていた〈四年修了で受験可能になった特例措置については第一章第二節一参照〉。しかし、浜松工専の授業がないまま三菱重工安城工場で勤労動員になっていて〈ほとんどの官立工専は入学を延期し、新入生を勤労動員に出していた〉。その勤労動員中の七月に陸士を受験し合格したが、終戦になったため陸士入学を回避した。その後、浜松工専から授業の再開通知があったため、中学校を一年短縮のまま浪人することなく最短年数で浜松工専に入学することができた）

――浜松高工の一年生で勤労動員に行かれて。授業は戦争終わるまでなかったのですか。

春山　なかったです。一カ月後の九月一五日から母校でやるからと。それで、母校が戦災で焼けておりまして、浜松の高射砲連隊※っていうところで兵舎を借りて、そこでやっておりました。我々の勤労動員のときでも旅行証明書がないと駄目ですから、公務公用で。

（※浜松の高射砲連隊は当初からあったものではなく、一九二五年の宇垣軍縮で陸軍四箇師団が廃止され、浜松に置かれていた第一五師団歩兵第六七連隊が廃止されたため、その補充の形で豊橋にあった高射砲第一連隊が浜松に移動してきていたもの）

――豊橋中学は名門校ですね。

春山　ええ。愛知四中だったんです。これ中学の写真、みんなゲートル巻いて。

――豊橋中学の同級生の方は、卒業後はどのように。

春山　そうですね、名古屋の八高、それから浜松工専、良くできるやつは京大、東大へ行きおって。それから工業大学のほうに行くかな。私立の同志社とか関西大学とか行ったのもおるけど、あんまり多くなかったですね。

二　官立高工在学中

――飛行機、駄目になりましたね。

春山　飛行機の研究はまかりならんと。そういうことで、やむを得ず機械科に編入されたわけ。ということで今は機械科出身ということになっとるわけです。※

（※浜松工専航空機科〈一九四一年戦時期の理工系拡充策の一環として航空工学科として設置され、一九四四年航空機科に名称変更された〉は、一九四五年一二月に連合国軍の「航空関係は軍事関連のため製造・研究・教育の一切を禁止」する占領政策により廃止され、

同科の生徒は第一機械科〈昼間部〉に編入された。横浜、長野、名古屋工専の航空機科も同様の措置がとられた）

――なるほど。

春山　航空工学。しばらくしてから、またなんかできたんですよね。だけどそれ自衛隊が出てきたころから、なんかあれまた。

――新制に切り替わってからですね。

春山　そうです、はい。

――この写真は同級生の方ですか。

春山　これ、浜松の同級生ですね。

――たくさんいらっしゃいますね。

春山　そのころ定員が八〇人だったんですよ。航空工学科っていうと非常に売れ口でして、一、〇〇〇人くらい受験生がいまして、そん中でプッと入っちゃった。

――すごいですね。この女性の方はどなたですか。

春山　それは、寮のおばさんです。

――九月から授業が再開になった。

春山　九月一五日から旧高射砲連隊、もう学校焼けてますからそこの兵舎でやったと。ところが、その兵舎に武器を集めて全部進駐軍に。そういうことで、兵舎はほとんどそれになっとったんで、その間は別なところで授業受けたんです。確か工業高校かなんか、ちょっと歩いていったとこにあった。※ でも一二月になったら前の兵舎の跡で授業ができた。

（※興誠航空工業学校や追分国民学校で分散授業が行われた模様(8)）

――機械工学科の実習機械などは残ってたんですか。

春山　豊橋中学のときは、専ら機械場で物作りやっとったんですね。そのときに飛行機作ってましたから、リベット打ちやったんです。ところが、このリベット打ちが今度会社に入ってからは溶接になったのかな。

――なるほど。九月から授業再開で、カリキュラムは戦前のままやってらっしゃってるんですけれども、英語の授業みたいなのはどうなりました。

春山　教室は黒板と椅子だけ、あとなんにもない。それで先生がガリ版刷りで英語で書いたんですけど、その先生がまたドイツ語の先生で、癖のある字で。それを黒板に書いたやつを写したということでしたかな。

――実験、実習がたくさんありますね。先にインタビューした方の話では、実験の教科書はほとんど英文だったと聞きましたが、浜松の機械科はいかがでしたか。

春山　文献は何もなかったですね。

――なかったですか。

春山　ええ。勤労動員でずっとリベット打ちの作業をやってまして、それで工作機械の扱いもほとんど全部できてましてね、自分で全部作れたんですよ。だからもうやることを、みんな分かっとったわけ。

――豊橋のご出身で浜松工専といいますと、通学は下宿ですか。

春山　自宅から通うつもりでおったんですが、豊橋が戦災に遭いまして。それで私は三重県の松阪へ、これはおふくろの関係で疎開したんですね。疎開の荷物やなんかはそこに置いといたんですが。その間は泊まるとこがないので、友達の家をぐるぐるまわったり、防空壕の中で寝たり。まあそのころ何やっても平気だったですけどね。

――寮に入ることはなかったんですか。

春山　九月一五日から高射砲連隊跡が宿舎になってました。その一番北に医務室のような設備があって、そこへ入れられたわけです。

――卒業までいらっしゃったんですか。

春山　卒業まで三年間そこで。北《ほく》寮っていう名前でしたね。南寮、北寮、西寮とありまして、私は浜松校舎の北寮です。

――これが昔の兵舎ですか。

春山　先生方、そこに居るでしょう。女性は寮のおばさんだけ。

――制帽をかぶってらっしゃったんですかね。

春山　学生帽ね。それまで戦闘帽をかぶっとったんですよね。初めて大学の帽子をかぶるようになって。

――学帽は、一種のステータスみたいな感じでしたか。

春山　はい。兵舎のアンテナかなんかを切り落としたところにみんなが集まって、そこが遊び場になっとる。

――マントをちゃんと着てらっしゃるわけですね。ところで、食糧難の時代と思いますが、食事はどういうふうに。

春山　もうイモばっかり食ってました。浜松はすごくイモのうまいところで、それで買い出しに行ってイモ買ってきて、蒸して、みんなそして体持ちましたね。うまかったですよ松阪の農林第一号っていう。

――九月から授業が再開されましたが、普通に授業はできたのですか。先生方も揃っていて。

春山　出征がかかってた先生もいたかな。航空工学科の先生は、授業中に手製のパン焼き機かなんかでしとったんですよね。ぱっと授業中に立ってって自分の部屋へ入って、それでスイッチかなんか入れてまた帰ってきて。

――そういう時代なんですね。シャープに入られてから、工専での授業は直接に役立つものでしたか。

春山　ええ。もう「現物、現場、現時点」っていうのがそれですから、理屈も何もなしに、習い覚えたことを全部そこで生かしたと。製作理論とかはやっぱり頭にあって。アナログ型とデジタル型ってあるでしょう。私、アナログ型だった。教科書やらなんか読んでダッダッダてやるのが嫌いで。やれたのは中学の動員のときの経験なんです。

――勤労動員が役立ったんですね。浜松工専に入ってからはいかがでしたか。

春山　浜松工専のときも、日本楽器のアルバイト。そこにある機械を全部使いこなしたんです。なぜ使いこなせたかっていうと、（アメリカの）賠償機械の取り立てということがありまして、機械科の学生を動員して調べさせたんですね。

絵を描いて、これがなんで、ここで油を入れて、何してってていう、取扱説明書の原稿を作る役なんです。英訳する人はまた別にいましたから、日本語で書いて出しときゃよかったんです。それがものすごく勉強になりましたね。
それで、旋盤、フライス盤、そのころ日本で最高クラスの研磨機とかなんか、そういう工作機械一通り全部を、浜松の山の中の疎開工場に持ってってたんですね、スケッチを取って進駐軍に提出せないかんから。そのときには、食事もちゃんと出してくれたんですよ。
学校から行かしたから、お金は全部学校のほうで本人には来なかったんだけど。学校はその辺を全部貯金しといて、後でくれたことがありましたね。そのときは、どんどん物価が上がってますからね。

――浜松工専の授業で、専門以外の教養系というんでしょうか、記憶に残っているものがありますか。

春山 機械工学ばっかりですよ。英語の授業がありましたが。

――英語の授業だけですか。

春山 あと道徳、倫理学みたいなものが一科目だけやったですよ。倫理の専門家がいまして、ところがその専門家がドイツ語の先生で、分からんかったですね。要するに実地教育ばっかですわ。

――三年間、びっしり専門の授業ですか。

春山 だいたい教科書なんかないんですからね。教科書が与えられたのが二年生の後ぐらいかな。それも高いお金で買わなきゃいけない。お金がなくて、先生のガリ版刷りでずっとやったんですかね。英語がだんだんと出てきましたけど。
私たち、その機械使えいうたらさーっと使えたから、先生に教えてもらわなくてもよかったんですね。旋盤、フライス盤、それから研磨盤、ボール盤、あと往復運動するシェーパー、一通り使えましたから。もう熟練工の域ですよ。

――勤労動員で経験されたからですか。

春山 はい。一年三カ月、中学校のときの勤労動員、授業があったのは中学三年まで。浜松工専のアルバイトでは取扱説明書作りで。

——豊橋中学の三年までは、授業があったんですね。

春山　ありましたが、英語の授業はなかった。

——浜松工専時代で、一番思い出に残っているのは。

春山　それが話せば長いことながら演劇。浜松の松菱百貨店の前に東洋劇場※とかいうのがありまして、そこで昼夜四回公演をしたことがあるんですよ。

〈※『浜松市史』によれば、「鍛冶町に出来た東洋劇場〈昭和二一年一一月二〇日開場〉は規模が大きく、歌、芝居、浪曲、漫才などの実演に広く利用されていた」とのことである〉

——昭和二一～二二年ぐらいのときですか。

春山　二二年。二一年にもちょこっとやったんかな。二二年ですね。

——演目はなにを。

春山　リア王。初めアルト・ハイデルベルクをということでしたが、まだ五〇年たってなかったから著作権の関係で。一週間ぐらい練習しとっけどできなくなった。それじゃあということで古典探したら、リア王が出てきたしということなんです。女性三人は学校の職員から来てもらったんです。

——この写真ですか。

春山　これ「あほう」って役なんだ。今でもセリフを覚えてるけど、リア王に向かって平気でぺらぺらしゃべる役なのね。そのときに洗髪代なかったから、髪がぼうぼうになっとってね、「帽子作れ」いうことでトンガリ帽子を作って。

——演劇は、戦後一気に広まったんですよね。

春山　そうです、ほかに娯楽ってなかったですからね。浜松地方の文化活動の走りになった。浜松工専の演劇部が頑張ったって、地方の新聞でどかーんと出て。

――戦争中で抑えつけられてたのが一気に花開いたって感じなんですか。これはカゴを担いでるんですか。

春山　みんなこんなんで。わーっと神輿担いで、浜松の駅わーって。そのころは、交通規制も何もないから、ワッショイ、ワッショイですよ。

――同級生の方は、卒業してみなさん就職をされたんですか。

春山　就職は私が一番早かったですね。あと学校の先生が多かったですね。

――教員が足りない時代で、専門学校卒業生は引っ張りだこだったみたいですが。

春山　そうです。中学卒業したのも小学校の先生だったりしてましたからね。浜松の卒業生は、工業高校の先生が多かったですかね、

――工業高校の先生ですね。

夫人　なんか、その頃は真面目に勉強してたみたいですね。ノートもなんかきちっと奇麗に書いて残してるんですよ。

三　官立高工卒業後

――一九四八年にご卒業後、すぐシャープに入られたんですか。

春山　そうです、はい。

――シャープを選ばれた理由は。

春山　たくさんあるんですけどね。テレビの「イ」の字を開発（注：ブラウン管による文字電送・受像を世界で初めて成功させた）した高柳健次郎先生（注：浜松工専教授）の愛弟子に、笹尾三郎さんっていう方がおられた。この方が早川電機（シャープ）に入っていて、戦後とにかくテレビをやろうっていうことになって、後輩を入れてやろうと。

――そうしますと春山さんは、シャープではテレビを中心にやってこられたわけですか。

春山　そうです。まずテレビから始まりましたね。国産テレビ第一号を作ったんです。

――シャープですと、大阪にお住まいになって。

春山　はい。今里（注：大阪市東成区）に私の親戚が居まして、そこに下宿しとって。六カ月ほどで寮に入れてもらって行ったら、大正生まれの復員兵がドサドサと帰ってきましたけど、そのちょうど隙間に入れてもらって、昭和二三年ですか。

――まだ戦後の混乱のときですね。

春山　もう、物価はどんどん上がっていくし。昭和二五年のときはひどい不況で首切りがあったわけです。

――シャープも厳しかったんですね。

春山　ラジオの民間放送が始まって急に増えたので、戦後はまずラジオの修理から始めたわけですね。私が入ったときに、早くもテレビをやろうと早川徳次さん（注：シャープ創業者）の指示がありまして。

早川徳次さんがしょっちゅう来られて、笹尾さんがそれに乗って、二人でわーっと機械場をもうかき回されてしもうたんです。その後始末を私やらなあかん（注：二〇〇三年一月二八日に放映されたNHK総合テレビ「プロジェクトX～挑戦者たち　執念のテレビ・技術者魂三〇年の戦い」では、「早川電機工業の技術者・笹尾三郎氏、春山氏らは、浜松高等工業学校の学生の時（当時一八歳）高柳健次郎氏の授業を受け～」と紹介されている）。

――春山さんは、大学へ行ったほうがよかったと思われたことはありますか。

春山　ないです。シャープは、私が入る頃まで学卒っていうのはほとんどいなくて、私たちが初めて学卒だったんですね。大学が二七年か二八年から始まったでしょう。そのころから卒業生を取るようになったんですね。今は府大卒（注：大阪府立大学）が一番多いですかね。（浜松工専の後継の）静岡大学は三番目か四番目ぐらいで。

――府大も、前身は官立専門学校の大阪高等工業学校ですから。ところで、奥様とはシャープの時代にご結婚されたんですか。

夫人　はい。ちょっと出会いがありまして。

――シャープでの転勤などは。

春山　広島に一年三カ月ぐらい居ましたかね。しょっちゅう人事異動がありましてね。広島の工場長で赴任したんですよ。第三工場が出てきたんですね。輸出商品をたくさん作っとる。

――シャープに在職中からもやってらしたようですが、退職後に大学で教えられたとお聞きしましたが。

春山　私、龍谷大学の先生やったことがあるんですよ。それから大阪府立大学。割に学校の先生やったんですよ。

――浜松工専の同期の方たちとは、お会いになりますか。

春山　もう死んでるの多いですよ。友達ももう七〇歳のときには七〇名だったかな。今二〇名も居ないかな。

――これは同窓会の写真ですね、浜松工業会。

春山　そうですね。浜松の同級生、本当に今みんな重役になってます。偉いもんですわ。浜松工業会関西支部ではトップクラスです私ね、長老なってる。

――資料もいろいろと頂きまして、長時間、本当にありがとうございました。

C氏

一九二三年生まれ、九一歳。

一九四三年福岡県立小倉中学校卒業、同年上田蚕糸専門学校（一九四四年上田繊維専門学校に改称、上田繊専）繊維化学科入学、一九四五年九月同卒業（繰上）、一九四六年大阪帝国大学工学部入学、一九四九年同卒業、福岡県立高校教員、カネボウ、信州大学教員、学長など。

D氏

一九二二年生まれ、九二歳。

一九四二年神奈川県立厚木中学校卒業、同年上田蚕糸専門学校（一九四四年上田繊維専門学校に改称、上田繊専）絹紡織科入学、一九四五年同卒業、海軍予備学生、海軍将校、長野県で中学校教員など（軍歴については、同氏の発言のほか「戦後七〇年の記憶」〈信濃毎日新聞二〇一三・一〇・二〇〉から引用）。

一　官立高工入学前

C　僕らの時代は、上田では工学系の学科と農学系の学科がありまして、工学系の学科は唯一そのころあった繊維学科。

――上田は、電気とか機械は最後まで作らなかったんですね。

C　長野にできたでしょう（注：一九四三年に長野工専が新設された）。だから同じものは作らなかった。

——それで、内容的には工学系の点もある農学系ということに。

事務局　そういう系統のところのつながりもありますよ、ここ。今でも大学の学部長会議は工学系と農学系の両方に入っている。

——高等工業は高工と略しますが、上田繊維はどういういい方だったのでしょうか。

C　「せんせん」（繊専）、土地の人は「せんもん」（繊門）とかいって。

——先生は、初めは飛行機希望とのことですが、それは航空隊ですか？

C　いやいや、飛行機を造る方で乗る方じゃないんですよね。当時は東大と京大しか航空学科なかった。

——航空を繊維に変更されたのは。

C　受験の時に病気してね。「浪人する」っていったら、おやじは「浪人していい」っていいましたが、中学校の先生は「繊維化学がいい学問で、これから伸びるから行け」いうて。

——先生はこちらのご出身ですか。

C　僕は九州、北九州の戸畑です。

——戸畑ですと地元に明専（注：官立高工の明治専門学校、現在の九州工業大学）があったと思いますが。

C　そうそう。だいたい地元には行かないもんで。明専は四年制ですからね。

——繊維ですと京都にもあったと思いますが（注：京都高等蚕糸学校、現在の京都工芸繊維大学）。

C　いや、京都はね一年後れてできたんです。繊維科学は日本で一番ここが早かった。僕の場合は、それだけじゃなくて飛行機やらなくてよかったんです。もし航空やっておったら大変なことになったと思ってね、運に恵まれた。それからもう一つは、旅順工大に行きたかったけど阪大へ行っちゃって。旅順工大に行けば、卒業が二〇年九月の満州だったからね。

——専門学校は、必ずしも第一志望ではなかった方も多いようですが、Dさんはいかがでしたか。

D　私は中学のころ病気をして。中学は神奈川の厚木ですから。それで、そのときの医者が松高（注：旧制松本高校）から医学部に行った先生で、「信州には療養にいい学校があるから松高か上田のどっちかへ行ったらどうか」っていわれて。大学へは行けそうもないから。

――官立高工は、評価が高かったですから。旧制中学では英語も。

D　旧制中学の五年間っていうのは、英語を徹底的にやった。私の出た厚木中学は、横浜工専から英語の先生が週に一回英会話の授業に来た。で、英会話をやったんだけど、物にならなかったけどね、厚木中は徹底してやったですよ。

二　官立高工在学中

――先生、お住まいは寮でしたか、下宿でしたか。

C　一年は修己寮《しゅうきりょう》、ぼろ寮でした。

――旧制高校のような蛮カラ寮ですか。

C　それはそうでしたね。乱暴なやつ、いっぱいいましたよ。

――Dさんも寮に入っていらっしゃった。

D　一年のときに入ったんです。

C　僕のときは、一年と二年、最後の半年は下宿した。

――Dさんのときは一年だけで。

D　一年。あとは下宿です。

――この周辺に下宿されたんでしょうか。

D　いや、実家が佐久だから親戚がいっぱいあって、そこから通ってた。

——官立高工、地元の唯一の高等教育機関の場合が多くて、大変もてて嫁さんの紹介などもあったと。

Ｄ　いや、そういう話いっぱいあった、その当時はね。

——上田は、食料は充分でしたか。

Ｃ　あまり困ったっていう記憶ないですね。寮だけでおなかいっぱいにならんかってね、そば食べに毎日みんなと一緒に行った。

——専門学校から大学に進学された方は、語学が大変だったと聞きますが、先生はいかがでしたか。

Ｃ　あのころ英語は敵性語で、そんなに不自由したとかいうのはないな。

——実験の教科書が英語ということはなかったですか。

Ｄ　英語の教科書を使ってた、われわれは。

Ｃ　僕ら化学だったから、こんな厚い教科書買わされた。

Ｄ　うちの場合は、英語よりもドイツ語の方があったんかね。ドイツ語は難しくてね。英語は、旧制中学で五年間みっちりやらされたから、問題なかったけど、なかなかそのころのドイツ語は、何にも身につかなかったですよ。

——軍事教練は、いかがでしたか。

Ｃ　ありました。

Ｄ　旧制中学は教練っていうのはね、ほとんど週に三回ぐらいあったのかな。上田に来てからも、教練だけは厳しくあったですね、二人配属将校がいて。

——学校一覧が昭和一七年までしかないのですが、陸軍大佐の方が配属将校で。

Ｃ　高木千枝っていう大佐がいたけどね。それからもう一人少尉の人がおったな。

——名簿には、助教授で陸軍歩兵少尉の方がお二人載っておりますが。ところでＤさんの時代には、教練で授業がなかったっていうことはありますか。

D　いえ、それはなかったです、授業はあった。
——勤労動員は、どうでしたか。
D　そういう動員は、まだわれわれのころはなかった時代です。
——勉強一途ですね。
D　普通の勉強ですよね。
——カリキュラムを見ますと、一年から三年、朝から晩まで。
C　選択科目なんてほとんどないから。
——びっちり授業っていう感じですよね。
D　そうです。
C　他は知らないけど、そうですね、空き時間なんかなかったですね。われわれの場合は、最後のとき卒論のデータを出さないかんから、そのときは授業よりも実験の方が重きを置かざるを得なかった。時間制限がないから夜遅くまで実験したり、今はあんまりやらさないらしいですね。
——そうなんですか。
D　われわれは、午前が授業で、午後は実習と製図が多かったですよね。あるいは工場の方で実習っていうのが。午後ほとんどどっちか。
——一年生からすぐ専門科目がいっぱいあるという感じですね。
C　そうですね。専門科目は一年からずっとありますね。
——旧制大学の専門の授業も同じような感じですか。
C　それはね、僕、大学行ってここで聴いたやつと同じ講義聴くわけですね。そうすると、やっぱり大学の先生教え方うまいなって感じがしましたね。基礎科目になると同じですから、その授業を僕は二度聞いて。

――授業が終わると試験はあったんですかね。

C　試験ありましたよ。

D　ありましたペーパーの試験。それは厳しかったですよ。

――合格点取れなければ追試がありますか。

D　ええ。私も追試験受けたことあった。特に専門の教科の講義を聴いていて、その勉強をしなかったときには、やっぱりそのしっぺ返しがきたですよ。それでこれでは駄目だって、「単位が取れないからもう一回やれ」っていわれたことが何回かあったですね、あまり勉強しなかったせいか。なんせ、一生懸命やったのが数学で、数学だけはね、先生も良かったし将来資格が取れなきゃ困ると思って。

C　僕らのときは序列でつけてました、成績っていうか。僕は見たことないけど、なんか序列ついてたって。

――あのころ、士官学校などは卒業時の順番で一生が決まるみたいですが、専門学校はそういうことがあったのですか。

C　それが普通かどうかは知らんけど、僕のときはそうでしたよ。だから、僕の場合、常に四番以内に入っておかんと切符もらえないですからね、大学受験の。それは順番をちゃんと注意してます。

――それは、発表になるんですか。

C　オープンじゃない、聞きに行ったら教えてくれます。

――先生の時代のころは、落第ってありましたか。

C　卒業のとき一人だけ。その人と僕、大学受けて通ったけど学校サボっちゃったから卒業させなかった。あれ厳しかったですね。本人は、大学入ったから卒業させてくれると思ったらしいけど、「そんなばかなことないっ」て教授が。本人は、一年遅れて他のとこへ行った。留年はほとんどなかったね。

――Dさんの時代も、留年はなかったですか。

D　われわれのクラスにはなかったです、隣のクラスにはいたけども。

――それは厳しく授業があり、みんな必死についていくということですか。

C　必死かどうか知らないけども、そうね、留年はしないね。そういえば一人だけ卒業が遅れたのがいましたね。遅れたために今度は兵隊引っ張られて、五年ぐらい後の卒業になった人が一人いますけどね、あとはいなかったな。当時、専門学校は全部、企業に就職しなさいと国に指定されて、卒業生の一割だけは大学を受験してもよろしいと、そういう差別があったんで。それで、僕は大学に上がっていったから、学校の単位は全科目落としたらいけない、非常に厳しい時代だったよね。僕は、旅順工大に行きたかったんだけども、母親の父親が当時亡くなって母親が日本の大学も受けてくれっていうんで、それで阪大っていうことになったの。大学卒業した年が昭和二〇年ですからね。

――終戦の年にご卒業ですか。

C　二〇年の九月だからぎりぎりですね。僕ら二年半でしたから。

――Dさんの年代は、工業学校からいわゆる傍系入学された生徒はどのぐらいいたましか。

D　一割が実業学校から来たんで。成績優秀だったけども語学はね苦労した。だから今になって、旧制中学でもって英語やった、あの英語はなんなんだろうっていうふうにね。五年間徹底的にやるでしょう。普通だったら一年やれば会話できるというのに、五年間やって会話も上手にできないっていう、そういう授業が昔はほとんど、多かったでしょう。

――工業学校は、英語の授業時間が少ないから。

D　実業学校から推薦で来る人いるでしょう。そういう人たちは、英語を学校であまりやらないで、学校へ来て英語の講義なんかはスペルが分からなくて困るっていうようなことね、もう相当いわれたですよね。語学の点では、実業学校校から来た生徒っていうのはだいぶ苦労したらしいです。

C　日常生活に文法なんか必要ないと思うんだけど。あれに費やす時間っていうのは、相当なもんだと思うんだけど、実際にはグラマーなんて必要ないですけど、試験には必要あるっていうの。僕もアメリカに行く前に、しゃべれなくちゃいかんっていうので、随分いったんですけどね、学校の授業があんまり役に立たなかったっていうのは、間が空きすぎると駄目だと思うんです。集中的にやらせれば、その方が成果上がると思うんですね。夏休みに大阪へ行って、一日八時間やったの、しゃべるのをね。それで一カ月やれば、先生がびっくりするぐらい一応しゃべれるようになって。ところが今の教育制度から見ると、一週間に三時間から四時間、また次のときって忘れてますから、効果ないんじゃないかと。

――信大に戻って来られて、繊維学部での専門科目の授業密度と、上田繊専時代の専門教育の密度を比べるとだいぶ違いますか。

C　僕は違ってはないと思うけども、けっして昔のあれが濃度が薄いとかそういう感じはしませんね。それはそっくり大学でもどこでも通用するような。

――専門学校と大学の専門教育は、長さとしては同じなんです。

C　あとは自分がね、だんだん専門ができてきたら深くやるだけの話で、基礎的なことは、大学も専門学校も少なくとも自分の専門分野であんまり変わらなかった。

――カリキュラム的にかなり似ているんですか。

C　カリキュラムは、向こうは応用化学でこちらは繊維化学だから、繊維がある程度多かったです。僕の場合は、大学行っちゃったからあれですけどね、企業に直接役立つような経験っていうのはある時期は便利だけどね。やっぱり大学教育、無駄なことを長いことやってるっていうのは、これ人間をつくるっていうことなの。授業だけじゃなくて先生と学生との間で、いわゆる人間関係をつくっていって、その中で先生が教育をするっていうような、僕は一番効果的なじゃなかったと。もちろん授業をして学問をやるってことは大事なことだけど。うちの研究室は酒ばっかり飲んでまして。

――雰囲気としてあったわけですね。

C　授業じゃない。

――教員と学生との関係とか、学生同士の関係、そういう中でできてくるもんなんですね。

C　僕はもう、そうだと思うんです。だから、その場に入ってくれれば僕の研究室なんかは似たようなのが出ていましたね。

――こちらは、外地から来た生徒はいましたか。

C　僕らのクラスに何人かいました。

――それは朝鮮ですか。

C　朝鮮からは、製糸科から来てたな。それと僕らのクラスは台湾から。

――台湾ですか。満州は？

C　満州はいなかったと思いますね、朝鮮、台湾が。

事務局　台湾は、この専門学校を卒業した人で合成繊維の会社の社長になった人、有名な合成繊維の会社ですよ。台湾でものすごい大きい、それをつくってやった人がいる。それから、韓国からメールが来て、おじいちゃんがここの学校を卒業してどこへ就職したか分かりますかって。

――朝鮮と台湾は、まあ日本国だった。満州はそれとは区別された外国だったんですね。

C　旅順工大っていうのは満州？

――日本の租借地だった関東州に作られた日本の官立大学です。ところで、先生のころ徴兵猶予はどうでしたか。

C　あのころはそういう制度そのものがなかった。みんな卒業して初めて軍隊に行くようになった。

――そうすると兵隊検査は卒業後ですか。

C　いや、もちろん卒業前。

――専門学校在学中は招集がない。

C　そうそう。

――上田から学徒出陣された方は、あったのでしょうか。

事務局　昭和一八年に、学徒出陣でここから四〇何人出たっていう記録があります。

C　僕は行ってない、工学系だからね。昭和一七年から二〇年九月までは、工場に動員されておったですね。

D　われわれはね、卒業後に他の道へ行くっていう場合に、旧制の中学の免許をくれるっていうんで。

――教員免許ですか。

D　ええ、教員免許。英語だけはしっかりやらなきゃいけない、数学は八五点以上でなきゃ免許くれないっていうようなことをいわれて。でもね、先生は柳澤（延房教授）っていう東大の造船科出てきた先生で、とてもよかったです。それから、物理は原田（親雄教授）って。

C　（柳澤先生は）後で、長野高専の。

D　長野高専の校長になった。とてもいい先生で、数学は一生懸命やった。物理の原田先生は、ネクタイ、めがねの有名な教授だったけどね。

三　官立高工卒業後

――先生は、ずっと信州大学で教員をされた。

C　そうです、はい。

――先生の同期だった方は、どういう道にお進みになったんですか。

C　さっき申し上げたように、一割だけ大学へ行きましたね、あとはみんな企業に。これ強制的です、切符制みたいなのでやらされてましたね。企業に行ってそこで定年迎えたり、あるいは自分で事業をやったりして社長になったり、いろいろでしたね。

——昭和の初めごろは官庁にも行っていますが、先生の時代はいかがでしたか。

C　あんまり行ってないですね。僕らのクラスは、さっきいったように切符制でしょう。だから企業にバーッと押しつけられるからね、本人の希望とは関係なくていかんとかね。

——それは学校で、おまえはどこ行けっていう。

C　学校じゃないですよ、通産省（注：厚生省）から来たんだと思います、とてつもないとこへ、やられてました。

——Dさんの同期の方も、割り当てでしたか。

D　割り当てなんかなかったですね。

C　いや私らもなかったの、僕らの科だけだから。

D　だいたい繊維関係のとこへ行ったですよね。

——一〇％ぐらいの方は、大学に行かれましたか。

D　大学に行ったのはいません。われわれの紡織科は二四人しかいなかったで、ほとんど全部が就職できたでしょう楽に。だから他へ行くなんていうあれは全然ね。官庁へ行くっていえばばかにされたっていうかね、「なんでそんなとこへ行くんだ」っていうふうにいわれて。教員やっていても、「なんだおまえ教員か」って、そういうふうにいわれた時代ですよ。浪人したら教員やれっていうような。

——Dさんは、こちらでご就職されたんですか。

D　私の場合には、予備学生、学徒出陣に。

——海軍ですか。

D　海軍。徴兵検査を受けて、それで赤紙が来て、行くのは舞鶴。

——舞鶴に学校があったんですか。

D　舞鶴で一年間新兵教育（注：舞鶴海兵団）を受けて。学徒出陣の予備学生っていうのがあって、「その試験に受か

D　れば海軍将校になる近道だから受けろ」っていわれて。予備学生に合格して一九四四年二月から一年半ぐらい横須賀の久里浜ってとこに、予備士官の学校が（注：海軍対潜学校）。

――技術将校の道もあったと思いますが。

D　いましたね。化学系を卒業した一期上の人が平塚にいたから、わりと近くで私が少尉になってからね、平塚で会ったことあった。

――Dさん、ご卒業は何年ですか。

D　昭和一九年かな（注：一九四三年一一月に上田蚕糸専門学校で学徒出陣壮行会兼仮卒業式）。

――そうすると少尉に任官されてすぐ終戦ですか。

D　いえいえ、次の年だったです。一年間船に乗ってたから。アメリカと太平洋上で戦闘をやったんです、私は沖縄作戦に参加した。

――大和が出る前のときですか。

D　ええ。主にやることは船団護衛とか、それからアメリカの潜水艦を沈めるっていうような、そういう仕事が主。

――駆逐艦に乗っていらした？

D　駆潜艇っていうやつ。もうほとんど制海権、制空権、全部アメリカ軍に奪われて、船も飛行機も駄目になったんで、みんなで陸引き上げてきて、上陸をなんとか食い止めなきゃいけないっていうんで、全国に配られたっていうか配置されて、で、私は四国の今治へ（注：D氏は、一九四四年一〇月、対潜学校で特攻隊員に志願し採用され回天要員に。一九四四年一二月に対潜学校を終え、佐世保基地に配属され駆潜艇航海士として艦船を護衛）。

――愛媛の。

D　予科練の生徒が三〇〇人ぐらい来たんかね、乗る飛行機がなくてね。それで、そこの隊長になって行けっていわれて、沿岸防備っていうかそういうところ。

——そうすると、終戦は今治でお迎えになって、そこで召集解除に。

D　ええ。

——こちらにお戻りになって就職になった。

D　いや、特に就職しなかったです。みんなでぶらぶらしてた。そうしたら、学校の方の紹介で教員になれっていわれてね。新制中学ができたころかな。だけど教員は勘弁してくれっていったら、じゃあ横浜か京都の生糸検査所に行けって。それもね、食糧事情のあまりよくないころだったもんで、それよりは近くの会社にもし行けるんだったら、しばらく様子を見てっていうふうにやっていて。そのうちに群馬の方の製糸工場が盛んに、あのころ繊維のいろいろな面でもっていい時代が来たっていうかね、そこへ行って三年ばかり。また病気になったもんで信州に帰ってきて、で、「中学か高校の先生やれって」いわれてそれで先生始めたんです。結核っていうあれで、教員やってる方がいいだろうっていわれて。

——高校ですか、中学ですか。

D　中学です。資格のある教員がいなかった。中学へ行って初めて教員やって驚いたのは、農学校を出た先生が英語教えてたっていう時代だったですよ。

——担当された科目は理科ですか。

D　「数学と理科と英語をやれ」っていわれて、三教科をやった。

——教員の仕事は、なかなかいいんじゃないですか。

D　今になればね、教員がよかったかなっていうふうに思う。あんまり悪いことないですよね。忙しいですけどね、教員っていうのはね。

——先生は、阪大に行かれた後は。

C　上田に二年半おって、大学は阪大へ行った。こちらに戻ってきたのは新制（信州）大学になって。「おまえは化学の一回生だし、大学に行ってるから戻ってこい」っていわれて、それで戻ってきた。

――阪大卒業後は、企業にご就職されないで。

C　いや、勤めたよ。網干（兵庫県姫路市）にカネボウの塩つくりの工場があったんで、そこにね。その前に僕、阪大のときにちょっと実験で指をけがしたもんですから、卒業して半年ぐらいは阪大の病院でやってもらって。

――機械を使っていてですか。

C　いや、これは先生が危険だからやっちゃいけないっていうんだけど、日本が負けるかどうか分からんとき危険も何もない。ある実験を、先生が禁止してたやつをいうこと聞かんで、濃硫酸をどうしても必要だから一八リッターの濃硫酸、あれ比重が一・八ぐらいあるから危ないんですが、それを運んできて研究室の中で。自分では下に置いたつもりだったけど、やっぱりもう食べる物食べてないから、体力なかったのか転倒しちゃって、濃硫酸の瓶が割れて。だからこの間はもう全然駄目でしたね。

――カネボウには、何年いらっしゃったんですかね。

C　カネボウの網干塩業が一年かな、その前に一年ほど、九州の田舎の方の浮羽（福岡県）の中学の先生をね。当時の知事をおやじが知ってたので、僕が全然知らんうちに履歴書を渡したらしくて。校長から電報来てね、辞令出たけどいつ来るかいうから、おかしいな、なんでだと思ったら。

――六三制が始まる前の旧制の段階ですね。

C　そこで一年ぐらいはいましたかね。そのときに知事のとこ行って、「あんな山の中で」っていったら、「何いうかって、みんな食べる物ないのにあそこ行ったら食べる物あるだろう」って、それで選んでくれたんですね。

――結局、先生にとって繊維を選ばれたのがよかったと。

C　結果的にね。

――Dさんの場合は、少しご専門とずれて。

D　ええ、全然。今になればね、どうせ教員になるんだったら教育学部へ行った方がよかったかなっていうふうには。でもそのころは、いつまでもやってるっていう気はなかったですからね。二～三年やったら辞めるっていうような、そういう軽い気持ちでやったのが、いつの間にか延び延びになっちゃって。途中で、「じゃあ高校へ行った方がいいんじゃないか」っていわれたんですが、「高校へ行くと転任が難しいぞ」っていわれて、それもそうだなっていったらそのままきちゃったかね。今になりゃ、やっぱり教員の方がよかったかな。繊維のことなんかあまり知らないです。先ほど出た、終戦の時は今治にいたからタオルの工場がいっぱいあって、ここに就職するんだったらタオル工場かなと思ったことがあったからね。

——先生のときは、阪大には専門学校から入学された学生は多かったですか。

C　欠員がいないと受けさせませんから、六人ぐらいいました。専門学校の上の方の一割とかが来てますから。

——阪大では大学院には行かれずに。

C　行きませんでした。

——学位はどちらでお取りになったんですか。

C　阪大で取ったんですけど、全然自分が習った研究室とは違う専門ですからね。こっちで自分がやった研究。

——信大の繊維学部の教員は、上田繊維の卒業の方が多いんですか。

C　昔は、多くはないけどもいましたけど。僕らのときは助教授が一人おったかな、あとは卒業生いませんでしたよ。

——大学に進学された方たちは、違う方面に就職された。

C　他に行ってますね。大学教員は、僕と同じく農学部出たのが近畿大学かな。

D　養蚕科なんかはきっと、多かったんだね卒業生が。

C　養蚕の卒業生はわりに生物系だから、医学部行ってる人が、医者になってるの何人かいますね。

——養蚕も、一時は花形だったですね。

D　昔はね。

――先生は、兵役にはまったく行かれなかった。

C　行ってない。

――幹部候補生の受験もされなかった。

C　いや、それは一応、海軍中尉ということで了解は得た。結局終戦になったから。

――海軍は先生のご希望で。

C　こっちが希望する。

――阪大を卒業されたときですか。

C　大学のときに試験を受けるわけで、合格すると予定として海軍中尉にする。

――阪大の頃は、戦争の影がだいぶ強かったですか。大学の中はそうでもなかったんですか。

C　大学の中は、そう。ただ空襲で大学焼けましたからね。

――大阪大空襲ですね。上田も空襲されましたか。

事務局　そこの高校がやられた。

――上田は、軍事工場はなかったんですか。

C　小さな飛行場があった、今はないですけど。

――先生の同級生の方は、軍隊に行かれた方は多いですか。

C　大学はいませんけども、専門学校のときはほとんど行ってますよね。

――それは技術将校の道を選ばないで。

C　いや必ずしもそうじゃなくて。歩兵になったり、航空隊に入ったりなんかして。どういう関係で行ったか、それよく知らないんですけどね。

――専門学校は、教養教育がないからダメだという方がおりますがどう思われますか。

C　いや、教養なんて自分でやる、作るんですから、教えられるものじゃないと思うんだ。教養教育受けたら教養豊かになるかっていったら、どうもあんまり関係ない。

――Dさん、学校の教員になられて、専門学校出身で困ったと思われたことは。

D　そういうことないですね。

事務局　参考になりますか。

――いや大変参考になりました。長時間にわたってお時間を割いていただき、お話を伺うことができましてありがとうございました。

青山 次則　氏（あおやま つぎのり）

一九二四年生まれ、九〇歳。
一九四一年熊本県立玉名中学校卒業、同年熊本高等工業学校土木工学科入学、一九四三年九月同卒業、同年海軍予備学生、海軍将校、一九四五～一九八一年熊本県庁で同土木部次長など、九州測量学校長など。

一　官立高工入学前

――今日はよろしくお願いいたします。

青山　青山です。私の個人的な話をまずいわなきゃならないと思いますので申しますと、この一八年の土木卒業なんですね。そのときの名前は渡邉次則といって、今は青山になっとるわけですね。学校時代は養子に行っておりました。私は復員しましたが、兄貴は戦死しておりました。また引き戻され青山家に帰りました。

――もともとは熊本のご出身で。

青山　はい、そうです。私はこの隣の玉名。今は玉名市ですが、昔は玉名郡横島村だった。小学校は横島尋常高等小学校。

――旧制中学は熊本ですか。

青山　いやいや、昭和一一年に玉名中学校入学です。

――熊本高工は、旧制五高の工学部から始まりましたね。

青山　五高の中に機械工学科と土木工学科があったですね、工学部は。

――官立高工は地元以外からもかなり入学していますが、熊本はいかがでしたか。

青山　そうです、四国とか広島とかが多かったですね。やっぱり土木が少なかったことはありますね、その時分は。

――機械、電気が多かったんですね。青山さんのご兄弟は。

青山　私は五人兄弟です。昔は産めよ増やせよの時代でしたもんね。

――お兄さまが戦死を。

青山　はいそうです。兄貴が海軍へ行ってマーシャル群島ですか、あそこで戦死しました。

――それは、お父さまが何か海軍関係とか。

青山　いや、おやじは建設業で。昔は農業兼建設業をしていました。

――昭和一八年にご卒業ということは昭和一五年にご入学ですか。

青山　いや、入学は一六年四月です。

――あっそうか、二年半ですからね。

青山　はい。

――熊本高工の土木へ入られたのは、お父さまのご希望だったんでしょうか。

青山　やっぱり、どうも考えてみるとそういう感じですね。おやじの建設業のいろいろ仕事を見たり聞いたりしておりましたからね。

――旧制玉名中からは、熊本高工のほかに五高へ行かれた方もいらっしゃいましたか。

青山　それはありました。

――青山さんは、熊本高工以外の受験は。

青山　わしはなかったですよね。もうこの学校いっちょうで、土木だけん。やっぱ五高に行けばまた上さ行かないかんけんね。そのときは実業学校へ行くような感じで行ったんじゃないでしょうかね。やっぱり経済的な理由とかで。

――軍関係の学校も受験されずに。

青山　海兵を受けろとか陸士を受けろとか、それは相当な話がありましたからね。

――そうですね。

青山 やっぱ、まあちょっと優秀であれば受験しましたね、合格せんといかんけんね。

――海兵は、もうナンバースクールの高校と同じ難しさでしたね。

二 官立高工在学中

――あのころの高等工業は、ステータスが高かったですね。

青山 わしも入ってからびっくりしたのは、本当、何もかんも分からんで卒業しただけなんです。応用力学、すごいですもんね。今見て分からんですもんね。

――授業は、びっしりとあったんじゃないですか。

青山 それはもう。これは応用力学とかいろんな、やっぱしました。みっちり鍛われましたね、応用力学は。

――土木は特に応用力学が。

青山 そう、毎日。入ってすぐもう試験ですよね。黒板にぱっと問題ば書いて「やれ」っていうてから、もう三〇分ぐらいまでやって、そういうようなやり方だったですね。

――あのころの時間割を見ますと、午前四時間、午後二時間ほとんど余裕なしに授業が組まれてましたね。

青山 そうですね。よく鍛われたもんですね。これに軍事教育があって。

――教練は、週何時間ぐらいですか。

青山 わしは、どうも二回ぐらいあったような気がするが。体操の他にこの時間割に入ってないんで教練やってたんですよ。軍事教練は単位になっていなくてですね正式の。もちろん受けないと駄目なんですけれどもここの科目には入ってなかったみたいですね。先生っちゅうか、軍事教練担当の職員の方はちゃんといらっしゃって、陸軍の軍人が配属将校で。

――『学校一覧』の教職員名簿にお名前がちゃんと出てまいす。

青山　はい、おりますね配属将校が。とにかくこの時分は校長先生なんか勅任官で、式のときのは威厳がありました。

――官立高工の校長は、勅任官ですね。

青山　大森偉一郎先生を思い出します。先生は機械工学を教えていられた。

――先生は、九州帝大出身の方が多かったのでしょうか。

青山　我々の在校のときは、京都帝大出身の先生が多かった。先生方は、ほとんど京都帝大から博士号を取られて、熊本高工に赴任されていました。

――応用力学の話がございましが、青山さんの好きな学科は何でしたか。

青山　それはもう、好きなっていわれると分かりやすく説明される先生が良かったですね。

――昔も今も変わらないですね。

青山　はい、いろいろ習うでしょう、応用力学は数字ばかり並べて教えられるので、これが分かるのは橋梁の先生ですよね。福井先生（注：福井武弘土木工学科教授）っておられたですもんね。橋梁工学の説明で、初めて応用力学の意味が分かってくるわけです。教え方か福井先生の授業はわかりやすかったですね。

――橋梁の設計をやるんですね。ダムのコンクリート工学みたいな話だけじゃなくて。

青山　そう。吉田彌七先生（注：土木工学科教授）からは、コンクリート工学を習いました。この人は、もうそれは威張ってですね。我々にはダムについていろいろテーマを出されて、吉田先生から鍛われたです。この人はもう、西に吉田あり東に吉田ありって。吉田先生って東大にもおられて、自分は熊本におられるわけですが、そういうふうないい方でコンクリートについて講義されました。

――あのころは、ダムを作って治水や電力を。

青山　その始まりですよね。初めてわしもダムの設計を習ったぐらいでしょうね。

――橋梁は、鉄骨ですか、コンクリート橋ですか。

青山　いや、教えられたのは鉄骨です。

――化学関係の学科は、かなり英語の勉強をさせられたと聞いていますが、土木はいかがでしたか。

青山　うーん、土木の先生は、ドイツ行った先生とか、アメリカ行った先生とか。この先生はドイツ語をだいぶ使われよったですね。半分ぐらい分からんで。

――土木系は、専門用語が英語というのはあまりないんですか。

青山　どうかなー。

――土木といっても分野によってかなり違うんでしょうか。

青山　そうだねー。

――修身の授業が必ずあったのですが、何をされたか覚えてらっしゃいます。皆さんあんまり覚えてないんですが。

青山　覚えてないですね。何か哲学の先生がおったですね。

――勉強以外の学生生活ですが、青山さんは玉名ですと自宅通学、それとも寮に入って。

青山　そう、わしは玉名から汽車で通ってきたですよ。

――官立高工では寮に必ず入るところもあったようですが。

青山　うん、四国とか広島辺りから来る人たちが、北九州も含めて寮生活ですね。

――官立高工は、旧制高校に比べると授業がびっしりありますが、遊びはいかがでしたか。

青山　もうほとんど鍛われ、鍛われっちゅうな感じで、特に設計は徹底的に。遊びっちゅう感じが全然なかですもんね、二年半ぐらいは。

――そうしますと授業は殆ど同級生の方と一緒にいることになりますね。授業によってクラスが分かれるといったことはなく。

青山　卒業するときに論文、設計ね。わしはダムをやったし橋梁をやった者もおるし、そこではいろいろ分野は分かれたけど、普段の授業は大体は一緒ですね。

――実習の授業のときに、卒論の準備や勉強をするんですか。

青山　そうです、そうです。

――ゼミのような感じですか。

青山　そうですね、その先生がついて一生懸命問題点を聞くとかだったですね。

――先生の研究室とか、専用の部屋とかはないんですか。

青山　やっぱ、それは部屋はなかったですね。製図室が広いから。

――学校に食堂はあったんでしょうか。

青山　寮にはあったかもしれんな。学校にはない。

――自宅通学の方は弁当で。

青山　そう、私は弁当持っていきよったですね。

――構内に煉瓦造りの実習棟が建っていましたが、あれは熊本高工時代の建物ですか。

青山　機械の工作機械があるんじゃないですか。

――勤労動員はどんなところへ。土木の知識を活かすところですか。

青山　わしたちは、麗水港湾（注：朝鮮の全羅南道）とか、舞鶴あたりの道路工事とか。その後、実習ですよ。夏休みが二カ月あるでしょう。その間を利用して。

――朝鮮や舞鶴まで行かれてたんですか。

青山　はい、舞鶴に先輩が一人おられたもんですから。その人に学校の先生がいいなはったでしょうね、行って道路工事の測量・設計を実習しました。

――当然、泊まり込みですね。

青山　泊まり込んで、じっくりやって。割りと思い出が残っとるですね、朝鮮のは麗水港だったですね。底の港湾工事の現場監督を命じられ、港湾の岸壁工事のケーソンの敷設作業は学習になりました。

――土木でも、護岸とかはちょっと特別な仕事だという。

青山　私たちは、港湾とか道路あたりはあまり行きたがらんですけん。

三　官立高工卒業後

――ご卒業は一八年九月ですね。まだ熊本高工で工専になる前。

青山　そうです。我々までが熊本高工。

――あのころは、繰り上げになってましたから、九月卒業ですね。

青山　そうです。九月のおわりには、私は土浦航空隊へ行っていました。卒業式はやってないんですよ。卒業式は九月の二三日ですからその前に。昭和一八年、第一三期予備学生だもんだから。

――海軍の予備学生で。

青山　はい。どっちかというと志願で土浦に。

――航空隊ですか、そうすると。

青山　そうです。土浦海軍航空隊で、二ヶ月ぐらい徹底的に鍛われたですね。

――予科練ですね。

青山　そうです。もうひどいですけんね。とにかく鍛えられたですね。それを二カ月ぐらいやって。航空隊は我々の方が詳しかったですよ。もう数学なんて物理でも何でもより詳しかったですよ。

――戦地にも行かれた。

青山　私は、昭和一九年五月に海軍少尉に任じられて、呉の海軍航空隊へ行ったんですよ、あそこは水上機ですね。呉の海軍航空隊は観測機なんですね。ばーっと打ち出されてから、上がって潜函から大砲ば撃たれるでしょ。その着弾を調べることが、観測機の指名ですから。その練習でしたでけん、トッツーの通信訓練を呉の海軍航空隊で実戦的に随分やってきたですね。

――海軍予備学生で、特に航空関係は、英語がかなり使われていたんではないですか。

青山　学校で習う程度ですからね。英語よりも通信訓練が厳しかったですね。わしら飛行機乗りだからこればっかしですよ。随分鍛われた。

――操縦ですか、それとも偵察ですか。

青山　はい、わしは偵察と機銃操作です、夜間戦闘機のね。それは鍛われたですね。

――海軍予備学生は、熊本高工の同級生で一緒に受験された方がいらっしゃいましたか。

青山　四人ぐらい行ったですね、一緒に。

――土木からですか。

青山　いや、機械も全部入れてです。

――陸軍は、視野にはなくて最初から海軍ですか。ご本人が絶対に海軍の航空隊と思ってらっしゃったわけではない。

青山　それはもうそこまでは考えんで。誰がいうたですかね、とにかく昔は先輩の技術将校が来てから宣伝するじゃないですか。とうとう自分はそっちは志願しなかったけん、いつの間にか一三期に引っ張られたわけです。

――技術将校へ行かれるというお気持ちはなかったんですか。

青山　気持ちはあったでしょうね。威張って暮らすもんだから、多かったはずですよ。

――先にインタビューした方にも、技術士官を考えて官立高工に進んだという方もおりました。

青山　やっぱ、どっちかいうたら技術士官の方にあこがれて、先輩方もだいぶん勧誘に来たですよ。我々の一緒のやつもだいぶん技術将校がおりますからね。

――二一歳で少尉任官ですからね。

青山　そうなんですよね。一段と使命の大きさを感じました。戦争が終わって熊本に帰ってきた人が多いからね。熊本は米どころだからもんだけん、食事がええもんだから。

――除隊はどちらで。

青山　呉は水上機が思わしくなかって、使い物にならなくなったでしょう、岩国へ行ったんです。

――航空隊がありましたね。

青山　そうそう。あそこの三三二空の実戦部隊に入ったんです、三三二空は実戦部隊だから戦争するわけですね。伊丹航空隊に転属になり、伊丹の航空隊で終戦です。

――海軍少尉で除隊ですか。

青山　いえ、六月に中尉になっていて、八月に終戦です。召集解除は九月一五日。少尉になったら給料をもらうですよ。中尉は確か一〇円高かったかなっちゅう感じで、それは金があるですね。使いどころなかったので金は余りました。

――海軍の予備学生になられた一～二期上の方は、かなり戦死されたのでは。

青山　うーん、ほとんどですね。われわれの一三期でも、六割位は亡くなっとるですからね。

――戦地へ行かれて。

青山　もうほとんどの人は、やっぱ特攻隊が多いと思います。

――現場の技術将校が足りなかったということもあるようですが。

青山　技術将校はそうですね。私たちがですね、兵隊で飛行機乗るんですよ。グラマン・ロッキード戦闘機が来るじゃないですか。それで防空壕作れという命令あり、私が土木出身なので壕の設計施工の監督をしました。

――ええ。

青山　で、掩体壕を作るけん、ちょっと集まってきてくれちゅうことでいわれたわけです。

――それ飛行機の掩体壕ですか。

青山　いえ、隊員の防空壕。急にでしょ。作った所にロケット弾が命中し、戦死一名、負傷者一名あった。そういう場面は現実的にあったわけですよ。

――あの頃は、コンクリートだってちゃんとしたのなかったんじゃないですか。

青山　そういうことです。それはもう、ただ厚さだけを考えるような、これぐらいの厚さにしなさいよと。

――話は戻りますが、せっかく土木を勉強されて海軍予備学生へ行くっていうのは。あのころはそういう方が多かったんですか。

青山　昔、熊本高工に入った人たちは、鉄道関係とか役所関係とか学校の先生とか、いろいろな分野に分かれて就職を最初はしとるようですね。うちの学校は、一番多かったのはやっぱり日本製鉄とか満鉄とか、ああいうところへはわりに優秀な人が行ったですね。

――そこで応召されてる可能性が高いですね。

青山　うん、これば見っと、ぴしゃっと就職先、書いてあるです、卒業年次と一緒に。でけん、割りといろいろ入っておったね。満州は多かった。もう先生たちは満州の方で先輩の話ば、頑張りよるとって話ば聞くけん、やっぱみんなそういう気持ちになっちまうですよね、俺も行ってやろうっていうようなことで。

――当時は、学生に割合とおおらかで、酒も飲ませてくれたと聞きましたが、そういうことはどうでしたか。

青山　うん、そうですね。五高とは違ってうち辺りはまじめかったですね、みんな。

――熊本へ帰っていらっしゃって、県庁にはすぐお入りになったんですか。

青山　九月ごろ帰って、おやじの手伝いをばしたりなんかしよって、一二月にはもう県庁入れちゅうて入ったです。二〇年の一二月はもう県庁。ものすごく助かったですよ。

――熊本は、空襲はかなりやられたんですか。

青山　七月一日かな、かなりやられたですね。ほとんど中心部は焼け野原でしょう。

――不謹慎と怒られるんですが、都市計画や道路関係の方にはチャンスでもあった。

青山　戦災復興。あのときブルドーザー使ってわんわんやったからですね。あれだけ大きい道路が整備されました。

――まっすぐな道路ができてるんですね。

青山　そうです、それはもう。

――熊本は穀倉地帯で、食糧事情が悪いってことはあまりなかったですか。

青山　はい、ほとんどなかですね。そこはやっぱりいいですね。

――都会はなかなか大変だったみたいですが。

青山　と思いますね。わしは田舎だったもんで、戦友たちが来よったですよ。半年ぐらいおったですね、うちへ。米どころだもんだから。

――そうすると、戦争終わって帰って来てからも食糧難の覚えはないですか。

青山　ない。

――それはやっぱりいいですね。敗戦で生活面での大きな混乱はなかったですか。

青山　私はあまりなかったですね。

――県庁のお仕事では。

青山　例えば、道路、河川とか、いろいろな課があるでしょう。それによってやっぱりいろいろ仕事の中身が違うでしょう。私の場合はもう、仕事が河川の仕事ばかりやったです、入ってからずっと。もう大学と連携しながらいろいろやりよるんですよ。大学からいろんな資料もらってやっていきよるですよ。

――河川改修というと護岸ですか。

青山　堤防と護岸です。今はもういわゆる資源護岸とか何とかですが、昔はもう固い護岸、法線は直線に作れとか。コアリングしなさいちゅう。今はもう、また大きく変わって、いわゆる資源護岸で、魚が住んだり植物が減ったりするようなことにするな、ってなっとるでしょ。だいぶ大きく変わってきたですね。

――川を三面張りにして流れればいいみたいなのが、もうやらなくなりましたですね。

青山　もう本当、おっしゃったそれ分かったんです。今はですね、だいぶいろいろ変わってきて。

――建設省でも、道路局と河川局はやり方が違うみたいですね。

青山　そうです、おっしゃるとおりですよ。農業土木もねえ。内務省土木局ができるでしょう、その中で力があったってのは河川関係だったですよね。河川の人がグーッと上位。そういう人の指導でやった。

――県庁をご退職後には、学校でも教えられたと。

青山　県庁を辞めてから、測量専門学校とか、今は大学とか高専の技術資格ね。大学にしろ専門学校にしろ、技術者は何をするべきかっちゅうようなことを話しに行くわけです。やっぱり資格試験、あまり受験しないんですよね。

――そうですか。技術士についても社会的地位といいますか、経済的な保証みたいなのをきっちりしたらいいと思いますね。

青山　おっしゃるとおりです。職業法にしなさいということが、本来の技術士の人たちは思っとるわけです。

――技術士でなければできない領域ですね。

青山　しかし、職業法にすれば相当な人間が要るんだそうですね、技術士の。専門分野がいろいろ分かれていておらんところは誰がするかになるわけです。

――技術士は試験がかなり難しいですね。最後になりますが、青山さんは官立高工に入学されて良かったですか。

青山　よかったちゅうよりも、もう戦争負けてからずっと終わってしまったけんですね。土木入っとってよかったな、ちゅうのは実感ですよね。

――官立高工を卒業された方のお話聞いてると評価が高いんですね。

青山　やっぱり、結果論じゃなかとですかね。結果がよかった。

――ご結婚は戦後になってからですか。

青山　ええ戦後です。二一歳で帰ってきたですからね。

――いや、いろいろと長時間にわたって、ありがとうございました。

中村弘　氏（なかむら ひろし）

一九三〇年生まれ、八四歳。
一九四八年福岡県立小倉中学校（旧制）卒業、同年明治工業専門学校入学、一九五一年九州工業大学明治工業専門学校（名称変更）卒業、八幡製鉄所、部長、理事（この間にブラジル派遣）、日鉄電設（株）取締役、（公財）北九州国際技術協会理事・研修部長など。

一　官立高工入学前

――小倉生まれの小倉育ちですか。

中村　小倉で育っておったんですけども。私どもは一八年の四月に小倉中学に入学したんでございますが、父親（弁護士）が昭和一九年の二月、中学一年の三学期に心臓の病で病死しまして、しばらく小倉にいたんですけども空襲があったりしまして。

――小倉は、軍事都市でしたから。

中村　母親の里が苅田町（福岡県京都郡、北九州市の隣接地）っていって、日産自動車なんかのあるとこでございまして、おじさんの家が空いておりましたんでそこに引っ越しまして、二年生の夏休みにですね。そっから日豊線で列車通学をしておりました。

――そんなに遠くはないですよね。

中村　三〇分ぐらい、今思うと早かったです。そういうことで、実はおやじが亡くなるときにおまえたちに一万円ずつ残しておくんで、勉強ができればそれで最高学府まで行けるはずだ、ということで亡くなりました。その当時の一万円というのは、今の三、〇〇〇万か五、〇〇〇万ぐらいになると思う。それでわれわれも安心しておったんですけども、戦後にインフレになったんですね。

――ハイパーインフレで新円切り換えに。

中村　とてもじゃないが旧制大学を卒業するのは難しいと。私一人であれば苦学してでもできるけど、家族（母、二歳下と五歳下の弟二人）を養いながらっていうとちょっと無理だっていうことで。小倉中学五年終わったときに、旧制の福岡高等学校とこの明専の電気を受けたんです。両方通りましたけど、高等学校だけで金が続かんようになってやめたんじゃ、世間であんまり通用せんだろうと。明専であれば、技術を身に付けて就職ができるんじゃないかということで迷わず明専に進んだんでございます。

――旧制高校は、大学進学が前提ですから。明専の最後の年次のご卒業になりますか。

中村　そうでございます。確か、四〇人近くが一つのクラスでおったんですが、新制大学が併設されたときに、そちらの方に二〇人ぐらい行きまして、経済的に苦しくて早く卒業して稼がなきゃいけないっていう者が残りまして。われわれと一緒に卒業したのは、夜間のコースに行っとった人も明専の最後のクラスに移ってきたりして、二三人だったと思います。

――旧制小倉中学は、旧制高校へ行かれた方が多かったのでは。

中村　わりに多かったですね。

――軍の学校へ行かれた方は、いらっしゃいましたか。

中村　戦時中に幼年学校に行った人がおりますね。それから予科練とか。われわれ、海軍兵学校とか陸軍士官学校は年が足りませんで、三年生の八月に終戦になりましたから。当時の校長とかは、予科練とかにどんどん行けということで。

――一種のノルマみたいな。

中村　志望しないのは非国民みたいないい方をされておりました。それから隣接の東筑中学から九軍神の一人※が出まして。

（※真珠湾攻撃で未帰還の九人の一人、古野繁実、特殊潜航艇「甲標的」艇長、二階級特進で海軍少佐）

――東筑中もいい学校ですね。

中村　いい学校なんです。それで対抗意識があったのか、私どもの校長は「東筑は軍神が出とる」と。うちからも軍神がっていうようなことをいってましたけど。とにかく食料が非常に不足しておりましてね。

――このあたりは、食糧難でしたか。

中村　私の所は、田舎の方に疎開したからいくらかはよかったと思いますけども、それでもやっぱり食べる物がなかなかなくて、厳しかったね。

――熊本高工のご卒業の方にお話を伺ったときは、あのたりは戦争末期も戦後も食料で困ったことはほとんどなかった、とおっしゃってました。

中村　それは恵まれていますね、この辺は違いますね。

――工場中心の都会だったんですね。

中村　そうですね。それで学徒動員の話がありますけど、私たち旧制中学の一年のときは何もなかったけど、二年になったら断片的に一週間とか、一〇日とか、曽根（現在の北九州市小倉南区）に飛行場を造りに行ったり、それから稲刈り。農家の手が少なくなってますからその手伝いに行ったり。それから、今も自衛隊の飛行場がある芦屋（福岡県遠賀郡芦屋町）に飛行場を造りに行ったり、断片的にそういう動員を受けておったんです。ところが二年生になった一九四四年の二学期後半から通年動員になりまして、もう学業は全然やめて工場にべったり張り付いた。

――一年間、学校閉鎖ですね。

中村　私どもは、三〇〇人ぐらい一学年におりまして、五〇人ずつ六組あったんですね。一組から三組までは小倉にあった陸軍小倉造兵廠に、四組から六組までは小倉駅付近の到津《いとうず》にありました東芝の電球工場に、主として動員になったんですね。私は二年のとき三組でしたから、本当は造兵廠に行くべきだったんですけども、列車で遠方の中津の方（苅田町）から越境で通学しとるので東芝に行った。それは旧小倉駅が今の八坂神社の近くにありまして、そこの近くに玉屋百貨店っていう所がございまして、今はリバーウォークっていうのになってますが、その玉屋百貨店の一階、二階はまだ店を継続しておりましたが、三階以上が「東芝タンガロイ」っていう工場に。そこに遠距離通学の者がピックアップされて、三〇人ぐらい勤めておりました。

――何を造ってたんですか。

中村　東芝の工場は電球工場ですけど、私どもはタングステンとカーボンの合金のタングステンカーバイトっていって非常に硬い切削工具を焼き固めて、超硬工具ですね。それで飛行機のエンジンなんかを削るための切削工具を造る工場だったんです。そこに動員されておりまして。

――そこでは空襲は。小倉は軍需工場がありましたが。

中村　私どもが二年生になって親が亡くなった後、六月一六日かなんかに中国の奥地の飛行場から飛んできて爆弾を落とす空襲がありました。私の所から三〇〇メートルぐらいの所の家に直撃しまして、一家五人が亡くなったりしたことがありますけども、そのときはまだ高射砲とか迎撃部隊が健全でしてね。

――昭和二〇年になってですか。

中村　一九年の六月ですね。そのとき一回あっただけで、その後はほとんど空襲はないんですよ。

――小倉は、原爆の目標地にもなっていたと聞きますが。

中村　恐らく、まとめて原爆でやっつけようとしとったんじゃないかと思うんですね。きょうの毎日新聞（二〇一四・八・二二西部本社発行）にもちょっと出ておりますけど、とにかく、八月六日に広島に新型爆弾が落ちた、といううわさはいち早く広がっておりました。普通は、都市爆撃は編隊で来てばあっと焼夷弾とか落としていくのが、原爆搭載機と観測機と二機ぐらいで高空で来て落とすというので、広島の例でそれが分かって、今度はやっぱり造兵廠か八幡製作所かじゃないかと。それで構えておったら八月九日に空襲警報が朝方出まして、豊後水道をB29が二機高空で北上中だと。これは新型爆弾を積んできとるんじゃないかというんでどうも煙幕をたいたようですね。というのはその日は快晴なんですね。

――曇ってて見えなかったから小倉を諦めた、という話を聞いておりましたが。

中村 その前の日の八月八日に、焼夷弾爆撃で八幡の市内が全部焼けてしまったんですね。木造家屋ばっかりですから、その煙が棚引いて視界を遮ったんじゃないかと最近まで思っとったんですよ。そしたらどうも猛烈な火災で上昇気流が起こって、夜中に豪雨が降ったっていうんですよ。それでその火災が消えてしまって、煙も小倉の方に棚引いてないんじゃないかっていう話になって、どうして目標を外されたんだろうかと。そしたら私の知った毎日の記者が、戦時中に八幡に勤めてた人を紹介してくれんかと盛んにいうんですよ。もう高齢で亡くなってる人が多いんですね。しかしなんとかかんとかして四人ぐらい紹介したんですよ。そしたら、その人たちやその人からまた聞いて回って、七月の終わりごろ、製鉄で自分の所の防衛のためだと思うんですけど、コールタールを燃やしたという記事が出ました。取材して回って、そういうのを見付け出したんですね。ドラム缶を半分に切ってそれを地面に埋めて、コールタールを流し込んでふたをしておったのが、道に一〇メートル置きぐらいに置いてあったらしいんですね。原子爆弾かなんか知りませんけど、新型爆弾を積んだのがこちらに向かっておる、自工場を守るためだと思うんだけど、それに火をつけて黒い煙がばあっと上がったらしい。それが小倉まで棚引いていったかどうかは分かりませんけどね。

他の本によると、造兵廠はコールタールと、それから白い煙を出すアンスラチンとかなんとかいうのと、やっぱりドラム缶に詰めて、いざっていうときにそれで煙を出すように用意しとったらしい。しかし、それを出したっていうのを証言する人は、見付かってないんじゃないかと思うんですよ。

――この話は全然知りませんでした。大変興味ある話です。

中村　われわれは、東芝タンガロイにおったときは、空襲警報が出たら百貨店のビルの地下二階が防空壕っていうことで、そこに逃げ込んでおったんですよ。しかし、ほとんど空襲警報は出るけど爆撃を受けたことはないんですよ。この原爆機が来たときも、造兵廠に落とせばすぐ近くですから、ビルは崩壊して生き埋めになって即駄目だったと思うんですけど、それがやっぱり視界が悪かったっていうんで、第二目標に行って長崎が。こういうことも、長崎が被害を被ったつって長崎の人に相すまんって、あんまり公開してないらしいんですね。みんな口をつぐんでおった、申し訳ないと。

――小倉は、天候が悪かったからとばかりはいえない可能性がある。

中村　そうですね。気象予報士の人が当時の天気図を送ってくれましたけど、晴れなんですよ。製鉄ＯＢの昼食会で原爆投下の話が出まして、当日の天気についていろいろ語り合って、夜勤明けで帰ったけど晴れだったとか、曇ったっていう記憶はないとか、そういう話があったんですよね。どうも人為的に防衛したみたいな感じですね。

――原爆は、無差別攻撃の最たるものですからね。

中村　人道に対するあれは罪だと思います。納得できないですね。

――戦後は、小倉中もあまり混乱なく授業再開になりましたか。

中村　はい。ただ教科書にこっからここまでは墨を塗れとか、そういうことはありましたけど。一年近く学徒動員で授業が遅れておりますから、みんな必死でそれを取り戻すように勉強しまして、わりに勉強は進んだと思いますね。

――通常、八月は夏休みですから、秋学期から授業が始まったという感じもあったみたいですが。

中村　そうです。とにかく早く取り戻さんと強うならん。先生も必死で教えられますし、生徒の方も一生懸命遅れた分を取り戻そうとしてましたね。

――カリキュラムは、戦前とほとんど変わらないままで。

中村　そうですね。

二　官立高工在学中

――九大にも合格されたが明専を選んだというのは、家計条件以外にも理由がありましたか。

中村　物理学教室に、藤田哲也助教授がおりました。

――トルネードの藤田哲也先生※ですか。

（※藤田哲也　明治専門学校出身の気象学者でシカゴ大学教授。トルネード〈竜巻〉研究の世界的権威。トルネードの強さを表すFujita scaleを考案。気象学のノーベル賞とされる「フランス航空宇宙アカデミー金メダル」受賞）

中村　藤田先生が明専の四年生だったころに胸を病んで休学になったんですね。そのとき、小倉中の方は先生方がどんどん出征されて、手薄になっていたので、少し良くなったら教えに来てくれんかっていうので。藤田先生が、明専を休学中の昭和一七年に小倉中学に来て、われわれより二年上の人たちを教えたんですね。その次の年にわれわれが小倉中学に入学したから、初めから先生が「物象」と当時いっておりましたけど、物理、天文、気象、地質とか割に幅広い範囲を教えてくださいましたね。一年間、全部手作りの謄写版刷りのテキストを持ってきて、教えてくださいましたね。その授業が非常によくて、今でも「てっちゃん」といっておるんですけども。藤田先生のお父さんが中学五年のときに亡くなって、お母さんも肺結核で寝ておって、二年後ぐらいに亡くなったんですね。それで藤田先生は働きに出ようと思っておったんですが、当時の中学の校長先生が、「こんな優秀な人材を」っていうことで、明専の中川校長先生（中川維則）に相談に来て、こういう学生がいるんだけどなんとか救えないだろうかっていったら、中川校長先生が「いいですよ、給費特別特待生にして授業料払わなくてもいいです」と。小笠原奨学金をもらえるようにして、鉱山科の松本唯一先生（注：九州火山学の基礎を築く、一九四五年官立熊本工専校長、一九四九年熊本大学理学部長）、その人が研究助手を探しとるんで、そこに雇われてお手当てをもらうようにしてやろうと。文部省の認めた助手じゃなくて松本先生の。それから家庭教師を二～三件掛け持ちして生活費と。

――それは、大変ですね。

中村　藤田先生には弟と妹がおりましたから、生活費を稼いでやっておったんですね。その先生が日豊線の曽根に住んでおりまして、曽根から列車で通学しておったんですね。私も日豊線で通学しておるし、教え子の一人ですしね、おまえもこの汽車で通ってるのかと。それでおやじが亡くなったっていうことを知って、とりわけ親のない子に親切でございまして、今晩は夕飯を食って帰れとか、土曜日とか泊り込んで一緒に勉強しようとか。

——藤田先生がおいくつぐらいのときですか。

中村　われわれより一〇違うんです。われわれは一九三〇年生まれなんですけど。

——まだ二〇代なかばくらいですか。

中村　そうです。われわれが中学一年で一三歳。藤田先生は、二〇代の前半ぐらいですね。

——藤田先生は、その後はずっとアメリカに行かれて、アメリカ国籍を取られたんですね。

中村　そうです。ここのところ、北九州のイノベーションギャラリーっていうところで、山川健次郎※と藤田哲也の合同企画展っていうのがありまして、その準備をわれわれもだいぶ。この冊子は私が聞き手で、九工大の富田侑嗣先生（注：九工大名誉教授、藤田哲也氏の九工大機械工学科の後輩）にインタビューしてます。

（※山川健次郎は、東京帝大総長の後、安川敬一郎・松本健次郎親子が私財を提供して一九〇七年に設立した私立明治専門学校〈一九二一年官立移管〉の初代総裁として、唯一の四年制専門学校であった同校の基礎を築いた）

——戦前の官立高工のカリキュラムですと、午前二時間、午後四時間、選択科目もないままにびっしり授業があるという感じですが、戦後もそんな感じでしょうか。

中村　そんな感じでございますね。

——卒業論文や卒業研究が大変だったことも。

中村　はい。私は一応英語で書きました。

——それはすごいですね。英語の授業は戦後増えたんでしょうか。

中村　それはあまりありませんけど、ただ工業英語とかいうのもありましたね。教養的な英語の他に電気の専門の先生が教えくださいましたけど。

――明専の教員は、九大出身の方が多いのでしょうか。

中村　九大からの先生が多いですね。明専を卒業して九大に行って教員になった方もいます。学長された迎先生もそうですね。

――明専への通学は、ご自宅からですか。

中村　だいたいここ、全寮制だったんですけどね。私どもの場合は食料不足なんで、寮に入る者は入ってもいいし家からでもいいと。私はもう三年間ずっと家から通いました。

中学卒業するときに、もう働きに出ないかんかなと思ったら、それほど詰まってはないんでしたが、家から通える学校しか行けないわけで。一年のときは授業料をちゃんと払ったと思いますけど、二年三年は成績がわりによかったんで、給費特待生になって授業料は免除されましたね。それから家庭教師をしまして、育英会の奨学金で学費。学費はあんまり掛かりませんでしたけど、家の生活費とかを稼いで。

――新制大学の九工大に入った学生と、旧制の明専の学生は授業が別だったんですか。

中村　別でございました。ただ、学校の名前は「九州工業大学明治工業専門学校」となりまして、単独の明治工業専門学校というのはなくなったんでございますね。われわれが在学しておったのが二三年から二六年までなんですが、二四年の五月ぐらいにそういう格好になりました。専門学校から移った人と、新制大学の入試を受けて入った人と同級生なんですね。

――明専から移った方が一年生に入ったとすると、卒業は遅れますよね。

中村　新制大は四年ありますんで、われわれより二年ぐらい後で卒業に。われわれが二六年の三月卒業なんですね。卒業した後、三月三一日に九州工業大学明治工業専門学校は廃止になって、九州工業大学一本になりました。

——そのころも明専っていってたんですか。

中村　ずっと明専っていっておりました。

——九工大になったときに、卒業生には抵抗感みたいなものがあったとも聞きますが。

中村　そのような感じですね。明専の方が世間には知られておるような感じで。

——明専は、専門学校の中で別格の名門校でしたから。

中村　蔵前とかとですね。

——軍隊から復員された方は、いらっしゃいましたか。

中村　私どもの学年に軍から帰ってきた人が何人かおりました。同じ小倉中学の先輩なんですが、海軍兵学校に入って、任官して船に乗っとって帰ってくるのが遅れて、明専に入ってきた男もおりました。この男は北海道の空知の炭鉱に就職しましたけど、そこが駄目になって当時の室蘭製鉄に入りました。その後、新日鉄になりましたから同じ会社になって。

——陸士、海兵に行かれた方は中学の成績もいい人たちですね。

中村　そうです。それとわれわれの場合は、まだ沖縄が日本に復帰しておりませんで、沖縄から留学生っていう形で三人来てました。ドルで学費を支給されとるようで、当時はドルが価値がありましたから割合に裕福な世界。

——一ドル三六〇円固定の時代ですね。

中村　そうです。われわれもうらやましがっておりました。われわれの所へ来ておったのは三人とも電気屋なんで、卒業後は沖縄電力に入って。沖縄はやっぱり電力の事業が遅れておりましたのを、幹部になって立て直して。

——沖縄は、本土のようなダムがないから、発電は大変ですね。

三　官立高工卒業後

――中村さんが就職された当時は、まだ八幡製鉄ですね。

中村　はい。当時は就職がなかなか困難だったんです。しかし遠くに就職するわけにいかない、家から通う所に就職して生活費入れなきゃいけないみたいな感じで。そうするとおのずと範囲が決まって、安川電機もありましたけど、八幡製鉄が先に試験がありましてなんとか入れてもらえました。八幡製鉄も、私どもの一年上は学卒社員二〇人ぐらいしか採らなかったんですね。われわれのときになって朝鮮戦争が始まりまして、鉄の需要がいきなり増えたもんですから、とにかく増産しなきゃいかんと。従業員も増やさなきゃいけない、それで六〇人ぐらいに採用枠が増えて、入れてもらったような感じです。

――朝鮮戦争は、日本にとっては特需だったんでしょうか。

中村　当時は傾斜生産で石炭と鉄鋼に重点を置いておりましたんで、炭鉱の方が景気がよくて、貼り出しとる就職の案内でも給料がええなっていうような格好で、炭鉱に行った人がだいぶおりました。しかし炭鉱がだんだん駄目になって、転職して他の企業に移りましたね。

――この辺りは炭坑がたくさんありました。

中村　ところが、この辺りに就職したのはほとんどおりませんで。長崎県の松浦郡とか北海道の炭鉱とか。

――皆さん留年せずに、三年間でご卒業になりましたか。

中村　ええ。われわれの場合はもう後がないと。二〇何人か全員卒業しました。ただ、私どもより二年くらい上級生で、左翼活動なんかしておって留年して、卒業がわれわれと一緒になった人が一人おりますね。本当は二三人なんですけど二四人に名簿上はなってますね。

――八幡製鉄に入られてからは、ずっと戸畑にいらっしゃったんですか。

中村　はい。途中でブラジルに。ブラジルの近代化のためには、鉄鉱石なんかの資源はあるんだけども鉄が要ると。しかし国営の製鉄所はあるものの、鉄の生産が非常に少ない。それで工業化を、クビチェック大統領っていう方が図ろうとしておられまして、製鉄所をつくりたいと。しかもご自身の出身のミナスジェライス州につくりたいと。

——ブラジルのどのあたりになりますか。

中村 この辺がリオデジャネイロのリオ市、この辺がサンパウロ州、ここがミナス州っていって、鉱石がなんでもあるよっていう州なんですね。そこに製鉄所をつくりたいって、アメリカに声掛けたらしいけど断られたと。

——三年間行ってらっしゃったんですか。ブラジルはポルトガル語ですよね。

中村 そうです。技術協力っていうんじゃなくて、向こうの社員になって行ったんですよね。

——八幡製鉄が、向こうに会社をつくったわけではないんですか。

中村 なくて。向こうが製鉄所を造るのに日本も加勢してくれんかということで、それではやりましょうと。日本もまだ国力がたいしたことない時代なんですね。

——東京オリンピックの前の時期ですね。

中村 出資比率はブラジル六対日本四。で、日本一億ドル、ブラジル一・五億ドル。当時三六〇円の時代ですから、海外に投資するっていうのはすごい決心でね。鉄鋼の各社、重電機、重機械メーカー、三菱、東芝、そういうのがみんなお金を出し合って、日本ウジミナスっていう会社に。日本はエンジニアリングと、どういうレイアウトでどういう仕様の機械を据え付けてと。それを日本からほとんど持っていったんですね。だから、日本は当時ちょっと景気が落ち込み気味になったときに、それを引き上げるのにも相当貢献しとるわけですね。

——この後にオリンピック景気ですね。

中村 ちょうど帰ってきた三九年が、オリンピックの年ですね。

——単身で赴任されたんですか。

中村 いえ家族と一緒に。男の子が生まれたばっかりでして、家族は何カ月か遅れて来ましたけどね。このころのことを書いた『鉄の絆』※って本。

（※阿南惟正『鉄の絆―ウジミナスにかけた青春―』朝日新聞社、二〇〇七年）

――阿南惟正氏ですか。

中村　この人も一緒に行っとったんです家族で。阿南陸相の三男坊ですからね、四男は中国大使ですね。これに私のやつを引用させてくれんかといわれて。

――大変なご苦労を。

中村　前例がないもんですからね。日本もまだ海外に対して技術協力するとかいう状況じゃないときにですね。今はもう非常に立派な製鉄所になってますね。年間二五万トンの製鉄所でスタートしたんですね。

――それは戸畑の製鉄所と較べますと。

中村　戸畑だとだいたい六〇〇万～七〇〇万トン。今はちょっと落ちて四〇〇万トンぐらい。

――二五万トンといいますと一六分の一ですか。

中村　ところがブラジル全体で一〇〇万トンぐらいの鉄鋼の生産しかなかったときですから、二五万トンでもインパクトあるわけで。

――ブラジル全部の四分の一ですね。

中村　ちょうど同じころ、サンパウロ州のサントスっていう港がありましてね、その近くにクバトンって工業団地があった。そこに欧米の資本が入って、同じぐらいの規模の製鉄所ができつつあったんですよ。向こうは、地の利がいいから人も集めやすいけど、われわれのは、山の中ですから人も集めにくい。いろんなハンディキャップがあったんで、うらやましがっておったんですが、途中でそっちが倒産っていうか立ち行かないようになりまして。

――どこの国が中心だったんですか。

中村　ブラジル中心で、よその国は加勢したぐらいで。サンパウロ製鉄所、Co メートル panhia Siderurgica Paulista

コジッパといいます。それでウジミナスが買収しまして、結局二倍になっとるわけですよ。ウジミナスも増産に次ぐ増産になりまして、敷地は大きな所にぽつんぽつんと造っておりましたから、拡張の余地がものすごくありましてね。二五万トンでスタートしたのが、今はもう五〇〇万トンぐらいになっておるんですよ、最初の二〇倍に。

——質はいいものですか。

中村　ええ。鋼板専用の製鉄所で、最初からいい品質の鉄が。ＩＨＩがそれより前にブラジルに進出して、リオデジャネイロで一万トンクラスの造船所を造っておったんで、造船用の鋼板ですね。それから厚いやつだけじゃなくて薄板も造りますしね。

——自動車用ですか。

中村　自動車用の鋼板、家電製品の鋼板。今は中南米で指折りの製鉄所になっとるんですね。八幡も四〇％の出資だったけど、増強、増強っていうときに、増資、増資でお金を要求されたんですね。インフレも激しいし、あんなとこに金つぎ込んでドブに金捨てるようなもんだっていうことで、増資に応じなかったんですね。出資比率がだんだん下がって五％とかになっておったんですが、これはやっぱりお金を入れとったほうがいいというんで、新日鉄になってから株を取得して、今は筆頭株主になったんです。二〇数％ですけどね。

——すごい物語ですね。

中村　ええ。それとわれわれ建設が終わって操業をやって、しばらくしてみんな帰ったんですけどね。四〇年間以上にわたって、新日鉄と営業ベースの技術協力契約を結んで、次から次へと新しい技術を教えてる。それで最新の技術が身についとるわけですね。だから競争力がものすごくあるんですね。立派な製鉄所になっておるんですよ。

——ブラジルでは英語は通じませんか。

中村　私どもも、とにかくポルトガル語ができないと仕事ができないというような感じだったんでね。部屋に動詞の変化を書いたのを貼ってとか、朝から晩まで。最初のうちはあんまり仕事もありませんで、三カ月ぐらいは。

――例えば、「危ない」とか「逃げろ」とかいうのがちゃんと通じないと困りますから大変ですね。

中村 大変だった。そのかわり三カ月ぐらいで読む、書く、話すはですね。小説を読んで涙をこぼすようなレベルじゃないけどなりました。それからわれわれの場合は、日常会話だけじゃなくてテクニカルタームが。工業高校の教科書を手に入れて、それで勉強しましてずいぶん役立ちましたね。

――専門用語は、案外に通じるところがあると聞きます。

中村 それで、ウジミナスに行って帰るころ、ちょうど君津の製鉄所がたけなわになりかけておったんで、おそらくあそこにやられるんじゃないかと思っておったら、やっぱり八幡へ返してくれまして。技術屋の場合は八幡の人間だ、という取り扱いだったみたい。それから建設に次ぐ建設。一〇〇年在職しても経験できないぐらいの大きな建設工事を担当しました。

――イタリアも行かれてますね。

中村 それは出張ですね。一五人ぐらいのミッションの団長で三回、延べ七カ月行きました。そのときに学校卒業して三〜四年ぐらいの連中を、特に英語が上手っていうわけでもないのに、通訳として連れていっておるわけですね。技術屋が八幡から三人、君津から三人、室蘭から三人で九人行って、あとの六人が通訳なんですね。一人だけは通訳で、あとの五人は新入社員まがいの連中が行っておるわけです。会社としては、そこで語学も上手になって、見聞を広げて幹部になる男だからということで。前期五人、後期五人、一〇人行っておるわけですね。その連中はみんな出世して、何々会社の社長だとか部長とかに全部なってます。

――タラントっていうのはどのあたりですか。

中村 はい、南の端で。この辺がナポリ、湾になっておりまして軍港もあるんです。

――治安状態はどうでしたか。

中村 その頃は、スリとかは多いんですけど、たいしたことはなかった。われわれは、ここの一流のホテルに泊まって送り迎えがありまして。私は団長なんで、契約内容を見たら一日に三〇万円になっておるわけですね、一週間で二一〇万円。私の次の課長クラスは二五万円、通訳でも一五万円。一週間で働くのは五日間。そのほかに滞在費とか往復の旅費とかは別に。ノウハウを全部出すノウハウフィーだとか。

――この時代の三〇万円はかなりの額ですね。

中村　給料は、別にちゃんともらってますから、全部使って帰ればいいということで。向こうの人は三〇万円を懐へ入れておると思っとる。とんでもない、全部会社に行って当時は副部長だったんですけど、出張旅費一泊一万五、〇〇〇円位もらっておるわけです。ここの帝国ホテルというのに泊まっているんですけど、長期泊ですから宿泊費が三、〇〇〇円とか。それで土日はできるだけ旅行して見聞を広げる。

――いろいろ行かれましたか。

中村　場合によっては、土日と一カ月に一回休んでいいということだったんで、それを引っ付けて三日連休にしたり、向こうの休日と合わせて四連休にしたりして、いろんなところへ行くわけですね。飛行機の運賃は、日本からここに来るまでの正規の運賃で日航でチケットを作ってもらったんです。そうするとプレミアムが何千キロかついておるんで、出国する前にローマ往復とか、スペインのマドリード往復とか、ポルトガル往復とか、ギリシャ往復とか、旅費がただでしょう。泊まっておるのをチェックアウトするっていって、荷物を置いてチェックアウトして旅先のところへ泊まって、結局旅費も宿泊費もただで。彼らはおもしろくてたまらんっていうわけです。

――それは、得難い経験ですね。

中村　私どもウジミナスから帰るときに、こんなへき地に三年間もおってかわいそうだということだったんだと思うんですが、珍しく一カ月休暇をやると。給料は向こうの通貨でもらっておるんですが、インフレが激しくてすぐ価値がなくなるんです。すぐ近くの銀行でドルに換えて、生活費も安くてすみますから貯めておった。それでヨーロッパをずうっと旅行して回ろうと。そうしたら一緒に連れて行けっというのが二家族おりまして、三家族で一緒に帰りました。私のとこの男の子が三歳でしたけどね。

──いいですね。

中村　ヨーロッパはだいぶ詳しくなった。やっぱり歴史の重みがありましてね。

──これはインタビューしている皆さんがいわれるんですが、官立高工、工専に行っていた時代が一番良かったと。

中村　私は大学には行っておりませんけど、明専が良かったですね。

──なぜでしょうか。

中村　やっぱり先生方が良かったということもありますね。例の藤田先生はここの物理学教室におられまして、物理とか熱力学を教えていただきました。それから研究室に入り浸って手伝ったりもしておりましたんで、居心地が良かったですね。

──旧制小倉中学は名門のエリート養成校ですが、明専は少し雰囲気が違うと思うんですが。

中村　そうですね。小倉中学もいまだに同窓会で毎月会合を続けておるんですよ。

──明専って学校はちょっとほかにないんですね。

中村　そうですね。この建物も先輩の中村孝さんが五億円寄附されてできた。そのおかげで藤田ギャラリーも作ることができまして。

──就職も、先輩が面倒を見るという。

中村　明専時代は、先生方が敷地の中に住んでおられたというのもありますね。食料のない時代でしたからご飯を食べさせてもらうんじゃなくて、りんごか何か出してもらうぐらいでしたけどやっぱり行ってましたね。

──中村さんの時代に、女子学生はおりましたか。

中村　私どもの一級上から、女子学生が入ってきました。電気も二人女子学生が。ところがよくみると同級生なんですね。というのは女学校は四年制で、女学校を終えて入ってきた。われわれは中学五年で入ってきて、向こうは一年上級生になっておるけど。

――女学校から四年で入学すると、数学とか物理とかはなかなか。

中村　ちょっと苦労したんじゃないかと思いますけどね。

――中村さんのご兄弟は、どうされましたか。

中村　私の弟なんかも、みな小倉高校に行っておるんですけど、遠くにはやれんと家から通えるとこに行けということで。すぐ下の弟はここの機械科に来て三〇年に卒業して八幡製鉄所の工作部門、メーカー部門があるんですね。それでも年間に一、〇〇〇億とか。

――明専が原爆の被害調査をされたそうですね。

中村　（アルバムを見ながら）この橋本先生という方は、やっぱり九大の卒業なんですけども、原爆が落ちた一〇日後ぐらいに、明専の中川校長先生が調査に行けというんで。

――広島に行かれた。

中村　いえ最初に長崎。物理の先生三人と、電気の先生と、化学の先生と五人で行っておるんですね。学生を募集して、一人ずつ連れて一〇人で。その中に藤田先生がいて、いろいろ向こうで写真を写したり計測したりしたことが、テレビで放映されたりしましたけどね。

――長崎原爆の一〇日後というと一九日くらい。敗戦直後ですね。

中村　ええ。もう沖縄に米軍が来てますから、すぐ入ってくるだろうと。そうするともう調査できなくなる。九大は、爆撃とかでダメージを受けておるから人は出せんかもしれんと。明専は出そうということで、校長の一存で出したみたいですね。それが、なかなかちゃんとした調査をして帰っておられますね。明専会報に柴橋博展先生が投稿されております。

――貴重なものですね。

中村　これが、私どもが製鉄所に入ったときの研修中の写真ですね。
——背広ではなくて学生服の方も居りますね。
中村　ええ、私は貧乏人ですけどおやじの残した背広を着せられて。終戦近くになったら国民服というのができまして、どういう式典でもそれを着ておればいいというようなのがありましたですね。
——皆さんだいたい背広着てネクタイして、今とあまり変わらない。大卒の方と同期入社というのは大変でしたか。
中村　新日鉄の場合はだいたい官の出身なもんですから、官学から主に採るわけですね。私学はほとんどなくて、東大とか多いわけですね。ところが並べて評価してみると必ずしもそっちが高いわけじゃない。地方大学のほうが評価が高い場合もありまして。
——ご退職後は、海外の技術協力のことを。
中村　ええ。北九州国際技術協力協会（ＫＩＴＡ）というところでボランティアベースで。
——相手国は途上国が多いんですか。
中村　途上国。先進国は来ません。最初、韓国から研修生が来ておったんですけど、韓国はＯＤＡの出し側になったもんですからカットされて。香港、サウジアラビアのようなお金持ちの国は実費を払ってもらうコースなんかにも来てまして、アジアが多いんですけども。これは、すばらしい組織ですよね。
——長時間ありがとうございました。ブラジルでのご活躍、小倉の原爆投下や長崎の被爆調査など、まったく知らなかった話もお聞きすることができました。感謝いたします。

若生 豊多 氏 （わこう とよた）

一九二五年生まれ、九一歳。

一九四三年宮城県立仙台第一中学校卒業、一九四四年仙台工業専門学校電気科入学、一九四七年同卒業、同年東北電力入社、定年まで勤務。

錦戸 光一郎 氏 （にしきど こういちろう）

一九二八年生まれ、八八歳。

一九四五年仙台市立仙台中学卒業、同年仙台工業専門学校化学工業科入学、一九四八年同校卒業、家業の洋服業を継ぐ。社会福祉法人会長等。

一 官立高工入学前

錦戸　これが私どもの中学校、仙台市が初めて中学校を作ったんですよ、紀元二六〇〇年（一九四〇年）を記念して。それの私は第二回生。

――それ以前は、ＳＫＫ（仙台高等工業学校の略称、「ＳＫＫ」と略）の入学生は、仙台一中と二中が大変多かった。

錦戸　一中と二中に負けていられないっていうんで、時の市長（注：渋谷徳三郎、教育市長として知られた）が「県知事賞とか市長賞をもらうような子どもを入学させないとクビにするぞ」って脅しをかけて、一回生、二回生はわりといい子どもが集まった。卯年と辰年と巳年とまたがっているもんですから、卯辰巳会っていうんですけれども。

――錦戸さんは、小学校も仙台ですか。

錦戸　仙台の立町小学校、土井晩翠の出身校です。

――お生まれも仙台。

錦戸　昭和三年一〇月に仙台で生まれて。

――都会っ子だったわけですね。

錦戸　これは生まれたときの写真。疎開したタンスの中に入ってて焼けなかった。

――錦戸さんは中学生になってますから、疎開はされなかった。

錦戸　もうしてません。子どものころはこんなような格好で、洋服屋の子どもだからスマートな格好をさせられてね。

――ご長男と伺いましたが、ご兄弟は。

錦戸　男三人兄弟。私どものルーツは、これは家系図ですけども清和源氏なんですよ、清和天皇から書いてある。

――これは家に伝わっていたものですか。

錦戸　うちに伝わってるもんを私が巻物にしたんです。明治のちょっと前まであるんです。最初は錦織っていってたんですね。錦織の里って琵琶湖の近所におったんですけども、伊達の初代の朝宗さんっていう方に医者として仕えて、ずうっと明治まで御典医をやって、そっから戸籍があるんです。

――伊達は維新で賊藩になっちゃいましたからちょっと大変ですね。

錦戸　ひいおじいちゃんが小隊長で、会津まで行って戦ったって聞いてます。これは途中から書いてあるんですけどね。私どものおじいちゃんの兄っていう人が、保険の勉強に英国へ行って、横浜で「横浜火災」っていうのをはじめたんですね。

――傷保会社ですね。

錦戸　そしたら大正一二年に関東の大震災になりまして、保険払えっていっても払い切れないんだけれども、払う姿勢を示さなきゃいけないんで、なんか全部処分しちゃった。

――横浜は関東大震災でかなり被害を受けました。

錦戸 それでスッテンテンになって、うちのおやじやなんかは機械が好きでミシンが好きで洋服屋になったんですね。

（若生氏が少し遅れて参加）

若生 若生と申します。

――錦戸家のルーツを伺ったところですが、「若生」もかなり珍しいご苗字ですね。

若生 仙台しかないと思います。

――若生さん、ご兄弟は。

若生 三人の一番上で、次が妹、一番下が弟。

――錦戸さんも三人と伺いましたが、当時はご兄弟三人というのは少ない方では。

若生 少ない方だと思います。

錦戸 たいがい七〜八人。三人しかいないの、っていうような感じでいわれて、三人でいいんだって。

若生 はい。

――ところで、錦戸さんが仙台中学からＳＫＫに行こうと思われた理由は。

錦戸 それがまた、中学校のときの化学の授業にＳＫＫの沖縄出身の方が中学校に教えに来てくれてたんですよ。その先生がすごく優しくて本当に興味持たせるような授業をしてくれて、好きになったんです化学を。ぜひともやりたいなと思った。それから、ＳＫＫが航空代用燃料を海軍の方から委託されて研究して、ヒバから取るのをフラスコの中ではできたんですよ。いかに量産するかっていうところで終戦になっちゃったの。

――仙台ですと第二高等学校がありますが、二高に行くお気持ちはありませんでしたか。

錦戸 ええ。私は二高を受けないで最初から仙台工専の化学。先生の影響です。

――現役で入学ですね。

錦戸　現役。

――若生さんは、仙台でお生まれになって。

若生　はい。

――中学はどちらでしょうか。

若生　旧仙台一中。二高に行こうと思いましたが行けなくて、じゃあＳＫＫに行こうと、そんな形になったと思います。もう一つは戦時中でございましたので、理工系は兵役を一年延期になりました。本当は文科系に行きたい人も、仙台工専にだいぶ入っていたというのが事実ですね。

――卒業後は、技術将校になる道もありました。若生さんが電気科を選ばれた理由は。

若生　私、中学のときに物理が好きでございまして、電気にも興味を持ってたものですから。

――ＳＫＫの入試は、学科試験がありましたか。

若生　ありました。

錦戸　はい。

――英語は、入試科目にありましたか。

錦戸　私のとき（一九四五年）は、英語はなかった。一番それで関係するのは、私どもの中学校は、戦時中に英語をやめなかったんですよ、珍しく。

――すごいですね。

錦戸　うちの校長は、非常にそういう点で開けてまして、他の学校は敵国語だからって。

――英語の授業は週何回ぐらいやったんですか。

錦戸　普通にやりましたよ。だから助かったのよ。東京師範出たばっかしの英語の先生がいて、その方が昭和一四年に日米の学生なんとかっていうのがハワイかどっかであったとき、若いころの宮澤喜一元総理大臣やなんかと一緒に、宮澤さんの奥さんももちろん一緒に行った。※ そういう先生だったので、口から耳に伝える英語を教えてたの。

（※一九三九年、第六回日米学生会議。Japan-A メートル erica Student Conference〈JASC〉。戦前・戦後を通して「継続」してきた数少ない学生間の交流事業）

——文法じゃなくてですね。

錦戸　みんな、普通は英語が嫌いでしょ。ところが、英語をそういうふうにして興味を持たせてくれた先生です。

——それが、戦後、進駐軍とのご商売で役立ったんですね。

錦戸　すごく役に立った。それがきっかけで、うちの子どもやなんかもすごく英語に興味持って、外人は毎日来ますからね、一緒に遊んだり。息子は渉外弁護士になって特許で外国とのやりとりを。娘は国際キリスト教大学を卒業して同時通訳したりして、米沢に嫁いでからはフリーアナウンサーなどを。英語とそういう関係のもとをいえば、英語の先生のおかげですよね。

——珍しいでね。あの時代は英語に対して厳しくなってきましたし、やっても文法中心で。

錦戸　そういう関係で大変得をしまして、海外へ五八回ぐらい行ってます。

——ＳＫＫの入試倍率は、高かったですか。

若生　一二～一三倍はあったと思います、電気の学科は。

——浪人の方は、いらっしゃいましたか。

若生　県立工業学校などからは、かなり年齢的に上の人も来ていました。

——錦戸さんが仙台中の時に、勤労動員で川崎行かれたのは何年生のときですか。

錦戸　四年生のときに川崎の東京芝浦。特殊合金工具製造所に学徒動員で行って、旋盤に使うバイトっていうのがあるんです。この先にタンガロイっていう、ダイアモンドと同じぐらい堅い工具にチップをはめ込む、そういう作業をやってましたね。こういうバイト作りやって。三月一〇日の東京空襲もおりました。四月になってから寮も工場も焼かれまして、仙台に帰ってきた。

——それは、仙台中ぐるみの学徒動員で。

錦戸　ええ。川崎から南武線の三つ目に鹿島田っていう所があって、そこの倉庫に工場があった。

——旧制中学が五年制から四年制になる切り替わりのときですね。

錦戸　そうです。ですから、五年と四年って一緒に。しかも、私の方が一年早く校長が工場へ来てわれわれを卒業させて。それから仙台へ帰ってきた次の日に五年生、一回生を卒業させたんで、私どもは一年早かった。そんな変則的な時代ですから。

——今から見れば得難い経験です。

錦戸　学徒動員先にこういう（写真を見ながら）ブラスバンドがあったんですよ、東芝。

——みなさん軍服ですね。

錦戸　私が小学校のときにブラスバンドっていうのがあったもんですから、動員先でも交ぜてもらって。

——若生さんの仙台一中ご卒業の同級生の方で、陸士、海兵へ行かれた方はかなりいますか。

若生　五％ぐらいのもんじゃないですかね。少なかったですね。

——少ないですね。

若生　学校それ自体があんまり厳しいことをいわなくて。

——仙台一中が。

若生　当時は軍の指導でゲートルを巻いて登校しろとかいわれてたんですけど、私は卒業近くまではそういうことはなくて、ゲタ履きで行っておりました。

二 官立高工在学中

――八月一五日は、どちらにいらっしゃいましたか。

若生 終戦のときは、勤労動員に行っておりまして。

――若生さんは、何年のご卒業でございますか。

若生 二二年です。

――といいますと、一九年にご入学ですか。

若生 そういうことです。SKKの電気の同窓会に萩電会《しゅうでんかい》というのがございまして。個人の経歴を含めた『萩電会の歴史』というのがあります。

錦戸 これは仙台工専のカリキュラムなんですよ。私、クラスの総代をしてたんで、入学したときから卒業まで一回も休んだことないんですよ。それで全部付けたんです、何日に何をやったって。それを私の同級生の人がこういうふうにまとめてくれたんで。

――ありがとうございます。二〇年の七～八月は、授業があったんですか。

錦戸 やってますね。そのとおりなの。

――八月一五日も。

錦戸 出てます。

――玉音って書いてありますものね。翌日から授業があったわけですね。

錦戸 そうですね。何も変わんないんだけども、一番面白いのは八月一五日の前の日まで授業の前に教育勅語やるんですよ。一五日になって、その次の授業ではやらない。

――その話は初めて聞きました。しかし、すぐに授業をするというのはすごいですね。九月の半ばぐらいに授業を再開した学校が多かったようですが。

錦戸　私はクラスの総代してたんで、とにかく食糧事情が悪くてとっても試験なんか受けられないので、試験の時期を延期してくれっていうような交渉をさせられてね。それから、授業を休講にしてくれとか、そんなことをさせられて。全部三年間のやつ、入学するときから出るまでのやつ書いてありますから。

――若生さんは、戦争が終わったときは二年生ですね。八月一五日はどちらで。

若生　勤労動員先で終戦になりました。茨城県の結城にカネボウ系の転換工場がありまして、そこへ行っておりました。

――電気科の学生が、固まって行かれたんですか。

若生　われわれは四つに分かれまして、仙台の日電工業、それは海軍の無線機を作ってた。それから日立工場、われわれの結城、大学の研究施設の方へ四～五名という四班に分かれました。

錦戸　日立に行った人で亡くなった人はいますか。日立はかなりやられてんだよね。

若生　同級生一名、爆弾の破片が当たりまして亡くなっています。

――日立は軍需工場があって、重点的にやられましたから。錦戸さんのお話を伺いますと、市立中は英語の授業を止めなかったようですが、仙台一中はどうでしたか。

若生　普通にはやってたと思いますけど、生徒の方はやっぱりなるべく楽をしたいっていうような感じで。英語は敵国語だとかいってあんまり勉強しなかったような気がします。

――先ほど錦戸さんの授業の記録を見せていただいたんですが、玉音放送は結城でお聞きになったんですね。

若生　はい。

――それですぐ仙台にお戻りになったんですか。

若生　当時、簡単に列車に乗れなかったんで、一週間ぐらいたちましたね。あのときは普通の列車に乗るようなかたちじゃありませんでしたからね。石炭車の上に乗っかったり。

――同期生で、応召されて戦争に行ってらっしゃる方もいますか。

錦戸　私のころは、みんな戻ってきたころですよ、軍学校から。

――かなり入ってきましたか。

錦戸　むしろ、中学校のときの方が陸士、海兵にね。

――ＳＫＫは、空襲の被害はどうでしたか。

錦戸　爆弾がなんか一発落ちたんだけども、なんでもなかったですね。あそこだけ焼け残った。

若生　一五日か一六日の日か分かりませんが、ビラが飛行機でまかれましたね。われわれは絶対降伏しないで抗戦するんだ、なんてビラまかれてましたね。

――日本軍の。

若生　はい。そんなことがありましたね。

――あれだけの戦争が、終わってすぐに授業というのはすごいですよね。

若生　学校が焼け残って、授業再開は九月でしたが、私どもも毎日行ってましたしね、休まないで。

――錦戸さんは、終戦の年にご入学ですが、勤労動員は。

錦戸　仙台工専に入ってからは、援農作業だけです。入学式が四月にあるべきなのを待機させられて、その間に援農作業。一回目は田植えに行って戻ってきて、二回目に行った二日目に七月九日の晩、登米へ行くんですけどそこから見えてました、仙台が空襲で焼けて。次の日になって、私がクラスの総代だもんだから、「おまえ仙台へ行って状況を見てこい」っていわれて、私が仙台へ戻って学校とか同級生の下宿先とか状況を調べて戻って報告した。

――仙台は、食糧事情はいかがでしたか。

錦戸　悪かった、結構。

――仙台は都会だったんですね。秋田は食糧に困った覚えがほとんどないといっておりましたから。

錦戸　仙台はね。私のところへ進駐軍が来て、うちのおやじが宮城県の洋服組合の役員やってたんで、司令官の洋服の直しに呼ばれて、帰りにはいろんなものもらって、食べ物をね。そういう意味では、私のところは食糧っていうのは全然困らなかった。あれは得したんですね。そのうち苦竹っていう所に進駐してきて、宿舎の階段の下に部屋一つもらってそこで直しでもなんでも。

——仙台工専の授業は、実際の仕事に直接役立つようなものでしたか。

若生　基礎的な話が主ですから、直接ということは。

——専門学校は、教養教育が不足しているという声がありますが。

錦戸　伝記的なものはやったね。ただ時間的に、語学とかあるいは本を読むとか、そういう時間はたぶん少なかったと思いますね。

若生　私どもの場合には二割ぐらい大学行ってます。さっき申し上げたように徴兵が延びたということもあって、文科系に行くべき人が結構入ってきたので、それから高等学校へ入らないでSKKへ来て。だけどやっぱり大学行きたいと、こういう方もいたと思います。

——推薦入学で大学行かれた方っていらっしゃいますか。

若生　それはちょっと分からない。うちはあんまり聞かない。

錦戸　聞かないね。

——ご卒業のころの電気科は、八〇人か九〇人ぐらいいたんですね。

若生　そうですね。

——大きくなったんですよね。

若生　二クラスになって、教員養成っていうのもありまして。

——工業学校の教員養成所ですね。

若生　結局、九〇名近くなって。

――付属の教員養成所の方と、授業はご一緒だったんですか。

若生　一緒です。このとき教員養成生は確か授業料が無料だったそうです。

三　官立高工卒業後

――錦戸さんが洋服屋さんの修行をされたのは、SKKを卒業してからですか。

錦戸　ちょうど進駐軍が昭和二〇年の一一月から昭和三二年の四月までおったんです。一二年間ね、進駐軍の仕事を専門でやってたんです。毎日アメリカ人来ますよね、注文に。昼間はそのお相手して、だからわりと小奇麗な格好を。ご飯食べてから今度はおやじから裁断を習う。

――それは、学校へ行くとかいうことではなくて、お父さまから習う。

錦戸　ええ。ただ、学校では蒸留塔の製図などやってるからわりとすんなりと。

――製図と型紙と似たところがありますか。

錦戸　縫う方じゃなくて、いわゆるお客さんの採寸をして型紙を起こして、そしてあと裁断をすると、そこまでの仕事。あとは職人たち二五人ぐらいおりましたから。

――男性用だけじゃなくて、女性のものもおやりに。

錦戸　女性用も。うちのおやじは器用で、朝鮮動乱のときやなんかは（米軍が）全部旦那方は出兵したんで、奥さん方は羽を伸ばして自分たちの洋服作って、そういうご婦人の物も。男子物の洋服屋なんだけども、婦人物の洋服もやってっていうのが事実です。

――若生さんは、二二年ご卒業ですが、そのころは就職で大変な時代ですよね。

若生　そうですね。

――東北で就職を、というお気持ちだったんですか。

若生　私、中学三年のときに父を亡くしておりますので。一つは母が苦労してたと感じたので、早く勤めた方がいいなというのがありましたし。あまり仙台を離れてもらいたくないっていう親の気持ちもあったものですから、地元で就職したいと思いました。

――それで東北電力へ入られた。

若生　はい。

――あのころはもう電力統合になって。

若生　まだ配電会社と日発と二つありました。

――日発に入られたんですか。

若生　いや配電の方に。

――ＳＫＫの卒業生の方、電力にたくさん入ってらっしゃいますよね。

若生　後で日発と一緒になりましたので、全部で一〇名数名はおったと思います。

――それでご退職までずっと東北電力に。

若生　そうです。

――東北電力は、東北管内で転勤がありますね。

若生　初めは石巻営業所の勤務になりまして、配電の仕事をやりました。普通なら下宿をするはずなんですけど、たまたま上司の方が仙台から通勤をされてたので。しょうがないから私も通勤しようかなと思って行ったんですけども、結局は朝六時の電車に乗らなきゃ間に合わないんですね。うちを五時に出るってことになると、食事の準備とか母親にかえって苦労を掛けるという感じになってしまったのですけど。

――そのお仕事は、発電所から電気が来たら。

若生　発電所から送電線を通って変電所へ行きまして、そっから今度は高圧線へ行って、柱上の変圧器を通して低圧になるわけですね。高圧から変電所の出口からお客さまの入り口までというかたちですね。

――石巻の後は、どちらに。

若生 そんなことしてたら体を悪くしまして、とても通えないと思ったので、仙台の支店の方へ転勤させてもらったんです。その後は、配電のことでも、当時は電圧が末端の方は非常に状況が悪かったんですね。そういう電圧改善とか、それから未点灯の所が結構ありまして、そういう開発の関係の仕事とかありまして、それの研究やなんかの仕事に関わったという時代でした。そしたらまた病気になりまして、一年半ぐらい休んだんですね。復職して会社出たら、配電の係から通信の係に変えられてたんです。内示があったとは思うんですけど、私は出社してみてあれって感じだったんですね。

――かなり仕事が違いますか。

若生 違うんですよ。三〇ぐらいになってからそういうことになっちゃったんで、ちょっと大変だったんですね。

――工専では電気電力系と通信系と学科が違ってましたか。

若生 私どものときは両方やりました。そっちも嫌いではなかったんですけど。

――東北電力は、例えば東北帝大卒の方、SKK卒の方、それから工業学校卒の方と、技術系統は学校別で三種類ぐらいあると思いますが、仕事は明確に分かれているんですか。

若生 それほどで明確には別れてないと思いますけれど。

――SKKでの課外活動などは。

錦戸 私は音楽をやってた。

――クラシックですか。

錦戸 宗教音楽なんですけども、進駐軍が来て、第九軍の司令部付聖歌隊の隊員だったんですよ。毎週礼拝がありまして、礼拝の前の木曜日の晩に練習がありまして、キャンプ仙台の中にこういう聖歌隊。そこで三二年に米軍がいなくなるまで続けていましたね。そんなことで家内とそこで知り合って。

――これは、米軍施設の中の教会。

錦戸　そうです。それで毎日曜日の一一時からの礼拝に聖歌をね。

――英語で歌う。

錦戸　英語です。宮城学院ってあるんですけど、そこの音楽の先生とか聖歌隊の主体になって、われわれ男性がボランティアで。

――若生さんは、何かやってらっしゃったんですか。

若生　あまりやってなかったですね。

錦戸　ＳＫＫの中に合唱部を作ろうって、私が主催して発表会やなんか。

若生　演劇もありましたね。

錦戸　演劇あったし、文芸の雑誌なんかもね。

――ＳＫＫの同窓会は、戦争終わったころからすぐいろいろ活動を始めてたんですかね。

若生　もちろんＳＫＫの同窓会やってます、毎年。

――毎年やってるんですか。

若生　今年もやりました。一〇月の半ばにやるんです。二六年卒業が最後で、あといないから一番若い人でも八四歳かな。

――ＳＫＫのようなローマ字の略称は初めてお聞きしました。

若生　もうそろそろ同窓会も終わりかな、なんていっておりますが。クラス会やりましたら、こういう近況を出してもらったんですよ。これをまとめたものをみんなにまた配布します。

錦戸　仙台に仙台寮歌祭っていうのがあったんですよ。二高とかわれわれとか、それから陸士、海兵も交ぜて。三〇年続きましたんでだいぶ仲良くなって、同窓会のそれも一つのまとまりになってですね。若生さんとかも分かんなかったんだけども、そういう寮歌祭などで毎年お会いして、懇親会なんかやってるうちに仲良くなって。寮歌祭っていうのは、三〇年間続いたのは非常に良かったですね。もうとっくになくなりましたけどね。

――同級生に、戦争で亡くなられた方はいらっしゃいますか。

若生　たまたまおりません。さっきの動員先で亡くなった一名だけですね。

――官立高工に入学されるのは地元からが多いのですが、卒業後の就職は全国に散らばってまして、一番多く就職しているのは東京です。

錦戸　多いですね。われわれの卒業生は、やっぱり食糧事情が悪かったっていうことと、卒業した時点でね。それから私どもは化学なもんで、化学工場が、八戸とか大阪とかすごく仙台から遠い所ばっかしなんですよね。だから、なかなか就職できなかったっていうこともあって、学校の先生になった人が多い。あとは私どものような自営ですか。おやじの商売継いだっていうのはおりますね。さっき自営は珍しいケースだっておっしゃったんだけども、やっぱりそういう事情もあって、おやじの商売継いだっていうのもありますね。

――母校の教員になられた方は、同期生でいらっしゃいますか。

若生　同級生ではおりません。

――錦戸さんもいらっしゃらない。

錦戸　私の同期は一人か二人おります。一回生でわれわれの先生になった人がいたよね。

――卒業生名簿を追っていきますと、卒業後二〜三年、実験助手のようなことだと思うんですが、母校に就職されている例が割合あります。

若生　同級生ではいないと申し上げたんですが、教員としてはやっぱりいました。

錦戸　私どもの同級生は、ちょっと出来のいい人が結構おりまして、大学へ行ったんですけれども、東北電力の社長になった人もいますし、それから工学博士が二名、医学博士が一名、大学教授が四名、それから市長になった人が一人。変わり種ではカトリックの神父になった人、小説家が一名とか、バラエティーに富んだいろんな人がいました。そういう人たちと付き合わさせていただいたけれども、時代が時代っていうか。

――同世代の優秀な方たちが、ＳＫＫに入ってきてるんですよね。

錦戸　戦後復興にはある程度役立ってるはずだなと思いますね。

――私もそう思います。

錦戸　あとは、私の場合は五〇数年にわたって社会福祉の方の仕事をお手伝いして。

――それはどのようなことを。

錦戸　重度身体障害者の人を三五〇人ほどお預かりして、手に職を付けてあげて自立させて。

――社会福祉法人かなんかで。

錦戸　ええ。昭和三七年から。ことしの四月で会長を退任しまして。

――これは大変なお仕事ですね。河北文化賞ですか。権威ある賞で確か賞金も一〇〇万円。

錦戸　なかなかもらえないですね。私自身が一歳か〇歳のときに小児まひになったんですよ。こっちの足にまひがちょっと残りましてね。でも、教練なんかは一緒にやってましたけど、こっちの足のこうできないんです。だけども、オートバイ乗ったり自動車乗ったり、別に普通の人とは変わりないくらいの生活はさせてもらってたんですが、やっぱり七〇過ぎたらちょっと転ぶのがおっかなくなって、杖突いてますけどね。そんなようなことで、私の親せきの福島禎蔵さんっていう方、仙台の実業家ですけどその方が全財産を、当時のお金で三億円、今から五〇年前に土地建物を全部提供されてこの法人を立ち上げたんですよね。私もそのときで三五歳ぐらいだったけど役員になって。

――これはしかし大変なお仕事ですね。

錦戸　それから、眼鏡リサイクルセンターっていって、ライオンズクラブの会員から使い古した眼鏡を一般から集めて、それを洗浄して直して度数を測って、後進国の人のところへ贈るわけです。

——そういう活動は存じませんでした。

錦戸　自分の家庭で障害になってる方で働く意欲のある人。そういった人に手に職を付けてあげたり、その施設の中には重度身体障害者の方を養護する施設も福寿苑と第二福寿苑の二つあります。コンピューター付きの旋盤で自動車の部品作ったり、印刷などいろんなことをやってます。

——年末の慌ただしい時期に、お願いをいたしまして申し訳ありませんでした。大変興味深いお話をうかがえまして、感謝申し上げます。

注

（1）御厨貴『オーラル・ヒストリー』（中央公論新社（中公新書）、二〇〇二年）、五頁。
（2）伊藤隆「歴史研究とオーラルヒストリー」（法政大学大原社会問題研究所『大原社会問題研究所雑誌』No.585、二〇〇七年）、二頁。
（3）清水唯一朗「日本におけるオーラルヒストリー—その現状と課題、方法論をめぐって—」（『KEIO-GSES Project on Frontier CRONOS　Working Paper Series No.03-004』、2003.8）、二頁。
（4）津田駒工業株式会社の沿革から。https://www.tsudakoma.co.jp/company/history/index.html
（5）アンリツ株式会社の沿革から。https://www.anritsu.com/ja-JP/about-anritsu/corporate-information/history
（6）名和田雄「日本陸軍の技術将校制度」（防衛学会『新防衛論集』第七巻第一号、一九七九年）、八四～九六頁。
（7）二〇一八・八・一〇産経新聞夕刊「終戦前日に空襲「米軍なぜ」」の記事で、同空襲に遭遇した中田篤男大阪大学名誉教授（ゲノム編集技術の世界的権威）の回顧が掲載されている。
（8）浜松市『浜松市史』四（浜松市、二〇一二年）、一一二～一一三頁。

あとがき

五〇年ほど前に國學院大學の史学科を卒業し（ベビーブーマー）、二〇一九年に母校の博士課程を修了して博士（歴史学）の学位を授与された。本書はその博論を加筆修正したもので、博論執筆に至る想いを書いてあとがきに代える。

史学科に入学して来る学生の多くは、大なり小なり歴史小僧や歴女（とは当時いわなかったが）で、筆者も小学生からの歴史好き（まあチャンバラ好き）のまま史学科に入学したものの、それで飯を食っていけるほど世の中は優しくない。公務員の道を選び、教育の傍らで仕事をしてきた。公務員生活の終わり頃に国立大学が法人化することになり、その前年、愛媛大学に事務局長として赴任することになった。学内は法人化賛否の議論がまだ続く傍らで、待ったなしの準備作業で沸き立っていった。

これがきっかけで、桜美林大学の大学院に新設された大学アドミニストレーション専攻修士課程に入学し、潮木守一先生のゼミで学ぶことになった。

桜美林の大学院は通信制で、本当にうまくいくのか半信半疑のところもあったが、「やる気」さえあれば通学制に勝るところがあるとわかった。かなりの量の課題文献を読み、自分の論を整理して四〇〇〇字以上のレポートを一学期間で四〜五科目×二回書くのはなかなか大変で、改めて数えてみると二年間で三〇本書いていた。このレポートは、一五年後の博論執筆で随分と役だってくれた。

潮木先生の丁寧な口調で、実は厳しい中身の叱咤激励を受けながら、飲み時間を大幅に、仕事時間を少し削って修論を書き上げ、主査潮木守一、副査寺﨑昌男、馬越徹先生という、オールスター教授の審査を受けた。近代高等教育史と大学経営論の折衷的修論は、なんとか通過し、加筆修正して勤務中だった国立大学法人山形大学の紀要に投稿して掲載された（「わが国の分散キャンパスの研究」『山形大学紀要（社会科学）』第三七巻第一号、二〇〇六年）。桜美林大の仲間で作られたネットワークは、その後の私にとって、仕事上のバックヤード的役割を果たしてくれる大切な存在になった。

公務員を退職することになり、念願だった私学での勤務を希望して、学校法人関西外国語大学に採用された。関西外大で事務局長として学部創設などの仕事などをしながら、自分もそろそろ「終活」のときかなと考えはじめると、以前から漠然と準備運動らしきものをしていた博論執筆の想いが強くなってきた。役員任期の途中だったが理事長に無理をお願いして五年で東京に戻り、母校の國學院大學大学院博士課程に入学することになった。ところが昔の上司から声がかかりまったく思いもかけずに学校法人目白学園（目白大学、目白短大、目白研心中・高）で働くことになり、貧乏学生になるつもりで準備していたが、社会人学生として二足のわらじを履くことになった。

というわけで、筆者の本業は大学などの学校経営で、歴史学研究は「日曜大工」であるが、博論を書くとなれば「座っても壊れない椅子」「モノを乗せても落ちない棚」くらいにはしなければならないし、その前に何本かの査読論文の実績が必要といったハードルがある。

博論では、帝国憲法期の日本の「明るいところ」と「暗いところ」の両面を事実に即して書きたいと思っていた。年齢を考えれば、政治、外交、軍事など私にとって新たな分野に挑むのは、必要な基礎史料の読み込みなどを考えると時間的に難しい。「土地勘」のある高等教育分野をフィールドに、一次史料が入手できる見込みの立った官立高工の移動について、独自にデータベースを構築し計量歴史学的手法で取り組むこととした。官立高工は、同世代の上位五％くらいの生徒が進むエリート校のひとつだが、最上層の旧制高校、旧帝大より下に位置付けられ、本論で「準エリート」の「産業士官学校」と名付けた。また学費の受益者負担原則の下でなんとか「手が届く高等教育学校」であり、生徒の出身層が、当時の高等教育学校のなかでもっとも多様な構成になっていた。帝国憲法期の近代化、産業化を象徴する学校といってよい。

國學院大では上山和雄先生のゼミで、博士課程三年間と満退後の特別研究生三年間の計六年間お世話になった。六年も同じ先生の下で学ぶのは、小学校でもなかった初めての経験だが、最後まで諦めずにご指導いただいた上山先生に心から感謝している。「歴史小僧」が「歴史爺」になってなんとか博論にたどり着けたのは上山ゼミ生であったことに尽きる。上山先生は私の一歳上で、昔は「怖い先生」だったと聞くが、私の知る頃は優しさと怖さ（?:）が併存していた。

また博論の副査をしていただいた樋口秀実國學院大學教授、有馬学九州大学名誉教授（福岡市博物館館長）には、ゼミ報告や論文指導で、温かくかつ厳しくご指導いただいた。上山先生とは異なる視点からの指摘は新鮮で、新たな発見をもたらし、博論のいくつもの箇所に活かすことができた。

ともに学び切磋琢磨したゼミ生の若い仲間（少し年配の方も）の存在も大きかった。テーマはそれぞれ違うが、近代日本に様々な角度から切り込んでいくゼミ報告は知的刺激に満ちていた。

インタビューした吉田壽壽氏は、高小卒後に工員や大学の小使いとして働きながら、独学で専検に合格し秋田鉱専に入学した方だが、「勉強は学校で教わることが大切と痛感した」と述懐している（吉田さんは就職した会社で社長になり、北海道大学から理学博士を授与されている）。

吉田さんの感慨と少し似たような気持ちで、大学院教育と研究には、当たり前のことであるが、実力ある教員と、志を同じくする仲間の切磋琢磨が大きな意味を持っていることを、桜美林大での学びとも合わせて痛感している。

本DBはまだまだ分析し残しているところが多くある宝の山である。また最近、ある国立大学のアーカイブに接触できることになり、史料撮影を始めているが、これまで世の中に出ていない史料群に少し興奮している。本DBと新史料を組み合わせて、あと何本かの論文を書き、少しは後の人の役に立つものを残して人生を卒業することにしたい。

なお、補章として掲げた一二人の官立高工卒業生の方へのインタビュー記録が本論のもう一つの特色である。ページ数がだいぶ増えるため、雄山閣編集部の八木さんには御苦労をおかけしたが、組版を工夫することで全文を掲載することができた。「百文は一聞に如かず」である。

最後になるが、学術書は初めてという私の出版を引き受け、様々な工夫をしていただいた雄山閣宮田社長、編集部の八木さんに感謝申し上げる。

本書は、國學院大學課程博士論文出版助成金の交付を受けて刊行したもので、國學院大學、御推薦いただいた上山、樋口、有馬先生、またご援助いただいた大学院事務課の皆様に改めて感謝申し上げる次第である。

〈著者略歴〉

田村　幸男（たむら・ゆきお）

1947年生まれ。國學院大學文学部史学科卒業。文部省（当時)、文化庁、国立大学、特殊法人（当時)、国立大学法人愛媛大学、山形大学、学校法人関西外国語大学を経て、現在、学校法人目白学園専務理事。この間、桜美林大学大学院国際学研究科大学アドミニストレーション専攻（修士課程)、國學院大學大学院文学研究科史学専攻（博士後期課程）修了。
2019年博士（歴史学)。

令和元年11月10日 初版発行　　《検印省略》

帝国憲法期《ていこくけんぽうき》の入学《にゅうがく》と就職《しゅうしょく》
—官立高等工業学校16,718人の内・外地での移動—

著　者　田村幸男

発行者　宮田哲男

発行所　株式会社　雄山閣

〒102-0071　東京都千代田区富士見２－６－９
TEL 03-3262-3231　FAX 03-3262-6938
振 替 00130-5-1685
http://www.yuzankaku.co.jp

印刷・製本　株式会社 ティーケー出版印刷

ISBN978-4-639-02669-3　C3021
N.D.C.210　386p　22cm